CB063238

DERIVAÇÃO E POSITIVAÇÃO NO DIREITO TRIBUTÁRIO

CIP-BRASIL. CATALOGAÇÃO NA PUBLICAÇÃO
SINDICATO NACIONAL DOS EDITORES DE LIVROS, RJ

C327d

Carvalho, Paulo de Barros

Derivação e positivação / Paulo de Barros Carvalho. - 1. ed. - São Paulo : Noeses, 2016.

512 p. : il. ; 23 cm.

Inclui bibliografia

ISBN 978-85-8310-060-7

1. Direito tributário - Brasil. 2. Responsabilidade fiscal. I. Título.

16-37202

CDU: 34:351.713(81)

Paulo de Barros Carvalho
Professor Emérito e Titular da PUC/SP e da USP

DERIVAÇÃO E POSITIVAÇÃO
NO DIREITO TRIBUTÁRIO

LIVRO III

editora e livraria
NOESES
2016

Fundador e Editor-chefe: Paulo de Barros Carvalho
Gerente de Produção Editorial: Rosangela Santos
Arte e Diagramação: Renato Castro
Revisão: Semíramis Oliveira
Designer de Capa: Aliá3 - Marcos Duarte

TODOS OS DIREITOS RESERVADOS. Proibida a reprodução total ou parcial, por qualquer meio ou processo, especialmente por sistemas gráficos, microfílmicos, fotográficos, reprográficos, fonográficos, videográficos. Vedada a memorização e/ou a recuperação total ou parcial, bem como a inclusão de qualquer parte desta obra em qualquer sistema de processamento de dados. Essas proibições aplicam-se também às características gráficas da obra e à sua editoração. A violação dos direitos autorais é punível como crime (art. 184 e parágrafos, do Código Penal), com pena de prisão e multa, conjuntamente com busca e apreensão e indenizações diversas (arts. 101 a 110 da Lei 9.610, de 19.02.1998, Lei dos Direitos Autorais).

2016

editora e livraria
NOESES
Editora Noeses Ltda.
Tel/fax: 55 11 3666 6055
www.editoranoeses.com.br

Ao prezadíssimo amigo Professor Paulo Ayres Barreto que, desde cedo, aprendi a respeitar e admirar, uma homenagem à sua trajetória firme e retilínea, lembrando-me sempre de suas saudações, invariavelmente marcadas pelo sopro da emoção.

* * *

À memória do querido amigo Alberto Xavier, que tive a honra de receber, logo no primeiro instante de sua chegada ao Brasil, com sua mulher e seus três filhos. Permanece a lembrança forte de um tempo, intensamente vivido!

E dedico este livro também à memória do Professor Alcides Jorge Costa, que tive a honra de suceder na titularidade da cadeira de Direito Tributário da Faculdade de Direito da Universidade de São Paulo. Figura íntegra, de grande saber jurídico, modelo de honestidade intelectual e, sobretudo, afável em todos os momentos. Grande expressão das Arcadas!

N S C

PLANO DA OBRA

LIVRO I

Sistema Constitucional Tributário

Competência Tributária e Imunidade

Sanções Tributárias

LIVRO II

Tributos Federais

Tributos Estaduais

Tributos Municipais

LIVRO III

Sujeição Passiva

Procedimento e Processo Tributário

Deveres Instrumentais

ÍNDICE

Mais alguns esclarecimentos XVII

SUJEIÇÃO PASSIVA

TEMA XXV 05

RESPONSABILIDADE TRIBUTÁRIA POR GRUPO ECONÔMICO

> *Sumário:* 1. Introdução. 2. O princípio da legalidade como norma jurídica que orienta a atuação do aplicador do direito e a metodologia adotada. 3. Pressupostos, regime jurídico e critérios de definição das Medidas Cautelares. 4. Medida Cautelar Fiscal: requisitos para propositura e o alcance de seus efeitos. 4.1. O processo de positivação do direito e os termos constitutivos do crédito tributário. 5. O princípio do devido processo legal e a impropriedade de utilização de Medida Cautelar Fiscal para atribuição de responsabilidade a terceiros. 6. A identificação do sujeito passivo e a figura da responsabilidade tributária. 7. A linguagem do direito constituindo a realidade jurídica. 7.1. Personalidade: uma das criações do direito positivo. 7.2. Pessoa jurídica: os termos inicial e final de sua existência. 7.3. Princípio da autonomia da pessoa jurídica. 8. Grupo econômico: a necessidade da "influência dominante". 8.1. Inexistência de "grupo econômico familiar". 9. Posição jurisprudencial relativa à responsabilidade tributária das empresas que integram grupos econômicos. 9.1. Solidariedade na sujeição passiva: inexistência de "interesse comum" entre empresas do mesmo grupo econômico. 9.2. Inexistência de previsão legal que estipule

solidariedade passiva tributária entre empresas do mesmo grupo econômico. 10. A responsabilidade tributária dos terceiros e os requisitos para sua atribuição aos sócios. 11. Requisitos para a desconsideração da personalidade jurídica, para fins de atribuir responsabilidade pelo pagamento de débitos tributários. 11.1. Do desvio de finalidade. 11.2. Da confusão patrimonial. 11.3. Da comprovação da prática de ato doloso. 12. O instituto da prescrição e a estabilização das relações jurídicas. 12.1. O termo inicial da prescrição para o redirecionamento de Execução Fiscal. 13. Conclusões.

Tema XXVI 71

RESPONSABILIDADE POR SUCESSÃO DECORRENTE DE CISÃO

Sumário: 1. Considerações iniciais. 2. Personalidade: uma das criações do direito positivo. 3. Pessoa jurídica: os termos inicial e final da sua existência. 4. Princípio da autonomia da pessoa jurídica. 5. Impossibilidade de se confundir "pessoa jurídica" e "entidade contábil". 6. A identificação do sujeito passivo tributário. 7. A responsabilidade tributária dos sucessores. 7.1. Impossibilidade de transferência das penalidades fiscais aos responsáveis tributários por sucessão. 8. Respostas às indagações formuladas.

Tema XXVII 91

DIFERIMENTO, SOLIDARIEDADE E RESPONSABILIDADE TRIBUTÁRIA

Análise dos contratos de venda de mercadoria sob cláusula FOB

Sumário: 1. Introdução ao tema. 2. Critério material do ICMS – conteúdo semântico da locução "realizar operações relativas à circulação de mercadorias". 2.1. Irrelevância da circulação física das mercadorias e admissibilidade jurídica da cláusula FOB (free on board) 3. O sujeito passivo e a figura da "substituição tributária". 4. Natureza jurídica do diferimento. 4.1. Forma de instituição do diferimento. 5. Sujeição passiva tributária, solidariedade e responsabilidade subsidiária. 6. A responsabilidade tributária pela prática de ilícitos e suas limitações. 7. Das respostas às indagações.

Tema XXVIII.. **119**

RESPONSABILIDADE CIVIL E A FIGURA JURÍDICA DA "INDENIZAÇÃO" EM DIREITO TRIBUTÁRIO

Análise da natureza jurídica e da constitucionalidade do "ressarcimento ao SUS", segundo ditames da Lei nº 9.656/1998

> *Sumário:* 1. Introdução. 2. A relação jurídica como instrumento de ordenação das condutas. 3. Diferencial semântico entre "obrigação tributária" e "relação jurídica indenizatória". 4. Responsabilidade civil e a figura jurídica da "indenização". 4.1. Direito à reparação patrimonial na hipótese de enriquecimento sem causa. 5. Natureza jurídica do "ressarcimento ao SUS". 6. Natureza e características dos "Planos de Assistência à Saúde". 7. Inexistência de vedação constitucional do "ressarcimento ao SUS". 8. A autorização constante do art. 198 da Constituição da República. 9. Inexistência de violação ao princípio da legalidade. 10. Inexistência de irregularidades no procedimento de cobrança. 11. Inexistência de afronta ao princípio do acesso isonômico ao SUS. 12. Das respostas às indagações.

Tema XXIX.. **151**

SUBSTITUIÇÃO TRIBUTÁRIA NO ICMS

Interpretação conforme a Lei Complementar nº 87/1996 e o Convênio ICMS nº 45/1999

> *Sumário:* 1. Introdução. 2. O modelo constitucional da regra-matriz do ICMS: a necessária relação entre o critério material e a base de cálculo. 3. ICMS – princípio da solidariedade nacional, da equiponderância ou homogeneidade de sua incidência. 4. A função dos "Convênios" na disciplina jurídica do ICMS. 5. Prescrições da Lei Complementar nº 87/1996 concernentes à substituição tributária no ICMS. 6. Requisitos para a instituição do regime de substituição tributária nas operações interestaduais. 7. O Convênio ICMS nº 45/1999. 8. Das respostas às indagações.

Tema XXX.. **171**

RESPONSABILIDADE POR SUCESSÃO DECORRENTE DE INCORPORAÇÃO DE INSTITUIÇÕES FINANCEIRAS

Sumário: 1. Palavras introdutórias. 2. Sociedade anônima dependente de autorização do Governo: disciplina jurídica de sua constituição, alteração e extinção. 3. O princípio da autonomia da vontade e as incorporações societárias. 4. Incorporação de instituições financeiras. 5. Efeitos da realização da condição e o problema da retroatividade. 6. Efeitos da verificação da condição nas incorporações de instituições financeiras. 7. Instante em que se verifica a incorporação. 8. Sujeição passiva indireta e a Responsabilidade tributária dos sucessores. 9. Impossibilidade de transferência das penalidades fiscais aos responsáveis tributários por sucessão. 10. Fraude e exigência de prova de "dolo". 11. Irrelevância da data de lavratura do auto de infração, para fins de responsabilidade tributária por sucessão. 12. Hipótese de Lavratura do AIIM em momento posterior à incorporação. 13. Das respostas às indagações formuladas.

PROCEDIMENTO E PROCESSO TRIBUTÁRIO

Tema XXXI... **205**

AS DECISÕES DO CARF E A EXTINÇÃO DO CRÉDITO TRIBUTÁRIO

Sumário: 1. Considerações introdutórias. 2. O primado da certeza do direito e a importância do intérprete na compreensão dos textos jurídicos. 3. O surgimento do crédito tributário e o papel do lançamento. 4. O procedimento administrativo e o controle de legalidade do lançamento. 5. Decisão administrativa irreformável como modo de extinção da obrigação tributária. 6. As condições da ação no direito positivo brasileiro e os requisitos para o processamento de Ação Popular. 7. Respostas aos quesitos.

Tema XXXII **229**

O PROCEDIMENTO ADMINISTRATIVO TRIBUTÁRIO E O ATO JURÍDICO DO LANÇAMENTO

Sumário: 1. Introdução. 2. A tipicidade e a vinculabilidade da tributação. 3. O ato jurídico administrativo do lançamento. 4. Validade do ato administrativo de lançamento tributário. 5. A importância da motivação do ato administrativo de lançamento. 6. Atributos do ato jurídico administrativo do lançamento. 6.1. O auto de infração e imposição de multa como instrumento de lançamento. 6.2. A definitividade do lançamento. 7. Alterabilidade do lançamento tributário. 8. Conclusão.

Tema XXXIII **251**

MEDIDA LIMINAR CONCEDIDA EM MANDADO DE SEGURANÇA

Direito processual tributário e certeza do direito

Sumário: 1. Sobre o direito processual tributário. 2. Direito positivo: conceito e delimitação. 3. Vigência e aplicação das normas jurídicas tributárias. 4. A aplicação do direito e o princípio da irretroatividade. 5. Sobre a norma individual e concreta que documenta a incidência. 6. A suspensão da exigibilidade do crédito tributário. 7. As hipóteses do artigo 151 da Lei nº 5.172/1966. 8. A medida liminar concedida em mandado de segurança. 9. Tutela jurisdicional e suas modalidades. 9.1. Peculiaridades da tutela mandamental. 10. Efeitos da decisão proferida em mandado de segurança. 11. Instrumentalidade do provimento cautelar. 12. Conclusões.

Tema XXXIV **275**

SEGURANÇA JURÍDICA E MODULAÇÃO DOS EFEITOS

Sumário: 1. Palavras introdutórias. 2. Núcleo semântico do sobreprincípio da segurança jurídica. 3. O primado da segurança jurídica no tempo. 4. Aplicação prospectiva de conteúdos decisórios e a modulação dos efeitos de decisões jurisdicionais. 5. Retroatividade *como desvalor perante a estrutura do sistema jurídico brasileiro. 6. Conclusão.*

DEVERES INSTRUMENTAIS

Tema XXXV 299

CERTIDÃO NEGATIVA DE DÉBITO

Inexigibilidade de CND para fins de registro da compra e venda de bem imóvel

> *Sumário: 1. Introdução. 2. Propriedade: aproximação do conceito e modo pelo qual se opera sua aquisição no caso de bem imóvel. 3. Garantias do crédito tributário e os limites da presunção de fraude na alienação de bens. 4. Certidão negativa de débitos: sua função e requisitos de exigibilidade. 5. A inexigibilidade de CND para fins de registro da compra e venda de bem imóvel. 5.1. Implicações no âmbito do direito tributário. 5.2. Implicações na esfera civil. 6. Hipóteses de dispensa legal da apresentação da CND. 7. Respostas às indagações formuladas.*

Tema XXXVI 325

DEVERES INSTRUMENTAIS E PROVA NO CRÉDITO-PRÊMIO DE IPI

Identificação dos documentos competentes para atestar a efetiva realização de operações de exportação, com o fim específico de reconhecimento e aproveitamento do crédito-prêmio de IPI

> *Sumário: 1. Conhecimento – o caráter constitutivo da linguagem. 2. A constituição do "fato". 2.1. O fato jurídico. 3. Breve panorama das normas que regulam o "crédito-prêmio de IPI" e os requisitos para o seu aproveitamento. 4. Constitucionalidade e recepção dos Decretos-lei n°s 491/1969, 1.248/1972 e 1.894/1981 e a injuridicidade do Ato*

Declaratório nº 31/1999. 5. Hierarquia entre normas na disciplina da produção de provas. 5.1. Instrumentos introdutórios de normas jurídicas no direito brasileiro – instrumentos primários e secundários. 5.2. A linguagem exigida pelo ordenamento jurídico para constituição do crédito-prêmio de IPI – ilegalidade das restrições introduzidas por instrumentos secundários. 6. Da conclusão.

Tema XXXVII 351

ICMS SOBRE A VENDA DE BENS DO ATIVO FIXO

Apreciação sobre a competência tributária dos Estados e do Distrito Federal para exigirem ICMS com base na venda de bens do ativo fixo, assim como o cumprimento dos correspondentes deveres instrumentais

Sumário: 1. Introdução. 2. O modelo constitucional da regra-matriz do ICMS. 3. Critério material da regra-matriz do ICMS. 3.1. O sentido dos vocábulos "operações" e "circulação". 3.2. A importante função da palavra "mercadorias". 4. A base de cálculo do ICMS. 5. O sujeito passivo da relação jurídica de ICMS. 5.1. Contribuinte do ICMS, segundo a Lei Complementar nº 87/1996. 6. A determinação constante do art. 110 do Código Tributário Nacional. 7. A atividade das empresas locadoras de veículos e a tributação pelo ICMS. 8. Das respostas às indagações.

Tema XXXVIII 371

OS DEVERES INSTRUMENTAIS NO ICMS-TRANSPORTE

Entendimento segundo as conjunturas da prestação de serviços de *courier*

Sumário: 1. Introdução. 2. ICMS e tributação sobre prestação de serviços de transporte. 3. Limites do conceito "operação de transporte" nos contratos complexos. 4. O "transbordo" e a aplicação da teoria das relações ao ICMS transporte. 5. Deveres instrumentais na conformação do ICMS-transporte na atividade de prestação de serviço de courier. 6. Das respostas às indagações formuladas.

Respostas às questões 391

Bibliografia 403

Índice geral 439

Índice onomástico 461

Índice remissivo 469

MAIS ALGUNS ESCLARECIMENTOS

Creio que os exercícios de reflexão que possamos fazer a respeito do tipo de linguagem empregada para produzir o discurso devam ocupar, sempre, espaço importante na apresentação e, sobretudo, no esclarecimento do texto dirigido aos leitores. Sim, porque o olhar crítico do destinatário há de estranhar a diferença entre os prefácios dos dois primeiros volumes ["Introdução que muito importa ler" (1º) e "Introdução que também muito importa ler" (2º)] e o desenvolvimento dos capítulos que lhe seguem. São, de fato, posturas distintas, construções sintagmáticas e paradigmáticas calibradas de modo peculiar para, desse modo, acenar com uma proposta de maior rigor e precisão na transmissão da mensagem. Além dessas notas, a presença constante de termos científicos e o recurso a argumentos de ordem filosófica, utilizados com acentuada frequência, imprimem caráter de dominância que autoriza o leitor mais atento a ver nesse estilo de comunicação uma ponte: aqui, entre a filosofia e a ciência; ali, entre a filosofia e a técnica, integrando esses *tipos* de linguagem que se querem diversos daquele meramente técnico, onde se demoram os capítulos subsequentes, todos eles dirigidos, com foros de objetividade, à aplicação do direito positivo brasileiro no plano da realidade social, manifestada, também ela, como camada linguística.

É preciso, porém, estabelecer outro esclarecimento decisivo: ao tomar a realidade social como camada linguística, incluo o ser humano enquanto entidade constituída pela linguagem que, por sua vez, encontra fundamento em si mesma: princípio da autorreferencialidade do discurso (reporto-me às clássicas distinções entre língua, linguagem, fala, texto, discurso, contexto etc., necessárias ao bom entendimento nesse plano do saber).

Retornando ao tema específico desta introdução, que faz, agora, os meus cuidados, penso ser ela um discurso de índole filosófica, mas, por predominância e em conversação intensa com outras três faixas de comunicação: a linguagem ordinária ou natural, a linguagem técnica e a linguagem científica. O direito positivo é um falar técnico. Influi na linguagem ordinária e inspira-se na linguagem científica, onde vai buscar os fundamentos teóricos de suas estratégias de aplicação. Cabe ao cientista, em face dos problemas técnicos que lhe são submetidos, ajustar o funcionamento do modelo para atingir os fins pretendidos na prática. Da mesma forma o cientista. Sempre que os esquemas de sua ciência apresentarem dúvidas, deverá socorrer-se da linguagem filosófica, rediscutindo a dinâmica de suas teorias, para que elas possam alimentar os técnicos e estes últimos fazerem boa aplicação na linguagem da realidade social.

Ao mencionar tais modalidades de uso dos tipos de linguagem, tenho em vista, principalmente, os domínios do conhecimento no âmbito da comunicação social, que é muito mais amplo do que se pode naturalmente supor: a utilização da língua, mediante atos de fala, produzindo mensagens, é algo cuja dimensão vai ao infinito! E nossa capacidade criativa, nesse campo, é inimaginável, utilizando-se o homem de um recurso, para ele providencial, constrangido que está a pôr-se diante do mundo, como ser carente, insuficiente para subsistir por conta própria. Ele o faz cindindo-o, cortando-o, recortando-o, para poder locomover-se e sobreviver. Basta lembrar o singelo interesse que demonstramos por algum objeto: o mero impulso já desencadeia uma sucessão de cortes e recortes isoladores do seu alvo, como se nada mais existisse. Aliás, os mesmos cortes que, em última análise, manifestam a autorreferencialidade do discurso, passam a ser nosso instrumento fundamental no sentido de conhecer, técnica e cientificamente, a imensa realidade de sua existência, interior e exterior. E sua própria fé é organizada nessa forma superior de comunicação.

Recuperando a direção do raciocínio, para aludir às diferenças entre os estilos linguísticos das três "introduções", incluindo esta do terceiro volume do "Derivação e Positivação no Direito Tributário", reitero o interesse pela doutrina sobre os *tipos* de linguagem (filosófica, científica, técnica, artística, ordinária, religiosa etc.) e insisto que é a interação estabelecida entre elas que proporciona a amplitude do saber: quanto mais intensa a combinação entre os tipos empregados, mais sólida e densa será a atividade cognoscitiva do ser humano, de tal modo que a expressão desta mensagem pretende ser um meio efetivo de organizar as pesquisas, bem como o estudo de qualquer objeto quer for separado para fins de aproximação cognoscente, material valioso de aprofundamento epistemológico.

Na pressa e urgência de uma simples "introdução", firmada a premissa segundo a qual não se deve medir o padrão e a categoria do conhecimento com o metro do nosso gosto pessoal, está aqui o terceiro volume prometido, desde o início, com mais questões jurídicas a serem debatidas e tratadas com a retórica apropriada à função de linguagem que me pareceu mais adequada aos objetivos da obra. Procurei manter-me sempre atento àquelas combinações entre os tipos de comunicação a que me referi.

Acrescento a este texto derradeiro os índices geral, onomástico, remissivo e bibliográfico correspondentes aos três volumes.

São Paulo, 28 de outubro de 2016.
(SJT)

Paulo de Barros Carvalho
Professor Emérito e Titular da PUC/SP e da USP

Sujeição Passiva

SUJEIÇÃO PASSIVA

Tema XXV

RESPONSABILIDADE TRIBUTÁRIA POR GRUPO ECONÔMICO... 05

Tema XXVI

RESPONSABILIDADE POR SUCESSÃO DECORRENTE DE CISÃO.. 71

Tema XXVII

DIFERIMENTO, SOLIDARIEDADE E RESPONSABILIDADE TRIBUTÁRIA

Análise dos contratos de venda de mercadoria sob cláusula FOB.. 91

Tema XXVIII

RESPONSABILIDADE CIVIL E A FIGURA JURÍDICA DA "INDENIZAÇÃO" EM DIREITO TRIBUTÁRIO

Análise da natureza jurídica e da constitucionalidade do "ressarcimento ao SUS" segundo ditames da Lei nº 9.656/1998 119

Tema XXIX

SUBSTITUIÇÃO TRIBUTÁRIA NO ICMS

Interpretação conforme a Lei Complementar 87/1996 e o Convênio ICMS nº 45/1999 151

Tema XXX

RESPONSABILIDADE POR SUCESSÃO DECORRENTE DE INCORPORAÇÃO DE INSTITUIÇÕES FINANCEIRAS 171

Tema XXV
RESPONSABILIDADE TRIBUTÁRIA POR GRUPO ECONÔMICO

Sumário: 1. Introdução. 2. O princípio da legalidade como norma jurídica que orienta a atuação do aplicador do direito e a metodologia adotada. 3. Pressupostos, regime jurídico e critérios de definição das Medidas Cautelares. 4. Medida Cautelar Fiscal: requisitos para propositura e o alcance de seus efeitos. 4.1. O processo de positivação do direito e os termos constitutivos do crédito tributário. 5. O princípio do devido processo legal e a impropriedade de utilização de Medida Cautelar Fiscal para atribuição de responsabilidade a terceiros. 6. A identificação do sujeito passivo e a figura da responsabilidade tributária. 7. A linguagem do direito constituindo a realidade jurídica. 7.1. Personalidade: uma das criações do direito positivo. 7.2. Pessoa jurídica: os termos inicial e final de sua existência. 7.3. Princípio da autonomia da pessoa jurídica. 8. Grupo econômico: a necessidade da "influência dominante". 8.1. Inexistência de "grupo econômico familiar". 9. Posição jurisprudencial relativa à responsabilidade tributária das empresas que integram grupos econômicos. 9.1. Solidariedade na sujeição passiva: inexistência de "interesse comum" entre empresas do mesmo grupo econômico. 9.2. Inexistência de previsão legal que estipule solidariedade passiva tributária entre empresas do mesmo grupo econômico. 10. A responsabilidade tributária dos terceiros e os requisitos para sua atribuição aos sócios. 11. Requisitos para a desconsideração da personalidade jurídica, para fins de atribuir responsabilidade pelo pagamento de débitos tributários.

11.1. Do desvio de finalidade. 11.2. Da confusão patrimonial. 11.3. Da comprovação da prática de ato doloso. 12. O instituto da prescrição e a estabilização das relações jurídicas. 12.1. O termo inicial da prescrição para o redirecionamento de Execução Fiscal. 13. Conclusões.

1. Introdução

O assunto da responsabilidade tributária de grupos econômicos tem ocupado lugar de destaque em meio aos temários de congressos nos últimos anos. Tal frequência pode ser justificada pelo elevado número de aparecimentos nas execuções fiscais, muitas vezes conjugada com medidas cautelares fiscais, que impõem severas restrições patrimoniais às pessoas alcançadas, com vistas a assegurar a satisfação do crédito fiscal.

A inserção desses instrumentos no contexto dos grupos econômicos costuma fundar-se nos termos do art. 124 do Código Tributário Nacional, aproximando ainda o art. 50 do Código Civil com ocasionais referências, e ainda, o art. 135 da Lei Tributária. Tratarei do alcance e das limitações desses dispositivos com mais vagar ao longo do presente escrito.

É certo que a proteção do crédito tributário é cercada de uma série de medidas que pretendem garantir-lhe maior efetividade, como são os ritos diferenciados da Execução Fiscal e da própria Lei nº 8.397/1992, que disciplina o procedimento cautelar fiscal. Nenhum desses expedientes, porém, pode ser implementados sem que antes sejam respeitadas as garantias constitucionais que têm os executados, tais como o devido processo legal e o direito à ampla defesa.

Para dar rendimento ao estudo, e no sentido de isolar os tópicos que outorgam substância ao assunto, tomarei 10 (dez) questões sobre o tema. Consignando, ao final deste texto, as respectivas respostas que entendo mais adequadas à atual configuração do direito positivo brasileiro. Ei-las:

DERIVAÇÃO E POSITIVAÇÃO NO DIREITO TRIBUTÁRIO

1. Qual a natureza do procedimento cautelar fiscal, previsto na Lei nº 8.397, de 6 de janeiro de 1992, e quais são suas hipóteses de cabimento?

2. Consoante disposição da Lei nº 8.397, de 6 de janeiro de 1992, a quem poderão ser estendidos os efeitos da cautelar fiscal?

3. Consoante disposição da Lei nº 8.397, de 6 de janeiro de 1992, quais bens podem sofrer os efeitos de uma cautelar fiscal?

4. Para que seja deferida liminar em processo cautelar, quais elementos devem ser demonstrados em relação às partes inclusas no polo passivo?

5. Para efeitos de aplicação da legislação tributária, e considerando a possibilidade de responsabilização de terceiros, o CTN ou outra lei tributária contemplou, em algum de seus dispositivos, o conceito de "grupo econômico"?

6. É possível, especialmente para fins de imputação de responsabilidade tributária, qualificar pessoas físicas como integrantes de "grupo econômico" familiar?

7. Em razão do caráter pessoal da responsabilidade dos diretores, gerentes e administradores, a que diz respeito o artigo 135, inciso III do Código Tributário Nacional, como se configuraria a gestão "com excesso de poderes ou infração de lei, contrato social" que culminaria em sua responsabilização? A mera circunstância de ser diretor de empresa que integra "grupo econômico" poderia ensejar sua responsabilidade pessoal nos termos deste enunciado legal?

8. Em relação à solidariedade a que alude o art. 124, inciso I, do CTN, o que caracterizaria a existência de "interesse comum"?

9. Como se daria a aplicação do artigo 50 do Código Civil para fins de responsabilização de terceiros na seara tributária? Neste caso, há parâmetros que permitem o ensejo da responsabilidade de terceiros, sob qualquer forma de grupo econômico?

10. Qual o prazo prescricional para a corresponsabilização e inclusão de terceiros no polo passivo da execução fiscal? Devem esses prazos ser observados também em se tratando de cautelares fiscais?

2. O princípio da legalidade como norma jurídica que orienta a atuação do aplicador do direito e a metodologia adotada

Da concepção global de sistema jurídico-positivo, tomada a expressão como conjunto de normas associadas segundo critérios de organização prescritiva, e todas elas voltadas para o campo material das condutas interpessoais, extraímos o subsistema das normas constitucionais. O subsistema de que falamos é fortemente marcado por enunciados de cunho axiológico, revelando a orientação do legislador constituinte em impregnar as normas de inferior hierarquia com uma série de conteúdos de preferência por núcleos significativos.

O primeiro é o cânone da **legalidade**, projetando-se sobre todos os domínios do direito e inserido no art. 5º, II, do Texto Constitucional vigente: *"ninguém será obrigado a fazer ou deixar de fazer alguma coisa senão em virtude de lei"*. Esse imperativo aplica-se, inclusive, à Administração Pública, sendo repetido, enfaticamente, no art. 37, *caput*, do mesmo Diploma.

Em outras palavras, qualquer das pessoas políticas de direito constitucional interno **somente poderá impor obrigações aos particulares mediante expedição de lei**. Quadra advertir que a mensagem não é dirigida somente ao legislador das normas gerais e abstratas, mas, igualmente, ao administrador público, ao juiz e a todos aqueles a quem incumba cumprir ou fazer cumprir a lei. No desempenho das respectivas funções, a todos se volta o mandamento constitucional, que há de ser observado. Qualquer tipo de imposição que se pretenda instituir há de curvar-se aos ditames desse primado, conquista secular dos povos civilizados, permanecendo como barreira intransponível para os apetites arrecadatórios do Estado-Administração.

Veiculada a lei, necessária se faz a exata adequação do fato à norma. Por isso mesmo, o surgimento da obrigação está condicionado ao evento da subsunção, que é a plena correspondência entre o fato e a hipótese de incidência, instalando a relação jurídica correspondente. Não se verificando o perfeito quadramento do fato à norma, inexistirá obrigação. Nesse percurso, ou ocorre a subsunção do fato à regra, ou não ocorre, afastando-se terceira possibilidade. Perfaz-se aqui a eficácia da lei lógica do terceiro excluído: a proposição "p" é verdadeira ou falsa, inadmitindo-se situação intermediária. Por outro lado, ocorrido o fato, a relação obrigacional que nasce há de ser exatamente aquela estipulada no consequente normativo.

Em síntese: (i) sem lei anterior que descreva o fato, não nasce a obrigação; (ii) sem subsunção do evento descrito à hipótese normativa, também não; e (iii) havendo previsão legal e a correspondente subsunção do fato à norma, os elementos do liame jurídico irradiado devem equivaler àqueles prescritos na lei. São condições necessárias para a regular constituição do vínculo obrigacional.

No setor do direito tributário, o imperativo de que falamos ganha feição de maior severidade, por força do que se conclui da leitura do art. 150, I, do mesmo Diploma: *"sem prejuízo de outras garantias asseguradas ao contribuinte, é vedado à União, aos Estados, ao Distrito Federal e aos Municípios: I - exigir ou aumentar tributo sem lei que o estabeleça"*. Em outras palavras, qualquer das pessoas políticas de direito constitucional interno somente poderá instituir tributos, isto é, descrever a regra-matriz de incidência, ou aumentar os existentes, majorando a base de cálculo ou a alíquota, mediante expedição de lei.

O mesmo cabe dizer das demais regras impositivas de comportamentos aos contribuintes. Em linha de princípio, o veículo introdutor da norma tributária no ordenamento há de ser sempre a lei. O princípio da estrita legalidade, todavia, vem acrescer os rigores procedimentais em matéria de tributo, dizendo mais do que isso: estabelece que a lei adventícia traga, no seu bojo, os elementos descritores do fato jurídico e os dados prescritores da relação obrigacional. Esse *plus* caracteriza a tipicidade tributária.

A tipicidade tributária significa a exata adequação do fato à norma, e, por isso mesmo, o surgimento da obrigação se condicionará ao evento da subsunção, que é a plena correspondência entre o fato jurídico tributário e a hipótese de incidência, fazendo surgir a obrigação correspondente, nos exatos termos previstos em lei.

De outra parte, o princípio da vinculabilidade da tributação, recortado do Texto Supremo e inserido no art. 142 do Código Tributário Nacional, traduz uma conquista no campo da segurança dos administrados, em face dos poderes do Estado Moderno, de tal forma que **o exercício da administração tributária encontra-se tolhido, em qualquer de seus movimentos, pela necessidade de aderência total aos termos inequívocos da lei**, não podendo abrigar qualquer resíduo de subjetividade própria dos atos de competência discricionária.

Por isso é que, no procedimento administrativo de gestão tributária, não se permite ao funcionário da Fazenda o emprego de recursos imaginativos. Para tanto, a mesma lei reguladora do gravame, juntamente com outros diplomas que regem a atividade administrativa, oferece um quadro expressivo de providências, com expedientes das mais variadas espécies, tudo com o escopo de possibilitar a correta fiscalização do cumprimento das obrigações e deveres estatuídos.

É imprescindível que os agentes da Administração, incumbidos de sua constituição, ao relatarem o fato jurídico tributário, demonstrem-no por meio de uma linguagem admitida pelo direito. Assim se diz que as provas da ocorrência factual devem ser aptas para certificar a ocorrência do fato:

comprovar a legitimidade da norma individual e concreta que documenta a incidência tributária significa promover a verificação de que o acontecimento fáctico narrado e a relação jurídica instaurada mantêm estrita correspondência com as provas montadas e apresentadas mediante formas linguísticas selecionadas pelo direito positivo.

Tais esclarecimentos são importantes porque, no desenrolar deste estudo, veremos que indigitada coincidência esbarra, muitas vezes, em limites semânticos intransponíveis, pois não cabe à Administração impor ao particular a posição de responsável tributário sem que tenha ocorrido fato previsto em lei como necessário e suficiente para tanto.

O tema trazido para análise pede, também, a atenção para a linguagem comum, constitutiva da realidade, e para a linguagem jurídica, como metalinguagem que se estabelece sobre a linguagem comum para configurar aquilo que chamamos de "realidade jurídica". É exatamente a partir das disposições normativas que disciplinam a personalidade jurídica das denominadas "pessoas naturais" e "pessoas artificiais" que edificaremos conclusões a respeito da existência (ou não) de um grupo econômico. Para tanto, faremos uso de definições traçadas pelo Direito Societário e pelo Direito Econômico, objetivando revelar os caracteres qualificadores dessa espécie de grupo.

O movimento seguinte consistirá em colocar sob foco temático a figura da "responsabilidade tributária", identificando as disposições normativas a respeito do assunto, para que possamos compreendê-las no contexto do ordenamento brasileiro. Darei ênfase aos enunciados que a disciplinam, outorgando especial atenção ao art. 124 do Código Tributário Nacional. Também merece aprofundado estudo o art. 50 do Código Civil, efetuando-se exame pormenorizado dos requisitos ali previstos para fins de configuração de abuso da personalidade jurídica e tecer comentários a respeito de sua pertinência para fins de apuração de responsabilidade tributária.

Ultrapassados esses aspectos, poderei então dispor a respeito do prazo prescricional previsto na lei tributária para eventuais redirecionamentos e medidas cautelares fundados no pressuposto de responsabilidade tributária de grupos econômicos, objetivando identificar seu termo *a quo*.

3. Pressupostos, regime jurídico e critérios de definição das Medidas Cautelares

O processo de conhecimento e o de execução visam, respectivamente, à produção de normas individuais e concretas aptas a solucionar litígios entre jurisdicionados, e à atuação prática[1] de referidas regras jurídicas, tomando, um e outro, providências *definitivas* e *imediatas* para preservar ou reintegrar o sistema normativo e o direito subjetivo ameaçado ou lesado.

Já o processo cautelar[2] tem por escopo garantir *eficácia* e *utilidade* às medidas, quer cognitivas, quer executivas, funcionando como *instrumento* daquel'outras espécies procedimentais. A tutela acautelatória se faz necessária porque diversas situações reclamam respostas *urgentes*, não sendo possível investigar, profundamente, eventual presença do direito pleiteado, devendo o juiz satisfazer-se com mera *probabilidade* a respeito de sua existência, tendo em vista que, na falta do pronto atendimento, o bem jurídico sofreria lesão de difícil ou impossível reparação.

Para cumprir tal objetivo – conferir *eficácia* e *utilidade* ao processo principal – cabe ao magistrado autorizar ou vedar a prática de determinados atos, ordenar a guarda de pessoas e depósito de bens e impor a prestação de caução (art. 799,

---

1. MOREIRA, José Carlos Barbosa Moreira. *O novo processo civil brasileiro*, p. 301.

2. O Código de Processo Civil de 2015 emprega nova terminologia, fazendo referência à tutela de urgência de natureza cautelar. No decorrer deste escrito, farei a correspondência – quando aplicável for – com os dispositivos da nova Lei em notação simples, com o uso de colchetes.

CPC) [art.297, CPC/2015]. Além disso, em casos excepcionais, compete ao juiz deferir, liminarmente, medidas cautelares, *inaudita altera parte*, quando verificar que o réu, sendo citado, poderá torná-la ineficaz eventual provimento futuro (arts. 797 e 804, CPC) [art. 300 a 302, 303, *caput* e §1º, CPC/2015].

Os expedientes cautelares podem, a qualquer tempo, ser revogados ou modificados, e sempre dependem do procedimento principal (arts. 796 e 807, CPC) [304 e 309, CPC/2015].

A ação cautelar decorre do direito subjetivo à tutela cautelar; consiste no direito de assegurar que o processo possa conseguir um resultado útil. Por isso, sua causa de pedir remota é a existência de outro processo cuja eficácia se pretende garantir. E a causa de pedir próxima consiste no perigo de ineficácia da decisão.

Não se trata, portanto, de ação de caráter declaratório ou constitutivo de direitos e deveres, mas assecuratório da eficácia de outro processo. A providência cautelar guarda relação de acessoriedade e dependência ontológica (de existência) com uma outra relação, emergente em outro processo (relação principal), podendo dar-se de forma preparatória ou incidental.

Como se percebe, contrapondo-se ao processo de conhecimento e ao de execução, a medida cautelar é *provisória* e apenas se justifica enquanto subsistam os requisitos que a motivaram: o *fumus boni iuris* e o *periculum in mora*. O primeiro deles diz respeito à *probabilidade* da existência do direito violado. Num exame superficial, o juiz deve observar se há indícios de que o autor, ao término do processo, tenha bom êxito. Por outro lado, o *periculum in mora* significa a *possibilidade* de o requerente sofrer lesão grave de difícil ou impossível reparação, caso a medida não seja autorizada. A concessão da providência cautelar não é ato discricionário: preenchidas aquelas condições, o órgão judicante é obrigado a deferir o pedido; não presentes os requisitos exigidos por lei, deve ser o indeferimento do pleito.

Tudo isso objetivando, sempre, que a tutela cautelar cumpra sua finalidade instrumental, não se voltando à satisfação dos direitos subjetivos da parte, mas à salvaguarda da eficácia dos provimentos definitivos dos processos de conhecimento e de execução.

4. Medida Cautelar Fiscal: requisitos para propositura e o alcance de seus efeitos

Como visto, o processo cautelar constitui função integradora dos processos de conhecimento e de execução, preparando a realização do direito, visando à remoção de possíveis ameaças ao seu exercício. Não obstante os processos cautelares em geral encontrem fundamento no art. 796 e seguintes do Código de Processo Civil [art. 300 a 310, CPC/2015], existe, no ordenamento pátrio, a previsão de medida cautelar específica para fins fiscais: é a medida cautelar fiscal, disciplinada pela Lei nº 8.397/1992, com redação dada pela Lei nº 9.532/1997.

A medida cautelar fiscal pode ser preparatória de execução fiscal ou incidental ao processo executivo. Para sua propositura, a legislação em regência impõe requisitos específicos.

O art. 1º da Lei nº 8.397/1992 exige a constituição do crédito, com o que podemos entender a norma individual e concreta com a respectiva sujeição passiva:

> Art. 1º O procedimento cautelar fiscal poderá ser instaurado **após a constituição do crédito**, inclusive no curso da execução judicial da Dívida Ativa da União, dos Estados, do Distrito Federal, dos Municípios e respectivas autarquias. (Redação dada pela Lei nº 9.532, de 1997)
>
> Parágrafo único. O requerimento da medida cautelar, na hipótese dos incisos V, alínea "b", e VII, do art. 2º, independe da prévia constituição do crédito tributário. (destaquei)

Assim, tendo havido a constituição do crédito tributário, referida medida pode ser proposta contra o sujeito passivo quando este pratica alguma das ações previstas no art. 2º da Lei nº 8.397/1992:

> Art. 2º. A medida cautelar fiscal poderá ser requerida contra o sujeito passivo de crédito tributário ou não tributário, quando o devedor:
>
> I - sem domicílio certo, intenta ausentar-se ou alienar bens que possui ou deixa de pagar a obrigação no prazo fixado;
>
> II - tendo domicílio certo, ausenta-se ou tenta se ausentar, visando a elidir o adimplemento da obrigação;
>
> III - caindo em insolvência, aliena ou tenta alienar bens;
>
> IV - contrai ou tenta contrair dívidas que comprometam a liquidez do seu patrimônio;
>
> V - notificado pela Fazenda Pública para que proceda ao recolhimento do crédito fiscal:
>
> a) deixa de pagá-lo no prazo legal, salvo se suspensa sua exigibilidade;
>
> b) põe ou tenta por seus bens em nome de terceiros;
>
> VI - possui débitos, inscritos ou não em Dívida Ativa, que somados ultrapassem trinta por cento do seu patrimônio conhecido;
>
> VII - aliena bens ou direitos sem proceder à devida comunicação ao órgão da Fazenda Pública competente, quando exigível em virtude de lei;
>
> VIII - tem sua inscrição no cadastro de contribuintes declarada inapta, pelo órgão fazendário;
>
> IX - pratica outros atos que dificultem ou impeçam a satisfação do crédito.

Somente nas hipóteses de o possível sujeito passivo colocar ou tentar pôr seus bens em nome de terceiros (inc. V, "b"), ou alienar bens ou direitos sem proceder à devida comunicação ao órgão da Fazenda Pública, quando exigível em virtude de lei (inc. VII), admite-se a propositura da referida medida antes mesmo da constituição do crédito tributário, como providência acautelatória. Em quaisquer das demais situações, somente a inclusão do particular no polo passivo da norma individual e concreta autoriza o ajuizamento de medida cautelar fiscal.

O art. 3º da Lei nº 8.397/1992, ao enunciar os requisitos para a concessão da medida cautelar fiscal, confirma essa assertiva, visto que exige a presença concomitante de (i) prova literal da constituição do crédito e de (ii) prova documental de algum dos casos mencionados no art. 2º.

Além disso, a providência acautelatória produz efeito relativo à indisponibilidade de bens do ativo permanente da pessoa jurídica:

> Art. 4º. A decretação da medida cautelar fiscal produzirá, de imediato, a indisponibilidade dos bens do requerido, até o limite da satisfação da obrigação.
>
> § 1º. **Na hipótese de pessoa jurídica, a indisponibilidade recairá somente sobre os bens do ativo permanente**, podendo, ainda, ser estendida aos bens do acionista controlador e aos dos que em razão do contrato social ou estatuto tenham poderes para fazer a empresa cumprir suas obrigações fiscais, ao tempo:
>
> a) do fato gerador, nos casos de lançamento de ofício;
>
> b) do inadimplemento da obrigação fiscal, nos demais casos.
>
> (destaquei)

Essas anotações, aliadas ao princípio da legalidade, impõem que a Fazenda Pública faça uso da medida cautelar fiscal tão somente quando preenchidos os requisitos legais para tanto, e considerando o sujeito passivo de crédito tributário devidamente constituído por norma individual e concreta (lançamento tributário).

4.1. O processo de positivação do direito e os termos constitutivos do crédito tributário como delimitadores do alcance da Medida Cautelar Fiscal

Normas jurídicas são as significações construídas a partir dos textos positivados e estruturadas consoante a forma lógica dos juízos condicionais, compostos pela associação de duas ou mais proposições prescritivas, tendo como resultado mensagem deôntica portadora de sentido completo. Pressupõem uma proposição-antecedente, descritiva de possível evento do mundo social, na condição de suposto normativo, implicando uma proposição-tese, de caráter relacional, no tópico do consequente, funcionando como prescritora de condutas intersubjetivas.

Considerando que o direito existe para disciplinar os comportamentos humanos no convívio social, é o consequente normativo a categoria fundamental do conhecimento jurídico. Forma-se, invariavelmente, por uma proposição relacional, enlaçando dois ou mais sujeitos de direito em torno de conduta regulada como proibida, permitida ou obrigatória.

Para terem sentido e, portanto, serem devidamente compreendidos pelo destinatário, os comandos jurídicos devem revestir um *quantum* de estrutura formal. Em simbolismo lógico, teríamos $D[F \rightarrow (S'RS'')]$, que se interpreta assim: dever-ser que, dado o fato F, então se instale a relação jurídica R, entre os sujeitos S' e S". Apenas com esse esquema formal haverá possibilidade de sentido deôntico completo. Sua composição sintática é constante: um juízo condicional, em que se associa uma consequência à realização de um acontecimento fático previsto no antecedente, fazendo-o por meio implicacional. Eis o motivo pelo qual se afirma ser a norma jurídica a unidade irredutível de manifestação do deôntico.

Cuida registrar, nesta oportunidade, que não obstante tenham as normas jurídicas o objetivo de regular condutas nas relações intersubjetivas, a mensagem deôntica, emitida em linguagem prescritiva, não chega a tocar, diretamente, os comportamentos interpessoais. Não se transita, livremente, do "dever-ser" para o mundo do "ser". O que está ao alcance do legislador é aproximar os comandos normativos, cada vez mais, estimulando as vontades na direção do cumprimento das condutas estipuladas. E isso se faz mediante o processo de positivação das normas jurídicas, numa trajetória que vai da mais ampla generalidade e abstração, para atingir níveis de individualidade e concreção. Uma ordem jurídica não se realiza de modo efetivo, motivando alterações no terreno da realidade social, sem que os comandos gerais e abstratos ganhem concreção e individualidade.

Na hierarquia do direito posto, há forte tendência de que as normas gerais e abstratas se concentrem nos escalões mais altos, surgindo as gerais e concretas, individuais e abstratas, e individuais e concretas à medida que o direito vai se positivando, com vistas à regulação das condutas interpessoais. Caracteriza-se o processo de positivação exatamente por esse avanço em direção aos comportamentos humanos. As normas gerais e abstratas, dada sua generalidade e posta sua abstração, não têm condições efetivas de atuar num caso materialmente definido. Ao projetar-se em direção à região das interações sociais, desencadeiam uma continuidade de regras que progridem para atingir o caso especificado.

Feitos os necessários esclarecimentos sobre o processo de positivação das normas jurídicas, convém discorrer sobre as espécies normativas, tomando-se por critério classificatório as qualidades da hipótese e do consequente. Parece-nos perfeitamente justificada e coerente a adoção das qualidades "abstrato" e "concreto" ao modo como se toma o fato descrito no antecedente. A tipificação de um conjunto de fatos realiza uma previsão abstrata, ao passo que a conduta especificada no espaço e no tempo dá caráter concreto ao comando normativo. Embora revista caracteres próprios, a existência do antecedente está intimamente atrelada ao consequente, vista na pujança da unidade deôntica, que, por seu turno, terá outro perfil semântico. Levando em conta tais considerações, a relação jurídica será geral ou individual, reportando-se o qualificativo ao quadro de seus destinatários: *geral*, aquela que se dirige a um conjunto de sujeitos indeterminados quanto ao número; *individual*, a que se volta a certo indivíduo ou a grupo identificado de pessoas.

Firmadas essas premissas, poderemos classificar as normas em quatro espécies: (i) geral e abstrata; (ii) geral e concreta; (iii) individual e abstrata; e (iv) individual e concreta. Para os fins desta investigação, voltemos nossa atenção às normas gerais e abstratas e às individuais e concretas.

A norma abstrata e geral adota o termo *abstrato*, em seu antecedente, no bojo do qual preceitua enunciado hipotético descritivo de um fato, e *geral*, em seu consequente, onde repousa a regulação de conduta de todos aqueles submetidos a dado sistema jurídico. Observadas essas reflexões, o antecedente das normas abstratas e gerais representará, invariavelmente, uma previsão hipotética, relacionando as notas que o acontecimento social há de ter para ser considerado fato jurídico. O enunciado há de compor-se ou de uma classe (ou conjunto enumerando os indivíduos que a integram), ou indicando as notas ou nota que o indivíduo precisa ter para pertencer à classe ou conjunto. A primeira é a forma tabular; a segunda, forma-de-construção. A modalidade em que, quase sempre, manifesta-se a proposição normativa geral e abstrata não é a forma tabular, mas a forma-de-construção. Nela se estatuem as notas (conotação) que os sujeitos ou as ações devem ter para pertencerem ao conjunto. Em posição subsequente, teremos o consequente normativo que, por seu turno, trará conduta invariavelmente determinada em termos gerais, voltada para um conjunto indeterminado de pessoas.

As normas veiculadas na legislação de regência do ICMS, por exemplo, são do tipo geral e abstrata, pois prescrevem, no antecedente, critérios fácticos que, se preenchidos, desencadearão a relação jurídica posta no consequente, consistente na obrigação de pagar imposto, de cumprir deveres instrumentais, ou de arcar com penalidades pecuniárias.

A norma individual e concreta, por sua vez, é aquela que no antecedente toma fato ocorrido e delimitado no tempo e no espaço, sendo que, no quadro de seus destinatários, volta-se a certo indivíduo ou a grupo identificado de pessoas. É o que se verifica, por exemplo, no lançamento tributário e na Certidão de Dívida Ativa.

Para que haja atuação da norma jurídica geral e abstrata, portanto, faz-se necessário o fenômeno da incidência, que é a percussão da norma, por meio da juridicização do acontecimento do mundo da experiência social, fazendo propagar efeitos peculiares na disciplina das condutas interpessoais. As normas, entretanto, não incidem por força própria. É preciso que seja efetuada sua aplicação, isto é, que alguém interprete a amplitude dos preceitos legais, fazendo-os incidir no caso particular e sacando, assim, a norma individual e concreta. A incidência das normas jurídicas requer o homem, como elemento intercalar, movimentando as estruturas do direito, construindo, a partir de normas gerais e abstratas, outras gerais e abstratas, gerais e concretas, individuais e abstratas, ou individuais e concretas, para, com isso, imprimir positividade ao sistema, impulsionando-o das normas superiores às regras de inferior hierarquia, até atingir o nível máximo de motivação das consciências e, dessa forma, tentar mexer na direção axiológica dos comportamentos intersubjetivos.

A construção dessas unidades irredutíveis de significação do deôntico-jurídico pressupõe a inserção de enunciados prescritivos na ordenação total, revestindo todos os caracteres formais exigidos pelo sistema, o que é tarefa privativa dos órgãos para tanto habilitados. Somente um sujeito de direito indicado pela lei poderá, por intermédio da norma individual e concreta, recolher os elementos verificados no acontecimento efetivo da vida social, proceder à operação lógica de subsunção e expedir a norma individual e concreta, constituindo em linguagem a relação jurídica.

Só tem cabimento medida cautelar fiscal quando, previamente, mediante órgão administrativo habilitado para tanto, tenha havido a constituição do crédito tributário, identificando-se, no antecedente, o fato ocorrido, e, no consequente, os devedores.

5. O princípio do devido processo legal e a impropriedade de utilização de Medida Cautelar Fiscal para atribuição de responsabilidade a terceiros

Em que pese ao poder estatal ser uno e indivisível, como repetidamente advertido por Rousseau, para que se opere seu racional e responsável exercício, este é partido em três segmentos, objetivando atender à complexidade das tarefas estatais e à consequente necessidade de especialização dos órgãos do Estado, no desempenho dessas tarefas. Fala-se, assim, em separação dos poderes, consistente na divisão do exercício do poder estatal.

O conceito de separação dos poderes designa princípio de organização política que, mediante a repartição de competências jurídicas, estrutura órgãos com funções específicas. No ordenamento brasileiro, o assunto encontra-se disciplinado, expressamente, no art. 2º da Constituição da República, nos termos do qual "são Poderes da União, independentes e harmônicos entre si, o Legislativo, o Executivo e o Judiciário". A independência e a harmonia entre os Poderes do Estado indicam, como princípio, que cada um deles projeta uma esfera própria de atuação, cuja demarcação tem por fundamento de validade a própria norma constitucional. Ao Legislativo confere, preponderantemente, a função de editar normas gerais e abstratas; ao Executivo o dever de efetivá-las mediante a edição de normas individuais e concretas; e, finalmente, ao Judiciário a tarefa de dirimir os inevitáveis conflitos na aplicação das normas jurídicas produzidas pelo sistema.

Justamente para atender a estipulações dessa índole é que a Constituição assegura o livre acesso ao Judiciário, prescrevendo que *"a lei não excluirá da apreciação do Poder Judiciário lesão ou ameaça a direito"* (art. 5º, XXXV).

A diretriz suprema do devido processo legal, por sua vez, anima a composição de litígios promovida pelo Judiciário, garantindo ampla liberdade às partes para exibir o teor de juridicidade e o fundamento de justiça das pretensões deduzidas em Juízo (art. 5º, LV).

É com estribo nesse primado que não se concebe, nos dias atuais, alguém ser apenado sem que lhe seja dado oferecer todas as razões favoráveis, que justifiquem ou expliquem seu comportamento. É direito que mereceu referência explícita em nossa Carta Constitucional, consoante se vê do art. 5º, LIV e LV, *in verbis*:

> LIV – ninguém será privado da liberdade ou de seus bens sem o devido processo legal;
>
> LV – aos litigantes, em processo judicial ou administrativo, e aos acusados em geral são assegurados o contraditório e ampla defesa, com os meios e recursos a ela inerentes;

Desse princípio decorrem, dentre outros, vedação a juízo ou tribunal de exceção, proibição de julgamento do processo por autoridade incompetente, princípios da ampla defesa e do contraditório, exigência de motivação das decisões e publicidade dos julgamentos.

Fique assinalado que a locução "aos acusados em geral" se equipara, em tudo e por tudo, a situação de todos os administrados que tenham ameaçados seu patrimônio e sua liberdade, por força de imposições tributárias. O poder de império do Estado, na plataforma dessas imposições, há de manifestar-se de forma extremamente cuidadosa, inspirada pelo zelo que a magnitude desses direitos sugere, tratando-se, como se trata, de prerrogativas fundamentais ao ser humano, no convívio com seus semelhantes.

A observância de tão elevado critério, porém, não há de inscrever-se no aparente quadro de faculdades externas e rotineiras, preservadas como singelos deveres dos agentes da administração, no decurso de procedimento. Antes de tudo, é *imposição constitucional*, que embora expressa naquele já citado preceito, penetra inúmeros outros dispositivos, quer no Texto Magno, quer em diplomas de inferior estatura hierárquica. A ele devem curvar-se todos os funcionários incumbidos de intervir na marcha do procedimento, curando, de ofício, e sem necessidade de qualquer instância do particular, de sua preservação e do sentido e da profundidade de sua existência, enquanto critério sobranceiro, diretriz primeira e conquista inarredável do moderno Estado de Direito, assim concebido como aquele que se submete à lei e à jurisdição.

Dentre os requisitos para a operacionalidade do devido processo legal, cabe destacar os princípios da ampla defesa e do contraditório. (i) O princípio da ampla defesa, enunciado no art. 5º, LV, do Texto Constitucional, consiste no "direito à adequada resistência às pretensões adversárias".[3] Exigência tributária sem oportunidade de ampla defesa é nula. (ii) O princípio do contraditório, também denominado princípio da audiência bilateral, consiste na prescrição de que ninguém pode ser condenado sem ser ouvido. Esse princípio diz respeito à oportunidade da defesa, significando, segundo Odete Medauar,[4] "a faculdade de manifestar o próprio ponto de vista ou argumentos próprios, ante fatos, documentos ou pontos de vista apresentados por outrem".

Em vista disso, ao pretender atribuir a um de seus administrados a posição de responsável tributário, é imperativa a emissão de norma individual e concreta, por meio do ato de lançamento, abrindo-se oportunidade à ampla defesa.

Com maior razão, para insurgir-se contra um contribuinte, a fim de que seja reconhecido como sucessor de grupo econômico, deveria constituir o crédito contra ele, assegurando-lhe o devido processo legal administrativo. E, ainda, caso pretenda que esse reconhecimento seja feito na esfera judicial, a medida cabível é aquela que oportuniza a produção probatória, em toda sua amplitude, a exemplo do que se verifica com as ações declaratórias.

---

3. CINTRA, Antônio Carlos de Araújo; GRINOVER, Ada Pellegrini e DINAMARCO, Cândido Rangel. *Teoria geral do processo*, p. 84.

4. *Direito administrativo moderno*. 8ª ed. São Paulo: Revista dos Tribunais, 2004, p. 199.

Inadmissível que, no bojo de medida cautelar fiscal, sejam examinados esses aspectos, constituindo-se realidade nova, como a sucessão de grupo econômico e a qualificação como responsável tributário. Referida medida processual é instrumento meramente acautelatório, preparatório ou incidente a processo principal em que se tenha o débito devidamente constituído contra o respectivo sujeito passivo, decorrente da aplicação da regra tributária e da norma de responsabilidade.

6. A identificação do sujeito passivo e a figura da responsabilidade tributária

Sujeito passivo da relação jurídica tributária é a pessoa de quem se exige o cumprimento da prestação pecuniária, nos nexos obrigacionais, bem como da prestação insusceptível de avaliação patrimonial, nas relações que veiculam meros deveres instrumentais ou formais.

A Constituição da República não aponta quem deva ser o sujeito passivo das exações cuja competência legislativa faculta às pessoas políticas. Invariavelmente, o constituinte alude a um evento, deixando a cargo do legislador ordinário não só estabelecer o desenho estrutural da hipótese normativa, que deverá girar em torno daquela referência constitucional, mas, além disso, escolher o sujeito que arcará com o peso da incidência fiscal, fazendo as vezes de devedor da prestação tributária. A cada um dos eventos eleitos para compor a hipótese da regra-matriz de incidência, a autoridade legislativa apanha um sujeito, segundo o critério de sua participação direta e pessoal com a ocorrência objetiva, e passa a chamá-lo de contribuinte, fazendo-o constar da relação obrigacional, na qualidade de sujeito passivo.

Em algumas oportunidades, outras pessoas, por manterem proximidade indireta com aquele ponto de referência em redor do qual foi formada a situação jurídica, são escolhidas para, na condição de responsáveis pelo crédito tributário, responderem, em caráter supletivo, ao adimplemento da prestação. A obrigação tributária, entretanto, só se instaura com sujeito passivo que integre a ocorrência típica.

A ênfase afirmativa está fundada num argumento singelo, mas poderoso: o legislador tributário não pode ir além dos limites constitucionais da sua competência, que é oferecida de maneira discreta, mediante a indicação de meros eventos. Aproveitando-se dessas referências, a autoridade legislativa exerce suas funções, autolimitando-se ao compor a descrição normativa. Feito isso, não pode transpor as fronteiras do fato que ele mesmo (legislador ordinário) demarcou, nos termos constitucionalmente permitidos. Em consequência **somente pode ocupar a posição de sujeito passivo tributário quem estiver em relação com o fato jurídico praticado**.

Muitas vezes, porém, o legislador refoge aos limites do suporte factual tributário, indo à procura de pessoa estranha àquele acontecimento do mundo, para fazer dele o *responsável* pela prestação. O eixo temático da responsabilidade tributária tem-se mostrado, na experiência brasileira, um terreno sobremodo fecundo para o surgimento de dúvidas e imprecisões. Assim, com o objetivo de sistematizar o assunto, o legislador fez constar no Código Tributário Nacional regras disciplinadoras do tema, subdividindo-o em três espécies: (a) responsabilidade dos sucessores; (b) responsabilidade de terceiros; e (c) responsabilidade por infração.

Rigorosamente analisada a relação que envolve o responsável tributário, porém, é forçoso concluir que não se trata de verdadeira "obrigação tributária", mas de vínculo jurídico com natureza de sanção administrativa. Não é demasia repetir que a obrigação tributária só se instaura com sujeito passivo que integre a ocorrência típica, motivo pelo qual o liame da responsabilidade apresenta caráter **sancionatório**, estando limitada às hipóteses estipuladas em lei complementar, conforme prescrito pelo art. 146, III, do Texto Magno.

A responsabilidade tributária é das matérias que o constituinte considerou especiais e merecedoras de maior vigilância, demandando disciplina mais rigorosa, a ser introduzida no ordenamento mediante veículo normativo de posição intercalar, em decorrência de seu procedimento legislativo mais complexo. Está-se diante de típico exemplo do papel de ajuste reservado à legislação complementar, para garantir a harmonia que o sistema requer. Seria um verdadeiro caos se cada ente político pudesse, a seu bel prazer, fixar as normas que disciplinam a responsabilidade atribuída aos sucessores, terceiros e infratores, em direito tributário.

Não obstante se trate de lei ordinária, o legislador do Código Tributário Nacional disciplinou, em muitos de seus dispositivos, matéria privativa de lei complementar e, em face dessa orientação semântica, foram tais preceptivos acolhidos pelo ordenamento jurídico com a força vinculativa daquele estatuto, em função do assunto por eles regulado. É o que se verifica nos artigos 128 a 138, que disciplinam a responsabilidade tributária, prescrevendo as hipóteses e condições nas quais o crédito pode ser exigido de pessoa diversa daquela que praticou o fato jurídico tributário.

Sobre o assunto, o Supremo Tribunal Federal, decidiu, em Recurso Extraordinário com repercussão geral, que somente lei complementar pode dispor sobre responsabilidade tributária, sendo inadmissível que atos de natureza diversa, desconsiderando as autonomias das personalidades jurídicas, pretendam imputar obrigações de um sujeito a pessoas distintas:

> (...) 6. O art. 13 da Lei 8.620/93 não se limitou a repetir ou detalhar a regra de responsabilidade constante do art. 135 do CTN, tampouco cuidou de uma nova hipótese específica e distinta. Ao vincular à simples condição de sócio a obrigação de responder solidariamente pelos débitos da sociedade limitada perante a Seguridade Social, tratou a mesma situação genérica regulada pelo art. 135, III, mas de modo diverso, incorrendo em **inconstitucionalidade por violação ao art. 146, III, da CF**.
>
> 7. O art. 13 da Lei nº 8.620/93 também se reveste de **inconstitucionalidade material**, porquanto **não é dado ao legislador estabelecer confusão entre os patrimônios das pessoas física e**

jurídica, o que, além de impor desconsideração *ex lege* e objetiva da personalidade jurídica, descaracterizando as sociedades limitadas, implica irrazoabilidade e inibe a iniciativa privada, **afrontando os arts. 5º, XIII, e 170, parágrafo único, da Constituição.**

8. Reconhecida a inconstitucionalidade do art. 13 da Lei 8.620/93 na parte em que determinou que os sócios das empresas por cotas de responsabilidade limitada responderiam solidariamente, com seus bens pessoais, pelos débitos junto à Seguridade Social.

9. Recurso extraordinário da União desprovido.

10. Aos recursos sobrestados, que aguardavam a análise da matéria por este STF, aplica-se o art. 543-B, § 3º, do CPC.[5] [art. 1036, CPC/2015] (grifos nossos)

Afinado pela mesma craveira, o Superior Tribunal de Justiça consolidou o entendimento de que a responsabilidade tributária está restrita às hipóteses estipuladas no Código Tributário Nacional, sendo vedada sua ampliação por lei ordinária ou por interpretação de disposições não tributárias que, por via oblíqua, representem ofensa ao teor prescrito pelo CTN:

> TRIBUTÁRIO. RECURSO ESPECIAL. EXECUÇÃO FISCAL. MATÉRIA FÁTICO-PROBATÓRIA EXAMINADA NO ACÓRDÃO DE ORIGEM. INCIDÊNCIA DA SÚMULA Nº 07/STJ. DÉBITOS PARA COM A SEGURIDADE SOCIAL. (SOCIEDADE POR QUOTAS DE RESPONSABILIDADE LTDA). REDIRECIONAMENTO. RESPONSABILIDADE DOS ADMINISTRADORES. SOLIDARIEDADE. PREVISÃO PELA LEI 8.620/93, ART. 13. INTERPRETAÇÕES SISTEMÁTICA E TELEOLÓGICA. CTN, ARTS. 124, II, E 135, III. CÓDIGO CIVIL, ARTS. 1.016 E 1.052. ENTENDIMENTO DA 1ª SEÇÃO DO STJ.
>
> (...)
>
> 4. A solidariedade prevista no art. 124, II, do CTN é denominada de direito. Ela só tem validade e eficácia quando a lei que a estabelece for interpretada de acordo com os propósitos da Constituição Federal e do próprio Código Tributário Nacional.
>
> **5. Inteiramente desprovidas de validade são as disposições da Lei nº 8.620/93, ou de qualquer outra lei ordinária, que**

---

5. RE 562.276, Rel. Min. Ellen Gracie, Tribunal Pleno, DJ 10/02/2011 (destaquei).

> indevidamente pretendem alargar a responsabilidade dos sócios e dirigentes das pessoas jurídicas. O art. 146, inciso III, b, da Constituição Federal estabelece que as normas sobre responsabilidade tributária deverão se revestir obrigatoriamente de lei complementar.
>
> 6. O CTN, art. 135, III estabelece que os sócios só respondem por dívidas tributárias quando exercerem gerência da sociedade ou qualquer outro ato de gestão vinculado ao fato gerador. O art. 13 da Lei nº 8.620/93, portanto, só pode ser aplicado quando presentes as condições do art. 135, III, do CTN, não podendo ser interpretado, exclusivamente, em combinação com o art. 124, II, do CTN.
>
> (...)
>
> 8. Não há como se aplicar à questão de tamanha complexidade e repercussão patrimonial, empresarial, fiscal e econômica, interpretação literal e dissociada do contexto legal no qual se insere o direito em debate. Deve-se, ao revés, buscar amparo em interpretações sistemática e teleológica, adicionando-se os comandos da Constituição Federal, do Código Tributário Nacional e do Código Civil para, por fim, alcançar-se uma resultante legal que, de forma coerente e juridicamente adequada, não desnature as Sociedades Limitadas e, mais ainda, que a bem do consumidor e da própria livre iniciativa privada (princípio constitucional) preserve os fundamentos e a natureza desse tipo societário. (...)[6]

A atribuição da responsabilidade tributária, conforme acima demonstrado e decidido pelo STF e STJ, deve dar-se nos exatos termos estipulados pela lei complementar. O assunto é disciplinado, na atualidade pelo Código Tributário Nacional, sendo descabida qualquer pretensão de utilizar-se lei ordinária ou instrumentos normativos de natureza não tributária.

Por esse motivo, não se pode admitir a aplicação, no caso, do regime jurídico diverso do prescrito no Código Tributário Nacional. Completamente distintas são as regras que regem a responsabilidade no âmbito do direito do trabalho ou das relações de consumo, por exemplo.

---

6. REsp nº 774372-RS, 1ª T., Rel. Min. José Delgado, DJ 02/05/2006 (grifos meus).

Como demonstrado, é pacífico nos Tribunais Superiores o entendimento no sentido de que as disposições do CTN têm lugar quando diante de dívidas tributárias, excluindo-se quaisquer outras. Nem poderia ser diferente. Afinal, ao qualificar uma dívida como tributária ou como não tributária, o que se busca é justamente determinar o regime jurídico a ela aplicável.

Cada espécie de vínculo obrigacional tem seus específicos fundamentos, sendo regida por tipos normativos diversos. E, no caso do direito tributário, o instrumento apropriado para fazê-lo é a lei complementar, razão pela qual a responsabilidade tributária somente se verifica se e quando preenchidos os pressupostos constantes dos arts. 128 a 138 do CTN.

7. A linguagem do direito constituindo a realidade jurídica

Muita diferença existe entre os mundos do "ser" e "dever-ser". São duas realidades que não se confundem, apresentando peculiaridades tais que nos levam a uma consideração própria e exclusiva. São dois corpos de linguagem, dois discursos linguísticos, cada qual portador de um tipo de organização lógica e de funções semânticas e pragmáticas diversas. O mundo normativo tem sua existência própria.

Diferentemente do que ocorre na realidade do "ser", em que a causalidade é natural, no mundo do "dever-ser" a causalidade é normativa, ou seja, demanda que o homem a construa, enlaçando um fato a uma relação jurídica mediante conectivo implicacional deôntico. Exemplificando. Ao soltarmos um lápis, ele inevitavelmente cai, em razão da gravidade, ou seja, em virtude de uma relação naturalmente existente (ser). Por outro lado, ao depararmos com uma placa contendo a inscrição "não fume", não significa a impossibilidade física de praticar o ato ali tipificado, mas sim que um ser humano está manifestando sua vontade de que não haja pessoas fumando naquele local (dever-ser). Tanto que, independentemente de essa regra vir a ser observada ou não, o preceito continua válido.

Em suma, o mundo do "ser" é disciplinado pela causalidade natural, em que há relações de implicação exprimindo nexo formalmente necessário entre os fatos naturais e seus efeitos. Já no universo jurídico, inexiste necessidade lógica ou factualmente fundada de a hipótese implicar a consequência, sendo a própria norma quem estatui o vínculo implicacional, por meio do "dever-ser". Enquanto na lei da causalidade natural a relação entre antecedente e consequente é descritiva, na lei de causalidade jurídica é o sistema jurídico positivo que determina, dentre as possíveis hipóteses e consequências, as relações que devem se estabelecer. É o ato de vontade da autoridade que legisla, expresso por um "dever-ser" neutro, isto é, que não aparece modalizado nas formas "proibido", "permitido" e "obrigatório", o responsável pela conexão deôntica entre proposição-antecedente e proposição-tese.

À evidência, só existe responsabilidade tributária se preenchidos os requisitos veiculados pelo ordenamento, como aptos para configurar essa realidade. Do mesmo modo, para que se possa falar em "grupo econômico", determinados pressupostos eleitos pelo sistema jurídico hão de estar presentes. E uma coisa não implica a outra, ou seja, a configuração de grupo econômico não desencadeia, por si só, a responsabilidade solidária entre pessoas jurídicas distintas. Toda e qualquer obrigação só existe na medida em que a conduta estiver regulada em lei.

O direito positivo, sendo o conjunto de normas jurídicas válidas em determinado espaço e tempo, integra o mundo do "dever-ser", isto é, seus enunciados são prescritivos, impondo como as coisas hão de ocorrer. Com isso, o direito cria e disciplina sua própria realidade.

7.1. Personalidade: uma das criações do direito positivo

O conceito de pessoa, no direito, não é o mesmo da linguagem social. Em termos jurídicos, pessoa não é sinônimo de ser humano; não é o conjunto formado por cabeça, tronco e membros. Pessoa é o ente ao qual o ordenamento confere a possibilidade de ser sujeito de direitos e deveres jurídicos. Nas palavras de Hans Kelsen,[7] *"ser pessoa ou ter personalidade jurídica é o mesmo que ter deveres jurídicos e direitos subjetivos"*. Não se confunde, portanto, com a acepção biológica dada à palavra.

Apenas essa referência é suficiente para demonstrar como o direito constrói sua própria realidade: pode ele tomar como pessoa o que bem entender, excluindo desse conceito determinado ser humano, ou, ao contrário, nele incluindo outras entidades, não coincidentes com o homem, na esteira do que ocorre com as "pessoas jurídicas".

Para que algo ou alguém seja reconhecido como pessoa, o direito posto exige uma forma linguística especial, fazendo adicionar declarações perante autoridades determinadas, requerendo a presença de testemunhas e outros requisitos mais. O nascimento de uma criança, por exemplo, não origina, por si só, uma nova pessoa. Sem o registro em cartório daquela ocorrência não há que falar em um novo centro de imputação de direitos e deveres. Somente quando os pais ou responsáveis comparecerem ao cartório de registro civil e prestarem declarações, com a posterior expedição de norma jurídica em que o antecedente é o fato jurídico do nascimento e o consequente é a prescrição de relações jurídicas em que o recém-nascido aparece como titular dos direitos subjetivos fundamentais, estaremos diante de uma nova pessoa.

O mesmo se pode dizer quanto ao ente jurídico. Este surge apenas quando observadas prescrições legais concernentes

---

7. *Teoria pura do direito*. 4ª ed. Trad. Baptista Machado, Coimbra: Arménio Amado, 1979, p. 242.

ao assunto. Não se trata de formalismo, mas de exigências do direito positivo, pois tanto a pessoa física como a jurídica são criações do ordenamento posto.

7.2. Pessoa jurídica: os termos inicial e final da sua existência

Como já anotei, a ideia de *personalidade* indica a aptidão para adquirir direitos e contrair obrigações. Assim, como no atual ordenamento jurídico brasileiro toda pessoa é capaz de direitos e obrigações (art. 1º do Código Civil), cada ser humano, individualmente considerado, possui o atributo da personalidade.

Essa qualificação, porém, não se restringe às pessoas naturais. Ao contrário, é igualmente conferida aos chamados entes morais ou artificiais, representados por associações de indivíduos e, até mesmo, pela destinação patrimonial a certo fim, como é o caso das fundações.

Para a constituição de uma pessoa, seja ela física ou jurídica, imprescindível a observância às prescrições legais. No que diz respeito à pessoa jurídica, duas fases são vislumbradas na sua criação, quais sejam, (i) a do ato constitutivo, representado pelo estatuto ou contrato social, e (ii) a do seu registro no órgão competente. Apenas com a conjugação desses dois fatores é que tem início a vida da entidade, pois nos termos do art. 45, *caput*, do Código Civil:

> Começa a existência legal das pessoas jurídicas de direito privado com a inscrição do ato constitutivo no respectivo registro, precedida, quando necessário, de autorização ou aprovação do Poder Executivo, averbando-se no registro todas as alterações por que passar o ato constitutivo.

A inscrição no Registro Público, portanto, é o termo inicial da personalidade jurídica, já que por meio dele se introduzem no ordenamento as regras atinentes à existência daquele novo ser.

O mesmo se pode dizer quanto à sua extinção: opera-se mediante observância das prescrições jurídicas. A simples inatividade da empresa não representa seu término; a paralisação das operações empresariais não implica a dissolução societária. Para que esta ocorra é necessária a iniciativa dos sócios, determinação legal ou ato do Governo (Código Civil, art. 51), nos exatos termos da lei.

Com efeito, é o direito positivo que estabelece o átimo inicial e final da existência da pessoa jurídica. E, enquanto perdura sua existência, esta possui personalidade própria, sendo capaz de direitos e obrigações, não se confundindo com as pessoas dos seus sócios.

7.3. Princípio da autonomia da pessoa jurídica

As pessoas físicas e jurídicas diferenciam-se pelo fato de que nas primeiras o ordenamento atribui direitos e deveres a um ser humano específico, enquanto nas segundas confere personalidade a um grupamento de indivíduos (sociedades ou associações) ou à destinação de um patrimônio (fundações). Isso não significa, porém, que a pessoa jurídica consista no conjunto de indivíduos que a criaram. Trata-se de entidades dotadas de existência própria, autônoma, inconfundível com a vida das pessoas físicas que a constituíram. Esses seres possuem personalidade e capacidade, sendo independentes das pessoas naturais que lhe deram vida. Caio Mário da Silva Pereira,[8] ao discorrer sobre o assunto, assevera:

> Sua vontade é distinta da vontade individual dos membros componentes; seu patrimônio, constituído pela afetação de bens, ou pelos esforços dos criadores associados, é diverso do patrimônio de uns e de outros; sua capacidade, limitada à consecução de seus fins pelo fenômeno da especialização, é admitida pelo direito positivo. E, diante de todos os fatores de sua autonomização, o jurista e o ordenamento legal não podem fugir da verdade

---

8. *Instituições de Direito Civil.* 19ª ed. Rio de Janeiro: Forense, 2001, vol. I, p. 195 (grifos meus).

inafastável: **as pessoas jurídicas existem no mundo do direito, e existem como seres dotados de vida própria, de uma vida real.** (grifei)

O Direito é farto em exemplos que comprovam a proposição de que existe autonomia patrimonial e até mesmo de interesse entre a pessoa jurídica e aquela que dela participe enquanto sócio. São oportunas e bem ilustrativas dessa separação as palavras de José Xavier Carvalho de Mendonça:[9]

> As sociedades comerciais entram, também, em relações com os próprios sócios, surgindo muitas vezes conflitos entre elas e seus membros, **o que supõe necessariamente a existência de duas pessoas. O sócio pode ser credor da sociedade; comprar bens sociais e vender ou ceder à sociedade bens próprios.** A sociedade pode obrigar o sócio a entrar com a quota prometida ou o valor da ação de que é titular; pode vender as ações por conta e risco do acionista; pode impedir que o sócio, desde que se não trata de sociedade anônima, se substitua por terceiro não sócio a seu arbítrio; pode ser demandada pelos sócios. A sociedade cooperativa contrata quase exclusivamente com os associados. De outro lado, o sócio tem direito de haver da sociedade a parte dos lucros que lhe cabe em virtude do contrato social, tem o direito de examinar os livros etc.

Também na esfera contábil observa-se a existência de disposição semelhante, conhecida por "princípio da entidade" ou "princípio da autonomia patrimonial", que veda a confusão do patrimônio da pessoa jurídica com o pertencente a seus sócios. É o que preceitua o art. 4º da Resolução nº 750/1993, do Conselho Federal de Contabilidade, *in verbis*:

> Art. 4º. O Princípio da ENTIDADE reconhece o Patrimônio como objeto da Contabilidade e afirma a autonomia patrimonial, a necessidade da diferenciação de um Patrimônio particular no universo dos patrimônios existentes, independentemente de pertencer a uma pessoa, um conjunto de pessoas, uma sociedade ou instituição de qualquer natureza ou finalidade, com ou sem

---

9. *Tratado de Direito Comercial*. V. 3. Rio de Janeiro: Freitas Bastos, 1958, pp. 85-86 (grifos meus).

fins lucrativos. Por consequência, nesta acepção, **o patrimônio não se confunde com aqueles dos seus sócios ou proprietários**, no caso de sociedade ou instituição. (grifos meus)

Estabelecida a separação entre a pessoa jurídica e os membros que a compõem, como consagrado no princípio da autonomia patrimonial, os sócios não podem ser considerados titulares dos direitos ou devedores das prestações decorrentes da atividade exercida pela sociedade. É da pessoa jurídica a titularidade processual, ou seja, a legitimidade para demandar e ser demandado em juízo. Em consequência, nos processos relacionados às suas obrigações, a parte legítima para mover ou responder à ação é a própria sociedade, e não seus componentes.

A teoria acima exposta encontra perfeita aplicação relativamente a pessoas jurídicas que tenham por sócios outras pessoas jurídicas: **cada qual tem personalidade e patrimônios próprios, inconfundíveis entre si.**

Quando a sociedade manifesta sua vontade, age como pessoa jurídica que é, titular de personalidade própria. Não o faz em nome do sócio. Nesse caso, exerce direitos e deveres em seu próprio nome, enquanto sujeito de direitos que é. Eis a linguagem do direito constituindo a realidade jurídica e desencadeando os respectivos efeitos.

Tais noções, em tudo, igualmente se aplicam às pessoas jurídicas criadas por sócios em comum. Assim como o ente artificial tem personalidade e patrimônios próprios, inconfundíveis com os de seus membros, a existência de duas ou mais entidades jurídicas constituídas pelas mesmas pessoas físicas não implica a unidade desses seres.

A pessoa jurídica e os particulares que figuram como sócios são pessoas diversas, cada qual com sua capacidade para ser sujeito de direitos e deveres, não sendo lícita a imputação das obrigações de uma a outra, indiscriminadamente, sob pena de desvirtuar-se a personificação dessas entidades, em inadmissível afronta ao ordenamento jurídico brasileiro.

Quanto ao julgamento do já referido RE 562.276, a Corte Suprema manifestou-se, de modo expresso e no âmbito de repercussão geral, sobre a impossibilidade jurídica de desprezar-se a autonomia patrimonial e de personalidade jurídica das sociedades em relação a seus sócios, anunciando que tal atitude seria violadora do art. 5º, XIII e do art. 170, parágrafo único, ambos da Constituição.[10]

Tal vedação encontra pouquíssimas exceções no direito positivo brasileiro, somente imputáveis quando cabalmente verificada a presença de certas ilicitudes na atuação de seus agentes. É sobre elas que passarei a me ocupar.

8. Grupo econômico: a necessidade da "influência dominante"

O "grupo econômico", para ser reconhecido como tal, depende do preenchimento de certos requisitos, impostos pela legislação específica. Trata-se de realidade que se configura, juridicamente, somente quando atendidos os pressupostos legais.

Recorrendo às normas de direito societário, verifica-se que, para caracterizar um "grupo econômico", é preciso que haja uma *estrutura societária operada por acordo de acionistas ou participações acionárias*. Assim é que a Lei nº 6.404/1976 (Lei das Sociedades Anônimas) traça os requisitos configuradores do "grupo de empresas":

> Art. 265. A sociedade controladora e suas controladas podem constituir, nos termos deste Capítulo, grupo de sociedades, mediante convenção pela qual se obriguem a combinar recursos ou esforços para a realização dos respectivos objetos, ou a participar de atividades ou empreendimentos comuns.

---

10. "(...) não é dado ao legislador estabelecer confusão entre os patrimônios das pessoas física e jurídica, o que, além de impor desconsideração *ex lege* e objetiva da personalidade jurídica, descaracterizando as sociedades limitadas, implica irrazoabilidade e inibe a iniciativa privada, afrontando os arts. 5º, XIII, e 170, parágrafo único, da Constituição."

Tem-se grupo econômico de empresas, portanto, quando houver sociedades que, mediante acordo firmado entre elas, se comprometam a envidar esforços para a concretização de seus objetivos sociais.

Semelhante é a definição adotada no âmbito do Direito Econômico: exige-se que haja um controle comum, de modo que as diversas sociedades se unam para compor uma entidade econômica de relevância jurídica. Nessa seara, o grupo econômico também recebe o nome de "conglomerado", sendo classificado em "conglomerado convencional" e "conglomerado de fato".

A formação do conglomerado convencional dá-se mediante convenção entre diversas sociedades, conforme disciplina o já citado art. 265 da Lei nº 6.404/1976. Assim, nos grupos econômicos convencionais, tem-se uma direção econômica única (Lei 6.404/1976, art. 276), havendo o que a doutrina chama de *"influência dominante"*.

Esclarece Tercio Sampaio Ferraz Jr. que a locução "influência dominante" é originária do direito alemão e significa que *"no interior da convenção, é criado um sistema de submissão de sociedades dominadas, tendo a empresa dominante direitos de estabelecer a política empresarial das filiadas"*.[11] Para que se tenha grupo econômico, por conseguinte, há necessidade de subordinação entre as sociedades componentes do conglomerado, nos termos de convenção firmada.

Situações há, porém, em que diversas sociedades se unem e concentram suas forças econômicas, sem formalizar convenção. Nesse caso, têm-se os chamados "conglomerados de fato". Para que se caracterizem também é necessária a formação de entidade econômica de relevância jurídica, mediante união de esforços das sociedades integrantes e havendo influência dominante de uma pessoa jurídica sobre as demais.

---

11. "Grupo Econômico. Implicações do direito da concorrência no direito societário e sua repercussão no direito do trabalho". In: CARRAZZA, Roque Antonio et DONNINI, Rogério (coord.). *Temas Atuais de Direito*. São Paulo: Malheiros, 2008, p. 352.

Como bem esclarece Tercio Sampaio Ferraz Jr.,[12] os grupos econômicos de fato, embora não se submetam a uma convenção formal, devem atender às mesmas características do grupo convencional, com a ocorrência de influência dominante.

Essa "influência dominante" equipara-se ao "poder de controle" a que alude o art. 116 da Lei nº 6.404/1976:

> Art. 116. Entende-se por acionista controlador a pessoa, natural ou jurídica, ou o grupo de pessoas vinculadas por acordo de voto, ou sob controle comum, que:
>
> a) é titular de direitos de sócio que lhe assegurem, de modo **permanente**, a maioria dos votos nas deliberações da assembleiageral e o poder de eleger a maioria dos administradores da companhia; e
>
> b) usa **efetivamente** seu poder para dirigir as atividades sociais e orientar o funcionamento dos órgãos da companhia. (destaquei)

A influência dominante estará presente quando houver controle permanente e efetivo de uma sociedade em relação às demais, de modo que todas sigam a mesma diretriz comercial. Sendo o controle meramente ocasional ou potencial, não se tem influência dominante, nem, por conseguinte, formação de grupo econômico.

Em conclusão, são requisitos legais para que se configure o grupo econômico a (i) existência de diversas empresas com personalidade jurídica própria, mas (ii) sob direção, controle ou administração de outra, o que, no direito empresarial, recebe o nome de influência dominante.

8.1. Inexistência de "grupo econômico familiar"

Por vezes, encontra-se na linguagem forense a expressão "grupo econômico familiar" utilizada para designar as

---

12. "Grupo Econômico. Implicações do direito da concorrência no direito societário e sua repercussão no direito do trabalho". In: CARRAZZA, Roque Antonio et DONNINI, Rogério (coord.). *Temas Atuais de Direito*. São Paulo: Malheiros, 2008, p. 353.

empresas constituídas por membros de uma mesma família, dando a entender que haveria alguma conexão entre essas empresas, simplesmente pelo fato de contarem com sócios da mesma família.

Ocorre que figura dessa natureza não é contemplada no ordenamento jurídico vigente. Com efeito, ao examinar as regras de direito societário, verifica-se a possibilidade de constituição de grupos econômicos. No entanto, para que o "grupo econômico" seja reconhecido como tal é indispensável o preenchimento de certos requisitos, impostos pela legislação nos termos acima enunciados. Ou seja, para ter-se caracterizado um grupo econômico (convencional ou de fato), é imprescindível a presença da "influência dominante", consistente nos **poderes de direção, controle ou administração de uma empresa sobre outra**. Tal conceito, portanto, é inaplicável a pessoas físicas pela mera circunstância de seus liames de parentesco.

Feitos os esclarecimentos quanto aos requisitos para que se tenha caracterizado um "grupo econômico" convencional ou de fato, não restam dúvidas quanto à impossibilidade de considerarem-se as diversas empresas constituídas por membros da família de seus sócios como "grupo econômico" pelo só dado do parentesco.

9. Posição jurisprudencial relativa à responsabilidade tributária das empresas que integram o mesmo grupo

Como ficou demonstrado, para que se configure "grupo econômico" no sistema brasileiro, é necessário que as sociedades empresárias, vinculadas entre si pelo nexo do mesmo controle, combinem expressamente recursos e esforços para a consecução de objetivos e atividades comuns, mediante convenção ou consórcio.

Ainda que se esteja diante de grupo de empresas, **as sociedades envolvidas mantêm sua autonomia jurídica e**

econômica, não obstante a existência de coligação acionária ou submissão ao controle da outra. Ou seja, ainda que componham uma unidade empresarial, com objetivos e metas comuns, mantêm íntegras suas personalidades jurídicas, com patrimônios individualizados, nos termos dos arts. 266 e 278, § 1°, do referido Diploma Legal.

A Lei das Sociedades por Ações é expressa ao prescrever que **nem sequer haverá presunção de responsabilidade solidária entre as empresas do grupo empresarial, devendo cada uma responder por suas obrigações**, exceto nas hipóteses expressamente previstas pela legislação (art. 278, § 1°).

Em face do exposto, verifica-se que a existência de grupos econômicos não compromete ou desnatura a identidade das empresas associadas, que permanecem como pessoas jurídicas distintas e independentes, respondendo cada uma pelo pagamento das dívidas contraídas de forma isolada, exceto nos casos em que haja expressa previsão de responsabilidade solidária, a qual, tratando-se de débito tributário, deve ser fixada por lei complementar.

Sendo assim, tratando-se de pessoas jurídicas distintas e não havendo previsão legal de solidariedade tributária entre os integrantes de grupo empresarial, tem-se por inadmissível cogitar de responsabilização das empresas que não contribuíram para a realização do fato jurídico tributário.

Apenas na hipótese de ficar devidamente demonstrado, por meio das provas, que a sociedade agiu de forma fraudulenta, transferindo parcela de seus bens para outras empresas do grupo e ficando sem patrimônio suficiente para satisfazer as obrigações tributárias, é que surgiria a possibilidade de vir a ser desconsiderada sua personalidade jurídica, passando o Fisco a ter autorização para atingir bens das pessoas jurídicas que compõem o grupo empresarial.

Dessa maneira, o fato que autoriza a desconsideração da personalidade jurídica não é a existência de grupo econômico em si, mas a comprovação de confusão patrimonial com o intuito de fraudar seus credores. Nesse sentido, inúmeros são os precedentes jurisprudenciais:[13]

> PROCESSUAL CIVIL. AUSÊNCIA DE OMISSÃO, OBSCURIDADE, CONTRADIÇÃO OU FALTA DE MOTIVAÇÃO NO ACÓRDÃO A QUO. EXECUÇÃO FISCAL. ALIENAÇÃO DE IMÓVEL. DESCONSIDERAÇÃO DA PESSOA JURÍDICA. GRUPO DE SOCIEDADES COM ESTRUTURA MERAMENTE FORMAL. PRECEDENTE.
>
> 1. Recurso especial contra acórdão que manteve decisão que, desconsiderando a personalidade jurídica da recorrente, deferiu o aresto do valor obtido com a alienação de imóvel.
>
> (...)
>
> 3. "**A desconsideração da pessoa jurídica, mesmo no caso de grupos econômicos, deve ser reconhecida em situações excepcionais, onde se visualiza a confusão de patrimônio, fraudes, abuso de direito e má-fé com prejuízo a credores. No caso *sub judice*, impedir a desconsideração da personalidade jurídica da agravante implicaria em possível fraude aos credores. Separação societária, de índole apenas formal, legitima a irradiação dos efeitos ao patrimônio da agravante com vistas a garantir a execução fiscal da empresa que se encontra sob o controle de mesmo grupo econômico**" (Acórdão a quo).
>
> 4. "Pertencendo a falida a grupo de sociedades sob o mesmo controle e com estrutura meramente formal, o que ocorre quando diversas pessoas jurídicas do grupo exercem suas atividades sob unidade gerencial, laboral e patrimonial, é legítima a desconsideração da personalidade jurídica da falida para que os efeitos do decreto falencial alcancem as demais sociedades do grupo. Impedir a desconsideração da personalidade jurídica nesta hipótese implicaria prestigiar a fraude à lei ou contra credores. A aplicação da teoria da desconsideração da personalidade jurídica dispensa a propositura de ação autônoma para tal. Verificados os pressupostos de sua incidência, poderá o Juiz, incidentemente no próprio processo de execução (singular ou coletiva), levantar o véu da personalidade jurídica para que o ato de expropriação atinja terceiros envolvidos, de forma a impedir a concretização de fraude à lei ou contra terceiros" (RMS n° 12872/SP, Rel² Min² Nancy Andrighi, 3ª Turma, DJ de 16/12/2002).

---

13. No mesmo sentido: REsp 636.52-SP (RMP 15/522, RSTJ 140/396); REsp 211.619-SP (RDR 20/292); REsp 170.034-SP (RJADCOAS 25/38, JBCC 185/526); REsp 158051-RJ (LEXSTJ VOL.:00121/207, RSTJ 120/370); RMS 12872-SP (DJ. 12.09.05).

5. Recurso não-provido.[14]

Da mesma forma, existem decisões do Superior Tribunal de Justiça reconhecendo que a existência de grupo econômico não é suficiente, por si só, para implicar a solidariedade tributária entre as empresas que o integram:

> EXECUÇÃO FISCAL. EMBARGOS DE TERCEIRO. FRAUDE DE EXECUÇÃO. NÃO CARACTERIZAÇÃO. C.T.N., ART. 185. APLICAÇÃO.
>
> I - **Embora integrantes do mesmo grupo empresarial, as empresas alienante e executada tem personalidade jurídica própria.** Na espécie, não há noticia de que pendesse, em relação a alienante, execução fiscal com crédito regularmente inscrito quando da alienação ora questionada. **Ademais, não se cogita de crédito solidário pelo simples fato de ambas as empresas alienante e executada pertencerem ao mesmo grupo econômico.** Tampouco tem a aplicação a teoria da desconsideração da pessoa jurídica, pois, no caso, não se afirmou que, antes da alienação questionada, tivesse a executada alienado o bem penhorado a alienante. Há de considerar-se, ainda, que a alienação questionada foi precedida de alvará judicial expedido pelo juízo da concordata, o que torna inaceitável responsabilizar empresa outra que não a executada pelo debito cobrado.
>
> II - Inaplicação à espécie do art. 185 do C.T.N.
>
> III - Recurso especial conhecido e provido.[15] (grifei)

E ainda:

> AGRAVO REGIMENTAL NO AGRAVO DE INSTRUMENTO. TRIBUTÁRIO. EXECUÇÃO FISCAL. ISS. LEGITIMIDADE PASSIVA. GRUPO ECONÔMICO. SOLIDARIEDADE. INEXISTÊNCIA. PRECEDENTES: AGRG NO ARESP 21.073/RS, REL. MIN. HUMBERTO MARTINS, DJE 26.10.2011 E AGRG NO AG 1.240.335/RS, REL. MIN. ARNALDO ESTEVES LIMA, DJE 25.05.2011. REEXAME DE PROVAS. SÚMULA 7/STJ. AGRAVO REGIMENTAL DESPROVIDO.

---

14. REsp 767021/RJ, Primeira Turma, Rel. Min. José Delgado, DJ 12/09/2005, grifamos.

15. REsp 28168/SP, Segunda Turma, Rel. Min. Antônio de Pádua Ribeiro, DJ 07/08/05, destacamos.

> 1. A jurisprudência dessa Corte firmou o entendimento de que o simples fato de duas empresas pertencerem ao mesmo grupo econômico, por si só, não enseja a solidariedade passiva em execução fiscal.
>
> 2. Tendo o Tribunal de origem reconhecido a inexistência de solidariedade entre o banco e a empresa arrendadora, seria necessário o reexame de matéria fático-probatória para se chegar a conclusão diversa, o que encontra óbice na Súmula 7 desta Corte, segundo a qual a pretensão de simples reexame de prova não enseja recurso especial.
>
> 3. Agravo Regimental do MUNICÍPIO DE GUAÍBA desprovido.[16] (grifos meus)

Diante de tais manifestações, percebe-se que o posicionamento jurisprudencial dominante dá-se no sentido de que as empresas que integram mesmo grupo econômico poderão vir a ser responsabilizadas por débitos tributários decorrentes de fatos praticados por outras tão somente na hipótese de ficar demonstrada, por meio de provas, a prática de ato fraudulento ou simulado, contra interesse dos credores.

9.1. Solidariedade na sujeição passiva tributária: inexistência de "interesse comum" entre empresas do mesmo grupo econômico

No direito tributário, o instituto da solidariedade é um expediente jurídico eficaz para atender à comodidade administrativa do Estado, na procura da satisfação dos seus direitos. Sempre que haja mais de um devedor, na mesma relação jurídica, cada um obrigado ao pagamento da dívida integral, dizemos existir solidariedade passiva, na traça do que preceitua o art. 264 do Código Civil brasileiro.

Em relação ao assunto, firma o art. 124 do Código Tributário Nacional:

---

16. AgRg. no Ag. 1.415.293/RS, 1ª T., Rel. Min. Napoleão Nunes Maia Filho, DJ 21/09/2012.

Art. 124. São solidariamente obrigadas:

I – as pessoas que tenham interesse comum na situação que constitua o fato gerador da obrigação principal;

II – as pessoas expressamente designadas por lei.

Parágrafo único. A solidariedade referida neste artigo não comporta benefício de ordem.

A referência a "interesse comum", posta no art. 124, I, acima transcrito, **não implica atribuição de responsabilidade solidária a empresas componentes do mesmo grupo econômico**. O citado dispositivo deve ser compreendido como alusão à prática, por mais de um sujeito, do fato que dá ensejo à obrigação.

O *interesse comum* dos participantes na realização do fato jurídico tributário, que define, segundo o inciso I, o aparecimento da solidariedade entre os devedores, além de ser expressão vaga, não se apresenta como um roteiro seguro para a identificação do nexo que se estabelece entre os devedores da prestação tributária. Basta refletirmos na hipótese do imposto que onera as transmissões imobiliárias. No Estado de São Paulo, por exemplo, a lei indica o comprador como o sujeito passivo do gravame. Entretanto, quer ele quer o vendedor estão diretamente ligados à efetivação do negócio, havendo indiscutível interesse comum. Numa operação relativa à circulação de mercadorias, ninguém afirmaria inexistir convergência de interesses, unindo comerciante e adquirente, para a concretização do fato, se bem que o sujeito passivo seja aquele primeiro. Nas prestações de serviços, gravadas pelo ISS, tanto o prestador quanto o tomador do serviço têm interesse comum no evento, mas nem por isso o sujeito passivo deixa de ser o prestador.

Aquilo que vemos repetir-se com frequência, em casos dessa natureza, é que o *interesse comum* dos participantes no acontecimento factual **não representa dado satisfatório para a definição do vínculo da solidariedade**. Em nenhuma dessas circunstâncias cogitou o legislador desse elo que aproxima os participantes do fato, o que ratifica a precariedade de interpretar-se literalmente o método preconizado pelo inciso I do art.

124 do CTN. Vale, sim, a interpretação segundo a qual se aplica para situações em que não haja bilateralidade no seio do fato tributado, como, por exemplo, na incidência do IPTU, em que duas ou mais pessoas são proprietárias do mesmo imóvel. Tratando-se, porém, de ocorrências em que o fato se consubstancie pela presença de pessoas, em posições contrapostas, com objetivos antagônicos, a solidariedade vai instalar-se entre os sujeitos que estiveram no mesmo polo da relação, se e somente se for esse o lado escolhido pela lei para receber o impacto jurídico do gravame. É o que se dá no imposto sobre transmissão de imóveis, quando dois ou mais são os compradores; no ICMS, sempre que dois ou mais forem os comerciantes vendedores; no ISS, toda vez que dois ou mais sujeitos prestarem um único serviço ao mesmo tomador.

Essas anotações permitem entrever a impossibilidade de exigir-se o pagamento de débito tributário, solidariamente, de diversas empresas, pelo simples fato de integrarem o mesmo grupo econômico, entendimento este que vem sendo adotado pelo Superior Tribunal de Justiça.[17]

9.2. Inexistência de previsão legal que estipule solidariedade passiva tributária entre empresas do mesmo grupo econômico

Demonstrada a inaplicabilidade imediata do inciso I do art. 124 do Código Tributário Nacional para as situações em que exista grupo econômico, convém, agora, examinar o teor

---

17. "PROCESSUAL CIVIL. TRIBUTÁRIO. RECURSO ESPECIAL. ISS. EXECUÇÃO FISCAL. LEGITIMIDADE PASSIVA. EMPRESAS PERTENCENTES AO MESMO CONGLOMERADO FINANCEIRO. SOLIDARIEDADE. INEXISTÊNCIA. VIOLAÇÃO DO ART. 124, I, DO CTN. NÃO-OCORRÊNCIA. DESPROVIMENTO. [...] 2. **Para se caracterizar responsabilidade solidária em matéria tributária entre duas empresas pertencentes ao mesmo conglomerado financeiro, é imprescindível que ambas realizem conjuntamente a situação configuradora do fato gerador,** sendo irrelevante a mera participação no resultado dos eventuais lucros auferidos pela outra empresa coligada ou do mesmo grupo econômico. 3. Recurso especial desprovido." (STJ, REsp 834.044/RS, 1ª T., Rel. Min. Denise Arruda, DJ 15/12/2008).

do inciso II desse dispositivo, que enuncia serem solidariamente obrigadas *as pessoas expressamente designadas por lei*.

Ajeita-se, aqui, uma advertência sutil, mas de capitular relevo. O território de eleição do sujeito passivo das obrigações tributárias e, bem assim, das pessoas que devam responder solidariamente pela dívida, está circunscrito ao **âmbito da situação factual contida na outorga de competência impositiva**, cravada no texto da Constituição.

A lembrança desse obstáculo sobranceiro impede que o legislador ordinário, ao expedir a regra-matriz de incidência do tributo que cria, traga para o tópico de devedor, ainda que solidário, alguém que não tenha participado da ocorrência do fato típico. Falta a ele, legislador, competência constitucional para fazer recair a carga jurídica do tributo sobre pessoa alheia ao acontecimento gravado pela incidência. Diante de óbice de tal porte, incontornável sob qualquer pretexto, devemos entender que os devedores solidários, instituídos pela lei, e estranhos ao evento jurídico-tributário, não são, na verdade, componentes daquele liame obrigacional, mas de outro, de cunho sancionatório, que irrompe à luz pelo descumprimento de algum dever. Ninguém pode ser compelido a pagar tributo sem que tenha realizado, ou participado da realização de um fato, definido como tributário pela lei competente. E a prova *ad rem* dessa afirmação está nos numerosos exemplos que o direito positivo brasileiro oferece. Simplesmente em todas as hipóteses de responsabilidade solidária, veiculadas pelo Código Tributário Nacional, em que o coobrigado não foi escolhido no quadro da concretude fáctica, peculiar ao tributo, ele ingressa como tal por haver descumprido dever que lhe cabia observar.

Pondere-se, contudo, que se falta ao legislador de determinado tributo competência para colocar alguém na posição de sujeito passivo da respectiva obrigação tributária, ele pode legislar criando outras relações, de caráter administrativo, instituindo deveres e prescrevendo sanções. É justamente aqui que surgem os sujeitos solidários, estranhos ao acontecimento do fato jurídico tributário. Integram outro vínculo jurídico, que nasceu por força de uma ocorrência tida como ilícita. A lei, estruturada para garantir a eficácia de suas disposições, entrelaça os dois nexos obrigacionais, sugerindo, à primeira vista, a existência de uma única relação, com dois sujeitos que se aproximam pelas ligações da solidariedade jurídica. E ainda prescreve, dificultando mais a compreensão do assunto, que o pagamento efetuado pelo devedor solidário tem o condão de extinguir a obrigação tributária. Mas o exame atilado desse fenômeno jurídico permite entrever a existência de dois liames: um, envolvendo o verdadeiro sujeito passivo do tributo; outro, atingindo um terceiro sujeito, em virtude da prática de ato considerado ilícito.

Ora, é indiscutível o **caráter ilícito do fato que desencadeia a obrigação solidária referida por esse dispositivo**. Enquanto o sujeito passivo principal está obrigado ao pagamento do tributo em virtude da prática de ato lícito, o responsável solidário assume o polo passivo do vínculo obrigacional em razão de um ilícito que cometeu. E, para tanto, é imprescindível a existência de disposição legal expressa, que respeite o comando do art. 128 do CTN, segundo o qual só se admite a atribuição de responsabilidade tributária a *pessoa vinculada ao fato gerador da respectiva obrigação*.

Em vista disso, inexiste fundamento jurídico para a pretensão de atribuir responsabilidade solidária a pessoas jurídicas diversas, com base no singelo argumento de que integrariam grupo econômico. Como demonstrado, cada sociedade possui patrimônio e personalidade próprios, respondendo pelas obrigações a que dão causa em virtude de seus atos. A segregação patrimonial e de personalidades é imposta pelo ordenamento, impedindo que se faça confusão entre as entidades assim constituídas. Nesse contexto, somente se houver lei complementar que, prevendo ilícito, atribua-lhes responsabilidade, seria de se cogitar a solidariedade pelos respectivos débitos tributários. Tal previsão, porém, não consta do sistema jurídico brasileiro, restando inaplicável, à situação que delimitei, o preceito veiculado no art. 124, II, do CTN.

10. A responsabilidade tributária dos terceiros e os requisitos para sua atribuição aos sócios

A figura da responsabilidade de terceiros, no Código Tributário Nacional, aparece nos arts. 134 e 135, admitida nas hipóteses de impossibilidade de exigência do cumprimento da obrigação principal pelo contribuinte. Esses dispositivos denunciam, com força e expressividade, o timbre sancionatório de tais providências.

O art. 134 tem aplicabilidade em relação a *atos em que as pessoas indicadas intervierem ou pelas omissões de que forem responsáveis*, evidenciando a presença de um dever descumprido como requisito à exigência do débito, em caráter supletivo, dos sujeitos relacionados nos incisos I a VII. É intuitivo crer que, a despeito de se dizer expressamente solidária a responsabilidade, a frase *"nos casos de impossibilidade de exigência do cumprimento da obrigação principal pelo contribuinte"*, que introduz o próprio texto do art. 134 do CTN, retoma o benefício de ordem, qualificando, deste modo, a responsabilidade por subsidiária.

O art. 135, não obstante também apresente caráter sancionatório, elege hipótese diversa, mais grave, cominando sanção igualmente mais severa: exige que tenham sido praticados *atos com excesso de poderes ou infração de lei, contrato social ou estatutos*, implicando a responsabilidade exclusiva e pessoal daquele que agiu desse modo. Semelhante é a prescrição veiculada pelo art. 137 do Código Tributário Nacional, que, ao dispor sobre a figura da responsabilidade por infrações, atribui ao agente, de modo pessoal, a carga tributária decorrente das infrações que praticou de forma dolosa.

Havendo infração tributária subjetiva, praticada com dolo, quer dizer, intenção de fraudar, de agir de má-fé e de prejudicar terceiros, aplicam-se as figuras da responsabilidade de terceiros e responsabilidade por infrações, prescritas nos arts. 135 e 137 do Código Tributário Nacional, respectivamente. As condutas que geram a responsabilidade exclusiva e pessoal são: excesso de poderes, infração de lei, infração do contrato social ou do estatuto.

Levemos em conta essas injunções para aplicar tais normas no caso do administrador (inciso III do art. 135 do CTN). O sócio-administrador deve sempre agir com cuidado, diligência e probidade. Deve zelar pelos interesses e pela finalidade da sociedade, o que se faz mediante o cumprimento de seu objetivo social, definido no estatuto ou no contrato social. Quando o administrador pratica qualquer ato dentro dos limites estabelecidos, o faz em nome da pessoa jurídica e não como ato particular seu. Mas quando o administrador, investido dos poderes de gestão de sociedade, pratica algo que extrapole os limites contidos nos contratos sociais, comete ato com excesso de poderes.

Tem-se infração à lei quando se verifica o descumprimento de prescrição relativa ao exercício da Administração. A infração do contrato social ou do estatuto consiste no desrespeito a disposição expressa constante desses instrumentos societários, e que tem por consequência o nascimento da relação jurídica tributária.

Apenas as situações acima relacionadas, devidamente comprovadas, desencadeiam as implicações jurídicas estipuladas pelo art. 135 do Código Tributário Nacional, respondendo o sócio administrador pessoalmente pelos débitos cujo surgimento deu causa. Nesse sentido, confiram-se os pronunciamentos do Superior Tribunal de Justiça:

> É igualmente pacífica a jurisprudência do STJ no sentido de que a simples falta de pagamento do tributo não configura, por si só, nem em tese, circunstância que acarreta a responsabilidade subsidiária do sócio, prevista no art. 135 do CTN. **É indispensável, para tanto, que tenha agido com excesso de poderes ou**

infração à lei, ao contrato social ou ao estatuto da empresa. (STJ, REsp 1.101.728-SP, j. 11.03.2009 - grifei)

Infere-se, pois, que o sócio deve responder pelos débitos fiscais do período em que exerceu a administração da sociedade **apenas se ficar provado** que agiu com dolo ou fraude e exista prova de que a sociedade, em razão de dificuldade econômica decorrente desse ato, não pôde cumprir o débito fiscal. (...)

(AgRg. no REsp 894.182/RS, j. em 12/06/2007 - grifei)

Com efeito, a atribuição de responsabilidade ao sócio administrador exige a prova de que este agiu ilícita e dolosamente.

O art. 136 do CTN, por sua vez, passa a tratar da responsabilidade por infrações. Enuncia que, salvo disposição de lei em contrário, a responsabilidade por infrações da legislação tributária independe da intenção do agente ou do responsável e da efetividade, natureza e extensão dos efeitos do ato (responsabilidade objetiva). Como sua formulação não está em termos absolutos, a possibilidade de dispor em sentido contrário oferta espaço para que a autoridade legislativa construa as chamadas infrações subjetivas.

Fazendo uso desse espaço, o próprio Código Tributário Nacional dispõe sobre hipótese de responsabilidade subjetiva, apontando, no art. 137, os casos em que a responsabilidade é pessoal do agente. Dentre eles, quanto às infrações que decorrem direta e exclusivamente de dolo específico, atribui esse vínculo obrigacional aos diretores, gerentes ou representantes de pessoas jurídicas de direito privado (inciso III).

À evidência, a circunstância de um sujeito figurar como sócio, diretor, gerente ou representante de determinada sociedade não se presta para conferir-lhe dever de arcar com os débitos da pessoa jurídica. Imprescindível se faz que tenham sido praticadas infrações, de modo pessoal, por tais pessoas físicas, e, além disso, que se esteja diante de ato concretizado com dolo específico.

11. Requisitos para a desconsideração da personalidade jurídica, para fins de atribuir responsabilidade pelo pagamento de débitos tributários

Como ressaltado nos itens anteriores, a possibilidade de constituição de uma pessoa jurídica, como ente autônomo, representa instrumento legítimo de destaque patrimonial para a exploração de certos fins econômicos, de modo que o patrimônio titulado pela pessoa jurídica responda pelas suas obrigações, chamando à responsabilidade os sócios apenas em hipótese restrita.

Há situações, no entanto, em que essas limitações não são observadas. Nesse contexto é que surge o fenômeno da **desconsideração da personalidade jurídica**, cuja finalidade não é outra senão a de manter íntegros os valores que inspiram sua criação e, como consequência, garantir a completa observância ao ordenamento jurídico vigente.

Por meio da desconsideração da personalidade jurídica, os atos societários são declarados ineficazes justamente porque a pessoa jurídica deixa de ser um sujeito autônomo para se tornar mero objeto nas mãos dos sócios, que o utilizam unicamente com o objetivo de praticar atos fraudulentos ou ilegítimos. Em síntese: **desconsiderar a personalidade jurídica significa flexibilizar a autonomia desta, ou seja, atingir a eficácia da personalização.**

A regra, portanto, é a consideração da personalidade jurídica, prevalecendo, sobretudo, a diferenciação patrimonial da sociedade e seus sócios, tendo lugar, apenas excepcionalmente, o mecanismo pelo qual se ignora o véu societário.

No direito brasileiro, a desconsideração da pessoa jurídica é disciplinada pelo art. 50 do Código Civil:

> Art. 50. Em caso de abuso da personalidade jurídica, caracterizado pelo desvio de finalidade, ou pela confusão patrimonial, pode o juiz decidir, a requerimento da parte, ou do Ministério Público quando lhe couber intervir no processo, que os efeitos

de certas e determinadas relações de obrigações sejam estendidos aos bens particulares dos administradores ou sócios da pessoa jurídica.

Ao analisar referido enunciado, fica claro que, para ser possível a desconsideração da personalidade jurídica, é necessário o preenchimento de certos requisitos. Mais especificamente, é indispensável que fique caracterizado o abuso da personalidade, mediante demonstração de que houve:

(i) desvio de finalidade; ou

(ii) confusão patrimonial.

Nesse sentido é o entendimento jurisprudencial:

> Responsabilidade civil e Direito do consumidor. Recurso especial. Shopping Center de Osasco-SP. Explosão. Consumidores. Danos materiais e morais. Ministério Público. Legitimidade ativa. Pessoa jurídica. Desconsideração. Teoria maior e teoria menor. Limite de responsabilização dos sócios. Código de Defesa do Consumidor. Requisitos. Obstáculo ao ressarcimento de prejuízos causados aos consumidores. Art. 28, § 5º. - Considerada a proteção do consumidor um dos pilares da ordem econômica, e incumbindo ao Ministério Público a defesa da ordem jurídica, do regime democrático e dos interesses sociais e individuais indisponíveis, possui o Órgão Ministerial legitimidade para atuar em defesa de interesses individuais homogêneos de consumidores, decorrentes de origem comum. - **A teoria maior da desconsideração, regra geral no sistema jurídico brasileiro, não pode ser aplicada com a mera demonstração de estar a pessoa jurídica insolvente para o cumprimento de suas obrigações. Exige-se, aqui, para além da prova de insolvência, ou a demonstração de desvio de finalidade (teoria subjetiva da desconsideração), ou a demonstração de confusão patrimonial (teoria objetiva da desconsideração).** [...] Recursos especiais não conhecidos.[18]

Não basta, portanto, a existência de sócios em comum entre as empresas ou mesmo a configuração de grupo econômico.

---

18. REsp 279.273/SP, Rel. Ministro Ari Pargendler, Rel. p/ Acórdão Ministra Nancy Andrighi, Terceira Turma, DJ 29/03/2004, destaquei.

Fica claro, assim, que a desconsideração da pessoa jurídica somente será possível se ficar demonstrado, cumulativamente, que: (i) esse ente não possui bens suficientes para fazer frente às suas obrigações; e (ii) que houve desvio de finalidade ou confusão patrimonial, sendo preciso, para tanto, processo específico no bojo do qual se produzam provas de tais pressupostos.

11.1. Do desvio de finalidade

O desvio de finalidade ficará configurado em duas hipóteses:

(i) quando a pessoa jurídica for criada para perseguir finalidades que não são condizentes com a função jurídica a ela determinada; e

(ii) quando, embora criada legitimamente, os sócios ou os administradores utilizem-se da pessoa jurídica para finalidades outras, que não as devidas.

Como exemplo da primeira hipótese podemos citar o chamado "negócio indireto", ou seja, as situações em que duas ou mais pessoas, por não poderem praticar um ato em razão de um impedimento legal ou contratual, criam uma pessoa jurídica para realizá-lo, com evidente intuito de fraude.

Na segunda modalidade de desvio de finalidade, o que se verifica é a prática de uma série de atos com a exclusiva finalidade de beneficiar os sócios, associados ou administradores, em prejuízo da pessoa jurídica. Exemplo: os sócios gastam o dinheiro da sociedade com viagens de lazer, que não dizem respeito às atividades da empresa.

Em qualquer dessas circunstâncias, o que se verifica, em verdade, é a utilização da pessoa jurídica para atingir objetivo diverso daquele que poderia perseguir (1ª situação) ou para o qual foi legalmente instituída (2ª situação).

O fato de as pessoas jurídicas possuírem sócios em comum ou, até mesmo, desempenharem atividades semelhantes, não as desnatura como tal. Esses elementos não significam, de modo algum, o desvio da finalidade estatutária. Se as pessoas jurídicas, ainda que tendo os mesmos sócios e atuando no mesmo ramo negocial, efetivamente praticam os atos previstos no seu estatuto social, nenhuma ilicitude há na sua formação e no seu exercício negocial.

Com maior razão, descabe falar em desvio de finalidade pela simples circunstância de uma pessoa jurídica não possuir bens suficientes para quitar a totalidade de seus débitos. Nenhuma relevância apresenta, também, o fato de parentes dos sócios integrarem e atuarem em outras pessoas jurídicas, ainda que voltadas a semelhantes atividades negociais. Imprescindível se faz a comprovação de que as sociedades atuam indistintamente, como se uma só fossem.

11.2. Da confusão patrimonial

O direito positivo, como já destacado, estabelece uma separação entre o patrimônio societário e o acervo patrimonial de cada um dos seus sócios.

Tal limitação, por outro lado, é estabelecida com a finalidade de proteger aqueles que decidem se associar para desenvolver atividades econômicas, sua responsabilidade pelos resultados comerciais das sociedades de que são cotistas e gestores. Sendo assim, cabe a essas pessoas concretizar esta separação formal, mantendo-a efetiva.

Ocorre que, em muitas situações, os sócios não dão importância à separação patrimonial estabelecida formalmente pela legislação, o que origina uma confusão entre seus bens pessoais e aqueles pertencentes à sociedade. Verifica-se a confusão patrimonial, portanto, sempre que não há uma clara separação, na prática, entre o patrimônio da pessoa jurídica e o de seus sócios.

DERIVAÇÃO E POSITIVAÇÃO NO DIREITO TRIBUTÁRIO

Tem-se considerado, ainda, que há confusão patrimonial nas situações em que uma empresa é controlada por outra, a qual, por sua vez, não observa o princípio de separação patrimonial inserto na legislação.

Fica claro, portanto, que a aplicação da teoria da desconsideração da personalidade jurídica em virtude de alegada confusão patrimonial **somente poderá ser perpetrada se comprovado que houve utilização indistinta, pelos dirigentes, dos recursos financeiros e demais bens das pessoas jurídicas, como se fossem uma mesma sociedade.**

Tal conclusão aplica-se, também, para as sociedades integrantes de grupo econômico. É preciso ressaltar que o Superior Tribunal de Justiça, quando instado a manifestar-se, já pacificou entendimento no sentido de que **a desconsideração da personalidade jurídica**, no caso de grupos econômicos, **é medida excepcional, que só pode ser adotada caso fique devidamente comprovado que a separação das pessoas jurídicas é meramente formal** em todos os seus contornos:

> DIREITO CIVIL. PROCESSUAL CIVIL. LOCAÇÃO. EXECUÇÃO. DISPOSITIVO CONSTITUCIONAL. VIOLAÇÃO. EXAME. IMPOSSIBILIDADE. COMPETÊNCIA RESERVADA AO SUPREMO TRIBUNAL FEDERAL. CERCEAMENTO DE DEFESA. NÃO-OCORRÊNCIA. DESCONSIDERAÇÃO DA PERSONALIDADE JURÍDICA. PRESSUPOSTOS. AFERIÇÃO. IMPOSSIBILIDADE. SÚMULA 7/STJ. DISSÍDIO JURISPRUDENCIAL. NÃO-OCORRÊNCIA. RECURSO ESPECIAL CONHECIDO E IMPROVIDO. 1. Refoge à competência do Superior Tribunal de Justiça, em sede de recurso especial, o exame de suposta afronta a dispositivo constitucional, por se tratar de matéria reservada ao Supremo Tribunal Federal, nos termos do art. 102, III, da Constituição da República. 2. O afastamento, pelo Tribunal de origem, da aplicação da teoria da desconsideração da personalidade jurídica da parte recorrida, em face da revaloração das provas dos autos, não importa em cerceamento de defesa, mormente quando tal decisão não se baseou em ausência de prova, mas no entendimento de que os pressupostos autorizativos de tal medida não se encontrariam presentes. 3. **A desconsideração da pessoa jurídica, mesmo no caso de grupos econômicos, deve ser reconhecida em situações excepcionais,**

> quando verificado que a empresa devedora pertence a grupo de sociedades sob o mesmo controle e com estrutura meramente formal, o que ocorre quando diversas pessoas jurídicas do grupo exercem suas atividades sob unidade gerencial, laboral e patrimonial, e, ainda, quando se visualizar a confusão de patrimônio, fraudes, abuso de direito e má-fé com prejuízo a credores. 4. Tendo o Tribunal a quo, com base no conjunto probatório dos autos, firmado a compreensão no sentido de que não estariam presentes os pressupostos para aplicação da *disregard doctrine*, rever tal entendimento demandaria o reexame de matéria fático-probatória, o que atrai o óbice da Súmula 7/STJ. Precedente do STJ. 5. Inexistência de dissídio jurisprudencial. 6. Recurso especial conhecido e improvido.[19]

Nem poderia ser diferente. Afinal, no direito brasileiro, as empresas componentes do mesmo grupo não possuem, como regra geral, responsabilidade solidária pelos débitos assumidos pelas demais empresas do grupo.[20]

Nesse sentido é o entendimento pacificado pelo STJ, reiterando, em diversas oportunidades, que:

> A desconsideração da pessoa jurídica é medida excepcional que reclama o atendimento de pressupostos específicos relacionados com a fraude ou abuso de direito em prejuízo de terceiros, o que deve ser demonstrado sob o crivo do devido processo legal.[21]

À evidência, como demonstrado, um mesmo sujeito pode figurar como sócio ou, até mesmo, como administrador de mais de uma pessoa jurídica, sem que isso implique confusão patrimonial. Isso não basta para concluir sobre a insubsistência de separação entre as sociedades. E o mesmo se pode dizer de pessoas jurídicas cujos sócios tenham algum grau de

---

19. REsp 968.564/RS, Rel. Ministro Arnaldo Esteves Lima, Quinta Turma, DJ 02/03/2009, destaquei.

20. O art. 266 da Lei nº 6.404/1976 estabelece que "As relações entre as sociedades, a estrutura administrativa do grupo e a coordenação ou subordinação dos administradores das sociedades filiadas serão estabelecidas na convenção do grupo, mas cada sociedade conservará personalidade jurídica e patrimônios distintos".

21. REsp 347.524/SP, 4ª T., Rel. Min. Cesar Asfor Rocha, DJ 18/02/2003.

parentesco: por mais próximos que sejam os sujeitos, tal fator não autoriza a responsabilização solidária das entidades. Imprescindível se faz que a confusão patrimonial, como requisito para a desconsideração da personalidade jurídica, esteja devidamente comprovada.

11.3. Da necessidade de comprovação da prática de ato doloso

Conforme já destacado, o Superior Tribunal de Justiça tem se posicionado no sentido de que a pessoa jurídica somente poderá ser desconsiderada se ficar comprovado que: (i) esse ente não possui bens suficientes para fazer frente às suas obrigações; e que (ii) houve desvio de finalidade ou confusão patrimonial:

> AGRAVO REGIMENTAL. AGRAVO DE INSTRUMENTO. PERSONALIDADE JURÍDICA. DESCONSIDERAÇÃO. REQUISITOS. AUSÊNCIA. REEXAME. SÚMULA N. 7-STJ. NÃO PROVIMENTO. 1. "Nos termos do Código Civil, **para haver a desconsideração da personalidade jurídica, as instâncias ordinárias devem, fundamentadamente, concluir pela ocorrência do desvio de sua finalidade ou confusão patrimonial desta com a de seus sócios, requisitos objetivos sem os quais a medida torna-se incabível.**" (REsp 1098712/RS, Rel. Ministro ALDIR PASSARINHO JUNIOR, QUARTA TURMA, julgado em 17/06/2010, DJe 04/08/2010) 2. Concluir de maneira diversa das instâncias ordinárias, afastando a premissa de que não houve desvio de finalidade ou confusão patrimonial da sociedade, demandaria incursão no acervo fático-probatório da lide, a encontrar o óbice de que trata o enunciado n. 7, da Súmula. 3. Agravo regimental a que se nega provimento.[22]

> AGRAVO REGIMENTAL NO AGRAVO DE INSTRUMENTO. PROCESSUAL CIVIL. ADMISSIBILIDADE. DISSÍDIO JURISPRUDENCIAL. TRANSCRIÇÃO DE EMENTAS. AUSÊNCIA DE PREQUESTIONAMENTO. SÚMULA Nº 282/STF.

---

22. AgRg. no Ag. 1.343.745/RJ, Rel. Ministra Maria Isabel Gallotti, Quarta Turma, De 18/04/2012, destaquei.

NEGATIVA DE PRESTAÇÃO JURISDICIONAL. NÃO OCORRÊNCIA. CIVIL. DESCONSIDERAÇÃO DA PERSONALIDADE JURÍDICA. DISSOLUÇÃO IRREGULAR. OCORRÊNCIA. REVISÃO. SÚMULA Nº 7/STJ. [...] 5. **A desconsideração da personalidade jurídica, com a consequente invasão no patrimônio dos sócios para fins de satisfação de débitos da empresa, é medida de caráter excepcional sendo apenas admitida em caso de evidente caracterização de desvio de finalidade, confusão patrimonial ou, ainda, conforme reconhecido por esta Corte Superior, nas hipóteses de dissolução irregular sem a devida baixa na junta comercial** (Precedentes: REsp 1.169.175/DF, Rel. Ministro Massami Uyeda, Terceira Turma, julgado em 17/2/2011, DJe 4/4/2011; AgRg no Ag 867.798/DF, Rel. Ministro Luis Felipe Salomão, Quarta Turma, julgado em 21/10/2010, DJe 3/11/2010) 6. Evidenciada a dissolução irregular da empresa, matéria cuja revisão revela-se inviável em sede de recurso especial tendo em vista o óbice da Súmula nº 7/STJ, merece ser mantido o redirecionamento. 7. Agravo regimental não provido.[23]

Há, também, diversos precedentes firmando as diretrizes para caracterização de tais pressupostos, a exemplo do que se vê no seguinte excerto:

PROCESSUAL CIVIL. RECURSO ESPECIAL. SUPOSTA OFENSA AO ART. 535 DO CPC. INEXISTÊNCIA DE VÍCIO NO ACÓRDÃO RECORRIDO. EXECUÇÃO FISCAL. ENCERRAMENTO DO PROCESSO FALIMENTAR. CIRCUNSTÂNCIA QUE NÃO IMPEDE O REDIRECIONAMENTO DO PROCESSO EXECUTIVO FISCAL. INVIABILIDADE DE REDIRECIONAMENTO NO CASO CONCRETO. [...] 4. Em relação ao disposto no art. 50 do CC/2002, verifica-se que o pedido de redirecionamento baseia-se tão somente na responsabilidade decorrente do não pagamento do valor executado (multa administrativa), olvidando-se o exequente (ora recorrente) de apontar alguma circunstância que, nos termos da jurisprudência desta Corte, viabilize o redirecionamento da execução fiscal. Impende ressaltar que "a responsabilização dos administradores e sócios pelas obrigações imputáveis à pessoa jurídica, em regra, não encontra amparo tão somente na mera demonstração de insolvência para o cumprimento de suas obrigações (Teoria menor da desconsideração da personalidade jurídica)", fazendo-se

---

23. AgRg. no Ag. 668.190/SP, Rel. Ministro Ricardo Villas Bôas Cueva, Terceira Turma, DJ 16/09/2011, destaquei.

> "necessário para tanto, ainda, ou a demonstração do **desvio de finalidade** (este compreendido como o ato intencional dos sócios em fraudar terceiros com o uso abusivo da personalidade jurídica), ou a demonstração da confusão patrimonial (esta subentendida como a inexistência, no campo dos fatos, de separação patrimonial do patrimônio da pessoa jurídica ou de seus sócios, ou, ainda, dos haveres de diversas pessoas jurídicas" (REsp 1.200.850/SP, 3ª Turma, Rel. Min. Massami Uyeda, DJe de 22.11.2010). 5. Recurso especial não provido.[24]

Como se percebe, a E. Corte deixa claro que o desvio de finalidade somente ocorre quando há o abuso da personalidade jurídica com o intuito de fraudar dos sócios. A confusão patrimonial, por sua vez, só se verifica quando não há separação efetiva entre os patrimônios da pessoa jurídica e de seus sócios.

Em ambas as situações, **o elemento dolo é indispensável para a sua caracterização**. O desvio de finalidade e a confusão patrimonial somente ficarão caracterizados se ficar comprovado que os sócios praticaram atos dessa natureza com a estrita finalidade de causar danos aos seus credores ou aos credores da pessoa jurídica.

Não é por outra razão que Maria Helena Diniz, ao tratar do tema, dá especial destaque a esse elemento para fins de preenchimento dos requisitos prescritos pelo art. 50 do Código Civil, no que diz respeito à desconsideração da pessoa jurídica:

> Pelo Código Civil (art. 50), quando a pessoa jurídica se *desviar dos fins* que determinaram sua constituição, em razão do fato de os sócios ou administradores a utilizarem para alcançar finalidade diversa do objetivo societário **para prejudicar alguém ou fazer mau uso da finalidade social**, ou quando houver *confusão patrimonial* (mistura do patrimônio social com o particular do sócio, **causando dano a terceiro**) em razão de abuso da personalidade jurídica, o magistrado, a pedido do interessado ou do Ministério Público, está autorizado, com base na prova material

---

24. REsp 1.267.232/PR, Rel. Ministro Mauro Campbell Marques, Segunda Turma, DJ 08/09/2011, destaquei.

> do dano, a desconsiderar, episodicamente, a personalidade jurídica, **para coibir fraudes e abusos dos sócios** que dela se valeram como escudo, sem importar esta medida numa dissolução da pessoa jurídica. [...] **Há uma repressão ao uso indevido da personalidade jurídica, mediante desvio de seus objetivos ou confusão do patrimônio social para a prática de atos abusivos ou ilícitos [...].**[25]

Diante disso, fica claro que, para ter-se como possível a desconsideração da pessoa jurídica, é indispensável a comprovação de que os sócios agiram de maneira dolosa, com a finalidade de prejudicar credores.

Surge como requisito imprescindível à perfeita configuração das hipóteses de "desvio de finalidade" e "confusão patrimonial" a existência de provas que atestem a vontade do agente de criar situações dessa natureza, com a finalidade de prejudicar alguém. Somente com a **demonstração da evidente intenção de fraudar** é que será possível a aplicação das normas relativas à desconsideração da personalidade jurídica. Vale, nesse caso, a máxima: não se admitem presunções ou suposições no tocante à configuração de fraude e dolo, pois são atos que dependem da vontade do agente.

12. O instituto da prescrição e a estabilização das relações jurídicas

Tomemos o direito positivo como instrumento de ação social, concebido para ordenar as condutas intersubjetivas, orientando-as para os valores que a sociedade quer ver realizados. Claro está que organização dessa índole não pode compadecer-se com a indeterminação, com a incerteza, com a permanência de conflitos insolúveis, com o perdurarem no tempo, sem definição jurídica adequada, questões que envolvam controvérsias entre sujeitos de direito. Os comportamentos interpessoais são tolhidos pelas modalidades deônticas

---

25. *Curso de direito civil brasileiro*. Vol. 8. São Paulo: Saraiva, pp. 571/572.

(obrigatório, proibido e permitido), concretizando-se no plano factual em termos de cumprimento da orientação normativa (condutas lícitas) ou em forma de descumprimento (condutas ilícitas). Enquanto sistema, a ordem jurídica aparece como forma de superar conflitos de interesse, estabelecendo, coercitivamente, a direção que a conduta há de seguir, em nome do bem-estar social. Essa tendência à determinação e à estabilização dos comportamentos intersubjetivos nem sempre se volta, de modo imediato, para o valor *justiça*. Antes, persegue o equilíbrio das relações, mediante a convicção de que uma solução jurídica será encontrada: eis o primado da *certeza do direito*, que opera para realizar, num segundo momento, o bem maior da *justiça*.

Dessa maneira, sempre que o fluxo do tempo ameaçar a obtenção daquele almejado equilíbrio, que se reflete no princípio da firmeza ou da certeza jurídica, prevê o sistema a ocorrência de fatos extintivos, os quais têm o condão de definir, drasticamente, a situação pendente, determinando direitos e deveres subjetivos correlatos. Entre tais acontecimentos está a *prescrição*.

A prescrição é qualificada, juridicamente, como a perda da ação que protege o direito, pela inércia de seu titular, manifestada em certo lapso de tempo. O Código Tributário Nacional disciplina a figura no art. 174, estabelecendo que *"a ação para cobrança do crédito tributário prescreve em 5 (cinco) anos, contados da data da sua constituição definitiva"*.

Ao construirmos o sentido desse preceito surge, desde logo, um problema de ordem semântica. Quais as proporções do significado da expressão "constituição definitiva"? O dispositivo estaria mencionando o nascimento do crédito, com a ocorrência do evento no mundo real-social, ou o produto do procedimento administrativo de sua formalização, quer dizer, de seu relato em linguagem competente, mesmo que o expediente aconteça algum tempo depois? Não é preciso assinalar que os efeitos jurídicos seriam bem diferentes. Mas não tenho dúvidas em optar pela segunda alternativa.

De fato, é com a norma individual e concreta emitida pela autoridade administrativa ou pelo próprio sujeito passivo, conhecidas, respectivamente, por lançamento e "lançamento por homologação", que a obrigação tributária ingressa no mundo da facticidade jurídica, ganhando foros de existência efetiva. É por conta dessa norma que se instala o direito subjetivo e o correlato dever jurídico cometido ao sujeito passivo, ainda que, por determinação do direito positivo, o conteúdo do objeto prestacional seja regido pela legislação em vigor ao ensejo do evento anteriormente ocorrido. Eis um excelente motivo para empregarmos o termo "constituir" em sua acepção de base.

Por sem dúvida que o lançamento e a emissão de normas individuais e concretas pelo particular são atos diversos, porque praticados por sujeitos diferentes, debaixo de normas competenciais também distintas e, desse modo, sotopondo-se a regimes jurídicos que não são exatamente os mesmos, o que legitima a imposição de nomes distintos para referi-los. Qualquer que seja a modalidade de constituição do crédito tributário, porém, quer se trate de norma individual e concreta emitida pela Administração, quer pelo contribuinte, é com sua introdução no ordenamento que tem início o curso do prazo prescricional.

12.1. O termo inicial para a prescrição para o redirecionamento de Execução Fiscal

O termo inicial do prazo de prescrição é o exato instante a partir do qual o Poder Público adquire condições de diligenciar acerca do seu direito de ação. Conforme o já mencionado art. 174 do Código Tributário Nacional, a ação para cobrança do crédito tributário prescreve em cinco anos, contados da data da sua "constituição definitiva".

Por constituição definitiva do crédito entende-se a lavratura do ato de lançamento (no caso, do auto de infração). Todavia, apresentada impugnação ou interposto recurso administrativo, fica suspensa a exigibilidade do crédito tributário, conforme estabelece o art. 151, III, do Código Tributário Nacional, e, enquanto essa suspensão da exigibilidade do crédito perdurar, não corre o prazo prescricional. Com o término do processo administrativo, porém, cessa a suspensão da exigibilidade e o prazo prescricional tem seu curso restabelecido.

Outra ocorrência que se pode interpor no curso do intervalo prescricional é a adesão do devedor a programa de parcelamento. Nesses casos, interrompe-se o lapso da prescrição com a adesão, suspendendo-se a contagem pelo tempo em que o devedor participe do programa. Se satisfeita a dívida, extingue-se o crédito tributário pelo pagamento; se excluído o participante do programa antes de terminado o parcelamento, retoma-se a contagem do lapso prescricional.

A partir do instante em que principia a contagem da prescrição, detém a Fazenda o prazo de 5 anos para propor a execução fiscal correspondente, sob pena de extinguir-se o crédito tributário (art. 156, V, do CTN). Mas impele observar que a data a que se refere a legislação sobre execuções fiscais não é propriamente aquela da *propositura* do pedido do Fisco, mas sim a do despacho que ordene a citação do novo devedor (cf. art. 174, parágrafo único, I, do CTN e art. 8º, §2º da Lei nº 6.830/1980), sendo esse átimo, o do despacho, o marco final para a contagem do intervalo prescricional.

Muitas vezes, porém, ocorrem fatores que desencadeiam o redirecionamento da execução contra outros sujeitos, na qualidade de terceiros responsáveis, observadas as regras estipuladas pelo Código Tributário Nacional. O prazo para fazê-lo, segundo o Colendo Superior Tribunal de Justiça, também é de 5 anos:

> TRIBUTÁRIO – EXECUÇÃO FISCAL – REDIRECIONAMENTO CONTRA O SÓCIO – CINCO ANOS DA CITAÇÃO DA PESSOA JURÍDICA – OCORRÊNCIA DA PRESCRIÇÃO.
>
> **O redirecionamento da execução aos sócios gerentes deve dar-se no prazo de cinco anos da citação da pessoa jurídica**, de

modo a afastar a imprescritibilidade da pretensão de cobrança do débito fiscal. Agravo regimental improvido.[26]

> TRIBUTÁRIO. EXECUÇÃO FISCAL. PRESCRIÇÃO. CITAÇÃO DA EMPRESA. INTERRUPÇÃO DA PRESCRIÇÃO EM RELAÇÃO AOS SÓCIOS. PRAZO SUPERIOR A CINCO ANOS. PRESCRIÇÃO CONFIGURADA.
> Firmou-se na Primeira Seção desta Corte entendimento no sentido de que, ainda que a citação válida da pessoa jurídica interrompa a prescrição em relação aos responsáveis solidários, **no caso de redirecionamento da execução fiscal, há prescrição se decorridos mais de cinco anos entre a citação da empresa e a citação dos sócios, de modo a não tornar imprescritível a dívida fiscal.** Agravo regimental improvido.[27]

Caso assim não fosse, ter-se-ia instalada no ordenamento repudiado estado de insegurança jurídica, em face da imprescritibilidade dos débitos fiscais.

Com suporte nessas premissas, identifica-se, com facilidade, que a prescrição para redirecionamento da cobrança dos débitos a terceiros teria como marco inicial a data do despacho ordinatório da citação da devedora originária. O termo final para o cômputo do intervalo prescricional haveria de ser, desse modo, o despacho que ordene a citação das pessoas a quem pretenda o juízo dirigir a execução. Sempre que tal lapso for superior a cinco anos, ter-se-á operado a prescrição e impedido estará o Fisco de levar a pretensão fiscal contra novo devedor.

Parece-me descabida a afirmação pela qual o termo inicial da prescrição coincidiria com a verificação, pela Procuradoria da Fazenda, da inexistência de bens da devedora originária, estando aí a *actio nata* para o redirecionamento da dívida fiscal. Além de não encontrar amparo na legislação

---

26. AGA 200802441915, Rel. Min. Humberto Martins, Segunda Turma, DJ 31/08/2009 (destaquei).

27. AgRg no AREsp 88.249/SP, 2ª T., Rel. Min. Castro Meira, DJ 10/02/2010 (destaquei).

nacional – em verdade contrariando-a – tal situação provocaria inaceitável instabilidade no ordenamento, perpetuando indefinidamente a pretensão fiscal no tempo. É completamente descabido o recurso a marcos temporais outros que as decisões que citem o devedor originário e aquela do redirecionamento da cobrança, pois estes são os elementos que a lei aponta com hábeis à contagem da prescrição.

13. Conclusões

Expostos os argumentos que julgo pertinentes ao bom equacionamento do problema inicialmente demarcado, passo a responder às perguntas então formuladas. Para tanto, permito-me reescrever os quesitos iniciais, para acostar-lhes as devidas e sucintas respostas.

1. Qual a natureza do procedimento cautelar fiscal, previsto na Lei nº 8.397, de 6 de janeiro de 1992, e quais são suas hipóteses de cabimento?

Resposta: A Lei nº 8.397/1992 introduziu no ordenamento brasileiro a figura da Medida Cautelar Fiscal, tendo por objetivo conferir *eficácia* e *utilidade* aos processos executivos fiscais. Trata-se de ação assecuratória da eficácia de outro processo, de modo que a providência cautelar guarda relação de acessoriedade e dependência ontológica (de existência) com uma outra relação, emergente em outro processo (relação principal), *in casu*, o de execução fiscal.

Os requisitos para sua admissão compreendem aqueles enunciados no seu art. 2º, quais sejam (i) existência de crédito fiscal constituído e que (ii) o devedor (sujeito passivo constante do documento constitutivo do crédito) pratique um dos atos relacionados nos incisos I a IX.[28]

---

28. "I - sem domicílio certo, intenta ausentar-se ou alienar bens que possui ou deixa de pagar a obrigação no prazo fixado; II - tendo domicílio certo, ausenta-se ou tenta se ausentar, visando a elidir o adimplemento da obrigação; III - caindo em insolvência, aliena ou tenta alienar bens; IV - contrai ou tenta contrair dívidas que

Por isso mesmo, são pressupostos para o cabimento da citada medida, conforme enunciado no art. 3º desse mesmo Diploma:

(i) a prova literal da constituição do crédito; e

(ii) a prova documental de algum dos casos mencionados no art. 2º.

Ausente qualquer desses elementos, inadmissível a concessão de medida cautelar fiscal.

2. Consoante disposição da Lei nº 8.397, de 6 de janeiro de 1992, a quem poderão ser estendidos os efeitos da cautelar fiscal?

Resposta: O art. 1º da Lei nº 8.397/1992 exige, para a propositura da cautelar fiscal, que se tenha a prévia constituição do crédito. O art. 2º, por seu turno, relaciona hipóteses de cabimento dessa medida quando o devedor, sujeito passivo do crédito constituído, pratique atos atentatórios à satisfação do crédito.

Ambos os dispositivos aludem a um débito existente, devidamente constituído pelo ato de lançamento ou constante de Certidão de Dívida Ativa (prova literal de sua constituição) e a atos praticados pelo sujeito identificado, em tais documentos, como devedor.

De tais preceitos decorre a inequívoca conclusão de que os sujeitos susceptíveis de serem alcançados pelos efeitos da medida cautelar fiscal são apenas aqueles constantes dos documentos constitutivos do crédito.

---

comprometam a liquidez do seu patrimônio; V - notificado pela Fazenda Pública para que proceda ao recolhimento do crédito fiscal: a) deixa de pagá-lo no prazo legal, salvo se suspensa sua exigibilidade; b) põe ou tenta por seus bens em nome de terceiros; VI - possui débitos, inscritos ou não em Dívida Ativa, que somados ultrapassem trinta por cento do seu patrimônio conhecido; VII - aliena bens ou direitos sem proceder à devida comunicação ao órgão da Fazenda Pública competente, quando exigível em virtude de lei; VIII - tem sua inscrição no cadastro de contribuintes declarada inapta, pelo órgão fazendário; IX - pratica outros atos que dificultem ou impeçam a satisfação do crédito."

3. Consoante disposição da Lei nº 8.397, de 6 de janeiro de 1992, quais bens podem sofrer os efeitos de uma cautelar fiscal?

Resposta: Os bens em relação aos quais pode decretar-se a indisponibilidade, mediante cautelar fiscal, são aqueles integrantes do ativo permanente da pessoa jurídica que figure como devedora no documento constitutivo do crédito. É o que se depreende do art. 4º da Lei nº 8.397/1992.

4. Para que seja deferida liminar em processo cautelar, quais elementos devem ser demonstrados em relação às partes inclusas no polo passivo?

Resposta: Nos termos do art. 3º da Lei nº 8.397/1992, é requisito imprescindível para a concessão da medida cautelar fiscal a existência de (i) prova literal da constituição do crédito e (ii) prova documental de práticas que dificultem ou impeçam a satisfação do crédito, relacionados no art. 2º da mesma Lei.

Hão de estar demonstrados, por conseguinte, que o sujeito passivo da medida cautelar possui débito contra ele devidamente constituído e que esteja enquadrado nas situações prescritas pelo já citado art. 2º.

5. Para efeitos de aplicação da legislação tributária, e considerando a possibilidade de responsabilização de terceiros, o CTN ou outra lei tributária contemplou, em algum de seus dispositivos, o conceito de "grupo econômico"?

Resposta: A legislação tributária não disciplina a figura do "grupo econômico". Seu conceito é edificado na esfera societária, conforme requisitos traçados pela Lei nº 6.404/1976 (Lei das Sociedades Anônimas), cujo art. 265 estipula caracterizar-se o grupo econômico de empresas como o conjunto de sociedades que, mediante acordo firmado entre elas, se comprometam a envidar esforços para a concretização de seus objetivos sociais. Para tanto, necessário se faz que exista um controle comum, de modo que as diversas sociedades se unam para compor uma entidade econômica de relevância jurídica.

Exige-se, pois, subordinação entre as sociedades componentes do conglomerado, também conhecida por "influência dominante", equiparando-se ao "poder de controle" a que alude o art. 116 da Lei nº 6.404/1976.

6. É possível, especialmente para fins de imputação de responsabilidade tributária, qualificar pessoas físicas como integrantes de "grupo econômico" familiar?

Resposta: De modo algum. Um primeiro esclarecimento quanto ao tema, diz respeito à inexistência, no ordenamento jurídico vigente, de figura denominada "grupo econômico familiar". Para além disso, somente pode falar-se em "grupo econômico" quando se tenha a presença da "influência dominante", consistente nos poderes de direção, controle ou administração de uma empresa sobre outra. Tal conceito, portanto, é inaplicável a pessoas físicas pela mera circunstância de seus liames de parentesco.

7. Em razão do caráter pessoal da responsabilidade dos diretores, gerentes e administradores, a que diz respeito o artigo 135, inciso III do Código Tributário Nacional, como se configuraria a gestão "com excesso de poderes ou infração de lei, contrato social" que culminaria em sua responsabilização? A mera circunstância de ser diretor de empresa que integra "grupo econômico" poderia ensejar a sua responsabilidade pessoal nos termos deste enunciado legal?

Resposta: A aplicação do art. 135, III, do CTN exige que o diretor, gerente ou administrador tenha comprovadamente agido de modo ilícito, atuando com excesso de poderes ou infração de lei ou a contrato social. Por ação com excesso de poderes entende-se a prática de atos para os quais não estava legal ou estatutariamente autorizado. A infração de lei, como pacificado pelo Superior Tribunal de Justiça, significa, nesse contexto, a ofensa à legislação comercial, civil ou societária, não bastando o mero inadimplemento tributário. E, quanto à infração ao contrato social, diz respeito a situações em que o diretor, gerente ou administrador utilize a empresa para fins diversos daqueles constantes de seus atos constitutivos.

Esse dispositivo, evidentemente, não autoriza a atribuição de responsabilidade às pessoas físicas que atuem como diretores, gerentes ou administradores de empresas pelo simples fatos de estas pertencerem a algum grupo econômico. Como demonstrado, a legislação societária disciplina a figura do grupo de empresas, nenhuma ilicitude havendo nessa espécie de relacionamento negocial.

8. Em relação à solidariedade a que alude o art. 124, inciso I, do CTN, o que caracterizaria a existência de "interesse comum"?

Resposta: O *interesse comum* referido no inciso I do art. 124 do CTN abrange circunstâncias fáticas em que dois ou mais sujeitos pratiquem, conjuntamente, o fato jurídico tributário, dando ensejo à obrigação correspondente.

As sociedades empresariais, ainda que se relacionem na formação de um grupo econômico, mantêm sua autonomia patrimonial e de personalidade jurídica, de modo que apenas o ente que tenha praticado fato típico está apto a figurar como sujeito passivo do débito então surgido.

Não há, desse modo, veículo normativo de natureza tributária que atribua responsabilidade solidária a sociedades integrantes de grupo econômico. Mantém-se, assim, a regra de segregação de suas personalidades e de seus patrimônios.

9. Como se daria a aplicação do artigo 50 do Código Civil para fins de responsabilização de terceiros na seara tributária? Neste caso, há parâmetros que permitem o ensejo da responsabilidade de terceiros, sob qualquer forma de grupo econômico?

Resposta: É preciso ter sempre em mente que a linguagem do direito constitui a realidade jurídica, de modo que cada ente possui personalidade e autonomia de atuação. Não se confundem sócios e a sociedade em que participam. A atribuição da responsabilidade tributária aos sócios, por isso mesmo, só pode dar-se nos termos prescritos pelo CTN. Assim, havendo grupo econômico (o que, ressalto, não se vislumbra comprovado nos autos), tal fator não desencadeia a responsabilização das empresas controladoras e, muito menos, daquelas relacionadas sem qualquer vínculo de subordinação. O liame existente entre as pessoas jurídicas dos chamados "grupos econômicos" é a mesma dos sócios em relação às sociedades: cada qual tem sua personalidade, sendo sujeito de direito e de deveres próprios, inconfundíveis com os das sociedades de que participam.

A desconsideração da personalidade jurídica precisa ser feita mediante prova dos pressupostos referidos na legislação (art. 50 do Código Civil), consistentes no desvio de finalidade ou na confusão patrimonial, acrescidos da prova do dolo. Meras suposições, conjecturas, informações carentes de tecnicidade ou de exatidão (como notícias de jornais, revistas e internet), são insuficientes para configurar juridicamente os pressupostos requisitados pelo ordenamento para fins de desconsideração da personalidade jurídica. Por isso mesmo, a aplicação do art. 50 do Código Civil escapa ao âmbito de quaisquer medidas cautelares, exigindo processo de conhecimento, com apropriada dilação probatória.

10. Qual o prazo prescricional para a corresponsabilização e inclusão de terceiros no polo passivo da execução fiscal? Estes prazos devem ser observados também em se tratando de cautelares fiscais?

Resposta: Deve salientar-se que a prescrição, nas situações em que há redirecionamento de execução, há de ter como marco inicial o despacho que ordena a citação da devedora original e, como último átimo da contagem, a decisão que chama ao polo passivo os terceiros.

Posto isso, estando prescrito o direito de redirecionar o feito executivo, eventual medida cautelar fiscal, providência acessória que é, carece de fundamento, visto que, em tal circunstância, não há direito de cobrança a resguardar.

Tema XXVI

RESPONSABILIDADE POR SUCESSÃO DECORRENTE DE CISÃO

Sumário: *1. Considerações iniciais. 2. Personalidade: uma das criações do direito positivo. 3. Pessoa jurídica: os termos inicial e final da sua existência. 4. Princípio da autonomia da pessoa jurídica. 5. Impossibilidade de se confundir "pessoa jurídica" e "entidade contábil". 6. A identificação do sujeito passivo tributário. 7. A responsabilidade tributária dos sucessores. 7.1. Impossibilidade de transferência das penalidades fiscais aos responsáveis tributários por sucessão. 8. Respostas às indagações formuladas.*

1. Considerações iniciais

Regula o art. 121, parágrafo único, do Código Tributário Nacional, que o sujeito passivo pode assumir a feição de contribuinte ou de responsável, quando, neste último caso, sem revestir a primeira condição, sua obrigação decorra de disposição expressa de lei. Pelo próprio texto legal, a figura do sujeito que deve satisfazer a pretensão fiscal vem sempre determinada, de modo expresso, no texto da lei, não consistindo, num predicado específico do responsável ter sua menção explicitamente estipulada, porquanto o contribuinte também deverá tê-la. Eis o resultado do primado da legalidade, especialmente exigido pela Constituição nesta matéria.

Por muito tempo, nos albores do Direito Tributário no Brasil, a figura do responsável era conceituada por meio de categorias estranhas ao direito, utilizando-se, principalmente, daquelas de caráter eminentemente econômico. Faziam, e alguns ainda fazem, a divisão dos sujeitos em diretos e indiretos, tomando por critério considerações de ordem predominantemente factuais, ligadas à pesquisa das discutíveis vantagens que os participantes do evento retiram de sua realização. A ressalva é oportuna para que se entenda, de uma vez por todas, que, ao direito e do ângulo estritamente jurídico-tributário, interessa apenas quem integra o vínculo obrigacional. O grau de relacionamento econômico da pessoa escolhida pelo legislador com a ocorrência que faz brotar o liame fiscal é alguma coisa que escapa da cogitação do sistema jurídico, alojando-se no campo de indagação da Economia ou da Ciência das Finanças.

Tais ponderações são de extrema importância para a análise da responsabilidade por sucessão, estabelecida no inciso II do art. 131 do Código Tributário Nacional, e em especial ao renovar-se a questão para as hipóteses decorrentes de alterações societárias. A proposta deste trabalho visa a projetar as atenções exclusivamente à cisão, tendo em vista a ausência de previsão legal expressa para tal mecanismo, vindo a aparecer somente no Decreto-lei nº 1.598/1977, para fins de tributação do patrimônio dessas empresas. Por interpretação sistemática constitucional, está bem claro que, em caso de responsabilidade, o legislador nada *substitui*, somente *institui*. Nesse sentido, sem lei, inexiste, juridicamente, aquele outro sujeito a quem se quer atribuir o ônus tributário. Haveria, sim, somente no enfoque pré-legislativo, como matéria-prima a ser trabalhada pelo político. Mas o momento da investigação jurídico-científica começa, precisamente, na ocasião em que a norma é editada, ingressando no sistema do direito positivo.

As consequências da carência de previsão legal a respeito do mecanismo da cisão são muitas e devem ser ressaltadas. Eis o nosso propósito.

Estabelecidos os pontos iniciais, e no sentido de isolar os tópicos que outorgam substância ao assunto, formularei indagações que nos servirão de diretrizes para a presente análise. Ei-las:

1. Os responsáveis respondem diretamente pelo adimplemento da prestação tributária? Fazem eles parte da regra-matriz de incidência?

2. No caso de alteração societária do tipo cisão, é possível responsabilizar a sociedade nova pelos débitos da empresa cindida? Com que fundamento legal? Há hipóteses de exceção?

3. Poderia o Fisco atribuir ao responsável, em virtude de cisão, valores referentes a infrações cometidas pela empresa cindida?

2. Personalidade: uma das criações do direito positivo

O conceito de pessoa, no direito, não é o mesmo da linguagem social. Em termos jurídicos, pessoa não é sinônimo de ser humano; não é o conjunto formado por cabeça, tronco e membros. Pessoa é o ente ao qual o ordenamento confere a possibilidade de ser sujeito de direitos e deveres jurídicos. Nas palavras de Hans Kelsen,[29] "*ser pessoa ou ter personalidade jurídica é o mesmo que ter deveres jurídicos e direitos subjetivos*". Não se confunde, portanto, com a acepção biológica dada à palavra. Neste contexto, lembra Carlos Ari Sundfeld que:

> [...] em tempos remotos (nem tão remotos assim, no nosso país), alguns seres humanos não eram centros de direitos e deveres, isto é, não tinham direitos e deveres: os escravos. Eram

---

29. *Teoria pura do direito*. 4ª ed. Trad. Baptista Machado. Coimbra: Arménio Amado, 1979, p. 242.

considerados pelo Direito, como simples coisas. Podiam ser vendidos e comprados, doados, destruídos; como os bens, como os animais. Não eram sujeitos de direitos, eram objetos de direitos.[30]

Apenas esse exemplo é suficiente para demonstrar como o direito constrói sua própria realidade. Pode ele tomar como pessoa quem bem entender, excluindo desse conceito determinado ser humano, ou, ao contrário, nele incluindo outras entidades, não coincidentes com o homem.

Para que algo ou alguém seja reconhecido como pessoa, entretanto, o direito posto exige forma linguística especial, fazendo adicionar declarações perante autoridades determinadas, requerendo presença de testemunhas e outros requisitos mais. Como já tive a oportunidade de anotar, o nascimento de uma criança, por exemplo, não origina, por si só, uma nova pessoa. Sem o registro em cartório daquela ocorrência não há que se falar em novo centro de imputação de direitos e deveres. Somente quando os pais ou responsáveis comparecerem ao cartório de registro civil e prestarem declarações, com posterior expedição de norma jurídica cujo antecedente é o fato do nascimento e o consequente a prescrição de relações jurídicas nas quais o recém-nascido aparece como titular dos direitos subjetivos fundamentais é tão só nesse momento que estaremos diante de uma nova pessoa.

O mesmo pode dizer-se quanto ao ente jurídico. Surgirá apenas quando observadas as prescrições legais concernentes ao assunto. Não se trata de simples formalismo, mas de exigências do direito positivo, pois tanto a pessoa física como a jurídica são criações do ordenamento posto.

3. Pessoa jurídica: os termos inicial e final de sua existência

Conforme já explicado, a ideia de *personalidade* indica aptidão para adquirir direitos e contrair obrigações. Assim,

---

30. *Fundamentos de direito público*. 4ª ed. São Paulo: Malheiros, 2001, pp. 61-62.

como na ordem jurídica brasileira todo homem é capaz de direitos e obrigações (art. 2º, do Código Civil), cada ser humano, individualmente considerado, possui o atributo da personalidade.

Essa qualificação, porém, não se restringe às pessoas naturais. Ao contrário, é igualmente conferida aos chamados entes morais ou artificiais, representados por associações de indivíduos e, até mesmo, pela destinação patrimonial a certo fim, como é o caso das fundações.

Para a constituição de uma pessoa, seja ela física ou jurídica, imprescindível a observância das prescrições legais. No que diz respeito à pessoa jurídica, objeto da presente análise, dois momentos compõem sua criação, quais sejam: (i) o do ato constitutivo, representado pelo estatuto ou contrato social; e (ii) o do seu registro no órgão competente. Apenas com a conjugação desses dois fatores é que tem início a vida da entidade, pois nos termos do art. 45, *caput*, do Código Civil,

> começa a existência legal das pessoas jurídicas de direito privado com a inscrição dos seus contratos, atos constitutivos, estatutos ou compromissos no seu registro peculiar, regulado por lei especial, ou com a autorização ou aprovação do Governo, quando precisa.

A inscrição no Registro Público, portanto, é o termo inicial da personalidade jurídica, já que por meio dele se introduzem no ordenamento as regras atinentes à existência daquele novo ser.

O mesmo pode dizer-se quanto à sua extinção: opera-se mediante observância das prescrições jurídicas. A simples inatividade da empresa não representa seu término; a paralisação das operações empresariais não implica a dissolução societária. Para que esta ocorra é necessária a iniciativa dos sócios, determinação legal ou ato do Governo (Código Civil, art. 51 e parágrafos), nos exatos termos da lei.

4. Princípio da autonomia da pessoa jurídica

As pessoas físicas e jurídicas diferenciam-se pelo fato de que à primeira o ordenamento atribui direitos e deveres a um ser humano específico, enquanto à segunda confere personalidade a um grupamento de indivíduos (sociedades ou associações) ou à destinação de um patrimônio (fundações). Isso não significa, porém, que a pessoa jurídica consista no conjunto de indivíduos que a criaram. Trata-se de entidades dotadas de existência autônoma, inconfundível com a vida das pessoas físicas que a constituíram. Tais entes possuem personalidade e capacidade próprias, sendo independentes das pessoas naturais que lhe deram vida. Caio Mário da Silva Pereira,[31] ao discorrer sobre o assunto, assevera:

> Sua vontade é distinta da vontade individual dos membros componentes; seu patrimônio, constituído pela afetação de bens, ou pelos esforços dos criadores associados, é diverso do patrimônio de uns e de outros; sua capacidade, limitada à consecução de seus fins pelo fenômeno da especialização, é admitida pelo direito positivo. E, diante de todos os fatores de sua autonomização, o jurista e o ordenamento legal não podem fugir da verdade inafastável: **as pessoas jurídicas existem no mundo do direito, e existem como seres dotados de vida própria, de uma vida real.**

O Direito é farto em exemplos que comprovam a proposição de que existe autonomia patrimonial e até mesmo interesses distintos entre a pessoa jurídica e aquela que dela participa enquanto sócio. São oportunas e bem ilustrativas dessa separação as palavras de José Xavier Carvalho de Mendonça:[32]

> As sociedades comerciais entram, também, em relações com os próprios sócios, surgindo muitas vezes conflitos entre elas e seus membros, **o que supõe necessariamente a existência de duas pessoas. O sócio pode ser credor da sociedade; comprar bens**

---

31. *Instituições de Direito Civil.* 19ª ed. Vol. I. Rio de Janeiro: Forense, 2001, p. 195 (destacamos).

32. *Tratado de Direito Comercial.* V.3. Rio de Janeiro: Freitas Bastos, 1958, pp. 85-86 (destacamos).

sociais e vender ou ceder à sociedade bens próprios. A sociedade pode obrigar o sócio a entrar com a quota prometida ou o valor da ação de que é titular; pode vender as ações por conta e risco do acionista; pode impedir que o sócio, desde que se não trata de sociedade anônima, se substitua por terceiro não sócio a seu arbítrio; pode ser demandada pelos sócios. A sociedade cooperativa contrata quase exclusivamente com os associados. De outro lado, o sócio tem direito de haver da sociedade a parte dos lucros que lhe cabe em virtude do contrato social, tem o direito de examinar os livros, etc.

Também na esfera contábil observa-se disposição semelhante, conhecida por "princípio da entidade" ou "princípio da autonomia patrimonial", que veda a confusão do patrimônio da pessoa jurídica com o pertencente a seus sócios. É o que preceitua o art. 4º da Resolução nº 750/1993, do Conselho Federal de Contabilidade, *in verbis*:

> Art. 4º. O Princípio da ENTIDADE reconhece o Patrimônio como objeto da Contabilidade e afirma a autonomia patrimonial, a necessidade da diferenciação de um Patrimônio particular no universo dos patrimônios existentes, independentemente de pertencer a uma pessoa, um conjunto de pessoas, uma sociedade ou instituição de qualquer natureza ou finalidade, com ou sem fins lucrativos. Por consequência, nesta acepção, **o patrimônio não se confunde com aqueles dos seus sócios ou proprietários**, no caso de sociedade ou instituição. (grifos meus)

Estabelecida a separação entre a pessoa jurídica e os membros que a compõem, como consagrado no princípio da autonomia patrimonial, os sócios não podem ser considerados titulares dos direitos ou devedores das prestações decorrentes da atividade exercida pela sociedade. É do ente jurídico a titularidade dos direitos e deveres, sejam eles de ordem material ou processual. Em consequência, nos processos relacionados às suas obrigações, a parte legítima para mover ou responder à ação é a própria sociedade, e não seus componentes.

Quando a sociedade manifesta sua vontade, age como pessoa jurídica que é, titular de personalidade própria. Não o faz em nome do sócio. Do mesmo modo, quando o sócio pratica atos na qualidade de pessoa física, não opera em nome da pessoa jurídica: exerce direitos e deveres em seu próprio nome, enquanto sujeito de direitos.

A pessoa jurídica e os particulares que figuram como seus sócios são entes diversos, cada qual com sua capacidade para ser sujeito e titularizar direitos e deveres, não sendo lícita a imputação das obrigações de um a outro, indiscriminadamente, sob pena de desvirtuar-se a personificação dessas entidades, em inadmissível afronta ao ordenamento jurídico brasileiro.

5. Da distinção "pessoa jurídica" e "entidade contábil"

A pessoa jurídica costuma ser integrada por vários departamentos, com autonomia financeira ou não. Assim, podem as partes integrantes de uma pessoa jurídica ter seus patrimônios, ingressos e saídas, contabilizados separadamente, elegendo-as como "entidade contábil".

O conceito de entidade contábil, explicam Eldon S. Hendriksen e Michael F. Van Breda,[33] pode abranger uma pessoa jurídica (entidade), uma divisão da empresa (microentidade) ou, ainda, a consolidação de diversas empresas coligadas (macroentidade). Ou seja, conforme a metodologia contábil empregada, podem os relatórios financeiros ser efetuados separadamente para cada divisão da pessoa jurídica ou abranger várias empresas coligadas, não sendo exigível que a contabilização seja executada considerando uma única pessoa jurídica, nem todos os seus setores em conjunto. A escolha do conceito de entidade contábil será efetuada pela própria pessoa jurídica, pois, como asseveram os citados autores,

> ajuda a determinar a melhor maneira de apresentar informações que lhe dizem respeito. Portanto, pode haver divulgação de

---

33. *Teoria da contabilidade*. 5ª ed. Trad. Antonio Zoratto Sanvicente. São Paulo: Atlas, 1999, p. 104.

aspectos relevantes e omissão de aspectos irrelevantes, os quais poderiam obscurecer a informação básica.[34]

Dentro de uma entidade maior, por exemplo, são vislumbrados segmentos de interesse e de controle, que merecem, a juízo da administração, reporte separado de receitas e despesas, de investimentos e retornos, de metas e realizações. Tal segmento, portanto, pode vir a ser elevado à condição de "entidade contábil", como anota Sérgio de Iudícibus:

> para a Contabilidade, qualquer indivíduo, empresa, grupo de empresas ou entidades, setor ou divisão, desde que efetue atividade econômica, e que seja tão importante, a critério dos donos do capital, que justifiquem um relatório separado e individualizado de receitas e despesas, de investimentos e retornos, de metas e de realizações, pode tornar-se uma "entidade contábil".[35]

Não há confundir-se o "postulado da entidade" com a definição do conceito de "entidade contábil". O primeiro (postulado da entidade) significa o imperativo pelo qual entidades que realizam operações econômicas devam observar as regras da contabilidade; o segundo corresponde ao ente capaz de gerir recursos e agregar utilidades, independentemente da existência de relações com outro ente da mesma espécie. Assim, enquanto o "postulado da entidade" determina a separação contábil entre a entidade e seus sócios, a "entidade contábil" autoriza a identificação dos setores economicamente relevantes, contabilizando-os em apartado. Nas palavras de Sérgio de Iudícibus, "a dimensão econômica da entidade (como 'comandante' de recursos) é mais importante para a Contabilidade do que sua caracterização jurídica."[36]

---

34. *Teoria da contabilidade*. 5ª ed. Trad. Antonio Zoratto Sanvicente. São Paulo: Atlas, 1999, p. 104.

35. *Teoria da contabilidade*. 5ª ed. Trad. Antonio Zoratto Sanvicente. São Paulo: Atlas, 1999, p. 47.

36. *Teoria da contabilidade*. 5ª ed. Trad. Antonio Zoratto Sanvicente. São Paulo: Atlas, 1999, p. 48.

Em suma, entidade contábil é o centro para o qual são realizados relatórios distintos de receitas e despesas, investimentos e retornos, metas e realizações, por ser economicamente relevante. Pode ser um agrupamento de empresas, uma pessoa jurídica ou apenas uma divisão desta, sem que isso signifique qualquer alteração em sua personalidade.

6. A identificação do sujeito passivo tributário

Sujeito passivo da relação jurídica tributária é a pessoa de quem se exige o cumprimento da prestação pecuniária, nos nexos obrigacionais, bem como da prestação insusceptível de avaliação patrimonial, nas relações que veiculam meros deveres instrumentais ou formais.

A Constituição não aponta quem deva ser o sujeito passivo das exações, cuja competência legislativa faculta às pessoas políticas.[37] Normalmente, o constituinte alude a um evento, deixando a cargo do legislador ordinário não só estabelecer o desenho estrutural da hipótese normativa, que deverá girar em torno daquela referência constitucional, mas, além disso, escolher o sujeito que arcará com o peso da incidência fiscal, fazendo as vezes de devedor da prestação tributária. A cada um dos acontecimentos eleitos para compor a hipótese da regra-matriz de incidência, a autoridade legislativa apanha um sujeito, segundo o critério de sua participação direta e pessoal com a ocorrência objetiva, e passa a chamá-lo de contribuinte, fazendo-o constar da relação obrigacional, na qualidade de sujeito passivo.

Em algumas oportunidades, outras pessoas, por manter proximidade apenas indireta com aquele ponto de referência em redor do qual foi formada a situação jurídica, são escolhidas para, na condição de responsáveis pelo crédito tributário,

---

37. Essa regra é excepcionada pelos incisos I, II e IV do art. 195 da Constituição da República. Diferentemente do que se processa na quase integralidade das outorgas de competência tributária, nestas específicas hipóteses, o constituinte definiu os possíveis contribuintes de tais exações.

responder, em caráter supletivo, ao adimplemento da prestação. A *obrigação tributária, entretanto, só se instaura com sujeito passivo que integre a ocorrência típica.*

A ênfase afirmativa está fundada em argumento singelo, mas poderoso: o legislador tributário não pode refugir dos limites constitucionais da sua competência, que é oferecida de maneira discreta, mediante a indicação de meros eventos. Aproveitando-se dessas referências, a autoridade legislativa exerce suas funções, autolimitando-se no compor a descrição normativa. Feito isso, não pode transpor as fronteiras do fato que ele mesmo (legislador ordinário) demarcou, nos termos constitucionalmente permitidos. Em consequência *somente pode ocupar a posição de sujeito passivo tributário quem estiver em relação com o fato jurídico praticado.*

7. A responsabilidade tributária dos sucessores

Muitas vezes o legislador transpõe os limites do suporte factual tributário, indo à procura de pessoa estranha àquele acontecimento do mundo, para fazer dele o responsável pela prestação tributária. O eixo temático da responsabilidade tributária tem-se mostrado, na experiência brasileira, um terreno sobremodo fecundo para o surgimento de dúvidas e imprecisões. Assim, com o objetivo de sistematizar o assunto, o legislador fez constar no Código Tributário Nacional regras disciplinadoras do tema, subdividindo-o em três espécies: (a) responsabilidade dos sucessores; (b) responsabilidade de terceiros; e (c) responsabilidade por infração.

Rigorosamente analisada a relação que envolve o responsável tributário, porém, é intuitivo concluir não se tratar de verdadeira "obrigação tributária", mas de vínculo jurídico com natureza de sanção administrativa. Não é demasia repetir que a obrigação tributária só se instaura com sujeito passivo que integre a ocorrência típica, motivo pelo qual o liame da responsabilidade, nos termos traçados pelo Código Tributário Nacional, apresenta caráter sancionatório.

Efetuados os devidos esclarecimentos, empreendamos breve revista nos artigos do Código Tributário Nacional que aludem à responsabilidade dos sucessores.

O art. 130 comete o dever tributário aos adquirentes de bens imóveis, no caso de imposto que grave a propriedade, o domínio útil ou a posse, e bem assim quanto a taxas e contribuições de melhoria. Ora, de ver está que o adquirente não participou e, muitas vezes, nem soube da ocorrência do fato jurídico tributário. É elemento estranho. O único motivo que justifica sua desconfortável situação de responsável é não ter cuidado de saber, ao tempo da aquisição, do regular pagamento de tributos devidos pelo alienante até a data do negócio. Por descumprir esse dever, embutido na proclamação de sua responsabilidade, é que se vê posto na contingência de pagar certa quantia.

No art. 131, temos a responsabilidade pessoal (i) do adquirente ou remitente, pelos tributos relativos aos bens adquiridos ou remidos; (ii) do sucessor a qualquer título e do cônjuge meeiro, pelos tributos devidos pelo *de cujos* até a data da partilha ou adjudicação, limitada esta responsabilidade ao montante do quinhão do legado ou da meação; e (iii) do espólio, pelos tributos devidos pelo *de cujos* até a data da abertura da sucessão. Nos três incisos, repete-se a idêntica problemática, pressupondo a lei um dever de cooperação para que as prestações tributárias venham a ser satisfeitas. Em caso contrário, atua a sanção que, por decisão política do legislador, é estipulada no valor da dívida tributária e seu pagamento tem a virtude de extinguir aquela primeira relação.

O mecanismo renova-se para as hipóteses de fusão, transformação e incorporação (art. 132). A pessoa jurídica de direito privado que resultar desses processos é responsável pelo pagamento dos tributos devidos até a data do ato. Não é difícil verificar o dever implícito de forçar a regularização do débito, antes da operação societária, ou de assumir o ônus na qualidade de responsável.

DERIVAÇÃO E POSITIVAÇÃO NO DIREITO TRIBUTÁRIO

O art. 133, por fim, leva-nos também ao mesmo fenômeno: uma pessoa natural ou jurídica de direito privado que adquire de outra, fundo de comércio ou estabelecimento comercial, industrial ou profissional, continuando a respectiva exploração, sob a mesma ou outra razão social, ou sob firma ou nome individual, fica responsável pelos tributos devidos até a data do ato.

Do exposto, é intuitivo observar que a responsabilidade tributária se instaura quando, tendo a obrigação de pagar tributos nascido contra determinado sujeito, é ela transferida a outrem, em virtude da ocorrência de fato posterior, pessoa de quem há de exigir-se o pagamento do valor correspondente.

No caso da chamada "responsabilidade por sucessão", a morte, tratando-se de pessoa física, a fusão, incorporação, transformação ou alienação de estabelecimentos tributados é a ocorrência ocasionadora da mudança de sujeição passiva, aparecendo sujeito diverso do contribuinte para o fim de cumprir a obrigação de recolher o montante equivalente ao débito tributário (arts. 129 a 133 do CTN).

Voltemos nossa atenção à responsabilidade tributária decorrente de alterações societárias, disciplinada no art. 132, *caput*, da Lei nº 5.197/1966, *verbis:*

> Art. 132. A pessoa jurídica de direito privado que resultar da fusão, transformação ou incorporação de outra ou em outra é responsável pelos tributos devidos até a data do ato pelas pessoas jurídicas de direito privado fusionadas, transformadas ou incorporadas.

A definição dos conceitos de transformação, incorporação e fusão foi efetuada pela Lei nº 6.404/1976, conhecida por Lei das Sociedades por Ações, nos arts. 220, 227 e 228, respectivamente. Segundo a referida legislação, "fusão" *"é a operação pela qual se unem duas ou mais sociedades para formar sociedade nova, que lhes sucederá em todos os direitos e obrigações"*; transformação *"é a operação pela qual a sociedade passa, independentemente de dissolução e liquidação, de um tipo para outro"*; e incorporação *"é a operação pela qual uma ou mais sociedades são absorvidas por outra, que lhes sucede em todos os direitos e obrigações."*

O Código Tributário Nacional, entretanto, deixou de prescrever a responsabilidade tributária na hipótese de cisão empresarial, consistente, segundo os termos do art. 229 da Lei nº 6.404/76, na

> operação pela qual a companhia transfere parcelas do seu patrimônio para uma ou mais sociedades, constituídas para esse fim ou já existentes, extinguindo-se a companhia cindida, se houver versão de todo o seu patrimônio, ou dividindo-se o seu capital, se parcial a versão.

Ausente a regulação sobre a responsabilidade tributária na ocorrência de cisão, fica impossibilitada a escolha do responsável, pois para tanto é necessária expressa determinação legal (art. 121, parágrafo único, inciso II e art. 128, ambos do CTN).

No âmbito do imposto sobre a renda, porém, foi editado o Decreto-lei nº 1.598, de 26 de dezembro de 1977, cuidando da responsabilidade tributária nos casos de cisão, nos seguintes termos:

> Art. 5º. Respondem pelos tributos das pessoas jurídicas transformadas, extintas ou cindidas:
>
> I – a pessoa jurídica resultante da transformação de outra;
>
> II – a pessoa jurídica constituída pela fusão de outras, ou em decorrência de cisão de sociedade;
>
> III – a pessoa jurídica que incorporar outra ou parcela do patrimônio de sociedade cindida;
>
> IV – a pessoa física sócia da pessoa jurídica extinta mediante liquidação que continuar a exploração da atividade social, sob a mesma ou outra razão social, ou sob firma individual;
>
> V – os sócios com poderes de administração da pessoa jurídica que deixar de funcionar sem proceder à liquidação, ou sem apresentar a declaração de rendimentos no encerramento da liquidação.

§ 1º. Respondem solidariamente pelos tributos da pessoa jurídica:

a) as sociedades que receberem parcelas do patrimônio da pessoa jurídica extinta por cisão;

b) a sociedade cindida e a sociedade que absorver parcela do seu patrimônio, no caso de cisão parcial;

c) os sócios com poderes de administração da pessoa extinta, no caso do item V.

§ 2º. O lucro líquido apurado no período ou períodos-base da pessoa jurídica cindida que, na data da operação, ainda não tiver sido submetido à incidência do imposto anual, será computado, segundo a divisão do patrimônio prevista nos atos da cisão:

a) no primeiro período-base das sociedades constituídas em decorrência da cisão, ou no período-base em curso da sociedade que incorporar parcela do patrimônio da sociedade cindida, no caso de cisão total;

b) no período-base em curso da sociedade cindida e da sociedade que incorporar parcela do seu patrimônio, ou no primeiro período-base da sociedade constituída em decorrência da cisão, no caso de cisão parcial.

Segundo o dispositivo supra, na hipótese de cisão, as entidades dela decorrentes ("sucessores") respondem solidariamente pelos tributos devidos pela pessoa cindida. Entretanto, não tendo, no momento da cisão, ocorrido a incidência do imposto sobre a renda, o valor devido deverá ser calculado em conformidade com a divisão patrimonial decorrente dessa alteração societária.

Quando falamos em incidência jurídica estamos pressupondo a linguagem do direito positivo projetando-se sobre o campo material das condutas intersubjetivas, para organizá-las deonticamente. Como tenho registrado, não se dá a incidência se não houver um ser humano fazendo a subsunção e promovendo a implicação que o preceito normativo determina. As normas não incidem por força própria. Do ponto de vista antropocêntrico, requerem o homem, como elemento mediador na movimentação das estruturas do direito, construindo, a partir de normas gerais e abstratas outras gerais e abstratas ou individuais e concretas e, com isso, imprimindo positividade ao sistema, quer dizer, impulsionando-o das normas superiores às regras de inferior hierarquia. Logo, podemos notar que a incidência não se dá "automática e infalivelmente" com o acontecimento do evento, como afirmou Alfredo Augusto Becker, pois sem que o evento adquira expressão em linguagem competente, transformando-o em fato, não há que se falar no fenômeno da incidência tributária.

Firmados nessas ponderações, verificamos que, no caso de uma cisão na qual uma Sociedade A (cindida) dará origem a uma empresa B e, na data em que ocorrer a referida operação societária, não existir qualquer débito tributário – dada a ausência de aplicação da regra-matriz tributária, mediante atuação humana – não se poderá inferir responsabilidade tributária à empresa B. Ocupará, portanto, o polo passivo da regra-matriz de incidência, referente apenas ao Imposto de Renda, somente a empresa cindida.

Trazendo essas considerações para os contornos do caso hipotético acima descrito, a responsabilidade da Sociedade B pelo imposto sobre a renda devido por A, relativamente ao período em débito, deve limitar-se, nos termos do § 2º, do artigo 5º, do Decreto-lei nº 1.598/1977, proporcionalmente, ao percentual do patrimônio dessa sociedade que tenha sido atribuído à empresa B. Quanto aos demais tributos, inexistindo lei que regule a responsabilidade tributária nos casos de cisão, incabível tomar-se a Sociedade B como responsável.

7.1. Impossibilidade de transferência das penalidades fiscais aos responsáveis tributários por sucessão

O responsável não participa da relação jurídica tributária propriamente dita, ou seja, não integra a obrigação tributária, pois não se encontra relacionado com a prática do fato que a originou. Sua obrigação, como vimos, decorre de imposição legal, apresentando a natureza de sanção administrativa. Logo, não há possibilidade do responsável assumir quaisquer penalidades tributárias oriundas de infrações cometidas pelo contribuinte.

O Supremo Tribunal Federal já se manifestou sobre o assunto, no seguinte sentido:

> ICMS. MULTA PUNITIVA. NÃO RESPONDE POR ELA O SUCESSOR NO NEGÓCIO. O art. 133 do CTN responsabiliza solidariamente o sucessor do sujeito passivo pelos tributos que este não pagou, mas não autoriza a exigência de multas punitivas, que são de responsabilidade pessoal do antecessor (CTN, art. 137. Súmula n. 192). Esse art. 133 não comporta interpretação extensiva, que os arts. 106, 122, 134 e 137 do CTN, interpretados sistemática e analogicamente, condenam. Padrões que decidiram casos anteriores ao CTN e em antagonismo com a política legislativa deste não demonstram dissídio com interpretação desse diploma (art. 135, do Regimento Interno do Supremo Tribunal Federal). – HONORÁRIOS DE ADVOGADO. – A sucumbência parcial do autor determina seja ele condenado a pagar honorários de advogado relativos à parte que sucumbiu. – Precedentes do Supremo Tribunal Federal. Recurso extraordinário não conhecido.[38]

As sanções, quaisquer que sejam, não são transferidas a terceiros mediante o vínculo da responsabilidade tributária, pois o dever de com elas arcar decorre de conduta pessoal, não coincidente com a obrigação tributária que, por sua origem lícita, é passível de transferência a quem a lei assim determine.

Não bastassem os relevantes argumentos expostos, registre-se que tanto o art. 132, do Código Tributário Nacional, como o art. 5º, do Decreto-lei nº 1.598/77, que disciplinam a responsabilidade dos sucessores nas hipóteses de alterações societárias, referem-se apenas a "tributos", não cuidando da transferência dos créditos relativos a penalidades. Fosse intenção do legislador abranger a relação jurídica tributária e a relação jurídica sancionatória, a elas teria feito expressa menção.

---

38. RE 77.571/SP, Rel. Min. Rodrigues Alckmin, 1ª Turma, DJ 04/04/1975.

Pelas razões assinaladas, ainda tomando o exemplo colocado linhas acima, a responsabilidade tributária da Sociedade B diz respeito apenas aos tributos porventura devidos pelo ente sucedido. As infrações são de responsabilidade pessoal de quem as praticou, sendo inadmissível sua transferência a quem sucedeu por cisão. Tanto a aplicação de multas fiscais como a suspensão da imunidade tributária não devem atingi-lo, por decorrerem da prática de infrações, sendo, consequentemente, imputáveis apenas à pessoa do infrator.

Vale recordar que a sociedade cindida e a empresa que a sucedeu são pessoas jurídicas distintas, cada qual com sua personalidade e titularidade para adquirir direitos e obrigações. Irrelevante, outrossim, o fato de os sócios da pessoa jurídica que a sucedeu serem os mesmos da cindida, tendo participado da constituição do ente cindido, pois como já certifiquei, a pessoa jurídica é autônoma relativamente aos membros que lhe deram vida, sendo inadmissível qualquer confusão entre ambos.[39]

---

39. A despeito disso, a atual jurisprudência do Superior Tribunal de Justiça tem se posicionado no sentido de que a responsabilidade por sucessão alcança nao só o valor devido a título de tributo, mas também as multas de qualquer natureza (punitivas ou moratórias), desde que constituídas anteriormente ao fato sucessório: "RECURSO ESPECIAL. MULTA TRIBUTÁRIA. SUCESSÃO DE EMPRESAS. RESPONSA-BILIDADE. OCORRÊNCIA. DECADÊNCIA. TEMA NÃO ANALISADO. 1. A empresa recorrida interpôs agravo de instrumento com a finalidade de suspender a exigibilidade dos autos de infração lavrados contra a empresa a qual sucedeu. Alegou ausência de responsabilidade pelo pagamento das multas e também decadência dos referidos créditos. O Tribunal *a quo* acolheu o primeiro argumento, julgando prejudicado o segundo. 2. A responsabilidade tributária não está limitada aos tributos devidos pelos sucedidos, mas também se refere às multas, moratórias ou de outra espécie, que, por representarem dívida de valor, acompanham o passivo do patrimônio adquirido pelo sucessor. 3. Nada obstante os art. 132 e 133 apenas refiram-se aos tributos devidos pelo sucedido, o art. 129 dispõe que o disposto na Seção II do CTN aplica-se por igual aos créditos tributários definitivamente constituídos ou em curso de constituição, compreendendo o crédito tributário não apenas as dívidas decorrentes de tributos, mas também de penalidades pecuniárias (art. 139 c/c § 1º do art. 113 do CTN). (...) 5. Recurso especial provido em parte." (REsp 1.017.186/SC, Rel. Min. Castro Meira, Segunda Turma, DJ 27/03/2008).

8. Respostas às indagações formuladas

Dadas as premissas, cabe-nos agora responder, uma a uma, as questões formuladas em notas anteriores. Vejamos:

1. Os responsáveis respondem diretamente ao adimplemento da prestação tributária? Fazem eles parte da regra-matriz de incidência?

Resposta: Os responsáveis respondem apenas supletivamente ao adimplemento da prestação, pois não compõem o critério subjetivo da regra-matriz de incidência. Lembramos que a obrigação tributária só se instaura com sujeito passivo integrante da ocorrência típica, ou seja, que mantiver relação com o fato jurídico praticado.

2. No caso de alteração societária do tipo cisão, é possível responsabilizar a sociedade nova pelos débitos da empresa cindida? Com que fundamento legal? Há hipóteses de exceção?

Resposta: Ausente regulação sobre a responsabilidade tributária na ocorrência de cisão, fica impossibilitada a escolha do responsável, pois para tanto é necessária expressa determinação legal (art. 121, parágrafo único, inciso II e art. 128, ambos do CTN). Somente no caso do imposto sobre a renda será possível responsabilização, uma vez que há previsão no art. 5º do Decreto-lei nº 1.598, de 26 de dezembro de 1977, desde que ocorrida a incidência antes do momento da cisão.

As entidades decorrentes da cisão (sucessores) respondem solidariamente pelo imposto sobre a renda devido pela pessoa cindida. Entretanto, não tendo, no momento da cisão, ocorrido a incidência do imposto sobre a renda, o valor devido deverá ser calculado em conformidade com a divisão patrimonial decorrente dessa alteração societária.

3. Poderia o Fisco atribuir ao responsável, em virtude de cisão, valores referentes a infrações cometidas pela empresa cindida?

Resposta: Não poderá o Fisco atribuir ao responsável por cisão valores referentes a infrações cometidas pela empresa cindida, uma vez que o responsável somente responde por infrações quando para elas contribuir com ato próprio, não podendo assumir essa condição em função de ilegalidades que jamais foram por ele pessoalmente praticadas. Trata-se de decorrência necessária do princípio da pessoalidade da pena.

Tema XXVII

DIFERIMENTO, SOLIDARIEDADE E RESPONSABILIDADE SUBSIDIÁRIA:
Análise dos contratos de venda de mercadoria sob cláusula *FOB*

> *Sumário:* 1. Introdução ao tema. 2. Critério material do ICMS – conteúdo semântico da locução "realizar operações relativas à circulação de mercadorias". 2.1. Irrelevância da circulação física das mercadorias e admissibilidade jurídica da cláusula FOB (free on board) 3. O sujeito passivo e a figura da "substituição tributária". 4. Natureza jurídica do diferimento. 4.1. Forma de instituição do diferimento. 5. Sujeição passiva tributária, solidariedade e responsabilidade subsidiária. 6. A responsabilidade tributária pela prática de ilícitos e suas limitações. 7. Das respostas às indagações.

1. Introdução ao tema

O sistema de tributação da cadeia produtiva da indústria brasileira, em especial no que diz respeito ao ICMS, implica o conhecimento minucioso da materialidade do tributo, além de exigir, do exegeta, amplas noções dos institutos que envolvem as operações. Desta forma, para explicar o termo "diferimento" na cadeia de incidência do ICMS, foi necessário percorrer as figuras da "solidariedade" e da "responsabilidade tributária", analisando como o entrelaçamento destes institutos se dá dentro de um contexto de pactuação de venda e compra de mercadoria sob cláusula FOB. A situação objeto de análise neste estudo impõe justamente tal percepção ampla dos contornos do fato jurídico tributário relativo ao ICMS, atribuindo à expressão "operações de circulação de mercadorias" o significado que o próprio sistema jurídico lhe impõe. Colocando o enfoque no vínculo obrigacional, entrevemos o critério subjetivo da regra-matriz, identificando as conjecturas que podem se apresentar em decorrência da introdução de cláusula FOB no contrato de venda e compra, assim como na previsão legal de diferimento.

Vê-se que a complexidade da matéria exige, daquele que se propõe estudar o direito, uma extensa e demorada reflexão sobre esse objeto, obrigando-o a separar as diferentes situações jurídicas que se encontram em um mesmo contexto social. E justamente para fins de atender a tais desideratos é que formulamos sete indagações que encaminharão o raciocínio, permitindo-nos explicar os institutos do diferimento na sistemática do ICMS, a forma como ele se apresenta em venda de mercadoria sob cláusula FOB, bem como suas implicações no critério subjetivo da regra-matriz de incidência deste imposto, elucidando as formas de sujeição passiva que ele pode gerar, tal como a solidariedade e a responsabilidade tributária. Ei-los.

1. Qual a natureza jurídica do diferimento?

2. No diferimento há dispensa, no todo ou em parte, do recolhimento do ICMS?

3. Tendo o diferimento sido instituído de forma legítima, quem é o responsável legal pelo recolhimento do ICMS?

4. O diferimento implica a concessão de algum benefício para o vendedor da mercadoria?

5. O diferimento importa atribuição, ao vendedor da mercadoria, de um dever jurídico perene de fiscalizar o destino do bem até o final da cadeia?

6. É possível o responsável (se fosse o caso) responder, simultaneamente, de forma solidária e subsidiária pela obrigação de recolher o ICMS?

7. É legítima a venda de mercadorias com a cláusula FOB? Quais as implicações dessa cláusula em termos de responsabilidade do vendedor?

2. Critério material do ICMS – conteúdo semântico da locução "realizar operações relativas à circulação de mercadorias"

Com o exame da norma-padrão de incidência do ICMS, percebe-se que o núcleo do critério material é representado pelo verbo "realizar", acompanhado do complemento "operações relativas à circulação de mercadorias". O termo "operações", no contexto constitucional deve ser entendido como "operações jurídicas", atos ou negócios jurídicos. Afinal, apenas mediante tal instrumento pode ter-se, como efeito de direito, circulação de mercadorias, ou seja, as "operações" a que se refere o Texto Magno consistem em atos jurídicos que promovem a transmissão de um direito, *in casu*, a propriedade de mercadorias.

Neste contexto, "circulação" significa a passagem das mercadorias de uma pessoa para outra, sob o manto de um título jurídico, com a consequente mudança de patrimônio. Não se trata de mera circulação física, mas de transferência da titularidade do bem.

O termo "mercadoria", por sua vez, significa tudo aquilo que pode ser objeto de compra e venda. Como vimos em outra oportunidade, não se presta o vocábulo para designar, nas províncias do direito, senão a coisa móvel, corpórea, que está no comércio. A natureza mercantil do produto não está, absolutamente, entre seus requisitos intrínsecos, mas na destinação que se lhe dê.

2.1. Irrelevância da circulação física das mercadorias e admissibilidade jurídica da cláusula FOB (free on board)

O minucioso exame da materialidade do ICMS, além de elucidar as situações em que tem nascimento a obrigação tributária, permite vislumbrar a inexigibilidade, pela legislação desse imposto, da movimentação física das mercadorias. A circulação corpórea dos bens, além de insuficiente para a configuração do fato jurídico tributário relativo ao ICMS, não se apresenta como requisito essencial à incidência do tributo. O direito, ao criar suas próprias realidades, atribui à expressão "operações de circulação de mercadorias" o significado de "transferência de sua titularidade".

A circulação e a entrada no estabelecimento podem ser reais ou apenas simbólicas. Existindo documentação que a respalde, a operação jurídica se considera perfeita e acabada, desencadeando os efeitos jurídico-fiscais correspondentes. Confirmando esse ponto de vista, a própria legislação do ICMS prevê hipóteses de tradição simbólica da mercadoria, tendo por objetivo possibilitar que os contribuintes exerçam suas atividades operacionais sem custos desnecessários de transporte. Exige-se, na hipótese, apenas o adequado controle das operações realizadas.

Nesse sentido, observe-se a prescrição veiculada pela Lei Complementar nº 87/1996, a qual, ao dispor sobre a compensação assegurada pelo princípio da não-cumulatividade, reforça ser prescindível a entrada física no estabelecimento adquirente:

> Art. 20. Para a compensação a que se refere o artigo anterior, é assegurado ao sujeito passivo o direito de creditar-se do imposto anteriormente cobrado em operações de que tenha resultado a

entrada de mercadoria, real ou simbólica, no estabelecimento, inclusive a destinada ao seu uso ou consumo ou ao ativo permanente, ou o recebimento de serviços de transporte interestadual e intermunicipal ou de comunicação.

Por sem dúvida que o direito positivo vigente reconhece e autoriza a movimentação simbólica de mercadorias, considerando praticada a circulação jurídica à época da emissão dos respectivos documentos fiscais. É juridicamente irrelevante, portanto, a circulação física da mercadoria. Sua ausência não impede que se realizem negócios jurídicos concernentes àquele bem, com transferência da titularidade e consequente incidência do ICMS. Por tais razões, já que é prescindível a circulação física para fins jurídicos, comprovado o trânsito simbólico, torna-se irrelevante saber dos locais por onde se realiza a passagem física dos bens.

Nessa linha de raciocínio, imaginemos situação de venda de mercadoria, compactuada em contrato emitido com cláusula FOB, isto é, nos termos da qual a empresa vendedora não tem qualquer responsabilidade pela contratação do frete e entrega da mercadoria. Nesta hipótese, levando em conta as injunções acima, a transmissão da titularidade de mercadorias dá-se no átimo da emissão das respectivas notas fiscais de saída. E tal conclusão decorre da própria existência de cláusula FOB, modo de pactuação de venda e compra de mercadoria muito comum e de farta utilidade nas transações comerciais e que, por assim dizer, será objeto deste estudo.

Convém esclarecer que a palavra "FOB" é a abreviação de *free on board* (livre a bordo). Ao ser prevista em contrato, as despesas inerentes ao transporte da mercadoria entre o estabelecimento alienante até o destinatário adquirente, como o frete e seguro, correm por conta do comprador. Em razão disso, o vendedor se compromete a realizar a entrega das mercadorias para o transportador indicado e contratado pelo adquirente, nesse instante ocorrendo a transferência da titularidade do bem.

Existente essa cláusula contratual, a venda reputa-se perfeita e acabada mediante o pagamento do preço e a entrega da mercadoria ao transportador. É só então que cessa a responsabilidade do comerciante, pois a partir de então caberá ao adquirente tomar todas as providências relativas à nova circulação da mercadoria, com emissão da nota fiscal correspondente e pagamento do ICMS que venha a ser devido.

Vale anotar que a cláusula FOB representa legítima condição mercantil. Trata-se de instituto de direito privado, não podendo ser objeto de alteração por lei tributária (art. 110 do Código Tributário Nacional). A admissibilidade dessa previsão contratual é reconhecida, também, pelos órgãos administrativos de julgamento, como é o caso do Tribunal de Impostos e Taxas de São Paulo, que assim se pronunciou:

> 4.1.3. (...) na compra e venda de mercadoria, sob cláusula FOB, verifica-se a tradição simbólica. O recebimento da mercadoria pelo comprador ocorre no lugar da tradição simbólica, isto é, na fábrica. Obviamente, o momento do recebimento coincide com a tradição simbólica, ou seja, com a aceitação da fatura pelo comprador, *ex vi* do inciso III, do art. 200, do Código Comercial. Assim, desde a fatura, a mercadoria vendida incorpora-se ao patrimônio do comprador.
>
> 4.1.4. Concretizada a operação mercantil sob a cláusula FOB com aceitação da fatura pelo comprador, ocorre uma situação sutil. De um lado, o comprador adquire um direito real, sobre a mercadoria, conforme opinião de J. X. Carvalho de Mendonça.
>
> 4.1.5. (...) embora a mercadoria esteja fisicamente na fábrica do vendedor, essa mesma mercadoria já está incorporada ao patrimônio do comprador, por tradição simbólica ocorrida quando da fatura. (destaquei)[40]

A cláusula FOB exclui a responsabilidade do vendedor, pois efetivada a circulação jurídica da mercadoria, mediante entrega ao transportador, encerra-se a operação. Tudo que

---

40. Processo DRT-2-2.377/90, Juiz Luiz Baptista Pereira de Almeida Filho, Ementário do Tribunal de Impostos e Taxas da Secretaria da Fazenda do Estado de São Paulo, 1996, p. 339.

vier a acontecer com a mercadoria, posteriormente à circulação jurídica, configura operação distinta, da qual não participa o primeiro comerciante.

Para facilitar a compreensão, suponhamos um caso que envolva três empresas: a vendedora, a compradora e a transportadora. Nas notas fiscais de saída emitidas pela vendedora consta, como local de entrega, o estabelecimento da compradora. Estas também indicam, como encarregada do transporte, a empresa transportadora. Diante disso, e tendo em vista que a venda foi realizada com condição FOB, a operação jurídica de circulação de mercadoria tem-se por perfeita e acabada tão logo assinado o canhoto dessa nota fiscal pela transportadora, independentemente de qualquer outro documento ou da entrega física do bem no destino.

Convém esclarecer nesta oportunidade que, presente a cláusula FOB, a retirada da mercadoria pela transportadora é autorizada mediante a simples identificação do veículo, devidamente indicado na nota fiscal de venda pelo comprador. Esse é o motivo pelo qual a vendedora, raramente, terá acesso ao destino que será dado às mercadorias adquiridas pela compradora. Em muitos casos, quando autuada, é neste ato que toma conhecimento da situação. Eis porque, considerando ser a venda feita sob a cláusula FOB, a empresa vendedora não poderá ser responsabilizada pela contratação do frete, tampouco pela entrega das mercadorias.

Em síntese, tratando-se de operações praticadas sob a cláusula FOB, as obrigações da pessoa jurídica fornecedora cessam com a entrega das mercadorias ao transportador, não podendo ser responsabilizada por atos da adquirente, destinatária das coisas. Nem poderia ser diferente, já que o vendedor não dispõe do "poder de polícia" para fiscalizar todos os demais contribuintes a cada operação jurídica que efetuem.

3. O sujeito passivo e a figura da "substituição tributária"

Vale recordar que o sujeito passivo da relação jurídica tributária é a pessoa de quem se exige o cumprimento da prestação pecuniária, nos nexos obrigacionais, bem como da prestação insusceptível de avaliação patrimonial, nas relações que veiculam meros deveres instrumentais ou formais. No subsolo do direito posto, seguindo a linha do pensamento de Rubens Gomes de Sousa,[41] vamos encontrar a doutrina que aponta o contribuinte como sujeito passivo direto, e, como figuras de sujeição indireta, a substituição e a transferência, subdividindo-se esta última em solidariedade, sucessão e responsabilidade. O magistério, porém, tecido com critérios econômicos ou com dados ocorridos em momento pré-legislativo, não mais se sustenta em face de uma dogmática que se pretende rigorosa, voltada apenas para os aspectos jurídicos que os eventos do mundo possam oferecer.

Não sobeja repisar que a substituição de que falam os mestres, ou que registram os textos prescritivos, dista de ser fenômeno jurídico em que um sujeito de direitos cede lugar a outro sujeito de direitos, sob o pálio de determinado regime, como sugere o termo. A modificação se produz antes que o texto seja editado, em tempo que antecede o aparecimento da disciplina jurídica sobre a matéria. Estamos diante de algo que se opera em intervalo meramente político, quando o legislador prepara sua decisão e a norma ainda não logrou entrar no sistema.

Deixando entre parênteses essas imprecisões, tão comuns, aliás, na história de nossas instituições, coloquemos debaixo dos olhos o vulto do substituto, com o objetivo de demarcar o campo de sua possibilidade jurídica. Temos conhecimento, até agora, de que foi posto na condição de sujeito passivo por especificação da lei, ostentando a integral

---

41. *Compêndio de Legislação Tributária*. Coordenação: Instituto Brasileiro de Estudos Tributários - IBET. Obra póstuma. São Paulo: Resenha Tributária, 1975, pp. 92-93.

responsabilidade pelo *quantum* devido a título de tributo. Enquanto nas outras hipóteses permanece a responsabilidade supletiva do contribuinte, aqui o substituto absorve totalmente o *debitum*, assumindo, na plenitude, os deveres de sujeito passivo, quer os pertinentes à prestação patrimonial, quer os que dizem respeito aos expedientes de caráter instrumental, que a lei costuma chamar de "obrigações acessórias". Paralelamente, os direitos porventura advindos do nascimento da obrigação ingressam no patrimônio jurídico do substituto, que poderá defender suas prerrogativas, administrativa ou judicialmente, formulando impugnações ou recursos, bem como deduzindo suas pretensões em juízo, para, sobre elas, obter a prestação jurisdicional do Estado.

O instituto da substituição desfruta de grande atualidade no Brasil, difundindo-se intensamente como vigoroso instrumento de controle racional e de fiscalização eficiente no processo de arrecadação dos tributos. Entretanto, ao mesmo tempo em que responde aos anseios de conforto e segurança das entidades tributantes, provoca sérias dúvidas no que concerne aos limites jurídicos de sua abrangência e à extensão de sua aplicabilidade. Afinal de contas, o impacto da percussão fiscal mexe com valores fundamentais da pessoa humana – propriedade e liberdade –, de tal sorte que não se pode admitir transponha o legislador certos limites, representados por princípios lógico-jurídicos e também jurídico-positivos.

É importante registrar, ainda, que se convencionou distinguir a *substituição para trás* da *substituição para frente*. Na primeira, dá-se o evento tributado em todos os seus contornos jurídicos. Nada obstante, o legislador, por medidas de garantia e comodidade no procedimento arrecadatório, entende por bem passar à frente, estabelecendo a responsabilidade na operação subsequente, como que prolongando o perfil da dívida tributária.

De modo diverso, na chamada *substituição para frente*, nutrida pela suposição de que determinado sucesso tributário haverá de realizar-se no futuro, o que justificaria uma exigência presente, as dificuldades jurídicas se multiplicam em várias direções, atropelando importantes valores constitucionais. Para atenuar os efeitos aleatórios dessa concepção de incidência, acena-se com um expediente compensatório ágil, que possa, a qualquer momento ser acionado para recompor a integridade econômico-financeira da pessoa atingida, falando-se até em lançamentos escriturais imediatamente lavrados nos livros próprios. Por esse modo se pretende legitimar, perante o ordenamento jurídico, a extravagante iniciativa de tributar eventos futuros, sobre os quais nada se pode adiantar.

Interessa-nos nesta ocasião, porém, a primeira das mencionadas modalidades de substituição tributária, de caráter regressivo, para melhor compreendermos a figura do diferimento do ICMS. Deixaremos de aludir, portanto, àquela que se opera em relação a fatos futuros, e voltaremos nossa atenção à disciplina jurídica da substituição tributária para trás.

4. Natureza jurídica do diferimento

A terminologia "diferimento" é empregada, no direito positivo brasileiro, para designar vários fenômenos jurídicos verificados nas legislações que disciplinam os impostos plurifásicos e não-cumulativos, como o ICMS. Sua configuração pode ser de isenção ou de substituição tributária, conforme o modo de atuação da regra-matriz de incidência prescrita em lei. A correta identificação deve ser efetuada em cada caso concreto, mediante exame do diploma normativo pertinente.

O diferimento apresentar-se-á como isenção quando a regra-matriz de incidência tributária sofrer mutilação que a impeça de alcançar determinadas situações. Nessa circunstância, inocorrerá, em momento algum da cadeia, exigência tributária concernente à operação intitulada "diferida".

Por sua vez, será verdadeira substituição tributária a hipótese de diferimento em que houver postergação do instante para o pagamento do tributo. Aí, a regra-matriz permanecerá intacta em todos seus aspectos, incidindo e dando nascimento à obrigação tributária. Apenas a exigibilidade do cumprimento dessa relação jurídica é que será adiada, verificando-se em momento posterior da cadeia.

Não obstante a possibilidade de o diferimento apresentar-se nessas duas modalidades, a análise das legislações hoje existentes revela maciça adoção da segunda espécie, tendo levado o Egrégio Supremo Tribunal Federal, ao manifestar-se sobre o assunto, a concluir que o diferimento assume as características da substituição tributária, onde se libera o *substituído* do pagamento, naquele instante, dos valores devidos a título de tributo, para exigi-los, em momento posterior, do *substituto*. No julgamento do Recurso Extraordinário nº 111.427-4/SP, relatado pelo Min. Oscar Corrêa, a Segunda Turma assim decidiu:

> ICM. Diferimento. A imunidade ou a isenção de que goza a circulação posterior não se comunica à anterior, que não era objeto de um ou de outra. O diferimento nada mais é do que o adiamento da cobrança do imposto já devido. Essa cobrança, ao invés de ser exigida do contribuinte de direito (fornecedor da matéria-prima), o é do contribuinte de fato (o industrial a quem a matéria-prima é vendida), que se torna responsável pela obrigação tributária. Por isso, quando há imunidade ou isenção quanto a imposto relativo à operação de que o industrial é contribuinte de direito, tal imunidade ou isenção se adstringe a essa operação, não se comunicando à anterior, que não era objeto da imunidade ou de isenção, e que, se não houvesse o diferimento, obrigaria o fornecedor da matéria-prima a recolher o imposto devido. Recurso extraordinário não conhecido (Publicado no DJU de 22/09/1989).[42]

Nessa linha, também, é o posicionamento do Colendo Superior Tribunal de Justiça:

> TRIBUTÁRIO. RECURSO ESPECIAL. ICMS SOBRE ÁLCOOL CARBURANTE. FUNDO DE PARTICIPAÇÃO DOS MUNICÍPIOS. HIPÓTESE DE SUBSTITUIÇÃO TRIBUTÁRIA, EM

---

42. Nesse mesmo sentido: RE 102.354/SC, DJ 23/11/1984; RE 112.098-3/SP, DJ 14/02/1992.

QUE O IMPOSTO TEM O RECOLHIMENTO DIFERIDO E RECOLHIDO PELA EMPRESA DISTRIBUIDORA. NESTE CASO, É DESCABIDA A INCLUSÃO PELA EMPRESA PRODUTORA DO ICMS NA DIPAM, PARA COMPOSIÇÃO DO VALOR ADICIONADO.

Em se tratando de negócios com álcool carburante, em que o pagamento de ICMS é diferido para ser recolhido por distribuidor em outro município, dispensa-se sua inclusão na Declaração DIPAM, pela empresa produtora, com vista à conceituação do valor adicionado para cálculo do Fundo de Participação dos Municípios no produto da arrecadação do referido produto.[43]

Esses julgados demonstram que o diferimento do imposto para etapa seguinte da cadeia é forma de substituição tributária. E do estudo das legislações que regulamentam a cobrança deste tributo, por exemplo, observa-se ter sido esse o modelo de diferimento adotado em algumas unidades federativas. O ICMS incide nas operações sujeitas ao diferimento, surgindo o respectivo liame tributário, mas sendo postergada sua cobrança para instante em que se verificar uma das seguintes situações: (i) saída das mercadorias para consumo, exceto em processo de industrialização; (ii) saída para fora do Estado; ou (iii) saída, de estabelecimento industrial situado no Estado, do produto resultante do processo de industrialização no qual foram utilizadas as mercadorias.

Nessas hipóteses, não há dúvidas acerca da verificação da fenomenologia da incidência tributária. A relação jurídica nasce e o imposto é devido, razão pela qual não se pode sequer cogitar em confundir o diferimento com a figura da não-incidência ou da isenção tributária.

É certo que o contribuinte que tem seu imposto diferido nada contribuirá aos cofres públicos. Todavia, o adquirente de suas mercadorias, situado em posição posterior na cadeia de circulação, assume a condição de sujeito passivo, na qualidade de substituto tributário, tornando-se responsável pelo pagamento do imposto incidente em ambas as operações.

---

43. REsp nº 417.881/SP, Rel. Min. Humberto Gomes de Barros, 1ª T., DJ 19/05/2003.

Feitos os esclarecimentos acima, nota-se que o diferimento caracteriza verdadeira *substituição tributária para trás*, onde há postergação do instante para o pagamento do tributo, impondo a obrigação fiscal para o sujeito que realiza etapa subsequente da cadeia, este obrigado a recolher o valor de duas operações: uma, de sua própria etapa; outra, daquela que a antecedeu. Diante disso, a exigibilidade do cumprimento da primeira relação jurídica é adiada, verificando-se em momento posterior do ciclo produtivo, tendo-se por sujeito passivo pessoa diversa daquela que praticou o fato jurídico tributário, porém, com ele relacionado.

4.1. Forma de instituição do diferimento

O diferimento, enquanto *substituição tributária para trás* não se confunde com nenhum tipo de benefício fiscal. Trata-se de técnica de tributação que concentra a exigência tributária em um dos sujeitos da cadeia mercantil para, desse modo, facilitar a fiscalização e a arrecadação do imposto. O objetivo do diferimento é simplificar a fórmula de recebimento do ICMS pelo sujeito ativo da relação tributária, não cabendo ao contribuinte optar por sujeitar-se ou não a essa prescrição legal.

Além disso, é preciso deixar registrado que o diferimento não se identifica com a isenção ou com a imunidade, já que nele a obrigação tributária surge desde logo, porém é atribuída a outro sujeito (substituto tributário), que deve responder por esse crédito por ocasião do encerramento do diferimento, como é o caso da saída da mercadoria para outra Unidade da Federação. Por conseguinte, sua instituição e disciplina são de competência dos Estados e do Distrito Federal, independentemente de previsão em Convênio. É o que prescreve o artigo 6º, § 1º, da Lei Complementar nº 87/1996:

> Art. 6º. Lei estadual poderá atribuir a contribuinte do imposto ou a depositário a qualquer título a responsabilidade pelo seu pagamento, hipótese em que assumirá a condição de substituto tributário.

§ 1º. A responsabilidade poderá ser atribuída em relação ao imposto incidente sobre uma ou mais operações ou prestações, sejam antecedentes, concomitantes ou subsequentes, inclusive ao valor decorrente da diferença entre alíquotas interna e interestadual nas operações e prestações que destinem bens e serviços a consumidor final localizado em outro Estado, que seja contribuinte do imposto.

Sobre o tema, já decidiu o Supremo Tribunal Federal que

> o diferimento, pelo qual se transfere o momento do recolhimento do tributo cujo fato gerador já ocorreu, não pode ser confundido com a isenção ou com a imunidade e, dessa forma, pode ser disciplinado por lei estadual sem prévia celebração de convênio.[44]

Essas referências só reforçam nosso entendimento a respeito da natureza jurídica do diferimento, que se identifica com a substituição tributária regressiva.

5. Sujeição passiva tributária, solidariedade e responsabilidade subsidiária

No direito tributário, o instituto da solidariedade é um expediente jurídico eficaz para atender à comodidade administrativa do Estado, na procura da satisfação dos seus direitos. Sempre que haja mais de um devedor, na mesma relação jurídica, cada um obrigado ao pagamento da dívida integral, dizemos existir solidariedade passiva, na traça do que preceitua o art. 264 do Código Civil brasileiro.

Em relação ao assunto, firma o art. 124 do Código Tributário Nacional:

> Art. 124. São solidariamente obrigadas:
> I – as pessoas que tenham interesse comum na situação que constitua o fato gerador da obrigação principal;
> II – as pessoas expressamente designadas por lei.

---

44. ADI nº 2056/MS, Tribunal Pleno, Min. Gilmar Mendes, DJ 17/08/2007.

Parágrafo único. A solidariedade referida neste artigo não comporta benefício de ordem.

O *interesse comum* dos participantes na realização do fato jurídico tributário é o que define, segundo o inc. I, o aparecimento da solidariedade entre os devedores. A expressão empregada, sobre ser vaga, não é um roteiro seguro para a identificação do nexo que se estabelece entre os devedores da prestação tributária. Basta refletirmos na hipótese do imposto que onera as transmissões imobiliárias.

No Estado de São Paulo, por exemplo, a lei indica o comprador como o sujeito passivo do gravame. Entretanto, ambos estão diretamente ligados à efetivação do negócio, havendo indiscutível interesse comum. Numa operação relativa à circulação de mercadorias, ninguém afirmaria inexistir convergência de interesses unindo comerciante e adquirente, para a concretização do fato, se bem que o sujeito passivo seja aquele primeiro. Nas prestações de serviços, gravadas pelo ISS, tanto o prestador quanto o tomador do serviço têm interesse comum no evento, mas nem por isso o sujeito passivo deixa de ser o prestador.

Aquilo que vemos repetir-se com frequência, em casos dessa natureza, é que o *interesse comum* dos participantes no acontecimento factual não representa dado satisfatório para a definição do vínculo da solidariedade. Em nenhuma dessas circunstâncias cogitou o legislador desse elo que aproxima os participantes do fato, o que ratifica a precariedade do método preconizado pelo inc. I do art. 124 do Código Tributário Nacional. Vale, sim, para situações em que não haja bilateralidade no seio do fato tributado, como, por exemplo, na incidência do IPTU, em que duas ou mais pessoas são proprietárias do mesmo imóvel. Tratando-se, porém, de ocorrências em que o fato se consubstancie pela presença de pessoas, em posições contrapostas, com objetivos antagônicos, a solidariedade vai instalar-se entre os sujeitos que estiveram no mesmo polo da relação, se e somente se, for esse o lado escolhido pela lei para receber o impacto jurídico do gravame. É o que se dá no imposto sobre transmissão de imóveis, quando dois ou mais são os compradores; no ICMS, sempre que dois ou mais forem os comerciantes vendedores; no ISS, toda vez que dois ou mais sujeitos prestarem um único serviço ao mesmo tomador.

Propositadamente, deixamos para o final a menção ao inciso II do artigo 124 do Código Tributário Nacional, que declara serem solidariamente obrigadas *as pessoas expressamente designadas por lei*.

Ajeita-se, aqui, uma advertência sutil, mas de capitular relevo. O território de eleição dos sujeitos passivos das obrigações tributárias e, bem assim, das pessoas que devam responder solidariamente pela dívida está circunscrito ao âmbito da situação factual contida na outorga de competência impositiva, cravada no texto da Constituição.

A lembrança desse obstáculo sobranceiro impede que o legislador ordinário, ao expedir a regra-matriz de incidência do tributo, traga para o tópico de devedor, ainda que solidário, alguém que não tenha participado da ocorrência do fato típico. Falta a ele, legislador, competência constitucional para fazer recair a carga jurídica do tributo sobre pessoa alheia ao acontecimento gravado pela incidência. Diante de óbice de tal porte, incontornável sob qualquer pretexto, devemos entender que os devedores solidários, instituídos pela lei, e estranhos ao evento jurídico-tributário, não são, na verdade, componentes daquele liame obrigacional, mas de outro, de cunho sancionatório, que irrompe à luz pelo descumprimento de algum dever. Ninguém pode ser compelido a pagar tributo sem que tenha realizado, ou participado da realização de um fato, definido como tributário pela lei competente. E a prova *ad rem* dessa afirmação está nos numerosos exemplos que o direito positivo brasileiro oferece. Simplesmente em todas as hipóteses de responsabilidade solidária, veiculadas pelo Código Tributário Nacional, em que o coobrigado não foi escolhido no quadro da concretude fáctica, peculiar ao tributo, ele ingressa como tal por haver descumprido dever que lhe cabia observar.

DERIVAÇÃO E POSITIVAÇÃO NO DIREITO TRIBUTÁRIO

Pondere-se, contudo, que se falta ao legislador de determinado tributo competência para colocar alguém na posição de sujeito passivo da respectiva obrigação tributária, ele pode legislar criando outras relações, de caráter administrativo, instituindo deveres e prescrevendo sanções. É justamente aqui que surgem os sujeitos solidários, estranhos ao acontecimento do fato jurídico tributário. Integram outro vínculo jurídico, que nasceu por força de uma ocorrência tida como ilícita. A lei, estruturada para garantir a eficácia de suas disposições, entrelaça os dois nexos obrigacionais, sugerindo, à primeira vista, a existência de uma única relação, com dois sujeitos que se aproximam pelas ligações da solidariedade jurídica. E ainda prescreve, dificultando mais a compreensão do assunto, que o pagamento efetuado pelo devedor solidário tem o condão de extinguir a obrigação tributária. Mas o exame atilado desse fenômeno jurídico permite entrever a existência de dois liames: um, envolvendo o verdadeiro sujeito passivo do tributo; outro, atingindo um terceiro sujeito, em virtude da prática de ato considerado ilícito.

Vejamos um exemplo do exposto. No Estado de Minas Gerais, o art. 21, XII, da Lei nº 6.763/1975 prescreve:

> Art. 21. São solidariamente responsáveis pela obrigação tributária:
>
> (...)
>
> XII – qualquer pessoa pelo recolhimento do imposto e acréscimos legais devidos por contribuintes ou responsável, quando os atos ou as omissões daquela concorrerem para o não-recolhimento do tributo por estes.

Ora, é indiscutível o caráter ilícito do fato que desencadeia a obrigação solidária referida por esse dispositivo. Enquanto o sujeito passivo principal está obrigado ao pagamento do tributo em virtude da prática de ato lícito, o responsável solidário assume o polo passivo do vínculo obrigacional em razão de um ilícito que cometeu. Nos termos do art. 21, XII, da lei mineira acima transcrita, o ilícito consiste em realizar atos ou omissões que concorram para o não-recolhimento do tributo pelo devedor principal.

Aplicando essas noções ao objeto do presente escrito, verifica-se, desde logo, a impossibilidade de pretender atribuir responsabilidade solidária a uma empresa vendedora, na cadeia do ICMS, pois esta não praticou ilícito algum. Procedendo a venda de suas mercadorias de forma regular, nos exatos moldes previstos na legislação, nada há que puni-la. Assim como, da mesma forma, não se pode alegar haver relação com a falta de recolhimento do ICMS na operação subsequente, praticada pela sociedade compradora.

Feitos esses esclarecimentos, voltemos nossa atenção a outra forma de responsabilidade, denominada subsidiária. Nela encontraremos duas relações, entretecidas por preceitos de lei, para a segurança do adimplemento prestacional de uma delas. Nesse caso, o laço que prende os sujeitos passivos é de subsidiariedade.

Originário do latim *subsidiarius* (que é de reserva, que é de reforço), o verbete *subsidiário* designa o que é *"secundário, auxiliar ou supletivo"*, pressupondo o principal, a que vem suplementar ou reforçar. A responsabilidade subsidiária decorre, portanto, da inviabilidade de promover-se a execução contra o principal devedor: a reversão contra o responsável subsidiário depende da fundada insuficiência dos bens penhoráveis do devedor principal e dos responsáveis solidários.

Enquanto na responsabilidade solidária ocorre a corresponsabilidade patrimonial dos devedores, na responsabilidade subsidiária há um devedor principal e, não sendo encontrado este ou seu patrimônio, o responsável subsidiário é chamado para responder pelo débito. A insuficiência de bens do devedor originário constitui pressuposto da obrigação de responsabilidade subsidiária. Por isso, enquanto não tiver sido executado todo o patrimônio desse devedor, em processo de execução singular ou universal, não pode ordenar-se a reversão contra o devedor subsidiário.

E, retomando o exemplo acima enunciado, é essa a forma de responsabilidade que a legislação do Estado de Minas Gerais pretendeu estabelecer para as hipóteses de diferimento, conforme se depreende do inciso III do parágrafo primeiro, do artigo 21 da Lei nº 6.763/1975:

> Art. 21. (...)
>
> § 1º. Respondem subsidiariamente pelo pagamento do imposto e acréscimos legais:
>
> (...)
>
> III - Na hipótese de diferimento do imposto, o alienante ou remetente da mercadoria ou o prestador do serviço, quando o adquirente ou destinatário descumprir, total ou parcialmente a obrigação, caso em que será concedido ao responsável subsidiário, antes da formalização do crédito tributário, o prazo de trinta dias para pagamento do tributo devido, monetariamente atualizado, sem acréscimos ou penalidades.

Diversamente do *caput*, que alude à responsabilidade solidária pela prática de ato considerado ilícito, o parágrafo primeiro do artigo 21 prescreve responsabilidade subsidiária quando, na hipótese de diferimento do imposto, este deixar de ser pago por terceiro. Não consiste em sanção por ato ilícito, tanto que assegura ao responsável subsidiário o pagamento do tributo sem acréscimos ou penalidades.

Não obstante, observa-se haver contradição entre o disposto no parágrafo primeiro e a parte final do seu inciso III, acima transcritos. É que, se referida norma instituirá responsabilidade subsidiária, jamais poderia prescrever o cumprimento da obrigação, pelo devedor subsidiário, antes da formalização do crédito tributário, pois a subsidiariedade implica a tentativa de receber o tributo do devedor principal, passando a exigir-se o débito do devedor subsidiário apenas e tão somente depois de frustrada essa cobrança. Tal previsão, além de contraditória em si, também contraria o art. 128 do Código Tributário Nacional, que autoriza a atribuição de responsabilidade tributária a terceira pessoa vinculada ao "fato gerador" da respectiva obrigação, em caráter *supletivo* do cumprimento total ou parcial daquela obrigação: a subsidiariedade consiste, exatamente, nesse "caráter supletivo".

Cumpre assinalar, ainda, que o art. 128 do CTN só admite a atribuição de responsabilidade tributária à *pessoa vinculada ao fato gerador da respectiva obrigação*. Em vista disso, a responsabilidade subsidiária a que se refere o art. 21, § 1º, III, da Lei nº 6.763/1975, do Estado de Minas Gerais, somente pode estabelecer-se no âmbito de cada operação de saída da mercadoria e abranger apenas os vendedores e compradores que dela participaram.

Por fim, convém anotar que solidariedade e subsidiariedade são conceitos excludentes entre si, havendo impossibilidade jurídica de invocar-se, simultaneamente, responsabilidade solidária e subsidiária. Tanto é assim que o inciso XII, acima transcrito, alude a "qualquer pessoa", referindo a sujeito que não tenha relação direta com o fato jurídico tributário, mas que atue de forma ilícita, acarretando o não-recolhimento do tributo. O inciso III, do parágrafo primeiro, do artigo 21 da Lei nº 6.763/1975, por sua vez, refere-se à hipótese específica de diferimento, em que o responsável opera licitamente.

6. A responsabilidade tributária pela prática de ilícitos e suas limitações

Infrator, devemos ter sempre em mente, é aquele a quem incumbia o dever legal de adotar conduta determinada e que, tendo deixado de fazê-lo, sujeita-se à sanção cominada pela lei. A penalidade tributária, portanto, possui caráter pessoal, pois como assevera Temístocles Brandão Cavalcanti,

> as multas fiscais podem ser consideradas indenizações, mas visam, antes de tudo, a coagir o contribuinte: é processo de intimidação. Mesmo a multa de mora pode ser assim considerada, para coagir o contribuinte a pagar com pontualidade o seu débito.[45]

---

45. *Teoria dos atos administrativos*. São Paulo: Revista dos Tribunais, 1973, p. 163.

Essa linha de raciocínio levou o Supremo Tribunal Federal a sumular que

> a multa fiscal moratória constitui pena administrativa, não se incluindo no crédito habilitado em falência (Súmula nº 565).

Dada a pessoalidade da pena em razão do seu nexo com as ações praticadas pelo infrator, o responsável somente responde por infrações quando para elas contribuir por ato próprio, não podendo assumir o polo passivo de imposições decorrentes de ilegalidades que jamais foram por ele pessoalmente praticadas.

Não é demais enfatizar: eventuais inadimplências tributárias de qualquer dos sujeitos com as quais a empresa vendedora, na cadeia de produção e circulação da mercadoria, pratique negócios jurídicos, ou mesmo descumprimentos de deveres formais, que não possam ser surpreendidos pelo vendedor com os atos regulares previstos pela própria legislação (verificação da regular inscrição estadual), não alcançam os contribuintes de boa-fé.

Essa opinião ecoa na melhor doutrina nacional. Assim, leciona Celso Antônio Bandeira de Mello:

> É bem de ver, ainda, que nos negócios jurídicos travados entre duas partes, existindo regra positiva de dado comportamento ou abstenção dependente de ambas, se acaso uma delas a transgredisse, sem que a outra disso houvesse tomado conhecimento – mesmo tendo tomado as cautelas de informação legalmente exigidas – infrator seria quem desatendeu o mandamento a que estava obrigado e não, obviamente, a parte que cumpriu o que dela lhe requeria a lei.
>
> Donde, se esta última vier a ser involuntariamente colhida na descrição objetiva de uma figura infracional, traída pela transgressão normativa efetuada pela contraparte faltosa, nada lhe pode ser colimado, quando a participação na figura tipificada acontecer à sua revelia, ou seja, a mal de seu grado e em desrespeito das cautelas jurídicas que, de direito, deveria adotar e haja adotado para evitá-la. (destaquei)[46]

---

46. *Revista de Direito Tributário* nº 62. São Paulo: Malheiros, p. 24.

O Poder Judiciário, quando instado a manifestar-se sobre o tema, demonstrou entendimento análogo. Em decisão recente, de relatoria da Min. Eliana Calmon, o Superior Tribunal de Justiça decidiu que

> as operações realizadas com empresa posteriormente declarada inidônea pelo Fisco devem ser consideradas válidas, não se podendo penalizar a empresa adquirente que agiu de boa-fé.[47]

Noutra oportunidade, desta vez sob a relatoria do Ministro Ari Pargendler, em processo que teve como objeto a possibilidade de utilização de crédito constante em nota emitida por empresa declarada inidônea pelo Fisco, ficou assentado que:

> para aproveitar os créditos de ICMS embutidos no valor das mercadorias que entram no seu estabelecimento, o comprador não depende de prova de que o vendedor pagou o tributo; só se exige do comprador a comprovação de que a nota fiscal corresponde a um negócio efetivamente realizado e de que o vendedor estava regularmente inscrito na repartição fazendária como contribuinte do tributo.[48]

Por fim, e para afastar qualquer sombra de dúvida que pudesse eventualmente persistir no que toca à orientação prevalente dos Tribunais brasileiros sobre o tema, cabe uma última transcrição, desta feita, de decisão relatada pelo Min. Francisco Peçanha Martins:

> O vendedor ou comerciante que realizou a operação de boa-fé, acreditando na aparência da nota fiscal, e demonstrou a veracidade das transações (compra e venda), não pode ser responsabilizado por irregularidade constatada posteriormente, referente à empresa já que desconhecia a inidoneidade da mesma.[49]

---

47. Resp 176.270/MG, DJ 04/06/2001, Segunda Turma. No mesmo sentido, REsp 133.325/MG (RSTJ 127/231), REsp 196.581/MG, REsp 175.204/SP, REsp 112.313-SP (RET 12/61). No mesmo sentido, ver Súmula do STJ, Enunciado nº 509.

48. AGA 173.817/RJ, Segunda Turma, DJ 06/04/1998.

49. REsp 1.122.313, Segunda Turma, DJ 17/12/1999.

Na esfera tributária, deve ter-se sempre em conta a prescrição do art. 128 do CTN, o qual permite a atribuição de responsabilidade apenas a pessoa *vinculada ao "fato gerador" da respectiva obrigação*.

Inadmissível pretender que um sujeito responda por fatos, lícitos ou ilícitos, com os quais não tenha relação.

Conclui-se, destarte, que tendo a empresa vendedora cumprido as diligências que lhe competiam, efetivando negócio verdadeiro e aferindo os documentos disponíveis para atestar a idoneidade daqueles com os quais contratou, nenhuma responsabilidade pode ser-lhe imputada por atos praticados por terceiros.

7. Das respostas às indagações

Com base nas ponderações desenvolvidas até aqui, passo a responder às indagações formuladas no presente capítulo.

1. Qual a natureza jurídica do diferimento?

Resposta: A terminologia "diferimento" é empregada, no direito positivo brasileiro, para designar vários fenômenos jurídicos verificados nas legislações que disciplinam os impostos plurifásicos e não-cumulativos, como o ICMS. Sua configuração pode ser de isenção ou de substituição tributária, conforme o modo de atuação da regra-matriz de incidência prescrita em lei. A correta identificação deve ser efetuada em cada caso concreto, mediante exame do diploma normativo pertinente.

Quando adotado para referir-se à sistemática da *substituição tributária para trás*, o ICMS incide nas operações sujeitas ao diferimento, surgindo o respectivo liame tributário, mas sendo postergada sua cobrança para o instante previsto em lei. Haverá postergação do instante de pagamento do tributo, impondo a obrigação fiscal para o sujeito que realiza etapa subsequente da cadeia, este obrigado a recolher o valor de duas operações: uma, de sua própria etapa; outra, daquela que a antecedeu. Diante disso, a exigibilidade do cumprimento da primeira relação jurídica é adiada, verificando-se em momento subsequente da cadeia, tendo-se por sujeito passivo pessoa diversa daquela que praticou o fato jurídico tributário, porém com ele relacionado.

2. No diferimento há dispensa, no todo ou em parte, do recolhimento do ICMS?

Resposta: Não. Quando o diferimento assume as características da substituição tributária, libera-se o *substituído* do pagamento, naquele instante, dos valores devidos a título de tributo, para exigi-los, em momento posterior, do *substituto*. Inocorre, portanto, dispensa de qualquer parcela do tributo devido.

3. Tendo o diferimento sido instituído de forma legítima, quem é o responsável legal pelo recolhimento do ICMS?

Resposta: Por tudo o que se expôs, o responsável legal, sujeito passivo do liame relativo a recolhimento do tributo diferido, é o substituto tributário, ou seja, aquele que deu causa ao fim do diferimento.

4. O diferimento implica a concessão de algum benefício para o vendedor da mercadoria?

Resposta: Como anotei nas respostas às indagações anteriores, o diferimento, quando entendido como hipótese de *substituição tributária para trás* não configura benefício fiscal, mas técnica de arrecadação em que a exigência tributária recai sobre um único sujeito da cadeia econômica para facilitar a fiscalização e arrecadação. Decorre de imposição legal, a ser observada, obrigatoriamente, pelo contribuinte. Em consequência, não se admite a possibilidade de o contribuinte renunciar à adoção dessa sistemática, pois se lhe fosse lícito optar por sujeitar-se ou não ao diferimento, a fórmula de arrecadação implantada perderia o sentido, sua razão de existir, que é, exatamente, centralizar a arrecadação em um integrante da cadeia de circulação mercantil, dele exigindo o cumprimento da obrigação tributária.

5. *O diferimento implica atribuição, ao vendedor da mercadoria, de um dever jurídico perene de fiscalizar o destino do bem até o final da cadeia?*

Resposta: Não. O próprio diferimento já centraliza a sujeição passiva em uma pessoa da cadeia para que a autoridade fiscal tenha o acesso facilitado, reduzindo o campo de contribuintes a serem fiscalizados. Se assim não fosse, para nada serviria o diferimento, já que, nesse caso, a fiscalização recairia em todos da cadeia.

Além disso, é competência da Administração Pública fiscalizar a arrecadação de tributos, bem como o cumprimento dos deveres instrumentais. Reforça a posição os escassos poderes de investigação que um contribuinte dispõe. Além de consultar a inscrição do contribuinte, no respectivo órgão competente, verificar o ajuste dos documentos aos ditames da lei e zelar pela efetividade do negócio – efetivo pagamento e efetiva circulação jurídica dos bens –, nada mais pode ser feito. Daí ser juridicamente inviável exigir do contribuinte maiores fiscalizações em relação àqueles com os quais pretenda contratar, muito menos o destino do bem até o final da cadeia.

6. É possível o responsável (se fosse o caso) responder, simultaneamente, de forma solidária e subsidiária pela obrigação de recolher o ICMS?

Resposta: Enquanto na solidariedade ocorre a corresponsabilidade patrimonial dos devedores, na responsabilidade subsidiária há um devedor principal e, não sendo encontrado este ou seu patrimônio, o responsável subsidiário é chamado para responder pelo débito. A insuficiência de bens do devedor originário constitui pressuposto da obrigação de responsabilidade subsidiária. Por isso, enquanto não tiver sido executado todo o patrimônio desse devedor, em processo de execução singular ou universal, não pode ordenar-se a reversão da execução contra o devedor subsidiário.

Percebe-se que solidariedade e subsidiariedade são conceitos excludentes entre si, havendo impossibilidade jurídica de invocar-se, simultaneamente, responsabilidade solidária e subsidiária. Tanto é assim que o inciso XII do artigo 21 da Lei do ICMS/MG alude a "qualquer pessoa", referindo-se a sujeito que não tenha relação direta com o fato jurídico tributário, mas que atue de forma ilícita, acarretando o não-recolhimento do tributo. O inciso III do parágrafo primeiro desse mesmo artigo, por sua vez, refere-se à hipótese específica de diferimento, em que o responsável opera licitamente.

7. *É legítima a venda de mercadorias com a cláusula FOB? Quais as implicações dessa cláusula em termos de responsabilidade do vendedor?*

Resposta: O direito positivo vigente reconhece e autoriza a movimentação simbólica de mercadorias, considerando praticada a circulação jurídica na época da emissão dos respectivos documentos fiscais. É juridicamente irrelevante, portanto, a circulação física da mercadoria. Sua ausência não impede que se realizem negócios jurídicos concernentes àquele bem, com transferência da titularidade e consequente incidência do ICMS.

Isso já permite entrever a juridicidade da adoção de cláusula FOB. Diante de sua previsão, as despesas inerentes ao transporte da mercadoria entre o estabelecimento alienante até o destinatário adquirente, como frete e seguro, correm por conta do comprador. Em razão disso, o vendedor se compromete a realizar a entrega das mercadorias para o transportador indicado e contratado pelo adquirente, nesse instante ocorrendo a transferência da titularidade do bem.

Existente essa cláusula contratual, a venda se reputa perfeita e acabada mediante o pagamento do preço e a entrega da mercadoria ao transportador indicado pelo próprio comprador. É nesse átimo, portanto, que cessa a responsabilidade do comerciante, pois a partir de então caberá ao adquirente tomar todas as providências relativas à nova circulação da mercadoria, com emissão da nota fiscal correspondente e pagamento do ICMS que venha a ser devido. Em vista disso, pode dizer-se que a cláusula FOB exclui a responsabilidade do vendedor, pois efetivada a circulação jurídica da mercadoria, mediante entrega ao transportador, encerra-se a operação. Tudo que vier a acontecer com a mercadoria, posteriormente a essa circulação jurídica, configura operação distinta, da qual não participa o primeiro comerciante.

Tema XXVIII
RESPONSABILIDADE CIVIL E A FIGURA JURÍDICA DA "INDENIZAÇÃO" EM DIREITO TRIBUTÁRIO

Análise da natureza jurídica e da constitucionalidade do "ressarcimento ao SUS" segundo ditames da Lei nº 9.656/1998

Sumário: 1. Introdução. 2. A relação jurídica como instrumento de ordenação das condutas. 3. Diferença semântica entre "obrigação tributária" e "relação jurídica indenizatória". 4. Responsabilidade civil e a figura jurídica da "indenização". 4.1. Direito à reparação patrimonial na hipótese de enriquecimento sem causa. 5. Natureza jurídica do "ressarcimento ao SUS". 6. Natureza e características dos "Planos de Assistência à Saúde". 7. Inexistência de vedação constitucional do "ressarcimento ao SUS". 8. A autorização constante do art. 198 da Constituição da República. 9. Inexistência de violação ao princípio da legalidade. 10. Inocorrência de irregularidades no procedimento de cobrança. 11. Inexistência de afronta ao princípio do acesso isonômico ao SUS. 12. Das respostas às indagações.

1. Introdução

O presente tema tem por objetivo tecer algumas considerações sobre problema relativo à natureza jurídica e à constitucionalidade do "ressarcimento ao SUS", previsto no art. 32 da Lei nº 9.656/1998. Na amplitude dessa providência, tomaremos o direito positivo enquanto objeto cultural que se apresenta como uma camada de linguagem em função prescritiva, projetando-se sobre o domínio das condutas intersubjetivas, para regulá-las com seus operadores deônticos (permitido, obrigatório e proibido). Tais reflexões pedem a atenção para o fato relacional, integrante do consequente normativo, mediante o exame de suas características estruturais, considerado como vínculo abstrato objeto de estudo da Teoria Geral do Direito, para, em momento posterior, ingressar no conteúdo semântico de que tal liame pode ser portador. Daí decorre a necessidade de examinar-se o conceito de tributo e de indenização, objetivando definir o correto quadramento de uma dessas figuras na obrigatoriedade de "ressarcimento ao SUS".

Para a apropriada compreensão do tema, releva tecer, ainda, alguns comentários sobre a atividade praticada pelas operadoras de planos privados de assistência à saúde, reconhecendo seus caracteres e a natureza dos valores envolvidos na relação jurídica travada entre estas e seus usuários.

Faço inserir no presente trabalho apreciações sobre os dispositivos constitucionais relacionados ao direito à saúde, em especial os arts. 196 e 198 da Constituição da República, bem como considerações sobre os princípios da legalidade, isonomia e irretroatividade. Tudo visando a identificar as qualidades normativas do "ressarcimento ao SUS", instituído pelo art. 32 da Lei nº 9.656/1998, bem como sua compatibilidade com o Texto Magno.

É assim, firmando premissas na análise da Constituição Federal e na normatização infraconstitucional, que encaminharei o raciocínio para estruturar as respostas às indagações promovidas pelo tema. Enunciemos algumas:

DERIVAÇÃO E POSITIVAÇÃO NO DIREITO TRIBUTÁRIO

1. Qual é a natureza jurídica do ressarcimento ao SUS?

2. Em caso de entender-se pela natureza tributária, em qual espécie o ressarcimento ao SUS se quadraria? Em não sendo tributária, como compreendê-lo à luz da Constituição?

3. Afastada a hipótese da natureza tributária, pode o Poder Público criar obrigação pecuniária compulsória que não se enquadre no conceito do art. 3º do Código Tributário Nacional, decorrente de comando legal, porém de natureza civil?

4. A previsão constitucional contida no § 1º do art. 198 não autorizou expressamente o Poder Público a gerar outras fontes de financiamento do Sistema Único de Saúde que fujam ao rol do art. 195 da CR?

5. O ressarcimento ao SUS, por ter sido instituído por lei ordinária (Lei nº 9.656), contraria o disposto no § 4º do art. 195/CR?

6. O ressarcimento ao SUS viola as disposições insculpidas no art. 196 da CR?

7. Considerando que o ressarcimento ao SUS é uma obrigação ex lege e que sua compulsoriedade está atrelada ao enriquecimento sem causa, é possível defender tal tese consubstanciada apenas na inexistência de causa que autorize o acréscimo patrimonial?

8. Se as operadoras de planos de saúde, ao fixarem o seu custo atuarial, acabam por definir o valor suficiente para a cobertura de todos os procedimentos médicos previstos no contrato, acrescidos de lucro, ao deixarem de arcar com gastos de despesas médicas decorrentes do uso da saúde pública por usuário de planos não ficaria caracterizada afronta ao § 2º do art. 199 da CR?

9. Decorrente das condições estabelecidas no § 1º do art. 32 da Lei nº 9.656/1998, a Tabela Única Nacional de Equivalência de Procedimentos – TUNEP instituída por meio da RDC nº 17, de 30.03.2000, não se reveste da legalidade e legitimidade conferida à ANS?

10. *A incidência do ressarcimento ao SUS violaria o princípio do acesso isonômico ao Sistema Único de Saúde, supondo-se que os prestadores de serviços (conveniados ao SUS) perceberiam um* plus, *consoante as regras estabelecidas pela RDC-TUNEP?*

2. A relação jurídica como instrumento de ordenação das condutas

O objetivo primordial do direito é ordenar a vida social, disciplinando o comportamento dos seres humanos, nas suas relações de intersubjetividade. Tomado por base esse caráter eminentemente instrumental do ordenamento jurídico, é curioso notar que o único meio de que dispõe, para alcançar suas finalidades precípuas, é a relação jurídica, no contexto da qual emergem direitos e deveres correlatos, pois é desse modo que se opera a regulação das condutas.

É incontestável a importância que os fatos jurídicos assumem, no quadro sistemático do direito positivo, pois, sem eles, jamais apareceriam direitos e deveres, inexistindo possibilidade de regular a convivência dos homens, no seio das comunidades. Mas, sem desprezar esse papel fundamental, é pela virtude de seus efeitos que as ocorrências factuais adquirem tanta relevância. E tais efeitos estão prescritos no consequente da norma, irradiando-se por via de relações jurídicas. Isso nos permite dizer, com inabalável convicção, que o prescritor normativo é o dado por excelência da realização do direito, porquanto é precisamente ali que está depositado o instrumento da sua razão existencial.

Relação jurídica é definida, pela Teoria Geral do Direito, como o vínculo abstrato, segundo o qual, por força da imputação normativa, uma pessoa, chamada de sujeito ativo, tem o direito subjetivo de exigir de outra, denominada sujeito passivo, o cumprimento de certa prestação. Nela se há de notar a exclusão de qualquer referência a relações do contexto social que viriam a ser juridicizadas pelo direito, o que equivale a afirmar que emerge o vínculo apenas e tão somente por virtude da imputação normativa, indiferente à existência ou não de um laço de caráter sociológico, político, econômico, ético, religioso ou biológico, anterior à disciplina jurídica. O direito cria suas próprias realidades, não estando condicionado a atender, com foros de obrigatoriedade, à natureza das relações contidas no plano sobre o qual incide. As fórmulas e esquemas que o direito constrói independem do fenômeno real que organiza, contingência que explica disposições jurídicas que não só prescindem de vínculos subjacentes como até chegam a assumir feição indisfarçavelmente antagônica. A chamada *morte civil* do direito pretérito é manifestação significativa e eloquente dessa desvinculação. A ordem jurídica declarava a morte de determinada pessoa, que passava a ser coisa, perdendo aquela condição, tudo isso sem qualquer alteração do ser, enquanto vida animal. As ficções jurídicas, expedientes largamente utilizados pelo legislador, nos diversos setores da regulação social, consubstanciam outro modelo expressivo do desapego do direito com referência à realidade que ordena.

Não é preciso que haja relação social subjacente para que o direito exercite sua atividade normativa, instituindo o vínculo abstrato que ensejará direitos e deveres. De modo semelhante, pode o legislador imaginar a instauração de liame jurídico, onde já exista outro tipo de relação, momento em que consignaremos mera coincidência, que pouco sugere e nada acrescenta, em termos de possibilidade legislativa.

Aspecto que merece ser considerado, no âmbito do conceito de relação jurídica, é a circunstância de ser um vínculo entre pessoas, reflexão que abriu margem a intermináveis disputas acadêmicas. Prevalece hoje, contudo, sobre o fundamento da essencial bilateralidade do direito, a tese da necessidade impostergável de, pelo menos, dois sujeitos para que se possa configurar o liame jurídico. É incisiva, nesse sentido, a lição de Francesco Carnelutti: "a noção mais ampla e singela de relação jurídica é a de uma relação constituída pelo direito, entre dois sujeitos, com referência a um objeto".[50]

No quadro conceptual da relação jurídica, sobreleva observar, ainda, a presença de um objeto, centro de convergência do direito subjetivo e do correlato dever. Fator estrutural da entidade, qualquer modificação no objeto pode ocasionar mutações de fundo na própria composição do vínculo, suscitando as espécies em que se divide a categoria. A faculdade de exigir o objeto dá a substância do direito subjetivo, de que é titular o sujeito ativo da relação, ao passo que a conduta de prestá-lo define o dever jurídico a cargo do sujeito passivo.

3. Diferença semântica entre "obrigação tributária" e "relação jurídica indenizatória"

Identificados os elementos definidores da organização básica das relações jurídicas, qualquer desdobramento que se empreenda no exame do sujeito ativo, do sujeito passivo ou do objeto será meio legítimo de classificá-las. Cuida anotar, contudo, que diante da homogeneidade sintática das regras do direito, segundo a qual toda norma jurídica é composta por hipótese e consequência, descrevendo critérios identificadores de um fato de possível ocorrência e prescrevendo condutas intersubjetivas deonticamente modalizadas, a estrutura normativa não permite a identificação da espécie de conduta disciplinada. Tal distinção somente é possível no plano semântico, mediante exame dos conteúdos de significação. É a análise do objeto da relação jurídica que levará à conclusão de estar-se diante de obrigação tributária ou de vínculo patrimonial de natureza civil.

"Relação jurídica tributária" ou "obrigação tributária" são conceitos que devem ser definidos em consonância com o direito tributário. Estritamente, podemos dizer que se trata

---

50. *Teoría general del derecho*. Trad. F. X. Osset. Madrid, 1955, p. 184.

do vínculo abstrato formado entre o sujeito ativo e o sujeito passivo, onde aquele tem o direito subjetivo de exigir deste o cumprimento de prestação de cunho patrimonial, decorrente da aplicação de norma tributária.

A relação jurídica de índole indenizatória, por sua vez, surge pela imputação de normas de direito civil, ali encontrando seu fundamento de validade. Tem, igualmente, por objeto dever de cunho patrimonial, porém de natureza diversa.

A distinção dessas duas espécies de liame está intrinsecamente relacionada aos seus objetos, razão pela qual discorrerei, a seguir, sobre a definição do conceito de "tributo" e as prestações pecuniárias de caráter reparador.

4. Responsabilidade civil e a figura jurídica da "indenização"

A responsabilidade civil consiste na disciplina jurídica que prescreve a um sujeito de direito o dever de compensar pessoa diversa, pelo dano que lhe causou, em virtude de ação ou omissão voluntária, negligência, imprudência e até mesmo devido à prática de atos que, não obstante lícitos, desencadeiam a incidência de normas jurídicas atributivas de tal ônus. São três os seus pressupostos: (i) ação ou omissão, (ii) dano e (iii) nexo de causalidade entre esses dois elementos.

A ação ou omissão danosa, ensejadora da relação obrigacional que tem por objeto a prestação de ressarcimento, pode originar-se (i) da inexecução de contrato; ou (ii) da lesão a direito subjetivo, independentemente da preexistência de qualquer relação jurídica entre lesante e lesado.[51] Seu acontecimento é passível de ser verificado tanto na presença como na ausência de vínculo jurídico entre a pessoa causadora do fato lesivo e quem sofra a redução patrimonial.

---

51. Cf. GOMES, Orlando. *Obrigações*. 4ª ed. Rio de Janeiro: Forense, 1976, p. 339.

Esse acontecimento, gerador da responsabilidade civil, poderá ser contratual ou extracontratual, lícito ou ilícito. Pouco importa que o efeito danoso decorra de relação jurídica *ex contracto*, de vínculo *ex lege* ou de ato ilícito extracontratual: em quaisquer dessas hipóteses, impõe-se a reparação do prejuízo, sendo seu objetivo último o restabelecimento do equilíbrio violado pelo dano. A ideia de reparação, portanto, é mais ampla do que a de ato ilícito, havendo o dever de ressarcimento de prejuízos também em hipóteses nas quais não se verifica ilicitude na ação do agente. Nesse sentido, leciona Maria Helena Diniz:

> Deveras, hipóteses há, como mais adiante veremos, em que o dano é reparável sem o fundamento da culpa, baseando-se no risco objetivamente considerado. Contudo, não se poderia, ainda, olvidar a existência de casos de responsabilidade por ato lícito, em que o dano nasce de um fato, permitido legalmente, praticado pelo responsável, obrigando-o a ressarcir o lesado do prejuízo que lhe causou (CC, art. 927, parágrafo único).[52]

Podemos dizer que a natureza da responsabilidade civil, na forma como está disciplinada em nossa legislação, é *compensatória*, por abranger indenização ou reparação de prejuízo causado, seja por ato ilícito, de origem contratual ou extracontratual, bem como por ato lícito.

O dever de reparação do dano encontra-se, em muitos casos, desvinculado da ideia de "culpa". Assim, situações há em que o agente deverá ressarcir o prejuízo causado, mesmo quando isento de culpa, porque sua responsabilidade é imposta por lei, independentemente dos aspectos subjetivos inerentes à ação lesiva. O próprio Código Civil relaciona algumas dessas hipóteses: indenização pela servidão de passagem forçada (Código Civil, art. 1.285); pelo escoamento de águas para o prédio inferior (Código Civil, art. 1.289, e Código de Águas, art. 92); pela passagem de cabos e tubulações (Código Civil, art. 1.286); pela servidão forçada de aqueduto (CC, art. 1.293,

---

52. *Curso de direito civil brasileiro*. Vol. VII. 16ª ed. São Paulo: Saraiva, 2002, p. 5.

e Código das Águas, arts. 117 a 138); pela servidão eventual de trânsito (Código Civil, art. 1.313, § 3º); pelo alargamento necessário da servidão predial (Código Civil, art. 1.385, § 3º) etc. Nessas hipóteses todas as ações são lícitas, mas o autor terá de indenizar as perdas patrimoniais que tais atos venham eventualmente a causar.

Essa é, também, a prescrição constante do art. 927 do Código Civil em vigor:

> Art. 927. Aquele que, por ato ilícito (art. 186 e 187), causar dano a outrem, fica obrigado a repará-lo.
>
> Parágrafo único. Haverá obrigação de reparar o dano, independentemente de culpa, nos casos especificados em lei, ou quando a atividade normalmente desenvolvida pelo autor do dano implicar, por sua natureza, risco para os direitos de outrem. (grifei)

O dispositivo legal supra determina não só a obrigação de ressarcir dano causado por ato ilícito, mas também o dever de reparar prejuízo causado sem a interferência subjetiva da culpa, quando assim especificado na legislação civil brasileira.

4.1. Direito à reparação patrimonial na hipótese de enriquecimento sem causa

Uma das hipóteses de responsabilidade civil sem exigência de verificação da culpa é a do "enriquecimento sem causa", também denominado "enriquecimento injustificado". Este consiste em ganho não proveniente de justa causa, ou seja, aumento do patrimônio de alguém sem qualquer fundamento jurídico, em detrimento do de outrem.[53]

Não obstante o ato praticado pelo agente seja lícito, seus efeitos não o são, em virtude da ausência de fundamento jurídico que dê respaldo ao enriquecimento. É o caso, por exemplo, da situação em que uma pessoa doa determinado objeto

---

53. Cf. DINIZ, Maria Helena. *Dicionário jurídico*. Vol. II. São Paulo: Saraiva, 1998, p. 337.

a outrem, por engano. O donatário não praticou ilícito algum, mas verificado seu enriquecimento sem causa, este fica obrigado à reparação patrimonial do prejudicado. O mesmo se verifica na avulsão, repentino deslocamento de uma porção de terra por força natural violenta, desprendendo-se de um imóvel para juntar-se a outro. Esse fenômeno, em si mesmo, não é contrário ao direito; todavia, o enriquecimento que dele decorre o é. Assim, havendo fato da natureza que acarrete aumento do terreno pertencente a certo sujeito, ao proprietário desfalcado surge o direito à indenização ou à remoção da terra subtraída, visando à recomposição de seu patrimônio.

Essas são apenas algumas figuras ilustrativas, dentre a variedade de situações em que fatos lícitos, por ocasionarem efeitos ilícitos (enriquecimento sem causa), ensejam relação jurídica indenizatória. O enriquecimento sem causa é fato jurídico ilícito, no sentido de não ser juridicamente permitido, podendo decorrer não apenas de atos ilícitos, mas também de ocorrências lícitas. São três, em suma, seus elementos configuradores:

a) obtenção do proveito, com aumento patrimonial da pessoa;

b) redução correspondente do patrimônio de outrem;

c) inexistência de causa lícita para a obtenção desse proveito.

Importa consignar, também, que o enriquecimento injustificado não exige manifestação de vontade do agente, podendo originar-se de fato da natureza ou até mesmo do próprio prejudicado, como é o caso do pagamento feito a maior, por erro do devedor. O relevante, para o ordenamento jurídico, é o restabelecimento do equilíbrio patrimonial, desestruturado por causas não acolhidas juridicamente.

Não obstante a simples ocorrência do enriquecimento sem causa faça nascer o direito de o prejudicado reclamar a reparação do dano, a forma como essa recomposição do patrimônio deve se verificar é regulada pelo próprio direito positivo. Exemplificando, se o enriquecimento injustificado derivar de valores pecuniários, a devolução terá de ser feita com a devida atualização monetária; se tiver por objeto coisa móvel ou imóvel, prescreve a obrigação de restituí-la com todos os seus pertences e benfeitorias, salvo, quanto a estas, os direitos próprios do possuidor de boa-fé, como a indenização e retenção pelas necessárias e úteis, e de levantamento das voluptuárias; se a coisa não mais existir, deverá ser restituído o valor correspondente ao que teria a coisa no momento em que foi pedida de volta etc. O direito à restituição, decorrente de enriquecimento sem causa, não é, portanto, indeterminado e sem limites. Sua ocorrência justifica a propositura de ação *in rem verso* pelo prejudicado, ou outro meio de ressarcimento previsto em lei. São hipóteses alternativas, significando que o direito de ação é assegurado a quem sofreu dano em virtude de enriquecimento sem causa alheio, mas que, se a lei prescrever outros meios de ressarcimento do prejuízo sofrido, referido direito de ação deve restringir-se aos termos legais.

Nesse sentido o art. 946 do Código Civil prescreve:

> Art. 946. Se a obrigação for indeterminada, e não houver na lei ou no contrato disposição fixando a indenização devida pelo inadimplente, apurar-se-á o valor das perdas e danos na forma que a lei processual determinar. (destaquei)

Não restam dúvidas de que a lei pode fixar a forma de exigência e apuração do valor indenizatório devido. E este é o caso do art. 32 da Lei nº 9.656/1998, que disciplina o modo de ressarcimento do Sistema Único de Saúde relativamente às operadoras de planos de saúde que dela fazem uso, conforme minuciosamente esclarecerei nos itens a seguir.

5. Natureza jurídica do "ressarcimento ao SUS"

Na lição do saudoso Geraldo Ataliba,[54] sempre que o intérprete se deparar com a situação em que alguém tenha de dar dinheiro ao Estado ou a entidade dele delegada por lei, deverá examinar se se trata de: (i) multa; (ii) obrigação convencional; (iii) indenização ou (iv) tributo. Essas quatro figuras possuem como característica comum a obrigação pecuniária perante o Estado. Apresentam, porém, peculiaridades que permitem distingui-las umas das outras.

Como vimos, o art. 3º do Código Tributário Nacional caracteriza o "tributo" como prestação (i) pecuniária (ii) compulsória, (iii) que não constitua sanção de ato ilícito. Partindo dessa premissa, vejamos quais os aspectos distintivos do tributo e das demais obrigações de entregar dinheiro ao Estado:

a) multa: é sanção por ato ilícito;

b) obrigação convencional: é acordo voluntário, decorrente da prática de negócios jurídicos;

c) indenização: decorre de fato contrário ou não ao direito, cujos efeitos são ilícitos; seu caráter, por isso, não é punitivo, mas reparador.

Efetuadas tais distinções, observa-se que o "ressarcimento ao SUS" a que se refere o art. 32 da Lei nº 9.656/1998 não preenche os requisitos caracterizadores da multa, nem da obrigação convencional, nem do tributo. Trata-se de prestação pecuniária compulsória que não configura sanção por ato ilícito, o que, em uma análise superficial, poderia levar à equivocada ideia de estar-se diante de tributo. Sua natureza, porém, é nitidamente reparatória, decorrendo de efeitos não juridicamente reconhecidos (enriquecimento sem causa) e, portanto, ilícitos, independentemente da licitude dos atos praticados pelo agente.

---

54. *Hipótese de incidência tributária*. 6ª ed. São Paulo: Malheiros, 1999, p. 36.

Sobre esse assunto, já registrava Geraldo Ataliba, que *"tributo não é sanção por violação de nenhum preceito, nem reparação patrimonial"*.[55]

Referida natureza compensatória deflui nitidamente do *caput* do art. 32 da Lei nº 9.656/1998, *verbis*:

> Art. 32. Serão ressarcidos pelas operadoras dos produtos de que tratam o inciso I e o §1º do art. 1º desta Lei, de acordo com normas a serem definidas pela ANS, os serviços de atendimento à saúde previstos nos respectivos contratos, prestados a seus consumidores e respectivos dependentes, em instituições públicas ou privadas, conveniadas ou contratadas, integrantes do Sistema Único de Saúde – SUS.

Como se vê, não estamos diante de contraprestação de serviço público, mas de recomposição patrimonial devida em virtude de enriquecimento sem causa. Esse enriquecimento indevido é verificado quando as operadoras de planos privados de saúde, que cobram de seus usuários pela prestação de serviços médicos e hospitalares, não o fazem, deixando tal encargo ao Estado, mediante instituições conveniadas ou contratadas do Sistema Único de Saúde.

6. Natureza e características dos "Planos de Assistência à Saúde"

As atividades de comercialização, administração e operação de "Planos de Assistência à Saúde", nos termos da Lei nº 9.656/1998 e legislação correlata, consistem em contratação que acarreta o dever de as operadoras darem cobertura a certos eventos, caso estes se concretizem. O segurado poderá nunca ter a necessidade de utilizar os serviços previstos no respectivo contrato ou os utilizar apenas por uma eventualidade, em outro momento.

---

55. *Hipótese de incidência tributária*. 6ª ed. São Paulo: Malheiros, 1999, p. 36.

Há, no caso, típico contrato de seguro. Quando uma pessoa jurídica recebe importâncias mensais avençadas e em contrapartida assume o risco de indenizar eventuais, futuras e incertas despesas médicas e hospitalares, sem dúvida alguma estará realizando operação de seguro. Trata-se de contrato pelo qual o segurador, mediante recebimento de um prêmio previsto contratualmente, obriga-se a pagar ao segurado uma indenização, se ocorrer o evento danoso ao qual está exposto. São 5 (cinco) os elementos que integram o contrato de seguro:

- **segurador:** é a parte, pessoa jurídica, que suporta o risco assumido mediante o recebimento de um prêmio;

- **prêmio:** é o montante, em pecúnia, pago ao segurador para que o segurado tenha o direito à indenização, se ocorrer o sinistro advindo do risco garantido e previsto no contrato;

- **segurado:** parte que tem interesse direto na conservação da coisa ou da pessoa e que efetua uma contribuição periódica à seguradora;

- **indenização:** importância paga pela seguradora ao segurado, compensando-lhe o prejuízo econômico, em virtude do risco ocorrido;

- **risco:** evento danoso, futuro e incerto que, acontecendo, gerará a indenização ao segurado, conforme as cláusulas do contrato.

Dentre as modalidades de seguro podemos citar o seguro de pessoas, que tem por finalidade a proteção à vida, acidentes e danos pessoais, e o seguro de danos, dentre os quais se encontra o que visa a garantir a assistência médica, hospitalar, odontológica, bem como despesas suplementares. Essa espécie contratual apresenta as seguintes características jurídicas:

a) natureza bilateral, uma vez que as obrigações são instituídas para ambas as partes: o segurado, que deve pagar o prêmio, e o segurador, que na ocorrência do sinistro deverá pagar a indenização;

b) contrato oneroso, por trazer prestações e contraprestações, de tal modo que cada um dos contraentes procura obter vantagem patrimonial;

c) aleatório, porquanto o acontecimento pode ou não se verificar. O ganho ou a perda dos contraentes dependerá de fatos futuros e incertos, que constituirão o sinistro;

d) contrato formal, exigindo forma escrita;

e) contrato por adesão, perfazendo-se com a anuência do segurado, sem possibilidade de modificação de suas cláusulas;

f) execução sucessiva e continuada.

Nesse contexto, *segurador* é a operadora do plano de saúde; segurado quem aderiu ao plano de saúde; *prêmio* é a mensalidade paga ao segurador, pelo segurado, para que este tenha garantido o recebimento da indenização em caso de advento do sinistro; *risco* é a eventualidade de ser necessária assistência médica ou hospitalar; e, por fim, a *indenização* pode ser efetuada de dois modos distintos, devidamente previstos no contrato, em consonância com a utilização que lhe for dada. Explico: se o segurado suportou encargos em decorrência da utilização de serviços hospitalares, em situação de emergência, quando não for, comprovadamente, possível a fruição de serviços credenciados, receberá então o reembolso das despesas. Por outro lado, se o segurado se utiliza da assistência médico-hospitalar devidamente credenciada, não há que se falar em reembolso, porque o beneficiário não arca com as despesas dos serviços que lhe foram prestados, sendo estas remuneradas pelo plano de saúde. O que ocorre, de fato, em virtude do pagamento do prêmio, é a livre utilização dos serviços, com a garantia da cobertura de gastos com assistência médica e hospitalar, em razão do acontecimento do evento danoso. Essa figura é a indenização em si.

As operadoras de planos de saúde fixam as mensalidades dos usuários a partir de cálculo atuarial que define um valor suficiente para a cobertura de todos os procedimentos médicos previstos no contrato e, além disso, o recebimento de lucro. Esse tipo de contrato, como outros de natureza securitária, fundamenta-se em previsões estatísticas e atuariais que permitem às empresas calcularem, com razoável certeza de acerto, qual o valor da mensalidade necessária para a cobertura dos custos do tratamento direcionado a cada segmento etário. Eis o motivo porque as mensalidades dos planos de saúde variam em função da idade do beneficiário: as operadoras cobram valores mais elevados dos idosos, por exemplo, porque a probabilidade destes necessitarem dos serviços médicos oferecidos é maior, acarretando custos mais elevados.

Por essa razão, quando um procedimento previsto no contrato é realizado na rede pública de saúde, aquele valor, previamente recebido pela operadora e que seria empregado nos serviços médicos e hospitalares, é indevidamente incorporado ao seu patrimônio, acarretando lucratividade abusiva, em detrimento da patrimonialidade estatal. Se a despesa com determinado tratamento já estava prevista e embutida nas mensalidades, mas tal procedimento médico não foi custeado pela operadora de plano de saúde, esta terá recebido por um serviço que não prestou, o que é inadmissível no ordenamento jurídico pátrio. Por via de consequência, se o serviço médico ou hospitalar constante de contrato privado de assistência à saúde é prestado pelo Estado, mediante seu Sistema Único de Saúde, impõe-se o ressarcimento estatal, sob pena de enriquecimento injustificado da operadora de plano de saúde.

7. Inexistência de vedação constitucional do "ressarcimento ao SUS"

O Estado tem o dever de prestar serviços de saúde, de forma gratuita, a todos os cidadãos. E assim o faz: nada cobra dos usuários, sejam eles possuidores ou não de planos de saúde, em estrita observância ao art. 196, do texto constitucional, que assim dispõe:

> Art. 196. A saúde é direito de todos e dever do Estado, garantido mediante políticas sociais e econômicas que visem à redução do risco de doença e outros agravos e ao acesso universal e igualitário às ações e serviços para sua promoção, proteção e recuperação.

A exigência de que as operadoras de planos de saúde restituam ao Estado os valores por ele despendidos na prestação de serviços médicos ao usuário dos referidos planos não contraria o dispositivo constitucional supra, pois o Estado não está deixando de cumprir suas obrigações; continua prestando serviços de saúde a todo e qualquer cidadão, de forma universal e igualitária, sem imposição de quaisquer ônus aos usuários.

Referido "ressarcimento" encontra aplicação apenas nas hipóteses em que determinada pessoa jurídica de direito privado (operadora de plano de assistência à saúde) se compromete a prestar serviços médicos e hospitalares mediante remuneração e não o faz, deixando tal responsabilidade a cargo do Estado. Nesse caso, o ente público arca com os gastos necessários aos procedimentos assumidos contratualmente pelas operadoras, acarretando locupletamento indevido destas.

O "ressarcimento ao SUS" não interfere na relação de gratuidade da prestação de serviços de saúde, entre Estado e cidadão. Sua obrigatoriedade volta-se apenas às operadoras de planos de saúde que, não obstante cobrem de seus usuários mensalidades abrangendo a previsão de dispêndios médicos, deixam, por qualquer razão, de fornecê-lo, acarretando utilização de recursos estatais para a execução de referido serviço. A exigência em questão visa a impedir o enriquecimento sem causa dessas operadoras que, não tendo executado os serviços de saúde, ficam obrigadas a restituir ao Estado os valores por ele gastos.

8. A autorização constante do art. 198 da Constituição da República

"Contribuição" é figura que apresenta natureza jurídica tributária, podendo assumir a feição de taxa ou de imposto, conforme a materialidade de sua hipótese de incidência seja vinculada ou não a determinada atividade estatal. Referências a esse tributo são feitas nos arts. 149 e 195 do Texto Magno, do que se depreende serem três suas espécies, cada qual caracterizada por específica finalidade: (i) social; (ii) de interesse das categorias profissionais ou econômicas; e (iii) de intervenção no domínio econômico.

A primeira dessas espécies, por sua vez, subdivide-se em duas modalidades: (i.1) social genérica; e (i.2) destinada ao financiamento da seguridade social. A Constituição de 1988 estabelece, como forma de financiamento da seguridade social, além dos recursos provenientes dos orçamentos da União, dos Estados, do Distrito Federal e dos Municípios (financiamento indireto), o produto da arrecadação de contribuições especificamente destinadas a esse fim (custeio direto).

O art. 195, incisos I a III e § 8º, da Carta Magna disciplinam referidas contribuições, relacionando suas bases de cálculo e sujeitos passivos, quais sejam:

> I – do empregador, da empresa e da entidade a ela equiparada na forma da lei, incidentes sobre:
>
> a) a folha de salários e demais rendimentos do trabalho pagos ou creditados, a qualquer título, à pessoa física que lhe preste serviço, mesmo sem vínculo empregatício;

b) a receita ou o faturamento;

c) o lucro;

II – do trabalhador e dos demais segurados da previdência social, não incidindo contribuição sobre aposentadoria e pensão concedidas pelo regime geral de previdência social de que trata o art. 201;

III – sobre a receita de concursos de prognósticos.

(...)

§ 8º. O produtor, o parceiro, o meeiro e o arrendatário rurais e o pescador artesanal, bem como os respectivos cônjuges, que exerçam suas atividades em regime de economia familiar, sem empregados permanentes, contribuirão para a seguridade social mediante a aplicação de uma alíquota sobre o resultado da comercialização da produção e farão jus aos benefícios nos termos da lei.

Além das fontes de custeio da seguridade social previamente arroladas no texto constitucional, o art. 195, § 4º, do Diploma Maior estabelece a possibilidade de serem instituídas outras fontes que tenham por finalidade garantir a manutenção ou expansão da seguridade social. São as chamadas "contribuições residuais" que, na qualidade de tributo, devem sujeitar-se integralmente ao seu regime jurídico, observando, ainda, o disposto no art. 154, I, da Constituição.

Essas são as possíveis fontes de custeio direto da seguridade social: criação dos tributos previstos no art. 195, incisos I a III e § 8º, bem como daquelas das exações tributárias residuais referidas no art. 195, § 4º.

Ocorre que a seguridade social consiste em todo o *"conjunto integrado de ações de iniciativa dos Poderes Públicos e da sociedade, destinadas a assegurar os direitos relativos à saúde, previdência e assistência social"* (art. 194 do Texto Maior). Assim, diante da amplitude desse conceito e da relevância dos valores que objetiva preservar, o constituinte assegurou a possibilidade de serem criadas outras fontes de custeio destinadas especificamente ao sistema único de saúde, além daquelas relacionadas no art. 195 e voltadas à seguridade social como um todo. É o que se depreende do § 1º do art. 198 do Texto Maior:

> § 1º. O sistema único de saúde será financiado, nos termos do art. 195, com recursos do orçamento da seguridade social, da União, dos Estados, do Distrito Federal e dos Municípios, <u>além de outras fontes</u>. (destaquei)

Da simples leitura do dispositivo constitucional acima transcrito, não restam dúvidas sobre a possibilidade de serem criadas fontes de custeio diversas das constantes no art. 195, portanto, sem natureza tributária. Quaisquer valores que não se identifiquem com os referidos no art. 195 e sejam destinados ao sistema único de saúde, integrarão o conceito de *"outras fontes"*. Podem consistir, por exemplo, em doações feitas por particulares, as quais certamente não caracterizam tributo, por serem voluntárias. Do mesmo modo, quantias recebidas a título de reparação patrimonial passam a auxiliar no custeio do sistema único de saúde, enquadrando-se nas *"outras fontes"*, sem, no entanto, apresentarem caráter tributário, pois nitidamente indenizatórias.

Não bastassem esses argumentos jurídicos, a criação do "ressarcimento ao SUS" faz-se necessária para impedir afronta ao § 2º do art. 199 do Texto Constitucional, que veda a destinação de recursos públicos para auxílios ou subvenções às instituições privadas com fins lucrativos. Isso porque, se determinada pessoa jurídica de direito privado assume a responsabilidade por prestar atendimento médico e hospitalar a seus contratantes, mas, apesar de receber em contraprestação o pagamento de mensalidades, deixa de executar referido atendimento, ficando tal encargo incumbido ao Estado, com seus recursos próprios, estaremos diante de violação indireta do Texto Constitucional.

9. Inexistência de violação ao princípio da legalidade

O fato de a Lei nº 9.656/1998 determinar que o valor do ressarcimento é aquele fixado na tabela de procedimentos a ser aprovada pela ANS – Agência Nacional de Saúde – não viola o princípio da legalidade, porquanto se tratando de "ressarcimento", deve corresponder aos valores despendidos pelo Estado para custear os serviços de assistência médica que este realiza.

Nesse sentido, a Diretoria Colegiada da ANS editou a Resolução nº 17/2000, instituindo a Tabela Única Nacional de Equivalência de Procedimentos – TUNEP, fazendo-o com fundamento de validade no art. 32 da Lei nº 9.656/1998, o qual fixa os critérios relativos ao *quantum* do ressarcimento, permitindo a delimitação detalhada por atividade normativa da ANS, nos seguintes termos:

> Art. 32. (...)
>
> § 1º. O ressarcimento a que se refere o caput será efetuado pelas operadoras à entidade prestadora de serviços, quando esta possuir personalidade jurídica própria, e ao SUS, <u>mediante a tabela de procedimentos a ser aprovada pela ANS.</u>
>
> (...)
>
> § 8º. Os valores a serem ressarcidos não serão inferiores aos praticados pelo SUS e nem superiores aos praticados pelas operadoras de produtos de que tratam o inciso I e o § 1º do art. 1º desta Lei. (grifei)

A Resolução RDC nº 17, de 30 de março de 2000, tem, portanto, indiscutível suporte legal.

Cumpre anotar, também, que o dispositivo supramencionado não exige que o ressarcimento seja realizado com base nos preços da operadora de plano de saúde. Restringe-se a fixar os limites dentro dos quais os valores devem estar contidos: não podem ser inferiores aos praticados pelo SUS e nem superiores aos praticados pelas operadoras.

O "ressarcimento", na qualidade de "indenização", "reparação", "compensação", deve ser suficiente para cobrir toda e qualquer despesa da parte lesada. Assim, além dos valores relativos ao procedimento médico mediante o SUS, estes devem corresponder a quantia tal que possibilite o pagamento da instituição de saúde credenciada em que se deu a prestação do serviço médico.

Além disso, o montante da indenização precisa ser medido pela extensão do dano (art. 944, *caput*, do Código Civil). Assim é que os valores da TUNEP hão de refletir o custo de todas as práticas necessárias para o tratamento da doença, como disposto no art. 35-F da Lei nº 9.656/1998:

> A assistência a que alude o art. 1º desta lei compreende todas as ações necessárias à prevenção da doença e à recuperação, manutenção e reabilitação da saúde, observados os termos desta Lei e do contrato firmado entre as partes.

Enquanto os valores da TUNEP incluem todas as ações necessárias para o pronto atendimento e recuperação do paciente, ou seja, a internação, os medicamentos, os honorários médicos, entre outras, os valores constantes das tabelas das operadoras incluem somente o procedimento *stricto sensu*, excluindo honorários médicos, sangue e derivados, despesas porventura necessárias em virtude da permanência da criança no berçário, vacina anti RH, entre outros, razão pela qual não há que se falar em inobservância ao disposto no § 8º do art. 32 da Lei nº 9.656/1998.

10. Inocorrência de irregularidades no procedimento de cobrança

O ressarcimento ao Sistema Único de Saúde ocorre da seguinte forma:

1. identificação dos beneficiários de planos de saúde que foram atendidos no SUS, fazendo-a a partir de

cruzamento de dados do DATASUS com os elementos constantes do cadastro nacional de beneficiários de planos;

2. notificação das operadoras para pagar ou apresentar impugnação administrativa;

3. não havendo pagamento no prazo ou ao término do processo administrativo em que houve indeferimento do pedido de impugnação, inscrição em dívida ativa e execução.

A legislação que disciplina a matéria traz, expressamente, previsão de processo administrativo, no caso de haver discordâncias relativas à exigência do ressarcimento.

Inicialmente, a ANS determinava que as operadoras de plano de saúde consultassem a página da *internet* da Agência para tomar conhecimento da lista de usuários do plano que tivessem sido atendidos por médicos e hospitais credenciados do SUS para, no prazo de 30 (trinta) dias, efetuar impugnação, caso a operadora entendesse necessária. Esse procedimento, por dar total publicidade da exigência e proporcionar oportunidade para discuti-la, já satisfazia plenamente os preceitos do contraditório, da ampla defesa e do devido processo legal.

Atualmente, o procedimento de cobrança é disciplinado pela Instrução Normativa nº 9 da DIDES – Diretoria de Desenvolvimento Setorial, a qual prevê, além da divulgação pela Internet do ABI, notificação das operadoras de plano de saúde por correspondência com aviso de recebimento (art. 13). Essa forma de cobrança, creio, atende aos princípios consagrados constitucionalmente, perfazendo, com nitidez, o devido processo legal administrativo.

11. Inexistência de afronta ao princípio do acesso isonômico ao SUS

O princípio da isonomia está contido na formulação expressa do artigo 5º, *caput*, da Constituição Federal e reflete uma tendência axiológica de extraordinária importância. Tal princípio espraia-se pela totalidade do ordenamento jurídico e é dirigido precipuamente aos próprios legisladores, (aqui compreendidos na proporção semântica mais abrangente possível, isto é, os órgãos da atividade legislativa e todos aqueles que expedirem normas dotadas de juridicidade) que, desempenhando as correspondentes funções, devem implementar a isonomia da própria lei.

Evidente que isso não significa que as leis devam tratar todas as pessoas do mesmo modo, mas sim, que hão de dar tratamento idêntico às que se encontrarem em situações perfeitamente iguais. Logo, é conferido à lei desigualar situações, atendendo a peculiaridades dos cidadãos, porém somente quando houver relação imanente entre o elemento diferencial e o regime conferido aos que estão incluídos na classe diferençada.

O princípio da isonomia é ferido quando o tratamento diverso, dispensado pelo legislador a várias pessoas, não encontra motivo razoável, ou ao menos juridicamente convincente. Na lição de Celso Antônio Bandeira de Mello,

> há ofensa ao preceito constitucional da isonomia quando [...] a norma atribui tratamentos jurídicos diferentes em atenção a fator de discrímen adotado que, entretanto, não guarda relação de pertinência lógica com a disparidade de regimes outorgados.[56]

E também quando:

> a norma supõe relação de pertinência lógica existente em abstrato, mas o discrímen estabelecido conduz a efeitos contrapostos

---

56. *Conteúdo jurídico do princípio da igualdade*. 3ªed. São Paulo: Malheiros, 1994, p. 47.

ou de qualquer modo dissonantes dos interesses prestigiados constitucionalmente.[57]

Em suma, para realizar-se a isonomia, não basta que a lei trate diferentemente os desiguais. É preciso que o tratamento legal diferençado tenha relação com o discrímen eleito.

O princípio constitucional em comento encontra perfeita aplicação no âmbito das normas jurídicas que disciplinam a prestação de serviços de saúde pelo Poder Público, sendo vedado ao legislador infraconstitucional editar regras contrárias a tal preceito.

Observando ao princípio do acesso isonômico ao SUS, decorrência direta da igualdade constitucionalmente assegurada, a Resolução nº 5/2000, em seu art. 3º, prescreve:

> a unidade prestadora de serviços ao SUS, que comprovadamente estiver utilizando mecanismos próprios para identificação de beneficiários de planos privados de assistência à saúde, em prejuízo da universalidade de acesso de seus usuários, será excluída do direito ao ressarcimento.

Com isso, proíbe disciplina discriminatória entre cidadãos beneficiários de planos de saúde e demais usuários. Esse tipo de identificação pode ser feita apenas pela ANS, em momento posterior ao atendimento, para fins de determinar o montante do ressarcimento devido pela operadora.

Anote-se, outrossim, que caso eventualmente venha a se concretizar alguma prática discriminatória por qualquer unidade do SUS, estar-se-á diante de ilegalidade, de desvio de conduta terminantemente vedada pela legislação que disciplina o "ressarcimento ao SUS", sendo tal atitude coibida pelo Poder Público. A possibilidade de descumprimento da norma que veda a discriminação, por si só, não pode ser considerada motivo de inconstitucionalidade da exigência em exame. Se assim pensássemos, toda e qualquer determinação legal

---

57. *Conteúdo jurídico do princípio da igualdade*, 3ªed., São Paulo: Malheiros, 1994, p. 47.

feriria o princípio da igualdade, já que alguns a cumpririam, submetendo-se aos ônus ali prescritos, ao passo que outros a desobedeceriam, permanecendo em situação privilegiada. Não tem cabimento esse tipo de argumentação. Aquilo que deve sujeitar-se à isonomia são os preceitos normativos.

Ademais, o modo ontológico da possibilidade é requisito imprescindível à norma jurídica. Se esta prescrever conduta impossível ou necessária, carecerá de sentido deôntico, pois só há cabimento em proibir, permitir ou obrigar a prática de determinada ação se existirem dois ou mais comportamentos possíveis. Trata-se de um limite semântico, restringindo os conteúdos normativos àquilo que seja factualmente possível e não se apresente como factualmente necessário. A possibilidade de descumprimento é caráter intrínseco à norma jurídica.

Pelo exposto, tendo o legislador determinado tratamento igualitário a todos os cidadãos, relativamente a seu acesso ao Sistema Único de Saúde, inadmissível falar-se em afronta ao princípio constitucional da isonomia ou ao acesso isonômico ao SUS.

12. Das respostas às indagações

Com base nas considerações até aqui aduzidas, passo a responder, em termos objetivos, às indagações formuladas. Para tanto, permito-me transcrevê-las, consignando, sequencialmente, as respectivas respostas.

1. Qual é a natureza jurídica do ressarcimento ao SUS?

Resposta: O "ressarcimento ao SUS" a que se refere a Lei nº 9.656/1998 apresenta nítido caráter indenizatório. Não obstante configure prestação pecuniária compulsória, a observação de suas características exclui totalmente a possibilidade de enquadrá-lo como tributo. Sanção por ato ilícito não é tributo. Também não é tributo a figura da reparação patrimonial decorrente de efeitos ilícitos (ainda que o ato ocasionador de tais efeitos seja lícito), presente nas hipóteses de responsabilidade civil por enriquecimento sem causa.

2. Em caso de entender-se pela natureza tributária, em qual espécie o ressarcimento ao SUS se quadraria? Em não sendo tributária, como compreendê-lo à luz da Constituição?

Resposta: Como anotei na questão anterior, o "ressarcimento ao SUS" não apresenta natureza jurídica tributária, razão pela qual é inadmissível qualquer tentativa de enquadrá-lo em uma das espécies constitucionalmente previstas.

Trata-se de nova fonte de custeio do Sistema Único de Saúde, autorizada pelo § 1º do art. 198 da Constituição, não podendo ser confundida com outras fontes de financiamento da seguridade social, a que se refere o art. 195, § 4º, do Texto Maior, estas sim, com caráter tributário.

3. Afastada a hipótese da natureza tributária, pode o Poder Público criar obrigação pecuniária compulsória que não se enquadre no conceito do art. 3º do Código Tributário Nacional, decorrente de comando legal, porém, de natureza civil?

Resposta: Perfeitamente. O Código Civil prescreve direito à reparação patrimonial na hipótese de enriquecimento sem causa, independentemente da licitude do ato praticado. Para tanto, basta que sejam verificadas (i) a obtenção de proveito, com aumento patrimonial de uma pessoa; (ii) a redução correspondente do patrimônio de outrem; e (iii) a inexistência de causa lícita para a obtenção desse proveito.

Nascido o direito de reclamar a reparação do dano, seu exercício deve dar-se nos exatos limites legais. Pode a legislação simplesmente assegurar ação *in rem verso* pelo prejudicado, apurando-se as perdas e danos na forma determinada pela lei processual, ou dispor minuciosamente acerca do *quantum* a ser restituído (art. 946, do Código Civil). A hipótese derradeira é a verificada no caso submetido a este estudo: a Lei nº 9.656/1998 fixou o modo como as operadoras de plano de saúde devem proceder ao ressarcimento do Estado em decorrência do enriquecimento injustificado daquelas.

Trata-se, portanto, de comando legal que disciplina a responsabilidade indenizatória das operadoras de plano de saúde, fixando obrigação de caráter civil.

4. A previsão constitucional contida no § 1º do art. 198 não autorizou expressamente o Poder Público a gerar outras fontes de financiamento do Sistema Único de Saúde que fujam ao rol do art. 195 da CR?

Resposta: O art. 195 da Constituição da República disciplina as fontes de financiamento direto da Seguridade Social, englobando saúde, assistência e previdência social. Para tanto, autoriza a União a instituir contribuições, exações de natureza tributária, a fim de que toda a sociedade forneça recursos necessários à manutenção e extensão daquele sistema. Faz referência, nos incisos I a III e § 8º a determinadas materialidades, ressalvando, no § 4º, a possibilidade de criação de outras contribuições voltadas ao financiamento da seguridade social.

No art. 198, § 1º, por sua vez, a Constituição prescreve que o sistema único de saúde será financiado não apenas na forma do art. 195, mas também mediante fontes outras, ali não relacionadas e, portanto, sem natureza tributária. Consequentemente, a reparação dos gastos estatais com a saúde enquadra-se perfeitamente no referido preceito constitucional, servindo como nova forma de custeio do SUS.

5. O ressarcimento ao SUS, por ter sido instituído por lei ordinária (Lei nº 9.656/1998) contraria o disposto no § 4º do art. 195 da CR? (Tal questionamento, obviamente, está atrelado à natureza jurídica que se der a tal obrigatoriedade).

Resposta: Não há problema algum na instituição do "ressarcimento ao SUS" mediante lei ordinária. A natureza dessa obrigação é civil, com caráter reparatório, inexistindo qualquer relação entre esta e o art. 195, § 4º, do Texto Maior, cuja disciplina é restrita às contribuições para a seguridade social.

6. *O ressarcimento ao SUS viola as disposições insculpidas no art. 196 da CR?*

Resposta: Não. O "ressarcimento ao SUS" não interfere na gratuidade dos serviços de saúde prestados pelo Estado. Mesmo com a existência dessa obrigação, o Estado continua a nada cobrar dos cidadãos que necessitam de serviços médicos e hospitalares, sejam eles possuidores ou não de planos de saúde, em estrita observância ao art. 196 do Texto Constitucional.

A obrigação de ressarcir o Estado é exclusiva das operadoras de planos de saúde que, não obstante cobrem de seus beneficiários mensalidades abrangendo a previsão daqueles dispêndios médicos, não arcam com seus custos, deixando-os a cargo do ente estatal e, com isso, enriquecem-se indevidamente, às custas de recursos públicos.

7. *Considerando que o ressarcimento ao SUS é uma obrigação ex lege e que sua compulsoriedade está atrelada ao enriquecimento sem causa, é possível defender tal tese consubstanciada apenas na inexistência de causa que autorize o acréscimo patrimonial?*

Resposta: Sim, pois uma das hipóteses de responsabilidade civil sem exigência de verificação da culpa é a do "enriquecimento sem causa" ou "enriquecimento injustificado". Nesse caso, não obstante o ato praticado pelo agente seja lícito, seus efeitos não o são, em virtude da ausência de fundamento jurídico que dê respaldo ao acréscimo patrimonial. É o que prescreve o Código Civil, em seus arts. 884 e 927, manifestando-se expressamente sobre a desnecessidade da prática de ato ilícito para ensejar direito à indenização.

8. *Se as operadoras de planos de saúde, ao fixarem o seu custo atuarial, acabam por definir o valor suficiente para a cobertura de todos os procedimentos médicos previstos no contrato, acrescidos de lucro, ao deixarem de arcar com gastos de despesas médicas decorrentes do uso da saúde pública por usuário de planos não ficaria caracterizada afronta ao § 2º do art. 199 da CR?*

Resposta: O § 2º do art. 199 da Carta Magna veda a destinação de recursos públicos para auxílios ou subvenções a instituições privadas com fins lucrativos. Em observância a tal proibição, a exigência do "ressarcimento ao SUS" deixa de ser apenas um direito para se tornar um dever. Isso porque, se determinada pessoa jurídica de direito privado assume a responsabilidade de arcar com os custos de procedimentos médicos e hospitalares realizados em seus usuários, sendo remunerado para tanto, mas não executa referido atendimento, tal encargo fica incumbido ao Estado que, mediante recursos públicos, estará custeando serviços contratados por aquele ente privado, em manifesta violação ao dispositivo constitucional acima referido.

9. Decorrente das condições estabelecidas no § 1º do art. 32 da Lei nº 9.656/1998, a Tabela Única Nacional de Equivalência de Procedimentos – TUNEP instituída por meio da RDC nº 17, de 30.03.2000, não se reveste da legalidade e legitimidade conferida à ANS?

Resposta: Não há qualquer ilegalidade na Tabela Única Nacional de Equivalência de Procedimentos – TUNEP, editada pela Agência Nacional de Saúde Suplementar. Além dessa tabela estar fundamentada na Lei nº 9.656/1998, que confere à ANS competência para aprová-la, seus valores coadunam-se com os limites fixados na legislação: (i) refletem o custo de todas as práticas necessárias ao tratamento da enfermidade; (ii) não são inferiores ao *quantum* praticado pelo SUS; (iii) nem superiores aos realizados pelas operadoras de plano de saúde (considerando-se que suas tabelas abrangem apenas o procedimento *stricto sensu*, ao passo que a TUNEP engloba a totalidade das atividades médicas executadas).

10. A incidência do ressarcimento ao SUS violaria o princípio do acesso isonômico ao Sistema Único de Saúde, supondo-se que os prestadores de serviços (conveniados ao SUS) perceberiam um plus, *consoante as regras estabelecidas pela RDC-TUNEP?*

Resposta: De modo algum. O legislador, ao criar o "ressarcimento ao SUS", proibiu terminantemente o tratamento diferenciado dos cidadãos, em função de possuírem ou não plano de saúde privado. Determinou, no art. 3º da Resolução nº 5/2000, que se alguma unidade prestadora de serviços ao SUS agir de forma discriminatória, ser-lhe-á excluído o direito ao ressarcimento. Referida prescrição legal, portanto, não viola o princípio do acesso isonômico ao Sistema Único de Saúde. Ao contrário, traça limites que objetivam a realização *in concreto* daquele preceito.

O argumento relativo à possibilidade de descumprimento dessa regra, surgindo eventuais discriminações, é falacioso e não merece prosperar, pois toda norma jurídica deve, necessariamente, assentar-se no modo ontológico da possibilidade: só há sentido em proibir, permitir ou obrigar a prática de determinada ação se existirem dois ou mais comportamentos possíveis. Cabe ao direito coibir o descumprimento do comando normativo mediante a eleição de hipóteses sancionadoras, como apropriadamente prescreve a Resolução nº 5/2000, determinando a exclusão do direito ao ressarcimento.

Tema XXIX

SUBSTITUIÇÃO TRIBUTÁRIA NO ICMS
Interpretação conforme a Lei Complementar
nº 87/1996 e o Convênio ICMS nº 45/1999

Sumário: 1. Introdução. 2. O modelo constitucional da regra-matriz do ICMS: a necessária relação entre o critério material e a base de cálculo. 3. ICMS – princípio da solidariedade nacional, da equiponderância ou homogeneidade de sua incidência. 4. A função dos "Convênios" na disciplina jurídica do ICMS. 5. Prescrições da Lei Complementar nº 87/1996 concernentes à substituição tributária no ICMS. 6. Requisitos para a instituição do regime de substituição tributária nas operações interestaduais. 7. O Convênio ICMS nº 45/1999. 8. Das respostas às indagações.

1. Introdução

Para explicar a sistemática da substituição tributária no ICMS, instituída pela Lei Complementar nº 87/1996 e pelo Convênio ICMS nº 45/1999, tomemos exemplo de empresa comerciante de mercadorias destinadas a consumidor final que, para a distribuição de seus produtos, adote o sistema de *venda direta*, realizada no domicílio do consumidor ou em outros locais que não sejam pontos permanentes.

Nessa espécie de negócio, comerciantes autônomos, denominados revendedores, adquirem os produtos da empresa, renegociando-os por conta própria, auferindo lucro pela diferença dos preços de compra e revenda, arcando com todos os ônus inerentes ao comércio.

De princípio, é possível concluir tratar-se de operação mercantil, com incidência do ICMS. Contudo, em muitos casos, em virtude da grande quantidade de revendedores, torna-se extremamente difícil para as autoridades fazendárias procederem à fiscalização de todas as suas atividades. Nestas situações, alguns Estados têm instituído o regime de substituição tributária, com antecipação do recolhimento do ICMS incidente sobre as operações de circulação de mercadorias promovidas por esses revendedores. Atribuem às empresas a obrigação de recolher o imposto estadual correspondente às operações praticadas pelos comerciantes autônomos nas demais Unidades da Federação, devendo fazê-lo no instante da saída das mercadorias de seu estabelecimento comercial.

O foco das dúvidas, tal como delimitadas as circunstâncias desta análise, reside na forma apropriada para o implemento da substituição tributária, especialmente, pelo fato de o Convênio ICMS nº 45/1999 dispor de modo contrário à Lei Complementar nº 87/1996. Assim, apresento abaixo cinco indagações, para serem analisadas de forma objetiva, depois de enfrentados os problemas jurídicos próprios do assunto:

1. Qual a função da lei complementar para a disciplina dos regimes de substituição tributária do ICMS?

2. Quais são os requisitos legais para a instituição do regime de substituição tributária do ICMS nas operações interestaduais?

3. O Convênio ICMS nº 45/1999 legitima a edição das leis estaduais que instituem o regime de substituição tributária do ICMS nas operações interestaduais realizadas no regime de "venda porta-a-porta"?

4. *Que significa "operacionalização" do regime, nos termos prescritos pelo Convênio ICMS nº 45/1999?*

5. *As regras fixadas pela fiscalização devem ser uniformes em relação aos diversos contribuintes substituídos ou poderia ser instituído tratamento diferente para empresas em situação idêntica?*

2. O modelo constitucional da regra-matriz do ICMS: a necessária relação entre o critério material e a base de cálculo

Nos termos do art. 155, II, da Constituição da República, compete aos Estados e ao Distrito Federal instituir impostos sobre *"operações relativas à circulação de mercadorias e sobre prestações de serviços de transporte interestadual e intermunicipal e de comunicação, ainda que as operações e as prestações se iniciem no exterior"*. Como se percebe facilmente, três são as possíveis materialidades desse imposto: (i) realizar operações relativas à circulação de mercadorias; (ii) prestar serviços de transporte interestadual ou intermunicipal; e (iii) prestar serviços de comunicação. Isso implica admitir a existência de três normas-padrão, com igual número de hipóteses e consequentes.

Para este estudo chegar a bom termo, porém, concentrarei minha atenção somente na hipótese concernente à *operação de circulação de mercadorias*, passando ao largo do exame daquel'outras referidas no dispositivo constitucional.

É de bom alvitre registrar que, além de definir os tributos susceptíveis de serem instituídos pelas pessoas políticas, é também a Constituição que estabelece o veículo necessário à introdução, no ordenamento, de normas de caráter nacional em matéria tributária, bem como seus requisitos formais. Relaciona, ainda, as atribuições do Senado Federal, a serem exercidas mediante resoluções, e os assuntos para os quais é necessária a deliberação dos Estados-membros. É na

Carta Magna que encontramos os fundamentos de validade de todos esses instrumentos normativos, devendo o legislador tributário, ao exercitar a competência que lhe foi conferida, observar os limites por ela impostos, fazendo-o mediante o veículo normativo ali prescrito.

Partindo dessa premissa, e considerando que a instituição de "substituição tributária" no ICMS, objeto deste escrito, envolve prescrições constantes de lei complementar, convênio e lei ordinária, passarei a examinar as funções a eles constitucionalmente imputadas para, ao final, formular conclusões coerentes e fundamentadas acerca dos requisitos para a aplicação desse regime tributário.

3. ICMS – princípio da solidariedade nacional, da equiponderância ou homogeneidade de sua incidência

O caráter nacional do ICMS é outra máxima que sobressai do sistema com grande vigor de juridicidade. Não se aloja na formulação expressa de qualquer dos dispositivos constitucionais tributários, mas está presente nas dobras de inúmeros preceitos, irradiando sua força por toda a extensão da geografia normativa desse imposto. Sua importância é tal que, sem o invocarmos, fica praticamente impossível a compreensão da regra-matriz do ICMS em sua plenitude sintática e em sua projeção semântica. Os conceitos de operação interna, interestadual e exportação; consumidor final, contribuinte, responsável e substituição tributária; compensação do imposto, base de cálculo e alíquota, bem como o de isenção e outros "benefícios fiscais", estão diretamente relacionados com diplomas normativos de âmbito nacional, válidos, por mecanismos de integração, para todo o território brasileiro. Lembremo-nos de que nosso direito positivo abrange quatro distintos plexos normativos: o da ordem total, aquele das regras federais, o das regras estaduais e o feixe dos preceitos jurídicos dos Municípios. Sim, porque os Municípios são também pessoas políticas de direito constitucional interno. Não integram a Federação, mas desfrutam de autonomia política, encontrando o fundamento de validade de suas normas diretamente no Texto Supremo, o que lhes confere o mesmo *status* jurídico da União, dos Estados e do Distrito Federal.

É verdade que não é isso o que diz o art. 1º da Constituição brasileira. Entretanto, se analisarmos o sistema na sua inteireza, veremos que os Municípios não integram o Senado da República, onde as unidades federadas estão paritariamente representadas, nem elegem representantes para a Câmara Federal, o que significa reconhecer que não participam da vontade nacional.

Em suma, os Municípios são pessoas dotadas de personalidade política; receberam competências constitucionais; mantêm relações de isonomia com a União, Estados e Distrito Federal, porém não integram a estrutura federativa.

Na latitude desses quatro conjuntos integrados de normas que formam a complexidade do sistema jurídico nacional, ponderemos que as três primeiras são próprias do esquema federativo, ao passo que a última revela peculiaridade do regime constitucional brasileiro. Tudo, aliás, pode ser resumido na coalescência de quatro sistemas: a) o sistema nacional; b) o sistema federal; c) os sistemas estaduais; e d) os sistemas municipais. Se as diferenças entre a ordem federal, a estadual e a municipal são claramente perceptíveis, fato idêntico não sucede entre a organização jurídica do Estado Federal (sistema nacional) e a da União (sistema federal). Para tanto, em trabalho inexcedível, Oswaldo Aranha Bandeira de Mello apresenta os sinais correspondentes aos dois arranjos, de forma precisa e juridicamente escorreita, dizendo que são ordens jurídicas especiais, pois as respectivas competências se circunscrevem aos campos materiais que lhes são indicados pela ordem jurídica total. Assim conclui que esta, a ordem jurídica total, está na Constituição do Estado Federal e sua complementação no contexto da legislação nacional. Já *"a chamada Constituição*

Federal pode ser desdobrada em duas Cartas distintas: a Constituição total e a Constituição da União".[58]

Pois bem. Há um significativo número de preceitos normativos sobre o ICMS que pertencem ao "sistema nacional", já que valem, indistintamente, em todo o território brasileiro. Agora, como esse subconjunto dispõe a respeito de pontos da intimidade estrutural do gravame, claro está que o conhecimento apurado da regra-matriz do imposto depende da consideração dessas normas nacionais.

Acrescentamos também que a preservação da rigorosa discriminação de competências impositivas se dá pela ação das "normas gerais de direito tributário", seja regulando as limitações constitucionais ao poder de tributar, seja dispondo sobre conflitos de competência entre as entidades tributantes, modo pelo qual o constituinte amarrou os domínios da possibilidade legiferante de cada um, num dispositivo apto para ser acionado, tão logo apareçam sinais de violação do sistema.

A trama normativa das regras de caráter nacional sobre impostos federais, estaduais e municipais é hoje, verdadeiramente, densa e numerosa. Alcança todos os impostos, além das taxas e das contribuições, mas com relação ao ICMS excede os limites da tradição legislativa brasileira. Não há setor do quadro positivo desse tributo que não experimente forte e decidida influência de preceitos do sistema nacional. Sua própria instituição não é faculdade dos Estados e do Distrito Federal: é procedimento regulado com o modal "O" (obrigatório), ao contrário do que sucede com as demais figuras de tributos. O imposto sobre grandes fortunas, previsto no inciso VII, do art. 153, da Constituição Federal, por exemplo, até agora simplesmente não foi instituído, ainda que a União possa fazê-lo a qualquer instante. São muitos os Municípios que não criaram o ISS, a despeito de terem competência para tanto. Se isso mostra, por um lado, que as competências se exprimem como

---

58. *Natureza Jurídica do Estado Federal*. São Paulo: Revista dos Tribunais, 1937, pp. 40-51.

faculdades (F) outorgadas às pessoas políticas, por outro, fica evidente a posição do ICMS, em que o titular da competência impositiva torna-se incapaz de deixar de legislar, ficando tolhido a disciplinar o imposto consoante os traços que o constituinte esboçou. Nesse sentido, o comando da uniformização vem de cima para baixo, de tal sorte que as regras-matrizes de incidência tributária, expedidas pelos Estados e pelo Distrito Federal, terão que manter praticamente os mesmos conteúdos semânticos. Não há como admitir legislações discrepantes, no que concerne ao seu núcleo de incidência, de modo que ao lado da homogeneidade sintática, qualidade de todas as normas jurídicas do sistema, constituídas da mesma forma lógica (juízo condicional), encontraremos uma pronunciada coincidência de significações, que não atinge padrões absolutos, mas que não pode deixar de ser registrada. Falando pela via ordinária, os titulares da competência para instituir o ICMS encontram-se obrigados a fazê-lo, além disso, terão que seguir os termos estritos que as leis complementares e as resoluções do Senado prescrevem, por virtude de mandamentos constitucionais. Está aí, bem nítido, pintado com tintas fortes, em regime de severa gravidade, o caráter nacional de que falamos, surpreendido no plano da linguagem-objeto, que é a linguagem do direito positivo. São normas jurídicas válidas no sistema vigente que, entrelaçadas organicamente, apontam para a existência desse valor, exibindo-o de modo ostensivo. Sua verificação salta aos olhos do menos impertinente dos pesquisadores, pelo vigor e pela frequência com que se manifesta.

Acontece que esse tributo, recolhido historicamente em países de estrutura unitária, onde grava, de forma não-cumulativa, operações sobre mercadorias e serviços, foi transportado pura e simplesmente para a realidade brasileira e entregue às ordens normativas estaduais. Tratou-se, então, de preservar a uniformidade indispensável para o bom funcionamento de um imposto que se pretendia sobre o valor acrescentado, técnica difícil de ser implantada fora das peculiares condições de um país de administração centralizada. Sucederam-se medidas generalizadoras, numa tentativa de padronizar o fenômeno da incidência e evitar que a autonomia das pessoas competentes colocasse em risco a sistemática impositiva. Isso explica a expressiva participação da União no processo de elaboração normativa do ICMS, mediante regras de legislação complementar, ao lado de preceitos emanados do Senado da República, igualmente órgão legislativo daquela pessoa política.

Como se vê, tudo foi produto de um ingente esforço de adaptação, para atender às exigências de nossa particularíssima organização jurídico-constitucional. E o custo dessa movimentação veio em detrimento do poder jurídico dos Estados e do Distrito Federal que, ao menos nesse setor, ficaram sensivelmente diminuídos. Os traços, porém, estão assinalados como marcas indeléveis, incisões profundas que dão uma fisionomia singular a esse tributo, seja em confronto com os demais impostos do Brasil, seja em padrões de direito comparado. É assim que os autores proclamam o princípio da uniformidade, da solidariedade nacional, da equiponderância ou da harmonia global da incidência, para indicar a propriedade que o imposto tem de manter-se o mesmo, com idênticas proporções semânticas, com uma e somente uma projeção significante para todo o território brasileiro. Firmado o modelo comum, não se concebe que nenhuma das entidades políticas venha a dele discrepar, intrometendo modificações substantivas. Por tratar-se de requisito indispensável em termos de concepção econômica, pois as várias operações de circulação hão de integrar-se em bloco para que o gravame atinja, verdadeiramente, o valor acrescido, o esquema de uma regra-matriz fixa, imutável, requer-se observado pela comunidade dos Estados e do Distrito Federal.

4. A função dos "Convênios" na disciplina jurídica do ICMS

Apresenta especial relevo, na legislação do imposto de que cuidamos, a competência atribuída aos Estados e ao Distrito Federal para celebrar "convênios", como forma de deliberação acerca de suas peculiaridades.

Convênio é acordo emanado da reunião dos Estados-membros, à qual comparecem representantes de cada Estado, indicados pelo chefe do Executivo dessas unidades federadas. Há uma reunião em que se faz presente o preposto do Executivo (normalmente, um Secretário de Estado, como o da Fazenda ou das Finanças), sendo discutidas propostas que, ao final, havendo concordância acerca de seu conteúdo, serão submetidas às Assembleias Legislativas. É com a ratificação por esse órgão que o convênio passa a ser cogente, exigindo-se sua observância pelos Estados que participaram de sua formação.

Acerca do assunto, não posso deixar de registrar que, atualmente, mais e mais se tem verificado que os convênios não estão sendo submetidos ao exame das Assembleias Legislativas dos Estados, salvo raras exceções. Por intermédio de tais acordos, o CONFAZ participa, com intensidade, da legislação sobre o ICMS, sendo imperioso advertir que isso representa iminente perigo para a integridade dos princípios da legalidade e da anterioridade, já que não foram excepcionados pela Carta Magna.

A figura dos "convênios" não foi introduzida no ordenamento jurídico, de forma inovadora, pela Constituição de 1988. A Carta de 1967 já os previa, tendo a Lei Complementar nº 24/1975 cumprido a função de regular a forma de sua celebração. Tanto que, na transição entre esses dois Diplomas, prescreveu o constituinte a possibilidade dos Estados e do Distrito Federal celebrarem convênio para, provisoriamente, regular o ICMS, até que lei complementar fosse editada. É o que se estipulou no artigo 34, § 8º, do Ato das Disposições Constitucionais Transitórias, *in verbis*:

> Se, no prazo de sessenta dias da promulgação da Constituição, não for editada a lei complementar necessária à instituição do imposto de que trata o art. 155, I, b, (atual II), os Estados e o Distrito Federal, mediante convênio celebrado nos termos da Lei Complementar nº 24, de 7 de janeiro de 1975, fixarão normas para regular provisoriamente a matéria.

Com base nesse dispositivo, os Estados e o Distrito Federal passaram a disciplinar a incidência do ICMS, incluindo a definição do sujeito passivo tributário, mediante edição de Convênios.

É oportuno assinalar, contudo, que não obstante os Estados-membros tenham competência para regular o imposto estadual de que falamos, seu campo legiferante não se apresenta tão extenso, encontrando limites na Constituição e nos conteúdos dos veículos normativos a que o constituinte atribuiu o poder de dispor sobre pontos específicos desse tributo. Para compreender o âmbito competencial do legislador dos Estados e do Distrito Federal, imprescindível a interpretação sistemática do Texto Maior, abarcando, especialmente, o art. 146, incisos I a III; art. 155, II; art. 155, § 2º, XII, "b" e o art. 34, § 8º do ADCT. O exame de tais dispositivos infirma qualquer assertiva que pretenda sustentar a competência irrestrita dos entes estaduais para a regulação do ICMS.

Conquanto a Carta Magna confira aos Estados e ao Distrito Federal a atribuição de instituir o ICMS (art. 155, II), esse mesmo Estatuto prescreve a necessidade de lei complementar para preservar a uniformidade e harmonia do ordenamento jurídico-tributário (art. 146, I a III). E é exatamente objetivando o funcionamento do sistema que o constituinte atribui a este veículo legal a competência para dispor sobre uma série de elementos indispensáveis à percussão jurídica do ICMS, dentre os quais destaco a "substituição tributária" (art. 155, § 2º, XII, "b").

Prevendo a possível demora do Congresso Nacional em exercer a função que lhe foi conferida, o constituinte autorizou que, enquanto não fosse editada a lei complementar necessária, poderiam os Estados e o Distrito Federal suprir essa lacuna legislativa mediante a celebração de convênio (art. 34, § 8º, do ADCT). O caráter desta previsão, como se nota, era de provisoriedade, cessando sua eficácia jurídica tão logo adviesse o instrumento introdutor apropriado: lei complementar.

Desse modo, com a publicação da Lei Complementar nº 87/1996, os convênios que tinham por conteúdo a regulamentação do ICMS foram expurgados do ordenamento pátrio.

Isso não significa, contudo, o esvaziamento da figura dos convênios. Estes subsistem e são essenciais para a disciplina de matérias específicas, que lhes foi indicada de forma expressa na Carta Magna, a qual prescreve, em seu art. 155, § 2º, VI, por exemplo, que

> salvo deliberação em contrário dos Estados e do Distrito Federal, nos termos do disposto no inciso XII, g, as alíquotas internas, nas operações relativas à circulação de mercadorias e nas prestações de serviços, não poderão ser inferiores às previstas para as operações interestaduais. (grifei)

Com tal preceito, autoriza a fixação, mediante convênio, de alíquotas internas inferiores às interestaduais. Depreende-se, também, do Texto Constitucional, a necessidade de convênio para que os Estados e o Distrito Federal possam conceder e revogar isenções, incentivos e benefícios fiscais (art. 155, § 2º, XII, "g", da CR), bem como para a definição das alíquotas incidentes, uma única vez, sobre combustíveis e lubrificantes (art. 155, XII, "h", da CR), e as regras necessárias à sua aplicação, tais como apuração e destino do imposto arrecadado (art. 155, § 5º, da CR). Essas são, atualmente, as funções constitucionais previstas para os convênios em matéria de ICMS.

Pelo exposto, conclui-se que os convênios não se sobrepõem às legislações estaduais e, muito menos, às nacionais. Cada qual tem seu campo privativo de atuação, encontrando fundamento de validade na Constituição da República, que os delimita. Inadmissível, portanto, que o legislador estadual estabeleça prescrições cuja competência foi atribuída ao Congresso Nacional ou à deliberação conjunta dos Estados e Distrito Federal. Do mesmo modo, não se concebe que o legislador complementar possa regular temas conferidos à Assembleia Legislativa do ente estadual, nem que os Estados e

Distrito Federal, mediante convênio, interfiram na disciplina jurídica de assuntos imputados à lei nacional.

5. Prescrições da Lei Complementar nº 87/1996 concernentes à substituição tributária no ICMS

Além de conferir ao legislador complementar a competência para uniformizar a disciplina do sistema tributário brasileiro (art. 146, I a III, da CR), o constituinte houve por bem especificar essa função no que diz respeito ao ICMS, estabelecendo, no art. 155, § 2º, XII, caber a esse veículo normativo dispor sobre (i) os contribuintes do ICMS; (ii) a substituição tributária; (iii) o regime de compensação do imposto; (iv) o local das operações relativas à circulação de mercadorias e das prestações de serviços, para efeito de sua cobrança e definição do estabelecimento responsável; (v) exclusão da incidência do ICMS, nas exportações para o exterior, serviços e outros produtos além dos relacionados no inciso X, "a"; (vi) casos de manutenção de crédito, relativamente à remessa para outro Estado e exportação para o exterior, de serviços e de mercadorias; (vii) forma como, mediante deliberação dos Estados e do Distrito Federal, isenções, incentivos e benefícios fiscais serão concedidos e revogados; (viii) definição dos combustíveis e lubrificantes sobre os quais o imposto incidirá uma única vez; e (ix) base de cálculo, de modo que o montante do imposto estadual a integre, também na importação do exterior de bem, mercadoria ou serviço.

Tais matérias são privativas de lei complementar, podendo ser objeto de convênio apenas na ausência daquela. Exercendo sua atribuição, o Congresso Nacional editou, em 13 de setembro de 1996, a Lei Complementar nº 87, passando esta, a partir de então, a servir como parâmetro para os legisladores estaduais.

A Lei Complementar nº 87/1996, com a redação alterada pela Lei Complementar nº 114/2002 estabelece que *"lei estadual poderá atribuir a contribuinte do imposto ou a depositário a qualquer título a responsabilidade pelo seu pagamento, hipótese em que assumirá a condição de substituto tributário"* (art. 6º, *caput*). Para que essa modalidade de percussão tributária seja possível, porém, impôs algumas condições, tais como a observância das regras para a determinação da base de cálculo. Relativamente à chamada "substituição tributária para frente", efetuada em relação às operações ou prestações subsequentes, elege, como base de cálculo, o somatório das seguintes parcelas (art. 8º, II, "a", "b" e "c"):

> a) o valor da operação ou prestação própria realizada pelo substituto tributário ou pelo substituído intermediário;
>
> b) o montante dos valores de seguro, de frete e de outros encargos cobrados ou transferíveis aos adquirentes ou tomadores de serviço;
>
> c) a margem de valor agregado, inclusive lucro, relativa às operações ou prestações subsequentes.

Determina, ainda, que em se tratando de mercadoria cujo preço final a consumidor seja fixado por órgão público competente, referido preço será tomado como base de cálculo do imposto (art. 8º, § 2º). Por outro lado, caso exista preço final a consumidor sugerido pelo fabricante ou pelo importador da mercadoria, a lei poderá escolhê-lo como base imponível (art. 8º, § 3º).

Observa-se que o art. 8º da Lei Complementar nº 87/1996, ao dispor sobre a base de cálculo do ICMS nas hipóteses de substituição tributária "para frente", prevê, de um lado, que esta seja obtida pelo "somatório" de várias parcelas e, de outro, que em alguns casos seja tomado como base o "preço final a consumidor" fixado pelo órgão público competente ou sugerido pelo fabricante ou importador. Advém, então, a seguinte dúvida: a base de cálculo decorre do somatório de parcelas variadas ou da apuração de preços a consumidor final? É o que examinarei a seguir.

6. Requisitos para a instituição do regime de substituição tributária nas operações interestaduais

Ao disciplinar a figura da substituição tributária no ICMS, a Lei Complementar nº 87/1996 atribui aos convênios a função de autorizar sua implementação relativamente às operações interestaduais. Prescreve, em seu art. 9º:

> Art. 9º. A adoção do regime de substituição tributária em operações interestaduais dependerá de acordo específico celebrado pelos Estados interessados.

Importa enfatizar, porém, que o convênio, por si só, não é suficiente para instituir a substituição tributária em operações interestaduais. Além da celebração de "acordo específico" entre os Estados interessados, cada ente político deve editar sua lei regulamentando o assunto e implantando esse regime tributário. A lei estadual deve atender às demais exigências expressas na Lei Complementar nº 87/1996, determinando, por exemplo, os contribuintes colocados na posição de substitutos e substituídos, os critérios de apuração da margem de valor agregado, dentre outros.

Como se vê, a celebração de convênio não é exigência única e isolada. Para que a substituição tributária seja regularmente instituída, imprescindível a observância, pela lei estadual, das demais condições eleitas pelo legislador complementar. O acordo específico a que se refere o art. 9º nada mais é que pressuposto de validade da lei estadual, necessário para tornar viável a aplicação extraterritorial da lei do Estado de destino da mercadoria. Tudo porque a lei estadual tem seu âmbito de validade espacial limitado ao território da respectiva pessoa política, não estando habilitada a estender seus efeitos sobre contribuinte estabelecido em unidade federativa diversa. Logo, apenas por meio de disposição normativa excepcionadora, expedida pelo próprio Estado em que o substituto se encontra e mediante a qual concorda em se submeter à legislação alheia (do Estado onde se localiza o substituído), é possível a substituição tributária em operações interestaduais. Considerando que a extraterritorialidade é figura excepcional, a Lei Complementar teve a cautela de prever a figura do "acordo", de modo que o Estado de origem definirá a amplitude da aplicação extraterritorial.

Por fim, é importante salientar que, nos termos do dispositivo interpretado, o acordo deve ser celebrado para o fim específico de autorizar a substituição tributária em operações interestaduais, não sendo admitidos acordos genéricos, com cláusulas contratuais abertas, sem indicação das mercadorias que abrange e da amplitude da extraterritorialidade pactuada.

7. O Convênio ICMS nº 45/1999

Diante da exigência constante do art. 9º da Lei Complementar nº 87/1996, acima examinado, e objetivando operacionalizar a instituição da substituição tributária do ICMS devido por comerciantes autônomos nas operações interestaduais praticadas por empresas que utilizam o sistema de vendas "porta-a-porta", os Estados e o Distrito Federal celebraram o Convênio ICMS nº 75/1994, posteriormente revogado e substituído pelo Convênio ICMS nº 45/1999, alterado em seguida pelo Convêno ICMS nº 06/2006. Determina sua cláusula primeira:

> Cláusula primeira. Ficam os Estados e o Distrito Federal autorizados, nas operações interestaduais que destinem mercadorias a revendedores, localizados em seus territórios, que efetuem venda porta-a-porta a consumidor final, promovidas por empresas que se utilizem do sistema de marketing direto para comercialização dos seus produtos, a atribuir ao remetente a responsabilidade pela retenção e recolhimento do Imposto sobre Operações relativas à circulação de Mercadorias e sobre Prestações de Serviços de Transporte Interestadual e Intermunicipal e de Comunicação – ICMS devido nas subsequentes saídas realizadas pelo revendedor.

A cláusula segunda, por sua vez, estabelece que *"as regras relativas à operacionalização da sistemática de que trata a cláusula anterior serão fixadas pela unidade federada de destino da mercadoria."* Com isso, remete à legislação estadual para a indicação dos critérios da regra-matriz de incidência tributária e deveres instrumentais. Cabe à lei estadual, dessa forma, indicar os contribuintes que assumirão o caráter de substituto e substituído tributários, bem como as condições para que a substituição seja implementada, além de determinar a data e o modo de pagamento do imposto, sanções pela ausência de recolhimento do ICMS e pelo descumprimento de deveres instrumentais etc. E, convém recordar, as disposições dessa natureza devem, sempre, estar em conformidade com as prescrições da Lei Complementar em vigor, no caso, a de nº 87/1996.

O Convênio nº 45/1999 relaciona, também, critérios definidores da base de cálculo:

> Cláusula terceira. A base de cálculo do imposto, para fins de substituição tributária, será o valor correspondente ao preço de venda ao consumidor, constante de tabela estabelecida por órgão competente ou, na falta desta, o preço sugerido por fabricante ou remetente, assim entendido aquele constante em catálogo ou lista de preços de sua emissão, acrescido em ambos os casos, do valor do frete quando não incluído no preço.
>
> Parágrafo único. Na falta dos valores de que trata o "caput", a base de cálculo será aquela definida na legislação da unidade da Federação de destino das mercadorias.

A cláusula terceira, em seu *caput*, subverte todo o sistema constitucional tributário, ultrapassando os limites da atribuição que foi conferida aos Estados-membros e desrespeitando os termos da Lei Complementar nº 87/1996, único veículo habilitado pela Constituição da República para dispor sobre regras gerais atinentes à figura da substituição tributária no ICMS.

Ao eleger como base de cálculo possível *o valor correspondente ao preço sugerido por fabricante ou remetente, assim entendido aquele constante de catálogo ou listas de preços de sua emissão*, independentemente da atividade exercida pelo substituto (fabricante, importador ou mero comerciante), o convênio afronta o disposto no § 3º do art. 8º da Lei Complementar nº 87/1996, o qual restringe a possibilidade de adoção do *preço final a consumidor sugerido* apenas à hipótese do substituto ser o fabricante ou o importador da mercadoria. Ademais, cumpre recordar que o ordenamento jurídico brasileiro prioriza a livre-iniciativa e concorrência, vedando que os preços dos bens sejam previamente determinados pelo fornecedor (art. 170, da Carta Magna; e art. 21, XI, da Lei nº 8.884/1994).

8. Das respostas às indagações

Com base nas considerações desenvolvidas até aqui, passo a responder às indagações formuladas no início deste texto.

1. Qual a função da lei complementar para a disciplina dos regimes de substituição tributária do ICMS?

Resposta: Posso afirmar, de forma resumida, que a função da lei é servir como mecanismo de ajuste que assegura o funcionamento do sistema, quer introduzindo preceitos que regulem as limitações constitucionais ao exercício do poder de tributar, quer dispondo sobre conflitos de competência entre as pessoas políticas de direito constitucional interno, ou disciplinando certas matérias que o constituinte entendeu merecedoras de cuidados especiais. Tudo, visando à uniformidade e harmonia do ordenamento tributário.

A substituição tributária no ICMS constitui um dos temas atribuídos à competência do legislador complementar. Fê-lo expressamente o constituinte, no art. 155, § 2º, XII, "b", por entender tratar-se de assunto complexo, cujo regramento deve ser semelhante em todo o território brasileiro. Vale lembrar que o imposto estadual de que tratamos apresenta caráter nacional, sendo impossível a coexistência de regras estaduais discrepantes, não amparadas por normas gerais que as unifiquem.

Funciona a lei complementar, portanto, como veículo normativo que confere uniformidade à legislação instituidora da substituição tributária no ICMS, implementando os princípios da solidariedade nacional, da equiponderância ou harmonia global da incidência, implicitamente consagrados pela Constituição. Cabe ao legislador complementar a determinação das condições em que será possível aos Estados e ao Distrito Federal instituírem esse regime tributário, definindo, dentre outros elementos, o substituto, o substituído e as regras para a identificação da base de cálculo.

2. *Quais são os requisitos legais para a instituição do regime de substituição tributária do ICMS nas operações interestaduais?*

Resposta: Exige-se, primeiramente, a formalização de acordo específico, celebrado pelos Estados interessados. Trata-se de pressuposto de validade, estipulado no art. 9º da Lei Complementar nº 87/1996, indispensável para conferir extraterritorialidade à lei do Estado de destino da mercadoria.

O acordo, por si só, entretanto, não é suficiente à instituição da sistemática de substituição tributária para operações interestaduais. Em respeito ao princípio da estrita legalidade tributária, necessário se faz que cada Estado e o Distrito Federal edite lei ordinária, na qual discrimine todos os elementos da regra-matriz de incidência tributária, deveres instrumentais, sanções etc. E, registre-se, deve fazê-lo observando as demais regras gerais prescritas pela Lei Complementar nº 87/1996, especialmente no que concerne à base de cálculo (art. 8º).

3. *O Convênio ICMS nº 45/1999 legitima a edição das leis estaduais que instituam o regime de substituição tributária do*

ICMS nas operações interestaduais realizadas no regime de "venda porta-a-porta"?

Resposta: Sim. Consiste em acordo firmado entre os Estados e o Distrito Federal com o fim precípuo de autorizar essas pessoas políticas a instituírem o regime de substituição tributária nas operações interestaduais envolvendo revendedores que efetuem venda "porta-a-porta", nos exatos termos exigidos pelo art. 9º da Lei Complementar nº 87/1996.

4. Que significa "operacionalização" do regime, nos termos prescritos pelo Convênio ICMS nº 45/1999?

Resposta: O Convênio ICMS nº 45/1999 prescreve, na cláusula segunda, que as regras relativas à "operacionalização" da sistemática do regime de substituição tributária nas operações interestaduais serão fixadas pela unidade federada de destino da mercadoria. Atribui ao legislador estadual a competência para a indicação dos elementos da regra-matriz de incidência tributária, os deveres instrumentais, as respectivas sanções, a data e forma de pagamento do imposto etc. Trata-se de preceito que apenas enfatiza a necessidade de atuação do legislador ordinário, para fins de implementar o regime de substituição tributária.

Esse dispositivo, entretanto, não implica irrestrita liberdade para sistematizar a substituição tributária. Recorde-se que a Constituição confere à lei complementar a competência para dispor sobre esse regime, devendo suas disposições ser observadas pelos Estados e pelo Distrito Federal. Por esse motivo, o legislador estadual, ao estipular regras de "operacionalização", fica terminantemente proibido de dispor de forma contrária à Lei Complementar nº 87/1996, inclusive no que diz respeito ao método de determinação da base de cálculo.

5. As regras fixadas pela fiscalização devem ser uniformes em relação aos diversos contribuintes substituídos ou poderia ser instituído um tratamento diferente para empresas em situação idêntica?

Resposta: Empresas em situações idênticas não podem sofrer tratamento diferenciado. O princípio da isonomia tributária exige que pessoas em semelhantes condições econômicas recebam tratamento igualitário, ao passo que contribuintes em posições distintas sejam tratados diferentemente entre si, na medida de suas desigualdades.

Tema XXX

RESPONSABILIDADE POR SUCESSÃO DECORRENTE DE INCORPORAÇÃO DE INSTITUIÇÕES FINANCEIRAS

Sumário: 1. Palavras introdutórias. 2. Sociedade anônima dependente de autorização do Governo: disciplina jurídica de sua constituição, alteração e extinção. 3. O princípio da autonomia da vontade e as incorporações societárias. 4. Incorporação de instituições financeiras. 5. Efeitos da realização da condição e o problema da retroatividade. 6. Efeitos da verificação da condição nas incorporações de instituições financeiras. 7. Instante em que se verifica a incorporação. 8. Sujeição passiva indireta e a Responsabilidade tributária dos sucessores. 9. Impossibilidade de transferência das penalidades fiscais aos responsáveis tributários por sucessão. 10. Fraude e exigência de prova de "dolo". 11. Irrelevância da data de lavratura do auto de infração, para fins de responsabilidade tributária por sucessão. 12. Hipótese de lavratura do AIIM em momento posterior à incorporação. 13. Das respostas às indagações formuladas.

1. Palavras introdutórias

A responsabilidade tributária é tema que traz diferentes aspectos à incidência jurídico-tributária. Na mesma proporção, provoca dúvidas pela própria complexidade com que se processa. No presente capítulo, pretendo elucidar problema jurídico relativo à responsabilidade tributária dos sucessores decorrente de incorporação de instituições financeiras. Objetivando solucionar as incertezas que a aludida situação pode surtir, formulo quatro indagações sobre as quais me manifestarei à luz do direito positivo vigente. Ei-las:

1. Em que instante, na hipótese de incorporação de instituições financeiras, se dá o tempo do fato e o tempo no fato?

2. Dada a resposta à indagação anterior, em que momento se opera a incorporação para o sistema jurídico tributário: (i) pela deliberação da assembleia geral; (ii) pela autorização do Banco Central; ou (iii) pelo Registro na Junta Comercial? Os efeitos retroativos prescritos pelo art. 36 da Lei nº 8.934/1994 seriam aplicáveis também a sociedades de caráter financeiro?

3. Qual o efeito produzido a partir deste momento?

4. A sociedade sucessora por incorporação pode ser responsabilizada por multas devidas pela sociedade extinta (incorporada) por força da incorporação?

5. A resposta acima seria alterada pelo fato de o auto de infração ser lavrado antes ou depois da data do ato de incorporação?

6. Tomando a seguinte hipótese: a incorporação de uma instituição financeira é deliberada em 03 de janeiro de 2008; tempestivamente, os atos societários referentes à incorporação são levados ao Banco Central do Brasil, para sua aprovação; em 6 de outubro de 2008, o Banco Central do Brasil aprova expressamente a incorporação das instituições financeiras; após a aprovação do Banco Central e dentro do prazo de 30 dias previsto pela legislação de registros públicos, os documentos referentes à mencionada incorporação são levados à Junta Comercial dos Estados em que se localizam, para o competente arquivamento; e considerando que um auto de infração foi lavrado em 22 de dezembro de 2008 (em decorrência de Mandado de Procedimento Fiscal iniciado em 21 de maio de 2001), a instituição bancária sucessora por incorporação de outra instituição financeira, poderia ser responsabilizada pela multa exigida pelas autoridades fiscais?

7. A resposta acima pode ser igualmente aplicada à multa de ofício de 75% e à multa agravada de 150%?

2. Sociedade anônima dependente de autorização do Governo: disciplina jurídica de sua constituição, alteração e extinção

Como já assinalei em outra oportunidade, a ideia de personalidade indica a aptidão para adquirir direitos e contrair obrigações. Assim, como no atual ordenamento jurídico brasileiro toda pessoa é capaz de direitos e deveres (art. 1º do Código Civil[59]), cada ser humano, individualmente considerado, possui o atributo da personalidade.

Essa qualificação, porém, não se restringe às pessoas naturais. Ao contrário, é igualmente conferida aos chamados entes morais ou artificiais, representados por associações de indivíduos e, até mesmo, pela destinação patrimonial a certo fim, como é o caso das fundações.

Para a constituição de "pessoa", seja ela física ou jurídica, imprescindível a observância das prescrições legais. No que diz respeito à sociedade anônima, a forma de sua constituição, alteração e extinção é disciplinada pela Lei nº 6.404/1976. Esse Diploma Legal, não obstante tenha revogado o Decreto-lei nº 2.627/1940, que regulamentava as sociedades por ações, manteve válidos e em vigor alguns de seus dispositivos: os artigos 59 a 73, referentes a "companhias estrangeiras" e a "sociedades que dependem de autorização do Governo", por exemplo.

---

59. O Código Civil de 1916 continha prescrição semelhante:
"Art. 2º Todo homem é capaz de direitos e obrigações na ordem civil".

Da estipulação constante do art. 59, expressamente acolhido pela nova Lei das Sociedades por Ações, depreende-se que: *"a sociedade anônima ou companhia que dependa de autorização do Governo para funcionar, reger-se-á por esta lei, sem prejuízo do que estabelecer a lei especial"*. Com isso, exige-se do intérprete acuidade para aplicação conjunta dos dispositivos que regulamentam esse tipo de sociedade, evitando-se que, mediante o emprego da legislação especial, sejam desprezados os preceitos da Lei nº 6.404/1976.

É o que farei a seguir: procederei, inicialmente, ao exame da figura jurídica da "incorporação", genericamente considerada, para, depois, aprofundar-me nas peculiaridades concernentes à incorporação de instituições financeiras, pessoas jurídicas cuja constituição e demais operações societárias exigem autorização do Banco Central. Apenas por meio dessa interpretação sistemática o exegeta estará habilitado a precisar o instante em que se verifica, no mundo jurídico, a extinção da entidade incorporada e sua absorção pela incorporadora, bem como os respectivos efeitos.

3. O princípio da autonomia da vontade e as incorporações societárias

A incorporação decorre do princípio da autonomia de vontade, apresentando-se como um processo pelo qual duas ou mais sociedades se congregam, visando ao fim econômico e técnico de ampliar seus recursos e tornar mais eficiente sua administração. Conforme prescreve a Lei das Sociedades Anônimas, na incorporação, uma ou mais sociedades são absorvidas por outra, sendo a sociedade resultante sucessora das incorporadas em seus direitos e obrigações (art. 227, da Lei nº 6.404/1976). Para sua concretização, todavia, exige-se o cumprimento de requisitos estabelecidos em lei, consistentes na aprovação, pela assembleia geral, do protocolo da operação societária que se pretende realizar, autorizando-se o aumento de capital a ser subscrito e realizado pela incorporadora mediante versão do seu patrimônio líquido e nomeando-se peritos para avaliarem o patrimônio que será absorvido (art. 227, § 1º, da Lei nº 6.404/1976).

Realizados tais procedimentos, e aprovando a assembleia geral da incorporadora o laudo de avaliação e a incorporação, dá-se a extinção da incorporada, cabendo à incorporadora promover o arquivamento e a publicação dos atos da incorporação (§ 3º do art. 227, da Lei nº 6.404/1976).

Como se pode notar, a assembleia geral é o órgão deliberativo máximo da estrutura da sociedade anônima, competindo-lhe discutir, votar e decidir sobre qualquer assunto do interesse da empresa, desde os mais insignificantes problemas administrativos até as questões de relevo para a sobrevivência e continuidade da pessoa jurídica. Os enunciados por ela produzidos podem apresentar caráter constitutivo, modificativo ou extintivo, conforme o conteúdo pronunciado. É o que deixa bem claro o § 3º do art. 227 que mencionei acima: a aprovação, pela assembleia geral, da incorporação extingue a pessoa jurídica incorporada, absorvida pela incorporadora, que a sucede, nesse instante, em direitos e obrigações. Por esse meio dá-se a etapa conclusiva da operação societária. Nesse sentido é a lição de Fábio Ulhoa Coelho, asseverando que

> a incorporação, fusão ou cisão são deliberadas pelos sócios, atendendo-se as condições para a alteração estatutária (na anônima ou comandita por ações) ou contratual (limitada e demais tipos menores). <u>A operação se formaliza, portanto, em ata de assembleia geral ou no instrumento de alteração contratual</u>. (grifei)[60]

No que concerne à incorporação envolvendo empresas mercantis, o art. 36 da Lei nº 8.934/1994 (Lei de Registro Público de Empresas Mercantis) estabelece que os documentos relativos à incorporação devem ser apresentados para arquivamento na Junta Comercial *"dentro de 30 (trinta) dias contados*

---

60. *Curso de direito comercial.* Vol. II. 2ª ed. São Paulo: Saraiva, 2000, p. 461 (os grifos são meus).

da sua assinatura, a cuja data retroagirão os efeitos do arquivamento; fora desse prazo, o arquivamento só terá eficácia a partir do despacho que o conceder". Trata-se de expediente que visa a dar publicidade às decisões tomadas pelas pessoas jurídicas, cuja observância, dentro do prazo fixado, não interfere no termo inicial de irradiação dos efeitos, os quais se propagam desde a data da assinatura do documento. Somente na hipótese de descumprimento do comando introduzido pela Lei de Registro Público, os efeitos do arquivamento terão início com o ato administrativo concessivo do registro.

A exigência de tal formalidade não elide a afirmativa segundo a qual a deliberação da assembleia geral figura como termo de início para a aplicação normativa e produção dos respectivos efeitos, pois é com ela que se opera a extinção da incorporada. Eis a lição de Waldirio Bulgarelli:

> O processo de realização da incorporação é bastante simplificado. Apresentado o protocolo e a justificação à assembleia geral da incorporadora, esta deve aprovar o primeiro e determinar a realização da avaliação do patrimônio da incorporada, nomeando peritos e ainda autorizando o aumento de capital a ser subscrito e integralizado pela incorporadora.
>
> Por sua vez, a sociedade incorporanda, aprovando o protocolo, deve autorizar os administradores a praticarem todos os atos necessários à incorporação, inclusive a subscrição do aumento de capital da incorporadora.
>
> <u>Aprovados pela assembleia geral da sociedade incorporadora o laudo de avaliação e a incorporação, ficará extinta, automaticamente, a incorporada</u>, ficando a incorporadora encarregada de entregar as suas ações aos acionistas e sócios da incorporada e de promover o arquivamento e a publicação dos atos da incorporação. (destaquei) [61]

A incorporação, não restam dúvidas, põe fim à existência da sociedade. É uma das formas pelas quais o fato terminativo se opera: a sociedade incorporada deixa de existir, remanescendo tão somente a incorporadora, na qualidade de sucessora daquela.

---

61. *Manual das sociedades anônimas*. 4ª ed. São Paulo: Atlas, 1987, p. 242 (grifei).

4. Incorporação de instituições financeiras

Ultrapassada a análise das exigências impostas pela Lei nº 6.404/1976 sobre a incorporação, é imperativo, para atingir os fins a que se propõe o presente estudo, ingressar no exame das peculiaridades concernentes às operações societárias envolvendo instituições financeiras.

De início, convém tecer alguns esclarecimentos sobre o "Banco Central do Brasil". Trata-se de autarquia federal, com personalidade jurídica e patrimônio próprios, cabendo-lhe, de modo geral, cumprir as prescrições legais e as normas expedidas pelo Conselho Monetário Nacional, no que diz respeito à política financeira. Dentre suas atribuições, compete-lhe, privativamente, conceder autorização às instituições financeiras para que possam funcionar no País, instalar ou transferir suas sedes ou dependências, inclusive para o exterior, ser transformadas, fundidas ou incorporadas, praticar operações de câmbio, crédito real e venda habitual de títulos da dívida pública, ações, debêntures, letras hipotecárias e outros títulos de crédito, ter prorrogados os prazos de seu funcionamento, alterar seus estatutos e alienar ou, por qualquer outra forma, transferir seu controle acionário. É o que prescreve a Lei nº 4.595/1964, cujo art. 10, inciso X, alínea "c", merece destaque:

> Art. 10. Compete privativamente ao Banco Central da República do Brasil: (...)
>
> X – Conceder autorizações às instituições financeiras, a fim de que possam: (...)
>
> c) ser transformadas, fundidas, incorporadas ou encampadas;

Sem observância a esse requisito, fica vedado o arquivamento, na Junta Comercial, da alteração societária promovida. Nesse sentido, prescreve o art. 35, inciso VIII, da Lei nº 8.934/1994, que não podem ser arquivados os contratos ou estatutos de sociedades mercantis, ainda não aprovados pelo Governo, nos casos em que for necessária tal aprovação, bem como as alterações, antes de igualmente aprovadas.

Diante da especificidade exigida para a incorporação de instituições bancárias, poderia surgir a dúvida acerca do instante em que efetivamente se opera essa mutação: se por (i) deliberação da assembleia geral; (ii) autorização do Banco Central; ou (iii) Registro na Junta Comercial.

Para responder a essa indagação, cumpre examinar se a deliberação da assembleia geral de um banco, que aprova incorporação, ficando na pendência de homologação pelo Governo, é um ato jurídico condicional, e, em caso afirmativo, quais os efeitos da sua realização. A analogia com a condição decorre, como bem explica Rubens Gomes de Sousa,[62] do fato de a homologação do Governo configurar um evento futuro e incerto, porque traduzido pelo pronunciamento de terceiro em relação ao ato praticado.

À evidência, não se trata de condição voluntária, mas de *conditio juris*, imposta pela lei. Como leciona Nicolas Coviello[63], ambas as espécies de condições apresentam-se como elemento extrínseco ao próprio ato, reportando-se a evento futuro e incerto, razão pela qual o ato subordinado por lei a requisito posterior é perfeitamente equiparável ao ato sujeito à condição voluntária, inclusive no que diz respeito às suas consequências.

5. Efeitos da realização da condição e o problema da retroatividade

Tendo em vista que a condição sujeita a eficácia do negócio à ocorrência de evento futuro e incerto, releva determinar qual o termo inicial da produção de seus efeitos. Discute-se se começam no momento em que o ato jurídico é realizado ou no instante da verificação da condição. A respeito do tema, Orlando Gomes manifesta-se sobre a importância de tal determinação, exemplificando:

---

62. *Pareceres 2 – Imposto de Renda*. São Paulo: Resenha Tributária, 1975, p. 21.
63. *Doctrina General del Derecho Civil*, p. 458.

> Figure-se a hipótese da aquisição do direito de propriedade sob condição; enquanto esta não se realiza, o adquirente não se torna proprietário, mas, tão logo se verifique, ou passará a sê-lo desde o momento da aquisição ou do momento em que se verificou. Indaga-se, em suma, se o efeito da condição é 'ex tunc' ou 'ex nunc'. (destaquei)

A solução desse problema, porém, não pode ser obtida mediante exame genérico da legislação, uma vez que sua disciplina jurídica varia conforme o negócio jurídico e seu conteúdo. A inexistência de uniformidade na regulação do chamado "direito condicional" é facilmente observada no ordenamento jurídico brasileiro, o qual, para alguns negócios sujeitos à condição, determina a irretroatividade dos efeitos, enquanto em outros, como a dos registros das sociedades anônimas nas juntas comerciais, estipula sua retroação.

Necessário, portanto, examinar caso por caso, para não cometer o erro da generalização. E tudo isso decorre do fato de o direito criar sua própria realidade. São as normas integrantes do sistema jurídico pátrio que determinam em quais hipóteses a realização do termo surtirá efeito apenas para o futuro e quais as situações em que tal efeito reportar-se-á ao passado.

6. Efeitos da verificação da condição nas incorporações de instituições financeiras

Antes de proceder ao exame acerca da problemática da retroatividade dos efeitos decorrentes da condição, relativamente às incorporações de instituições financeiras, convém separar, com nitidez, o trato de tempo em que o fato se constitui das referências temporais contidas na fórmula enunciativa, às quais reportar-se-ão os efeitos do ato. Falamos, por isso, em tempo *do fato* e em tempo *no fato*.[64]

---

64. Discorri pormenorizadamente sobre o assunto na obra *Direito tributário: fundamentos jurídicos da incidência*, 10ª ed., São Paulo: Saraiva, 2015.

O tempo *do fato* é aquele instante no qual o enunciado denotativo, perfeitamente integrado como expressão dotada de sentido, ingressa no ordenamento do direito posto, não importando se veiculado por sentença, acórdão, ato administrativo ou qualquer outro instrumento introdutório de normas individuais e concretas. É o tempo em que o expediente próprio, realizado por quem detiver a competência (agente capaz) e na conformidade do procedimento previsto em lei, for tido por ato jurídico válido. Quando por sentença, no momento em que, tendo sido prolatada, as partes forem intimadas de seu inteiro teor, pressupondo-se também um juiz competente e a subordinação do processo aos critérios estabelecidos pelo sistema. Em se tratando de incorporação, no instante do arquivamento na Junta Comercial dos documentos em que se deliberou a alteração societária, nos termos do art. 36 da Lei de Registros Públicos de Empresas Mercantis, supondo a prévia deliberação em assembleia geral extraordinária e, no caso de instituição financeira, a aprovação pelo Banco Central.

Algo diverso, porém, é o tempo *no fato*, isto é, a ocasião a que alude o enunciado factual, dando conta da ocorrência concreta de um evento. Quando se diz, por exemplo, que, no dia 03 de janeiro de 2008, determinada sociedade anônima deliberou a incorporação de outra pessoa jurídica, o fragmento de linguagem constitui um fato, reportando-se ao instante ali consignado. Se, por outro lado, atribuirmos a data de 07 de novembro, do mesmo ano, para que se tenha o relato acima como integrante dos arquivos da Junta Comercial, procedendo-se na forma e prazos estipulados em lei, será fácil perceber que 07 de novembro é o *tempo do fato*, vale dizer, a unidade temporal em que o fato se configurou, ao passo que 03 de janeiro é o *tempo no fato*, quer significar, a marca de tempo a que se refere o enunciado factual.

A dualidade de marcos temporais é sobremaneira fecunda, assinalando, com clareza e segurança, os critérios de aplicação da legislação correspondente:

DERIVAÇÃO E POSITIVAÇÃO NO DIREITO TRIBUTÁRIO

a) o *tempo do fato* vai ser o ponto de referência para a aplicação do direito positivo, no que toca à sua feitura como enunciado, disciplinando o procedimento para sua realização;

b) o *tempo no fato* será identificado ao entrarmos em contato com o enunciado posto, onde perceberemos que este menciona um acontecimento necessariamente pretérito. Essa menção é exatamente o *tempo no fato*, supinamente importante, na medida em que a legislação aplicável será a vigente *na data a que o fato se refere*, isto é, na data do evento.

Trazendo essas considerações para o âmbito da produção de efeitos, observa-se que o enunciado fáctico, produzido em cumprimento das determinações legais necessárias para sua introdução no ordenamento, é constitutivo do "fato", porém declaratório do "evento", do "acontecimento". Aquele novo relato veiculado no sistema refere-se, sempre, a uma situação que já se consumou no tempo, razão pela qual seus efeitos hão de alcançar o lapso temporal passado.

Nesse sentido, a Lei n° 8.934/1994 (Lei de Registro Público de Empresas Mercantis) prescreve, em seu art. 36:

> Os documentos referidos no inciso II do art. 32 deverão ser apresentados a arquivamento na junta, dentro de 30 (trinta) dias contados de sua assinatura, a cuja data retroagirão os efeitos do arquivamento; fora desse prazo, o arquivamento só terá eficácia a partir do despacho que o conceder. (grifei)

À sociedade anônima que dependa de autorização do Governo para funcionar e alterar seus contratos estatutários aplicam-se, na íntegra, os dispositivos que regem a vida das demais pessoas jurídicas dessa espécie, sem prejuízo das estipulações constantes de lei especial (art. 59 do Decreto-lei n° 2.627/1940, expressamente acolhido pela Lei n° 6.404/1976). Disso, se depreende ser imperativa a conciliação dos dispositivos gerais, dirigidos à todas as sociedades mercantis, naqueles especificamente voltados às instituições financeiras. O simples fato de determinada alteração societária depender de aprovação de órgão do Governo, no caso, do Banco Central, não exclui a aplicabilidade do art. 36, da Lei nº 8.934/1994, com os efeitos retroativos ali consignados. Se o comentado Diploma normativo não trouxe quaisquer exceções para esse tipo de empresa, descabe ao intérprete e aplicador do Direito fazê-lo. Ao contrário, sua incumbência, em hipótese desse jaez, é conciliar as prescrições legais específicas às gerais, interpretá-las conjuntamente e, desse modo, observar as determinações normativas de ambos os produtos legislados.

7. Instante em que se verifica a incorporação

Efetuadas as considerações necessárias ao deslinde da questão, passo a examinar a situação inicialmente delineada, para fins de identificar o exato momento em que o uma sociedade deixa de existir no mundo jurídico, em razão da incorporação promovida por outra.

Vejamos situação hipotética com o objetivo de exemplificar a atitude gnosiológica que o intérprete deve exercer na análise dos dados temporais relacionados ao ato de incorporação e os correspondentes efeitos jurídicos. Imaginemos a seguinte sucessão de atos:

(i) Em 03 de janeiro de 2008: deliberada a incorporação em assembleia geral. Consiste na marca de tempo em que se verificou o acontecimento considerado relevante pelo ordenamento jurídico. É o *tempo no fato*, determinando a legislação aplicável.

(ii) Em 04 de janeiro de 2008: data em que são enviados os documentos para apreciação do Banco Central.

(iii) Em 06 de outubro de 2008: aprovada a incorporação pelo Banco Central. Realização do evento futuro e incerto, caracterizador de *conditio juris*, necessário para que a incorporação concretizada seja validamente reconhecida pelo ordenamento jurídico.

(iv) Em 07 de novembro de 2008: arquivamento dos documentos referentes à incorporação. Relato em linguagem, na forma prevista pelo direito posto, de acontecimento pretérito. É o *tempo do fato*, momento em que o enunciado factual ingressa no sistema e cujos efeitos se reportam ao *tempo no fato*.

Acrescente-se, ainda, que o art. 36 da Lei nº 8.934/1994 prescreve a retroação dos efeitos do arquivamento à data da assinatura do documento de alteração contratual, quando efetivado dentro do prazo de 30 dias. Esse dispositivo, como já anotei, não deve ser interpretado isoladamente, como se nenhuma relação mantivesse com o restante do ordenamento. Daí ser imprescindível sua conjugação aos preceitos específicos, que regulam a incorporação de instituições financeiras: conta-se o período de 30 dias a partir do átimo do preenchimento da condição legal, autorizativa do conteúdo deliberado em assembleia geral, ou seja, da aprovação pelo Banco Central.

Deliberada a incorporação em 01 de janeiro de 2008, a sociedade financeira, em 02 de janeiro de 2008 (dia seguinte), encaminhou os documentos de incorporação para que fossem apreciados pelo Banco Central, na forma e prazo prescritos em Lei. Aprovada a incorporação por essa autarquia federal em 06 de outubro de 2008, foi realizado o arquivamento na Junta Comercial em 07 de novembro de 2008, dentro, portanto, do período de trinta dias exigido. O arquivamento, *tempo do fato*, configura o enunciado linguístico que relata a incorporação, ocorrida em 03 de janeiro de 2008, *tempo no fato*. Por conseguinte, qualquer consideração jurídica que se pretenda fazer sobre essa operação societária deve levar em conta o momento da sua deliberação, *tempo no fato*, determinante para a identificação das normas jurídicas aplicáveis.

9. Sujeição passiva *indireta* e a responsabilidade tributária dos sucessores

Sujeição passiva é a aptidão de uma pessoa física ou jurídica, privada ou pública, ocupar o lugar de sujeito passivo na relação jurídica tributária, tendo o dever de cumprir a prestação que, por seu turno, poderá ser (i) de um lado, a principal ou pecuniária, nos nexos obrigacionais; ou (ii), por outro, as de caráter formal, insusceptíveis de avaliação patrimonial, nas relações que veiculam meros deveres instrumentais ou formais. Este elemento do vínculo ganha foros de determinação, igualmente, com o procedimento subsuntivo que a ocorrência do fato propicia.

Tratando desse assunto, tenho ponderado que, durante longo período, prevaleceu a distinção do sujeito passivo em contribuinte e responsável, inscrita no Código Tributário Nacional (art. 121, parágrafo único), e sustentada no prestígio do magistério de Rubens Gomes de Sousa, que privilegiava o nível de relação econômica do sujeito passivo com o "fato gerador", indagando dos possíveis benefícios que lhe adviriam daquela ocorrência. O grande jurista e sistematizador do direito tributário no Brasil esclarecia que, por vezes, tem o Estado o:

> interesse ou necessidade de cobrar o tributo de pessoa diferente: dá-se então a sujeição passiva indireta. A sujeição passiva indireta apresenta duas modalidades: transferência e substituição; por sua vez a transferência comporta três hipóteses: solidariedade, sucessão e responsabilidade.

Penso estar evidente que o legislador nada substitui, somente institui. Anteriormente à lei que aponta o sujeito passivo, inexistia, juridicamente, aquele outro sujeito que o autor chama de direto. Havia, sim, sob o enfoque pré-legislativo, como matéria-prima a ser trabalhada pelo político. Mas o momento da investigação jurídico-científica começa, precisamente, na ocasião em que a norma é editada, entrando no sistema do direito positivo.

Para atalhar dificuldades de ordem semântica, Hector Villegas[65] sugere que se empregue "destinatário legal tributário" no lugar de "contribuinte". A expressão, segundo o autor argentino, viria a imprimir mais racionalidade à descrição do que se passa nos domínios do sujeito passivo da obrigação tributária. E Marçal Justen Filho[66] acrescenta, com oportunidade, que no direito brasileiro caberia, juntamente com a expressão proposta por Hector Villegas, também uma outra de mais elevada hierarquia, podendo falar-se num "destinatário constitucional tributário".

Ao tratarmos da *responsabilidade por sucessão*, em quaisquer um dos casos legalmente previstos – fusão, incorporação, transformação ou alienação de estabelecimentos tributados (arts. 129 a 133 do CTN) – verificamos um outro sujeito, que não o contribuinte, ocupando o lugar sintático da sujeição passiva para o fim de cumprir a obrigação de recolher o montante equivalente ao débito tributário. Não é correto afirmar que há alteração da pessoa integrante do polo passivo da obrigação original, mas o que há é verdadeira criação de novo vínculo, de natureza sancionatória, disciplinado exaustivamente no Código Tributário Nacional.

A responsabilidade tributária decorrente de alterações societárias por incorporação está disciplinada no art. 132, *caput*, da Lei n° 5.172/1966, *in verbis*:

> Art. 132. A pessoa jurídica de direito privado que resultar da fusão, transformação ou incorporação de outra ou em outra *é responsável pelos tributos devidos* até a data do ato pelas pessoas jurídicas de direito privado fusionadas, transformadas ou incorporadas. (destaquei)

O dispositivo supra estabelece, à sociedade que se originar da incorporação, a obrigação de recolher valores

---

65. "Destinatário legal tributário", *in Revista de Direito Público*, n° 30:271-94.

66. *Sujeição passiva tributária*, p. 262.

correspondentes ao *quantum* dos "tributos" devidos até a data do ato pela incorporada. Como elucida Rubens Gomes de Sousa,

> a restrição da responsabilidade aos débitos *até a data do ato* não exclui os posteriores, apenas esclarece que, na sistemática do CTN, não mais se tratará de responsabilidade por obrigação alheia, mas de débito por obrigação própria.[67]

Tal observação torna ainda mais nítida a existência de dois liames jurídicos diversos: (i) um, tributário, entre aquele que pratica o fato jurídico tributário e o Fisco; (ii) outro, de cunho sancionatório, entre o sucessor que deixou de exigir a regularização do débito tributário e o ente tributante.

Diferentes, também, são as pessoas habilitadas a prescrever o conteúdo do vínculo obrigacional: (i) a base de cálculo e a alíquota, elementos quantificadores da obrigação tributária, são fixados pelo legislador ordinário de cada ente político, conforme discriminação constitucional de competências; (ii) os valores a serem pagos pelo sucessor tributário, a título de sanção pelo descumprimento do dever de compelir a regularização do débito, são estipulados pelo legislador complementar, no exercício da função de uniformizar o ordenamento, conferindo segurança jurídica aos contribuintes. Por tais razões, quaisquer exigências que se façam ao incorporador, em decorrência de quantias não pagas pela empresa incorporada, devem ser realizadas em estrita observância às prescrições veiculadas pelos artigos 129 e 132 do Código Tributário Nacional.

Nos termos do art. 129, o disposto na seção II do Capítulo V, relativa à responsabilidade dos sucessores,

> aplica-se por igual aos créditos tributários definitivamente constituídos ou em curso de constituição à data dos atos nela referidos, e aos constituídos posteriormente aos mesmos atos, desde

---

[67]. *Pareceres 2 – Imposto de Renda*. São Paulo: Resenha Tributária, 1975, p. 236.

que relativos a obrigações tributárias surgidas até a referida data.

Dessa determinação legal depreende-se ser irrelevante a data da lavratura do lançamento ou do auto de infração, pois estabelece que mesmo que a constituição do crédito tributário seja posterior à sucessão, continuarão tendo aplicabilidade as regras de responsabilidade, tendo em vista que os eventos que deram nascimento àquelas obrigações foram praticados pela pessoa sucedida.

Podemos dizer que os dispositivos do Código Tributário Nacional, relativos à responsabilidade dos sucessores, têm aplicação sempre que o "evento tributário" tiver ocorrido antes da sucessão (*data no fato*), independentemente da *data do fato*, isto é, do momento em que se proceder à constituição do crédito tributário mediante relato em linguagem competente.

10. Impossibilidade de transferência das penalidades fiscais aos responsáveis tributários por sucessão

Ao disciplinar a responsabilidade tributária decorrente de incorporação, estipulou o legislador nacional que a pessoa jurídica resultante dessa operação societária (no caso, a incorporadora) fica obrigada a responder pelos valores devidos, pela incorporada, a título de "tributo". Quando o art. 132 atribui a responsabilidade tributária ao incorporador, o faz em relação aos "tributos". Não se refere a crédito tributário, ou obrigação principal, o que poderia, eventualmente, dar margem a discussões acerca da inclusão, nesses conceitos, das quantias correspondentes a penalidades pecuniárias. Ao empregar o vocábulo "tributo", não deixou dúvida quanto aos valores cuja responsabilidade é passada ao incorporador, pois este exclui quaisquer exigências que configurem sanção por ato ilícito.

Ao regulamentar desse modo a matéria, agiu com precisão ímpar o legislador. Por entender que não se procede verdadeiramente uma substituição do contribuinte na figura do responsável na regra-matriz de incidência tributária, concluo que o sujeito responsável, não integrando a obrigação tributária, não se encontra relacionado com a prática do fato que a originou. Deste modo, pela própria sistemática do direito tributário brasileiro, é inadmitido por interpretação sistêmica a possibilidade de o responsável assumir quaisquer penalidades tributárias oriundas de infrações cometidas pelo contribuinte. A interpretação dos ilícitos, no direito tributário, é restritiva e não comporta exegese extensiva,[68] razão pela qual, limita-se somente ao autor do fato ou ato que praticou a ilicitude, como já tive a oportunidade de anotar. Da pessoalidade das ilicitudes resulta que o responsável somente responde por infrações quando para elas contribuir por *ato próprio*, não podendo assumir o polo passivo de imposições decorrentes de ilegalidades que jamais foram por ele pessoalmente praticadas.

O vínculo da responsabilidade tributária não admite extensão de ilícitos à figura do responsável que institui. O dever de com elas arcar decorre de conduta pessoal, não coincidente com a obrigação tributária que, por sua origem lícita, é passível de transferência a quem a lei assim determine. E assim se dá também com a responsabilidade dos sucessores. O art. 132, do Código Tributário Nacional, bem como o art. 5º, do Decreto-lei nº 1.598/1977, disciplinando a responsabilidade dos sucessores nas hipóteses de alterações societárias, referem-se apenas a "tributos", não cuidando da transferência dos créditos relativos a penalidades. Fosse intenção do legislador abranger a relação jurídica tributária e a relação jurídica sancionatória, a elas teria feito expressa menção.

No caso em análise – incorporação de instituições financeiras –, pelas razões assinaladas, a responsabilidade tributária da incorporadora diz respeito apenas aos tributos porventura devidos pelo ente sucedido. As infrações são de

---

68. Vide STF, 1ª T., RE 77.571/SP, Rel. Min. Rodrigues Alckmin, DJ de 04/04/1975.

responsabilidade pessoal de quem as praticou, sendo inadmissível sua transferência a terceiros, estranhos à relação delituosa.[69]

11. Fraude e exigência de prova de "dolo"

Fraude é espécie do gênero infração subjetiva. Para que seja caracterizada, exige-se a comprovação de que o autor realizou ato doloso ou culposo, assim no caso de sonegação, conluio ou simulação. Tais condições fazem com que a multa somente possa ser devidamente agravada quando houver a construção, em linguagem das provas, de que a conduta do infrator foi realizada *com a intenção de se locupletar indevidamente, em prejuízo do Erário*.

Feitas essas ponderações, e considerando ser indevida a exigência de penalidade por quem não praticou ilícito algum, com maior razão haveremos de concluir pela impossibilidade de se exigir, do responsável por sucessão, o pagamento de multa agravada em razão de fraude praticada pelo sucedido, haja vista a inexistência de qualquer atitude dolosa de sua parte.[70]

---

69. A esse respeito, vale observar este precedente do Superior Tribunal de Justiça: "RECURSO ESPECIAL. MULTA TRIBUTÁRIA. SUCESSÃO DE EMPRESAS. RESPONSABILIDADE. OCORRÊNCIA. DECADÊNCIA. TEMA NÃO ANALISADO. 1. A empresa recorrida interpôs agravo de instrumento com a finalidade de suspender a exigibilidade dos autos de infração lavrados contra a empresa a qual sucedeu. Alegou ausência de responsabilidade pelo pagamento das multas e também decadência dos referidos créditos. O Tribunal *a quo* acolheu o primeiro argumento, julgando prejudicado o segundo. 2. A responsabilidade tributária não está limitada aos tributos devidos pelos sucedidos, mas também se refere às multas, moratórias ou de outra espécie, que, por representarem dívida de valor, acompanham o passivo do patrimônio adquirido pelo sucessor. 3. Nada obstante os art. 132 e 133 apenas refiram-se aos tributos devidos pelo sucedido, o art. 129 dispõe que o disposto na Seção II do CTN aplica-se por igual aos créditos tributários definitivamente constituídos ou em curso de constituição, compreendendo o crédito tributário não apenas as dívidas decorrentes de tributos, mas também de penalidades pecuniárias (art. 139 c/c § 1º do art. 113 do CTN). (...) 5. Recurso especial provido em parte." (REsp 1.017.186/SC, Rel. Min. Castro Meira, Segunda Turma, DJ 27/03/2008).

70. Na nota anterior, esclareci que a atual jurisprudência do Superior Tribunal

12. Irrelevância da data de lavratura do auto de infração, para fins de responsabilidade tributária por sucessão

O art. 129 do Código Tributário Nacional estende a disciplina jurídica veiculada na Seção II, que trata da responsabilidade dos sucessores, a todos os créditos tributários, inclusive *aos constituídos posteriormente ao ato sucessório*, não fazendo qualquer distinção entre estes e os créditos já constituídos:

> Art. 129. O disposto nesta Seção <u>aplica-se por igual</u> aos créditos tributários definitivamente constituídos ou em curso de constituição à data dos atos nela referidos, <u>e aos constituídos posteriormente aos mesmos atos,</u> desde que relativos a obrigações tributárias surgidas até a referida data. (grifei)

Com base nesse dispositivo, o intérprete é levado a concluir pela irrelevância do momento em que se dá a constituição do crédito tributário ou da penalidade pecuniária, para fins de responsabilização do sucessor:

a) *Quanto ao tributo devido* - Se o evento tributário foi praticado pelo sucedido, a pessoa que sobrevém por qualquer modalidade, inclusive, por incorporação, fica obrigada ao pagamento de quantia equivalente ao pagamento do tributo devido, não sendo tal situação alterada pelo fato de o lançamento ter sido realizado antes ou depois da operação sucessória.

b) *Quanto à penalidade pecuniária* - Decorrendo o ilícito tributário de atos de determinada pessoa, física ou jurídica, somente ela responde pela sanção originada. A responsabilidade por sucessão abrange apenas os "créditos tributários", entendidos como valores

---

de Justiça tem se posicionado no sentido de que a responsabilidade por sucessão alcança não só o valor devido a título de tributo, mas também as multas de qualquer natureza (punitivas ou moratórias), desde que constituídas anteriormente ao fato sucessório.

devidos a título de "tributo", consoante expressamente referido no art. 132, que regulamenta as sucessões empresariais. Vale recordar que "tributo" não constitui sanção de ato ilícito (art. 3º, CTN), motivo pelo qual penalidade alguma pode ser objeto de transferência ao incorporador, independentemente de já ter sido constituída ou não, no instante em que se verificou a mutação societária.

Acerca do tema, convém recordar que a Secretaria da Receita Federal expediu a Nota COFIS/DINOL nº 2000/00043, reconhecendo que *"não tendo sido autuada esta empresa anteriormente à sucessão, não cabe a aplicação da multa de ofício quando da autuação da incorporadora"*, isto é, admitiu a impossibilidade de transferência da sanção aplicada em decorrência de ilícito tributário. Estou convicto, porém, de que a exegese do art. 129 veda a aplicação de penalidade pecuniária ao sucessor, independentemente da autuação ter sido efetivada antes ou depois da incorporação, razão pela qual a parte inicial da nota transcrita ("não tendo sido autuada esta empresa anteriormente à sucessão") não se mostra condizente com as normas integrantes do ordenamento posto.

Fiz essas considerações apenas para tornar clara a sistemática adotada pela legislação nacional, não deixando margem a dúvidas acerca da responsabilidade por sucessão, quaisquer que sejam as características da situação concreta. No caso aqui analisado hipoteticamente, entendo inexigível qualquer tipo de sanção, tendo em vista que toda situação em que o suposto ilícito tributário e penalidades decorrentes forem objeto de constituição posterior à incorporação, é descabida a pretensão da autoridade administrativa em sancionar a empresa incorporadora.

13. Hipótese de lavratura do Auto de Infração e Imposição de Multa em momento posterior à incorporação

Retomando o exemplo acima trazido para fins de identificar os momentos e os efeitos jurídicos dos atos que instituem a incorporação, cabe dizer que o deslinde da questão se reduz primordialmente a identificar a forma pela qual o lançamento ou o auto de infração se concretiza: ato ou procedimento?

Esse dilema, "ato ou procedimento", que pode se transformar num trilema ("ato ou procedimento, ou ambos"), reflete uma dúvida sem a solução da qual uma pesquisa mais séria ficaria sensivelmente prejudicada. Perante a Dogmática do Direito Administrativo, sabemos, essas entidades são diferentes e os efeitos práticos a que dão ensejo também apontam para direções distintas. Vejamos um exemplo bem simples. Diante da afirmativa de que "lançamento é procedimento", a verificação de já ter se instaurado o procedimento de lançamento relativamente a algum contribuinte levaria à seguinte conclusão: porque existe o procedimento, há também o lançamento; e se o lançamento ocorre, tem início a contagem do prazo que culmina com o fato da prescrição. Diante da canhestra assertiva, o interlocutor certamente responderia: sim, verifica-se o procedimento, porque foi regularmente instalado, mas ainda não está concluído, devendo aguardar-se o termo final para haver a constituição do crédito tributário. Vê-se, então, que não basta haver procedimento administrativo de lançamento para que possamos falar em "lançamento". Em que instante, então, surgiria essa figura, no direito brasileiro? Quando a sequência procedimental atingir seu objetivo, expresso pelo ato conclusivo, este sim, configurador do "ato de lançamento".

Tudo o que foi dito acima, aplica-se ao auto de infração e imposição de multa. Por "auto de infração" se entende também um ato administrativo que consubstancia a aplicação de providência sancionatória a quem, tendo violado preceito de conduta obrigatória, realizou evento inscrito na lei como ilícito tributário. É claro que nem sempre o auto de infração conduz para o ordenamento apenas regra individual e concreta sancionatória. Muitas vezes, sob a epígrafe "auto de infração", deparamo-nos com dois atos: um de lançamento, exigindo o tributo devido; outro de aplicação de penalidade, pela circunstância de o sujeito passivo não ter recolhido, em tempo hábil, a quantia pretendida pela Fazenda. Dá-se a conjunção, num único instrumento material, de duas normas jurídicas distintas, postas por atos administrativos diversos que, apenas por motivos de comodidade, estão reunidos no mesmo suporte físico.

Nem o lançamento tributário, nem o auto de infração, consolidam-se pela mera instauração de procedimento administrativo. Ambos são atos administrativos e, como tal, estão prontos e acabados somente quando reunidos todos os elementos que a ordem jurídica prescreve como indispensáveis à sua compostura, vindo a ser oficialmente comunicado ao destinatário. Essa última exigência decorre da premissa de que o direito se realiza no contexto de um grandioso processo comunicacional, sendo o átimo da ciência do destinatário de tais atos a marca do preciso instante em que a norma individual e concreta ingressa no sistema jurídico.

Pelo exposto, as regras temporais aplicáveis ao lançamento e ao auto de infração são as mesmas: pressupõem um procedimento, mas só se concretizam com a conclusão do ato administrativo, devidamente notificado ao sujeito passivo. Irrelevante, por conseguinte, a data em que foi instaurado o procedimento administrativo fiscalizatório, que culminou em lavratura de AIIM. Este não gera efeito jurídico algum. O ato produzido ao final, individualizando os sujeitos e o objeto da relação jurídica, é que deve ser tomado como marco relevante, por constituir eventual ilícito e o correspondente débito a título de penalidade pecuniária.

14. Das respostas às indagações formuladas

Tecidas as considerações que me parecem pertinentes e imprescindíveis à análise da matéria, passo a solucionar as indagações formuladas no início deste estudo. Para tanto, reescrevo-as e, sequencialmente, assinalo as respectivas respostas:

1. Em que instante, na hipótese de incorporação de instituições financeiras, se dá o tempo do fato e o tempo no fato?

Resposta: O tempo do fato é o tempo em que o expediente próprio, realizado por quem detiver a competência (agente capaz) e na conformidade do procedimento previsto em lei, for tido por ato jurídico válido. Em se tratando de incorporação, dá-se no instante do arquivamento na Junta Comercial dos documentos que retratam a decisão pela alteração societária, nos termos do art. 36, da Lei de Registros Públicos de Empresas Mercantis, supondo a prévia deliberação em assembleia geral extraordinária e, no caso de instituição financeira, a aprovação pelo Banco Central.

O tempo no fato é a ocasião a que alude o enunciado factual, dando conta da ocorrência concreta de um evento, quer significar, a marca de tempo a que se refere o enunciado factual.

Nesta linha, é possível afirmar que o arquivamento dos documentos relativos à incorporação, tempo do fato, configura o enunciado linguístico que relata a incorporação, tempo no fato. Por conseguinte, qualquer consideração jurídica que se pretenda fazer sobre essa operação societária deve levar em conta o momento da sua deliberação, tempo no fato, determinante para a identificação das normas jurídicas aplicáveis.

2. Dada a resposta da indagação anterior, em que momento se opera a incorporação para o sistema jurídico tributário: (i) pela deliberação da assembleia geral; (ii) pela autorização do Banco Central; ou (iii) pelo Registro na Junta Comercial? Os efeitos retroativos prescritos pelo art. 36 da Lei seriam aplicáveis também a sociedades de caráter financeiro?

Resposta: Para sociedades civis comuns, os documentos relativos à incorporação devem ser apresentados para arquivamento na Junta Comercial dentro de 30 (trinta) dias contados da sua assinatura. No entanto, tratando-se de expediente que visa a dar publicidade às decisões tomadas pelas pessoas jurídicas, o termo inicial de irradiação dos efeitos continua sendo a data da assinatura do documento. Neste sentido, a deliberação da assembleia geral figura como termo de início para a aplicação normativa e produção dos respectivos efeitos, pois é com ela que se opera a extinção da incorporada.

Tratando-se de sociedade financeira, temos, além do procedimento normal acima referido, a exigência de se ter autorização do Banco Central, a fim de que possam ser transformadas, fundidas, incorporadas ou encampadas. Sem observância a esse requisito, fica vedado o arquivamento, na Junta Comercial, da alteração societária promovida (art. 35, inciso VIII, da Lei nº 8.934/1994). O ato subordinado por lei – (i) pela deliberação da assembleia geral – a requisito posterior – (ii) autorização do Banco Central do Brasil – é perfeitamente equiparável ao ato sujeito à condição voluntária, inclusive no que diz respeito às suas consequências.

O simples fato de determinada alteração societária depender de aprovação de órgão do Governo, no caso, do Banco Central do Brasil, não exclui a aplicabilidade do art. 36, da Lei nº 8.934/1994, com os efeitos retroativos ali consignados. Se o comentado Diploma normativo não trouxe quaisquer exceções para esse tipo de empresa, descabe ao intérprete e aplicador do direito fazê-lo. Ao contrário, sua incumbência, em hipótese desse jaez, é conciliar as prescrições legais específicas às gerais, interpretá-las conjuntamente e, desse modo, observar as determinações prescritivas de ambos os produtos legislados.

O registro na Junta Comercial é constitutivo do "fato", porém declaratório do "evento", do "acontecimento" incorporação deliberado na assembleia geral, conforme disposição do art. 36 da Lei nº 8.934/1994.

3. Qual o efeito produzido a partir deste momento?

Resposta: Incorporadas as sociedades a partir da assembleia geral e a respectiva assinatura dos documentos que autentificam a vontade de fazê-lo, tal operação põe fim à existência das companhias. É uma das formas pelas quais o fato terminativo se opera: a companhia incorporada deixa de existir, remanescendo tão somente a incorporadora, na qualidade de sucessora daquela.

4. *A sociedade sucessora por incorporação pode ser responsabilizada por multas devidas pela sociedade extinta (incorporada) por força da incorporação?*

Resposta: Não. O art. 129 do Código Tributário Nacional, na qualidade de mecanismo de ajuste que assegura o funcionamento do sistema, é muito claro ao atribuir ao responsável por sucessão a obrigatoriedade do pagamento dos "créditos tributários" devidos pelo sucedidos. O art. 132 desse Diploma Legal, por sua vez, reitera a impossibilidade de se incluir, no objeto da sucessão, quantias relativas a penalidades pecuniárias. Ao redigir esse dispositivo, o legislador nacional empregou o vocábulo "tributo", em cujo conceito não se inclui, indubitavelmente, nenhuma sanção por ato ilícito.

Nem poderiam ser diferentes as prescrições relativas ao assunto, pois as infrações são realizadas em caráter pessoal e subjetivo, cabendo a aplicação de penalidades apenas a quem lhes deu causa. Não pode o sucessor suportar o ônus da punição aplicada ao sucedido, pois este não praticou ilícito algum.

O responsável por sucessão, como é o caso da sociedade incorporadora, não integra a obrigação tributária propriamente dita, inexistindo relação entre esta e o fato jurídico tributário. Do mesmo modo, não há qualquer relação entre o incorporador e eventuais ilícitos praticados pelo incorporado. Seu dever de arcar com débitos tributários do sucedido decorre unicamente de imposição legal, apresentando a natureza de sanção administrativa por ter deixado de exigir a regularização de referida dívida. Isso, por si só, já evidencia a impossibilidade de serem exigidas multas pelo não pagamento de tributos, sob pena de haver sobreposição de penalidades.

Vários, portanto, são os fatores impeditivos da responsabilização da sociedade incorporadora pelas multas devidas pela entidade incorporada: além de tal exigência configurar dupla imposição de penalidades, o legislador do Código Tributário Nacional prescreveu, nos arts. 129 e 132, a transferência somente dos "tributos" devidos, em respeito ao caráter pessoal que as penalidades apresentam.

5. *A resposta acima seria alterada pelo fato de o auto de infração ser lavrado antes ou depois da data do ato de incorporação?*

Resposta: Irrelevante a data de lavratura do auto de infração. Preceitua o art. 129 do Código Tributário Nacional que o disposto na seção voltada à disciplina da responsabilidade dos sucessores aplica-se tanto aos créditos já constituídos, como aos que se encontrarem em curso de constituição e aos constituídos posteriormente. O importante é a data da prática do evento que deu origem à responsabilidade tributária e não o instante da sua formalização, da constituição em linguagem.

Mesmo se constituído o crédito antes de efetivada a incorporação, os efeitos tributários não se modificam: a responsabilidade por sucessão abrange apenas o "tributo" devido, o qual não se confunde com sanção por ato ilícito. Penalidades, quaisquer que sejam, devem ser dirigidas ao infrator e a ninguém mais. A penalidade pecuniária não pode ser transferida mediante responsabilidade por sucessão, especialmente em se tratando de multa agravada sob a alegação de ter havido fraude, elemento subjetivo e intransferível.

Conclusão: (i) Se o acontecimento tributário foi realizado pelo sucedido, o incorporador fica obrigado ao pagamento da quantia equivalente ao tributo devido, independentemente do instante em que é realizado o lançamento. (ii) Quanto à penalidade pecuniária, a incorporação não implica responsabilidade do sucessor, pois decorrendo de ato ilícito, somente a pessoa que o praticou responde pela sanção correspondente, não sendo essa situação alterada pelo fato do auto de infração ser lavrado antes ou depois da operação sucessória.

6. *Tomando a seguinte hipótese: a incorporação de uma instituição financeira é deliberada em 03 de janeiro de 2008;*

tempestivamente, os atos societários referentes à incorporação são levados ao Banco Central do Brasil, para sua aprovação; em 6 de outubro de 2008, o Banco Central do Brasil aprova expressamente a incorporação das instituições financeiras; após a aprovação do Banco Central do Brasil e dentro do prazo de 30 dias previsto pela legislação de registros públicos, os documentos referentes à mencionada incorporação são levados à Junta Comercial dos Estados em que se localizam, para o competente arquivamento; e, considerando que um auto de infração é lavrado em 22 de dezembro de 2008 (em decorrência de Mandado de Procedimento Fiscal iniciado em 21 de maio de 2001). A instituição bancária sucessora por incorporação de outra instituição financeira, poderia ser responsabilizada pela multa exigida pelas autoridades fiscais?

Resposta: De modo algum. Primeiramente, porque a exegese do art. 129, conjuntamente com o art. 132, ambos do Código Tributário Nacional, implica vedação à exigência de penalidade pecuniária do sucessor, independentemente de a autuação ter sido efetivada antes ou depois da incorporação. Além disso, ainda que se adotasse entendimento no sentido de excluir a transferência das penalidades apenas nas circunstâncias em que são constituídas depois da operação sucessória, o que admito apenas para fins de argumentação, o exame da hipótese revela a lavratura de auto de infração em momento posterior à incorporação, impossibilitando, por mais esse motivo, a responsabilização da sucessora pela sanção imposta ao sucedido.

Nos termos da legislação vigente, os efeitos do arquivamento na Junta Comercial retroagem à data da assinatura do documento de alteração contratual, quando promovido dentro do prazo de 30 dias (art. 36, da Lei nº 8.934/1994). No que concerne especificamente às instituições financeiras, a Lei nº 4.595/1964 impõe, como requisito ao arquivamento, autorização do Banco Central do Brasil. Assim, tendo em vista que a Lei nº 6.404/1976 acolheu expressamente o art. 59 do Decreto-lei nº 2.627/1940, segundo o qual à sociedade anônima que dependa de autorização do Governo para funcionar e alterar seus contratos estatutários aplicam-se os dispositivos que regem a vida das demais pessoas jurídicas dessa espécie, sem prejuízo das estipulações constantes em lei especial, imperativa é a conciliação das legislações referidas, mediante interpretação sistemática. A aplicação da Lei que disciplina as instituições financeiras não implica desprezo aos demais preceitos que regulam as sociedades anônimas. O fato de determinada alteração societária depender de aprovação governamental não exclui a aplicabilidade dos efeitos retroativos estipulados pela Lei de Registro Público de Empresas Mercantis, sendo imprescindível sua conjugação aos preceitos específicos que regulam a incorporação de entidades bancárias.

Diante do exposto, e considerando (i) uma incorporação deliberada em 03 de janeiro de 2008; (ii) o encaminhamento dos documentos da operação societária para apreciação pelo Banco Central em (04 de janeiro de 2008); e (iii) uma aprovação de incorporação em 06 de outubro de 2008, procedendo-se ao arquivamento dentro dos trinta dias previstos pela legislação de registros públicos (07 de novembro de 2008), tem-se, nesta hipótese, por cumpridas todas as exigências legais, com consequente retroação dos efeitos do arquivamento à data da deliberação, nele consignada (*tempo no fato*). Outra não poderia ser a conclusão, pois a contagem do prazo constante da Lei nº 8.934/1994 somente pode ter início quando a incorporadora está em condições de fazê-lo. Entendimento contrário levaria, inevitavelmente, ao sem-sentido deôntico, por prescrever conduta impossível de ser cumprida, pois ligada à realização de ato externo, não dependendo de sua iniciativa.

Vale recordar que a efetiva constituição da penalidade só ocorre em átimo da notificação à instituição incorporadora. Sendo posterior à incorporação, mesmo que o fato do procedimento fiscalizatório tenha se iniciado antes, é totalmente irrelevante, pois como ato que é, o lançamento, assim como o auto de infração, só se concretiza quando reunidos todos os elementos que a ordem jurídica prescreve como indispensáveis à sua compostura, sendo comunicado ao sujeito passivo e inserindo norma individual e concreta no ordenamento. Antes disso, nada há de jurídico.

Quaisquer que sejam as premissas adotadas, nenhuma delas autoriza a responsabilização da incorporadora pela multa aplicada em decorrência de ato ilícito praticado pela sociedade incorporada.

7. *A resposta acima pode ser igualmente aplicada à multa de ofício de 75% e à multa agravada de 150%?*

Resposta: Perfeitamente. Ambas as espécies de multa representam punição pela prática de ilícito. A diferença consiste apenas no fato de que a multa agravada decorre de atitude dolosa, com escopo de se locupletar indevidamente, em prejuízo do Erário (fraude), ao passo que a multa de ofício tem por origem infração objetiva, onde a intenção é irrelevante. Mas as duas, como anotei, fundam-se em ato contrário ao direito posto, representando "castigo", punição por aquela prática indevida. Seu caráter, portanto, é sempre pessoal, sendo intransmissível a terceiros, como é o caso do sucessor por incorporação.

Procedimento e Processo Tributário

PROCEDIMENTO E PROCESSO TRIBUTÁRIO

Tema XXXI
AS DECISÕES DO CARF E A EXTINÇÃO DO CRÉDITO TRIBUTÁRIO.. 205

Tema XXXII
O PROCEDIMENTO ADMINISTRATIVO TRIBUTÁRIO E O ATO JURÍDICO DO LANÇAMENTO................ 229

Tema XXXIII
MEDIDA LIMINAR CONCEDIDA EM MANDADO DE SEGURANÇA Direito processual tributário e certeza do direito... 251

Tema XXXIV
SEGURANÇA JURÍDICA E MODULAÇÃO DOS EFEITOS.. 275

Tema XXXI

AS DECISÕES DO CARF E A EXTINÇÃO DO CRÉDITO TRIBUTÁRIO

Sumário: 1. Considerações introdutórias. 2. O primado da certeza do direito e a importância do intérprete na compreensão dos textos jurídicos. 3. O surgimento do crédito tributário e o papel do lançamento. 4. O procedimento administrativo e o controle de legalidade do lançamento. 5. Decisão administrativa irreformável como modo de extinção da obrigação tributária. 6. As condições da ação no direito positivo brasileiro e os requisitos para o processamento de Ação Popular. 7. Respostas aos quesitos.

1. Considerações introdutórias

O estudo dos escritos do professor Lourival Vilanova tem-me trazido sempre lições muito fecundas: uma delas, que tomo como diretriz em minhas atividades de professor e advogado, é a de que, no saber jurídico, não se pode sustentar separação entre teoria e prática. Para o mestre pernambucano, o jurista *é o ponto de intersecção entre a teoria e a prática, entre a ciência e a experiência.* Pontes de Miranda já dissera, em seu *O problema fundamental do conhecimento*, que teoria e prática hão de convergir no processo cognoscente de todo e qualquer objeto, não sendo admissível afirmar o conhecimento apenas pelo exame de suas manifestações práticas, tampouco somente por sua dimensão teórica. Quem assim o faz desconhece a matéria de que se ocupa.

Ora, justamente porque é o ponto de intersecção, conjugando teoria e prática, ciência e experiência, o jurista volta-se ao mundo circundante categorizando os fenômenos sociais com os instrumentos próprios da linguagem das normas. Para bem desempenhar sua tarefa, portanto, não basta ao bom jurista o estudo teórico: é preciso que ele atente para os dados incessantemente oferecidos pelo fluxo contínuo e heterogêneo da facticidade jurídica, pois são tais acontecimentos que dão forma ao objeto descrito pela teoria.

Essas reflexões acudiram-me à mente ao travar contato com a notícia de que haviam sido propostas várias ações populares contra decisões do Conselho Administrativo de Recursos Fiscais (CARF), proferidas favoravelmente a certos contribuintes. As peças iniciais que veiculavam os pedidos, todas ajuizadas pela mesma pessoa, têm estruturas e conteúdos muito assemelhados: em seu polo passivo figuram a União Federal, os contribuintes beneficiados e até mesmo os conselheiros que participaram das respectivas sessões de julgamento. Como base para o pedido traz de volta toda a discussão sobre a higidez do lançamento, questionando, assim, a própria atribuição de competência legalmente feita ao CARF para anular esse ato administrativo e, consequentemente, extinguir a obrigação tributária. Ao fazê-lo, afirma a autora, estaria o Conselho praticando grave "omissão arrecadatória causadora de lesão ao patrimônio público federal". Deve notar-se, ainda, que não há, no teor das peças divulgadas, qualquer referência à existência de fraude, simulação ou prática de outra atividade dolosa pelo contribuinte, pela União ou pelos conselheiros que pudessem viciar o procedimento administrativo julgador. Verifica-se, apenas, o ataque direto à competência outorgada ao Conselho.

DERIVAÇÃO E POSITIVAÇÃO NO DIREITO TRIBUTÁRIO

A medida causou impacto no meio jurídico e teve significativa repercussão na imprensa, que, rapidamente, divulgou não apenas o teor das demandas, expondo seus argumentos, como também se apressou em anunciar as primeiras decisões da Justiça Federal, reconhecendo a inexistência das condições da ação e, por isso, extinguindo os processos sem o exame de mérito.

Ao tomar ciência desses acontecimentos e com o objetivo de confrontar os dados oferecidos pela experiência com as categorias propostas pelas teorias jurídicas mais avançadas, decidi submeter o assunto aos rigores do padrão científico, a fim de verificar a admissibilidade ou não da iniciativa popular.

Dessa maneira, para imprimir substância ao texto e poder chegar a conclusões consistentes, penso que será oportuno tratar, inicialmente, do sobreprincípio da certeza do direito, compreendendo a maneira com que esse valor impregna todo o ordenamento jurídico e comparece em meio aos mecanismos de controle da interpretação das autoridades. Nesse passo, parece-me oportuno emitir algumas palavras sobre o nascimento da obrigação tributária por meio da atividade administrativa denominada "lançamento". Servirão tais dizeres para introduzir tópico que descreve o procedimento administrativo tributário instalado com a impugnação do ato administrativo, tomado como mecanismo de controle da legalidade, instrumento da concretização dos valores da certeza do direito e da segurança jurídica. Feito um retrato da tarefa desempenhada pelo Conselho, será possível, então, passar ao exame do efeito de suas decisões e, em seguida, avaliar se o ordenamento jurídico brasileiro permite o reexame de lançamento anulado pelo CARF por meio de ação popular proposta na forma em que se deu com aquelas peças que ganharam os noticiários.

Para que este estudo possa chegar a bom termo, solucionando as dúvidas concernentes ao assunto, formulo três quesitos sobre os quais pretendo manifestar-me ao final do escrito de maneira clara e objetiva, à luz do direito positivo vigente:

1. Cabe ao CARF efetuar o controle de legalidade dos lançamentos tributários, anulando aqueles que considerar contrários às prescrições legais?

2. Decisão administrativa irrecorrível, proferida pelo CARF no exercício de sua competência legal, que julga improcedente um ato de lançamento e, desse modo, extingue o crédito tributário, pode ser reexaminada ou alterada pelo Poder Judiciário?

3. Ação Popular seria instrumento hábil para pleitear a anulação de decisão irrecorrível do Conselho Administrativo de Recursos Fiscais favorável ao contribuinte, em cujo procedimento não tenha havido qualquer prática fraudulenta?

2. O primado da certeza do direito e a importância do intérprete na compreensão dos textos jurídicos

Tenho considerado o direito como corpo linguístico que se manifesta sob a forma de textos, vertidos sobre a região material das condutas intersubjetivas, em função prescritiva e cujo produto interpretativo é denominado norma jurídica. Dessa singela definição já se pode entrever dois importantes traços impressos no âmbito de todo e qualquer ordenamento: (1) tem o direito finalidade de prescrever condutas aos sujeitos, atuando no propósito de estabilizar as expectativas dos destinatários e de imprimir estabilidade às relações interpessoais; e (2) cabe ao intérprete o papel de protagonista na construção de sentido das regras que compõem dado ordenamento, pois é ele que adjudica conteúdo à mensagem legislada, para compreender o comando jurídico e dirigir as condutas intersubjetivas.

A tomada de consciência com relação a esses aspectos fundamentais é momento de grande relevância no processo de compreensão do sistema do direito positivo brasileiro. Isso porque o bom sucesso de um ordenamento dependerá do quão bem se desenvolva a comunicação de seus enunciados normativos: devem eles ser transmitidos de maneira que evite, ao máximo, a incerteza de seus preceitos, garantindo que os destinatários saibam, precisamente, a conduta que a eles é permitida, proibida ou obrigada. A esse *valor*, que se manifesta em todos os enunciados e que mostra a preferência em favor da objetividade, uniformidade e efetividade da transmissão das prescrições jurídicas, tenho chamado de *sobreprincípio da certeza do direito*.

Por outro lado, a multiplicidade crescente e infindável de aspectos com que se manifesta o real, exige dos sujeitos competentes acentuado esforço para produzir novos documentos normativos aptos a regular as condutas intersubjetivas, dirigindo-as em conformidade aos anseios da sociedade que se pretende disciplinar. Esse processo costuma vir associado ao incremento do número de sujeitos credenciados para produzir ordens jurídicas e, logo, da quantidade de agentes habilitados a interpretar – autenticamente, como dizia Hans Kelsen – e inserir novas normas no sistema.

De ver está que o aumento dos focos ejetores de normas contribui para que também seja maior o número de intérpretes autorizados e, por conseguinte, de interpretações acatadas pelo sistema como legítimas. Tal pluralidade de sentidos construídos que aparece como sintoma da crescente e irreversível complexidade da vida social, apresenta-se verdadeiro obstáculo à pretensão de objetividade e clareza que deve ter o direito para cumprir sua função de ordenar a conduta de seus destinatários.

Nutro a convicção de que a inserção do valor *certeza jurídica* em um ordenamento qualquer dá-se como decorrência da própria função do direito: para que possa regular as situações aliorrelativas, devem as autoridades competentes exprimir seus comandos de maneira uniforme e objetiva, garantindo a previsibilidade e a estabilidade das diretivas em coerência com aquilo que se prescrevera nas normas já estabelecidas.

Se, no entanto, é razoável afirmar que essa estimativa está presente em toda ordem jurídica, não se pode asseverar que a certeza do direito assumirá a mesma forma também em todas elas, pois infinitas são as modalidades segundo as quais se torna possível outorgar objetividade a esse princípio.

No ordenamento jurídico brasileiro percebe-se a preocupação para com esse valor a cada enunciado que, implícita ou explicitamente, sugere a preferência pelo emprego de instrumentos que contribuam para a objetividade e clareza de suas prescrições. É esse o timbre que advém da leitura de expedientes como o princípio da legalidade, o duplo grau de jurisdição, o primado da segurança jurídica, dentre outros tantos mais recentes, como a criação dos regimes de súmulas vinculantes e recursos repetitivos. Todas essas medidas têm como veio condutor a preferência pela previsibilidade, uniformidade e estabilidade no produto da interpretação e aplicação das normas, servindo como mecanismo para que se possa conferir *certeza* ao destinatário quanto ao sentido dado aos comandos jurídicos, firmando-se o que dele se espera como conduta *conforme ao direito*.

Importa chamar atenção para a circunstância de que essa certeza a que me refiro é de interesse não apenas do indivíduo sujeito ao cumprimento da conduta prescrita, mas também – e especialmente – da pessoa que emite essas ordens e pretende vê-las cumpridas. Sem que seja conferida certeza ao teor da mensagem produzida pela autoridade jurídica, não haverá entendimento e não se aperfeiçoarão as condições para que atinja o direito aquele mínimo de eficácia de que já falava Hans Kelsen.

É por isso que os princípios da certeza do direito e da segurança jurídica espraiam-se por todo o ordenamento, na qualidade de vigas mestras que sustentam o sistema. Seus efeitos irradiam-se, inclusive, pelos processos administrativos tributários, concretizando-se mediante a observância ao devido processo legal, assegurado pelo art. 5º, LV, da Constituição da República. Este realiza o sobreprincípio da segurança jurídica na medida em que o modo de seu processamento e os limites às suas decisões encontram-se integralmente prescritos na legislação ordinária. Dá também objetividade ao valor da certeza do direito, pois atua como mecanismo de controle das interpretações do ordenamento que são construídas pelos muitos sujeitos competentes para lavrar lançamentos tributários, expurgando aquelas consideradas dissonantes das orientações do sistema, fazendo-o sempre em concordância com as disposições legais.

3. O surgimento do crédito tributário e o papel do lançamento

Pois bem, apontados os vetores axiológicos que devem instruir o fluxo do percurso interpretativo na compreensão do papel reservado pelo direito às instâncias do procedimento administrativo fiscal desempenhado no CARF, convém ainda esboçar algumas palavras sobre o surgimento do crédito tributário e as modalidades de normas individuais e concretas que se ocupam de sua constituição. Tal instante do discurso tem o propósito de trazer ao centro da discussão algumas características dessas normas que apresentam relevância para a justificação de um instrumento administrativo de controle de sua legalidade.

Tomemos o crédito tributário em sua acepção estrita, vale dizer, como direito subjetivo do sujeito ativo, ao qual se contrapõe o débito tributário, entendido como dever jurídico do sujeito passivo. Como elemento indissociável da obrigação tributária, o crédito de que falamos surge no mundo jurídico no exato instante em que se opera o fenômeno da incidência, com a aplicação da regra-matriz do tributo. Isso porque antes do relato em linguagem competente, com emissão de norma individual e concreta, não há que se falar em fato jurídico tributário e na respectiva obrigação.

Aliás, cogitar de incidência, nesse domínio, implica pressupor a linguagem das autoridades competentes projetando-se sobre o campo material das condutas intersubjetivas, para objetivá-las deonticamente. É desse modo que atua o direito, vertendo-se sobre os comportamentos humanos.

As unidades normativas descrevem ocorrências, colhidas no ambiente social, e atrelam ao acontecimento efetivo desses eventos o nascimento de uma relação jurídica entre dois ou mais sujeitos de direito. Na instância normativa, tratando-se de regras gerais e abstratas, temos a previsão hipotética implicando a prescrição de um *vinculum juris*; no plano da realidade, um enunciado factual que se quadra na classe da hipótese e o surgimento de um liame correspondente, com a especificação das pessoas e da conduta, bem como do objeto dessa conduta.

Agora, é importante dizer que não se dará a incidência se não houver um ser humano fazendo a subsunção e promovendo a implicação que o preceito normativo determina. As normas não incidem por força própria. Numa visão antropocêntrica, requerem o homem, como elemento intercalar, movimentando as estruturas do direito, construindo de normas gerais e abstratas outras regras, gerais e abstratas, gerais e concretas, individuais e abstratas, ou individuais e concretas.

Desse modo, conclui-se que o crédito tributário só nasce com sua formalização, que é o ato de aplicação da regra-matriz de incidência. Formalizar o crédito tributário significa verter em linguagem jurídica competente o fato e a respectiva relação tributária, objetivando o sujeito ativo, o sujeito passivo e o objeto da prestação, no bojo de norma individual e concreta. Essa é a configuração linguística hábil para constituir fatos e relações jurídicas, sendo o veículo apropriado à sua introdução no ordenamento.

Cumpre assinalar que a formalização do crédito tributário pode ser feita tanto pela autoridade administrativa, por meio do lançamento tributário (art. 142, do CTN), quanto pelo próprio contribuinte, em cumprimento a normas que prescrevem deveres instrumentais (art. 150, do CTN). Cabe à autoridade administrativa ou ao contribuinte, conforme o caso, aplicar a norma geral e abstrata, produzindo norma individual e concreta, nela especificando os elementos do fato e da obrigação tributária, com o que fará surgir o correspondente crédito fiscal. Neste momento, dediquemos nossa atenção à primeira dessas modalidades: constituição do crédito tributário pela autoridade administrativa.

Se celebrado pelo Poder Público, mediante iniciativa que a lei prevê, seja de modo originário, seja em caráter substitutivo daquele que o contribuinte não fez em tempo hábil, utilizaremos o nome "lançamento" referindo-se, assim, não apenas aos documentos que já costumam carregar essa alcunha, mas também àqueles insertos em meio às prescrições veiculadas por autos de infração e imposição de multa.

Prescreve o artigo 142 do CTN que *"compete privativamente à autoridade administrativa constituir o crédito tributário pelo lançamento"*, podendo ser realizado (i) com base na declaração do sujeito passivo ou de terceiro que contenha informações sobre matéria de fato, indispensáveis à realização daquele ato administrativo; ou (ii) de ofício, quando ausente ou incorreta a norma individual e concreta cuja emissão incumbia ao próprio sujeito passivo (arts. 147 e 149 do CTN).

Entre as decisões tomadas pelo legislador brasileiro no campo da percussão tributária, releva acentuar o caráter privativo da realização do lançamento pelas autoridades administrativas.[71] Ao concretizar tal ato, aplica-se a regra-matriz de incidência tributária, emitindo norma individual e concreta que objetiva a incidência, constituindo o fato jurídico tributário e o correspondente vínculo obrigacional.

---

71. Intuindo, contudo, que isso não seria possível, porque a experiência jurídica efetiva revela o empenho dos administrados, editando, também, normas individuais e concretas no âmbito dos tributos, aquele mesmo legislador determinou que essa atividade do sujeito passivo, bem como seu produto, serão "lançamentos por homologação", uma vez que ficam sujeitos ao controle do Poder Tributante. E dar-se-á esse controle por atos de homologação, quer na forma expressa, praticada por agentes investidos de competência específica, quer na modalidade tácita.

Por isso mesmo, considero o lançamento como ato administrativo, da categoria dos simples, constitutivos ou modificativos e vinculados, mediante o qual se insere na ordem jurídica brasileira u'a norma individual e concreta, que tem como antecedente o fato jurídico tributário e, como consequente, a formalização do vínculo obrigacional, pela identificação dos sujeitos ativo e passivo, a determinação do objeto da prestação, formado pela base de cálculo e correspondente alíquota, bem como pelo estabelecimento dos termos espaço-temporais em que o crédito há de ser exigido. A natureza constitutiva do lançamento tributário decorre do fato de que, não obstante seu antecedente se caracterize pela declaração do acontecimento do evento previsto na hipótese da norma geral e abstrata, esse relato constitui o fato jurídico tributário. O enunciado projeta-se para o passado, recolhe os vestígios do evento e, ao descrevê-lo, constitui-se como fato jurídico tributário. No consequente da norma individual e concreta, por sua vez, o enunciado relacional institui uma relação jurídica de cunho patrimonial, perfeitamente individualizada quanto aos termos-sujeitos e quanto à conduta-prestação, que é seu objeto. Temos, aí, outro enunciado, de índole relacional, constituindo, no hemisfério jurídico, um direito subjetivo e um dever jurídico que, até então, inexistiam.

No rol das características do lançamento tributário está a *manifestação de vontade do Estado*, sempre decorrente de disposições *ex lege*, expressa, de maneira individual, concreta, pessoal, para a consecução de seu fim, de criação de utilidade pública, de modo direto e imediato, tudo, é óbvio, para produzir efeitos de direito.

4. O procedimento administrativo e o controle de legalidade do lançamento

Tem-se por *procedimento administrativo* a conjugação de atos e termos, organizados harmonicamente, para a obtenção de resultado que se substancia em ato expressivo e final da vontade do Estado, enquanto Poder Público, no desempenho de suas funções. Interessa-nos aludir a uma forma precisa de procedimento administrativo, qual seja, a do procedimento administrativo tributário, que tem como conteúdo a discussão do ato de lançamento, ou do ato de imposição de penalidade.

Cumpre acentuar que tal procedimento apresenta-se como sistema de controle de legalidade dos atos administrativos e é assegurado pelo art. 5º, LV, da Constituição da República. A decisão de primeira instância exerce o primeiro controle; o acórdão do tribunal administrativo visa, também, à verificação da validade do ato exarado pela autoridade recorrida; e, às vezes, câmaras superiores exercitam a análise da legalidade do próprio acórdão expedido pelo órgão colegial.

Se atinarmos à lição categórica de Seabra Fagundes[72], mediante a qual administrar é aplicar a lei de ofício, poderemos reconhecer nessa atividade, de rigoroso e sistemático controle da legalidade, um signo expressivo da função administrativa, exercitada na plenitude de seu conteúdo existencial.

Do quanto se disse, até aqui, já é possível apontar conclusão de grande relevância: o procedimento administrativo tributário compõe-se de uma sucessão de atos tendentes a exercitar o controle de juridicidade do lançamento, da imposição de multa, da notificação de qualquer deles ou de ambos, a fim de que a atividade desenvolvida pela Administração Pública atinja seu objetivo último: concretizar o primado da certeza do direito por meio da exata e fiel aplicação da lei tributária.

Desse modo, sempre que pairar dúvida sobre o teor de juridicidade do lançamento, caberá ao sujeito passivo impugnar o ato, suscitando aquele controle. Desencadeará, assim, uma série de outros atos e termos, propiciando ensejo para a decisão de primeira instância, que nada mais é que a manifestação acerca da compatibilidade do ato praticado com as

---

72. *O controle dos atos administrativos pelo Poder Judiciário*. Rio de Janeiro: Forense, 1967.

prescrições do ordenamento, manifestação esta emanada por um órgão superior à autoridade competente para realizar o ato de lançamento. Insatisfeitas quaisquer das partes, o particular ou a autoridade fiscal lançadora podem interpor recurso da decisão expedida pelo órgão *a quo*, provocando, novamente, um controle de legalidade, agora mais especializado, e cercado de prerrogativas mais solenes e importantes: a deliberação de um órgão colegiado, de estrutura paritária, como é o caso do Conselho Administrativo de Recursos Fiscais.

A necessidade de ser exercido o controle decorre do fato de que, apesar de a atividade administrativa trazer ínsita a presunção (*juris tantum*) de legitimidade, cabe ao Fisco, a requerimento do contribuinte, examinar o assunto com maior minúcia, para apurar sua conformação aos critérios fixados em lei. Tudo para que sejam respeitados os direitos e garantias fundamentais assegurados ao sujeito passivo da relação tributária.

O poder que tem a Administração para reexaminar seus atos é reconhecido pelo Egrégio Supremo Tribunal Federal, que, acerca do tema, na esteira do que preconiza o art. 53 da Lei nº 9.784/1999, editou a Súmula nº 473:

> A administração pode anular seus próprios atos, eivados de vícios que os tornem ilegais, porque deles não se originam direitos, ou revogá-los, por motivo de conveniência ou oportunidade, respeitados os direitos adquiridos e ressalvada, em todos os casos, a apreciação judicial.

Referida súmula abrange os atos administrativos genéricos, devendo ser respeitadas, obviamente, as particularidades jurídicas inerentes a cada modalidade específica integrante dessa categoria de atos. No âmbito tributário, por exemplo, é inadmissível falar-se em revogação do ato de lançamento, fundamentada em razões de conveniência ou oportunidade, pois uma de suas características é a "vinculação". O respectivo controle deve consistir, portanto, no exame da legalidade, de modo que o ato jurídico administrativo de lançamento será nulo se veiculado sem observância de algum pressuposto normativo (*v.g.*, caso o fato jurídico tributário não tenha ocorrido ou o sujeito passivo indicado for diverso daquele que deveria integrar a obrigação tributária).

Os caminhos pelos quais essa anulação pode ser desencadeada encontram-se no art. 145 do Código Tributário Nacional, sendo autorizada nas hipóteses em que haja (i) impugnação do sujeito passivo; (ii) recurso de ofício; ou (iii) iniciativa de ofício da autoridade administrativa, nos casos previstos no art. 149 daquele Diploma normativo. Verificados vícios no ato administrativo de lançamento, a autoridade fazendária não só pode, como *deve* proceder à sua anulação, no exercício do já referido controle de legalidade.

5. Decisão administrativa irreformável como modo de extinção da obrigação tributária

Ultrapassada toda a fase de controle de legalidade do ato administrativo de lançamento, este se torna, nas palavras de Alberto Xavier[73], *irrevisível* ou *imodificável* pela Administração. Trata-se de preclusão processual, que garante estabilidade às relações Estado-contribuinte, limitando o poder de reexame da situação definitivamente julgada em processo administrativo tributário: (i) preclusão interna, impedindo a reapreciação do ato no próprio procedimento em que foi praticado; e (ii) preclusão externa, inviabilizando novo julgamento em processo ulterior e distinto, de natureza administrativa ou judicial.

Por isso mesmo, a decisão administrativa irreformável (equivale a dizer, aquela da qual não cabe mais recurso aos órgãos da Administração) é posta como causa extintiva do crédito tributário, consoante o item IX, do art. 156, do Código Tributário Nacional.

---

73. *Do lançamento – teoria geral do ato, do procedimento e do processo tributário.* Rio de Janeiro: Forense, 1997, p. 268.

O ato administrativo irreformável que favorece o sujeito passivo, e, desse modo, extingue o crédito tributário, pode consistir na negação da existência do vínculo que se supunha instalado, como também decretar a anulação do lançamento. Quanto à primeira hipótese, considera-se que o fato jurídico tributário e a correlativa obrigação foram constituídos pela linguagem que o sistema do direito positivo dá por competente, verificando-se uma linguagem de sobrenível que a desconstituiu, juridicamente. No que diz respeito à situação da decisão administrativa irreformável que ataca vícios de constituição do crédito, anulando-o, sem ingressar no mérito, o entendimento administrativo volta-se para a ilegalidade do ato de lançamento. Em ambas as hipóteses, há extinção do crédito tributário.

Ora, quando um órgão administrativo decide qualquer litígio entre o particular e a Administração Pública, é o próprio Estado que está manifestando sua vontade. Essa decisão tem efeito vinculante para a própria Administração, acarretando duas consequências: "*a insuscetibilidade da revisão judicial desses atos por iniciativa da própria Administração e o dever de execução daquelas decisões*".[74]

A decisão terminativa do procedimento administrativo tributário é definitiva para o ente tributante, pois consiste no ato final do controle de legalidade do lançamento, pelo qual a Administração, exercendo competência privativa legalmente fixada, examina aquele ato, decidindo mantê-lo ou não. Disso decorre que a decisão administrativa favorável ao contribuinte, que reconhece a inexistência do débito tributário, não consiste em mera reforma do lançamento, mas em verdadeira anulação da norma individual e concreta introduzida no ordenamento por aquele ato. Com essa espécie de decisão, o lançamento extingue-se, deixa de existir.

---

74. *Do lançamento – teoria geral do ato, do procedimento e do processo tributário*. Rio de Janeiro: Forense, 1997, p. 320.

Essa, por si só, já configura uma das razões pelas quais o Judiciário não pode reformar a decisão administrativa extintiva do crédito tributário: não compete ao Judiciário "lançar" tributos. O "não lançamento" pela Administração não pode ser substituído pelo "lançamento" do Judiciário.

Ademais, se o ordenamento jurídico atribui a determinados órgãos o poder de julgar conflitos entre a Administração e o contribuinte, cabe a esses órgãos manifestarem a vontade da própria Administração, naquilo que julgam.

No que diz respeito ao processo administrativo federal, há disposição legal expressa nesse sentido. Nos termos do artigo 42, do Decreto nº 70.235/1972, a decisão contrária à Fazenda Nacional e, portanto, favorável ao sujeito passivo, é definitiva, adquirindo a qualidade de uma verdadeira "coisa julgada formal" no sentido de que não se admite que qualquer sujeito, inconformado com a apreciação feita pelos órgãos de autocontrole administrativo, vá em busca de socorro judicial, no intuito de anulá-la.

Além disso, não se pode olvidar que, uma vez desconstituído o lançamento por decisão administrativa, é impossível sua reconstituição judicial. O art. 142, repito, não admite "lançamento judicial", ou seja, reconstituição do crédito tributário pelo poder Judiciário.

A anulação, pelo Poder Judiciário, de decisão do Conselho Administrativo de Recursos Fiscais, com a consequente (re)constituição de crédito tributário extinto em processo administrativo, feriria, também, os princípios da segurança jurídica e da certeza do direito, a que aludi no início deste texto.

Os atos administrativos são, por sua própria natureza, susceptíveis de revisão. Mas a revisão não é uma possibilidade permanentemente aberta e ao alcance de qualquer um. Na verdade, ela deve ser exercida segundo as normas legais aplicáveis e no tempo estipulado pela lei. Assim, quando as normas legais preveem recursos voluntários, especiais e de ofício, como meios para revisão de pronunciamentos anteriores, e atribui seu julgamento à competência de determinado órgão, esgota o elenco de medidas administrativas que são necessárias para a obtenção do definitivo ato da Administração Pública em torno do assunto, após o que preclui a possibilidade de reabrir a questão por qualquer meio.

Quando o Conselho Administrativo de Recursos Fiscais cancela um lançamento, reconhece a inexistência da obrigação tributária assim como formalizada na instância inferior. Sendo esse um órgão julgador administrativo da esfera federal, sua manifestação implica afirmação do próprio credor acerca da inexigibilidade de valores a título de tributo, feito no âmbito de procedimento próprio, com suporte em disposições legais vigentes. Se a lei não dá respaldo à constituição do crédito, conforme a própria Administração tenha certificado, descabe qualquer tentativa de rever, em Juízo, o resultado de tais atos.

6. As condições da ação no direito positivo brasileiro e os requisitos para o processamento de Ação Popular

As chamadas "condições da ação" consistem nos requisitos necessários ao exercício do direito de ação, voltado à obtenção da prestação jurisdicional do Estado. São três esses requisitos: (i) interesse de agir; (ii) legitimidade; e (iii) possibilidade jurídica do pedido.

O interesse de agir ou interesse processual é aquele que leva alguém a procurar uma solução judicial para que possa ver satisfeita sua pretensão. Verifica-se quando presente um obstáculo impeditivo do gozo de determinado direito, sendo caracterizado pela necessidade e utilidade do provimento jurisdicional, ou seja, a *necessidade* da realização do processo e a *adequação* do provimento jurisdicional tutelado.

A legitimidade *ad causam* é a atribuição, pela lei, do direito de demandar, de propor ação. É a qualidade para estar em juízo, em relação a determinado conflito trazido ao exame do magistrado. Normalmente, a legitimação para a causa pertence ao possível titular do direito material, posto que, nos termos do art. 6º, do Código de Processo Civil, a ninguém é permitido pleitear, em nome próprio, direito alheio. Esse mesmo dispositivo, porém, traz uma ressalva (*salvo quando autorizado por lei*), possibilitando situações de "legitimidade extraordinária", em que uma pessoa é, em caráter excepcional, autorizada a estar em juízo no interesse de outrem. Para tanto, porém, é imprescindível expressa prescrição legal.

A possibilidade jurídica do pedido consiste na existência, no sistema do direito positivo, de normas que fundamentem a pretensão buscada, bem como a ausência de prescrições impeditivas da concessão do provimento jurisdicional pleiteado. Nas palavras de Arruda Alvim,[75] "*ninguém pode intentar uma ação, sem que essa providência esteja, em tese, prevista, ou que a ela óbice não haja, no ordenamento jurídico*". Pode ser definida, ainda, como a compatibilidade entre a demanda e a ordem jurídica nacional. Havendo algum conflito entre a ação proposta e as normas que integram o direito positivo brasileiro, inexistirá possibilidade jurídica do pedido e, consequentemente, deverá ser extinto o processo sem julgamento do mérito, por carência de ação.

Referida compatibilidade, esclarece Cândido Rangel Dinamarco,[76] deve dar-se em relação ao pedido e à causa de pedir:

> O *petitum* é juridicamente impossível quando se choca com preceitos de direito material, de modo que jamais poderá ser atendido, independentemente dos fatos e das circunstâncias do caso concreto (pedir o desligamento de um Estado da Federação). A *causa petendi* gera a impossibilidade da demanda quando a ordem jurídica nega que fatos como os alegados pelo autor possam gerar direitos (pedir a condenação com fundamento em dívida de jogo).

---

75. *Manual de direito processual civil*. Vol. I. 5ª ed. São Paulo: Revista dos Tribunais, 1996, p. 342.

76. *Instituições de direito processual civil*. Vol. II. 2ª ed. São Paulo: Malheiros Editores, 2002, p. 301.

Tecidos esses esclarecimentos a respeito das condições da ação, salta aos olhos a impossibilidade do emprego de Ação Popular para fins de anular decisão proferida pelo Conselho Administrativo de Recursos Fiscais.

Não obstante o caráter de extrema especialidade que envolve a ação popular, sua admissibilidade também está condicionada ao preenchimento das "condições da ação". Vejamos, então, como os conceitos estabelecidos se amoldam às peculiaridades da ação popular, identificando os requisitos necessários ao seu exercício.

O Texto Constitucional, em seu art. 5º, inciso LXXIII, assegura, a qualquer cidadão brasileiro, o exercício da ação popular, *quando verifique a existência de ato nulo ou anulável de que tenha decorrido ou possa decorrer dano ao patrimônio público ou de entidade de que o Estado participe, à moralidade administrativa, ao meio ambiente e ao patrimônio histórico e cultural*. Sua regulamentação deu-se pela Lei nº 4.717/1965 que, mesmo anterior à atual Carta Magna, foi por ela recepcionada, sendo válida e vigente. Trata-se, portanto, de expediente previsto pelo constituinte e devidamente regulamentado, dispondo sobre o pedido de desconstituição do ato praticado em detrimento do patrimônio público ou de recomposição do patrimônio lesado (no caso de ação popular corretiva).

Consoante essa linha de raciocínio, será carente de ação o autor, por impossibilidade jurídica do pedido, quando a ação popular proposta não indicar a lesão ocasionada pelo ato impugnado ou vício que o macule, pois nesse caso não haveria que se falar em anulação do ato ou correção da lesão. Posto isso, e considerando as particularidades da situação examinada, em que o CARF anulou lançamentos tributários, com a consequente extinção dos créditos neles consignados, em estrito cumprimento das atribuições que lhe foram legalmente estipuladas, não se verificou qualquer lesão ao patrimônio público. Não se trata de "dispensa arrecadatória", contrária aos interesses do Erário. Tem-se, nessa hipótese, aplicação da lei, que confere ao citado órgão a competência para revisar os atos administrativos lavrados contra os contribuintes.

O interesse de agir, consistindo na necessidade do uso das vias judiciais para a satisfação da pretensão, é verificado, no âmbito da ação popular, pela necessidade de provimento judicial para que o cidadão possa salvaguardar o patrimônio público lesado ou ameaçado de lesão por atos administrativos ilegais. Nesse caso específico, o interesse de agir não corresponde a uma satisfação do interesse pessoal do autor, mas a uma aspiração de toda a sociedade, consistente na preservação dos valores econômicos, culturais e morais do Estado. O interesse de agir estará configurado, portanto, quando se verificar a correlação entre o ato lesivo impugnado e o pedido de anulação desse ato. À evidência, também esse pressuposto não está configurado nas ações populares examinadas. Não há como cogitar de interesse de agir relativo à pretensão anulatória de ato que, como demonstrado, foi exarado com observância às disposições legais.

Com efeito, brilham por sua ausência os requisitos necessários ao regular processamento das ações populares que propugnam pela anulação de decisões do CARF. Inexiste possibilidade jurídica do pedido e, por conseguinte, não tem o interesse de agir, sendo imperativa a extinção das referidas demandas sem julgamento do mérito.

7. Respostas aos quesitos

Com base nas considerações desenvolvidas até aqui, passo a responder, em termos objetivos, às indagações formuladas no início deste capítulo. Para tanto, permito-me reproduzir os quesitos, consignando, sequencialmente, as respectivas respostas.

1. Cabe ao CARF efetuar o controle de legalidade dos lançamentos tributários, anulando aqueles que considerar contrários às prescrições legais?

Resposta: Sim. Vimos de ver que a criação de mecanismo interno para controle de legalidade das normas produzidas pelos agentes da Administração tem forte inspiração nos sobreprincípios da certeza do direito e da segurança jurídica. São instrumentos construídos no ordenamento para imprimir objetividade a esses valores fundamentais, cuja presença se faz sentir em toda e qualquer ordem jurídica, para que possa ela atingir seus propósitos e cumprir aquele mínimo de eficácia de que fala Hans Kelsen.

Dadas as diretrizes que devem orientar o labor da Administração, em especial a importância outorgada pelo ordenamento aos princípios que compõem o art. 37 da Constituição da República, é imprescindível que os sujeitos encarregados da produção de normas individuais e concretas administrativas – como é o caso do lançamento de tributos – atenham-se ao fiel cumprimento da legislação tributária, aplicando-a de maneira mais uniforme, objetiva e condizente com as demais prescrições do ordenamento jurídico.

A sequência de atos a que chamei de "procedimento administrativo tributário" contribui para que esses valores sejam preservados em meio à pluralidade de interpretações construídas pelos diversos sujeitos encarregados de produzir lançamentos tributários. A chancela de órgão superior aos auditores, apto a exercer o controle de juridicidade dos atos administrativos, auxilia a difícil tarefa de dar harmonia às interpretações dos textos legais, proporcionando a clareza que interessa não apenas aos contribuintes, mas também à própria Administração, na qualidade, igualmente, de destinatária das normas jurídicas tributárias, devendo-lhes obediência.

Na esfera tributária, a anulação do lançamento deve dar-se nos moldes prescritos pelo art. 145 do Código Tributário Nacional. Certificados vícios no ato de lançamento, a autoridade administrativa competente – no caso, o CARF – não só pode, como deve proceder à sua anulação. Sempre, porém, observando as regras concernentes ao exercício do controle de legalidade, tais como: fases, instâncias administrativas, peças recursais, prazos, preclusões temporais, preclusões materiais etc. Efetivado o controle de legalidade, cujo processamento se finde com manifestação irrecorrível do órgão julgador, extinguindo o crédito tributário, tal decisão torna-se "definitiva", no sentido de "imutável" pela própria Administração, assim como pelo Judiciário. É o que prescreve o art. 156, IX, do Código Tributário Nacional, em nome da certeza do direito e da segurança jurídica, vigas mestras que sustentam o sistema jurídico brasileiro, como já foi assinalado.

2. *Decisão administrativa irrecorrível, proferida pelo CARF no exercício de sua competência legal, que julga improcedente um ato de lançamento e, desse modo, extingue o crédito tributário, pode ser reexaminada ou alterada pelo Poder Judiciário?*

Resposta: Não. Importante ressaltar, de início, que são apenas duas as hipóteses de constituição do crédito previstas no Código Tributário Nacional: (i) mediante lançamento, realizado pela Administração; e (ii) por norma individual e concreta emitida pelo próprio sujeito passivo, procedimento este conhecido como "lançamento por homologação". Portanto, torna-se possível afirmar que, no sistema jurídico brasileiro, não se permite ao Poder Judiciário constituir crédito tributário por meio de decisão em julgamento de ação popular.

O "lançamento tributário", prescreve o art. 142 do Código, é de competência privativa da Administração. Todavia, dada a maior praticidade e facilidade de instrumentalização das obrigações tributárias, o ordenamento pátrio prevê a possibilidade de norma individual e concreta, com conteúdo semelhante ao do lançamento tributário, ser produzida pelo contribuinte. Ponto em comum de ambos os atos é sua sujeição ao controle do Poder Tributante. Assim, mesmo se praticada pelo particular, a constituição do crédito submete-se a controle de legalidade, realizado pela Administração, podendo esta, caso concorde, homologá-lo expressa ou tacitamente, ou, discordando em algum aspecto, lavrar ato de lançamento, substitutivo daquele trazido ao mundo jurídico pelo particular.

Em qualquer hipótese, a palavra final é sempre da Administração. Como visto, o procedimento administrativo tributário se consubstancia numa sucessão de atos tendentes a exercitar o controle de juridicidade do lançamento, a fim de que a Administração Pública aplique a lei tributária de forma exata e fiel. No correr desse procedimento, comparecem tanto o contribuinte como a autoridade fiscal, submetendo-se a julgamento do órgão administrativo competente. Ainda, insatisfeitas quaisquer das partes, é permitida a interposição de recursos, buscando, com isso, a manifestação de um órgão administrativo mais especializado, que esclareça eventuais dúvidas e proceda à apropriada aplicação da lei.

Desse "jogo de linguagens" que é o procedimento administrativo, participam os particulares e a Administração, reconhecendo, ambos, a supremacia da deliberação do órgão competente, *in casu*, do Conselho Administrativo de Recursos Fiscais. Por esta razão, ultrapassada toda a fase de controle de legalidade do ato administrativo de lançamento, a última palavra do Ente Tributante vincula seus atos e de terceiros. A decisão final do CARF que seja favorável ao sujeito passivo e da qual não caiba mais recurso na esfera administrativa é, assim, irreversível e imodificável, ficando precluso o direito da Administração de reapreciar o ato por ela exarado, tanto no próprio procedimento em que foi praticado, como em novo julgamento, de natureza administrativa ou judicial.

Não é, portanto, lícito ao Judiciário (re)constituir lançamento tributário já cancelado pela Administração, como se depreende do acima exposto. Tal proibição mostra-se ainda mais evidente quando se pretende "reavivar" o lançamento anulado, fazendo-o com a mesma motivação que já fora apreciada – e rechaçada – pela própria Administração. Cumpre ao Judiciário rejeitar iniciativas dessa natureza.

3. Ação Popular seria instrumento hábil para pleitear a anulação de decisão irrecorrível do Conselho Administrativo de Recursos Fiscais favorável ao contribuinte, em cujo procedimento não tenha havido qualquer prática fraudulenta?

Resposta: De modo algum. Descabe o emprego de ação popular contra decisão administrativa irrecorrível que extingue o crédito tributário, excepcionando-se os casos em que se prove ter havido conluio fraudulento entre os sujeitos encarregados de decidir o caso na esfera administrativa, o que não se alegou, nem muito menos se provou nos autos das ações de que falamos.

Considerando as particularidades da situação examinada, em que o CARF anulou lançamentos tributários, com a consequente extinção dos créditos neles consignados, em estrito cumprimento das atribuições que lhe foram legalmente estipuladas, não ficou demonstrada qualquer lesão ao patrimônio público. Por esse mesmo motivo, inexiste interesse de agir relativo à pretensão anulatória do referido ato administrativo, visto que exarado com observância às disposições legais.

Por certo que, não estão presentes os requisitos necessários ao regular processamento das ações populares que propugnam pela anulação de decisões do CARF. Portanto, inexiste possibilidade jurídica do pedido e, por conseguinte, ausente é o interesse de agir, sendo imperativa a extinção das referidas demandas sem julgamento do mérito.

Tema XXXII

O PROCEDIMENTO ADMINISTRATIVO TRIBUTÁRIO E O ATO JURÍDICO DO LANÇAMENTO

Sumário: 1. Introdução. 2. A tipicidade e a vinculabilidade da tributação. 3. O ato jurídico administrativo do lançamento. 4. Validade do ato administrativo de lançamento tributário. 5. A importância da motivação do ato administrativo de lançamento. 6. Atributos do ato jurídico administrativo do lançamento. 6.1. O auto de infração e imposição de multa como instrumento de lançamento. 6.2. A definitividade do lançamento. 7. Alterabilidade do lançamento tributário. 8. Das respostas aos quesitos.

1. Introdução

O subsistema constitucional tributário realiza as funções do sistema normativo, como um todo, dispondo, no campo da tributação, sobre os poderes fundamentais do Estado, com o que assegura, ao mesmo tempo, as garantias imprescindíveis à liberdade das pessoas, perante aqueles poderes. Organiza, no corpo prescritivo, uma construção harmoniosa e coesa, visando a atingir os valores supremos da certeza e da segurança das relações jurídicas que se estabelecem entre Administração e administrados, ao enunciar normas que são verdadeiros princípios – tal é o poder aglutinante de que são portadoras, penetrando e influenciando um extenso número de regras que lhe devem obediência. Ora são estipulados de forma genérica, irradiando efeitos por todo ordenamento jurídico, ora ativando ou tolhendo o Estado nas relações com os administrados e, outras vezes, canalizados diretamente para o campo dos tributos. Eis os chamados princípios constitucionais tributários.

Entre os princípios gerais, estipulados no artigo 5º, da Carta Magna, que cuidam dos "direitos e garantias fundamentais", estão aqueles inseridos no inciso II ("ninguém será obrigado a fazer ou deixar de fazer alguma coisa senão em virtude de lei") e LV ("aos litigantes, em processo judicial ou administrativo, e aos acusados em geral, são assegurados o contraditório e ampla defesa, com os meios e recursos a ela inerentes"), de que me ocuparei no decorrer deste estudo.

Toda atividade administrativa deve atinência a estes princípios postulados na Constituição, e a esta regra não refoge o ato de lançamento expedido pelo agente público. O lançamento é a norma individual que aplica a previsão abstrata ao caso concreto, particularizando a hipótese legal para se alcançar a determinação do fato jurídico tributário. Consubstancia-se, portanto, como o último ato do processo de positivação, apresentando a norma na sua máxima concretude.

Aplicar o direito, desse modo, é dar curso à cadeia de positivação, extraindo de regras superiores o fundamento de validade para a edição de outras regras. É o ato mediante o qual alguém interpreta a amplitude do preceito geral, fazendo-o incidir no caso particular e sacando, assim, a norma individual. É pela aplicação que se constrói o direito em cadeias sucessivas de regras, a contar da norma fundamental, axioma básico da existência do direito enquanto sistema, até as normas particulares que funcionam como pontos terminais do processo derivativo de produção do direito, sem novos desdobramentos. Sua importância é, portanto, fundamental.

Tendo isso em vista é que tomamos o procedimento administrativo tributário e o ato jurídico do lançamento como enfoque deste estudo, buscando traçar, observadas as previsões constitucionais, os poderes e os lindes da atividade administrativa. Neste contexto, proponho algumas questões que servirão como alicerce a toda atitude cognitiva do exegeta que se depara com um ato administrativo de lançamento, qualquer que seja, servindo de substrato para avaliá-lo em toda sua extensão:

1. Na cadeia de positivação, como devem ser interpretadas as regras superiores do ordenamento jurídico no procedimento administrativo tributário? Quais os princípios que vinculam a atividade administrativa e que estão presentes no ato jurídico do lançamento?

2. O que significa a expressão "lançamento tributário"? Quais são os atributos deste ato? O auto de infração elaborado com o fim de exigir o cumprimento de obrigação tributária afigura-se como atividade de lançamento de crédito tributário, na modalidade "de ofício", devendo observância aos pressupostos para sua validade, previstos no artigo 14, do Código Tributário Nacional?

3. Quais as condições para se ter como válido um ato administrativo constitutivo de fato jurídico tributário? A falta de uma delas é causa para se decretar a nulidade do ato?

4. Pode o lançamento de crédito tributário ser revisto na hipótese de erro na valoração jurídica dos fatos, caracterizado, portanto, como erro de direito? Se positiva a resposta, em se tratando de impostos aduaneiros, tal revisão, nos termos do artigo 638 do Regulamento Aduaneiro/2009, poderia ser realizada após decorridos cinco dias contados do registro da operação aduaneira?

2. A tipicidade e a vinculabilidade da tributação

O exercício do poder impositivo-fiscal, no Brasil, encontra-se orientado por uma série de diretrizes, voltadas especialmente para organizar as relações que nesse setor se estabelecem. São os chamados "princípios constitucionais tributários", na maioria explícitos, e a que deve submeter-se a legislação infra-constitucional, sempre que o tema da elaboração normativa seja a instituição, administração e cobrança de tributos. Pois bem, entre tais comandos, em posição de indiscutível preeminência, situa-se o princípio da tipicidade tributária, que se define como a estrita necessidade de que a lei adventícia traga no seu bojo, de maneira expressa e inequívoca, todos os elementos descritores do fato jurídico e os dados prescritores da relação obrigacional.

A aplicação do princípio exige, como se verifica, que os agentes da Administração, no exercício de suas funções de gestão tributária, indiquem, minuciosamente, todos os elementos do tipo normativo existentes na concreção do fato que se pretende tributar, além dos traços jurídicos que apontam uma conduta como ilícita.

De outra parte, o princípio da vinculabilidade da tributação, recortado do Texto Supremo e inserido no artigo 142 do Código Tributário Nacional, traduz uma conquista no campo da segurança dos administrados, em face dos poderes do Estado moderno, de tal forma que o exercício da Administração tributária encontra-se tolhido, em qualquer de seus movimentos, pela necessidade de aderência total aos termos inequívocos da lei, não podendo abrigar qualquer tipo de subjetividade própria aos atos de competência discricionária.

Por isso é que, no procedimento administrativo de gestão tributária, não se permite ao funcionário da Fazenda o emprego de recursos imaginativos, por mais evidente que pareça ser o comportamento delituoso do sujeito passivo. Para tanto, a mesma lei instituidora do gravame, juntamente com outros diplomas que regem a atividade administrativa, oferecem um quadro expressivo de providências, com expedientes das mais variadas espécies, tudo com o escopo de possibilitar a correta fiscalização do cumprimento das obrigações e deveres estatuídos.

Como se verifica, o tipo é definido pela integração de dois fatores: hipótese de incidência e base de cálculo. A esse binômio, o legislador constitucional outorgou a propriedade de diferençar as entidades tributárias, isto é, distinguir a configuração típica dos tributos, suas espécies e subespécies.

É imprescindível que os agentes da Administração, incumbidos de sua constituição, ao relatar o fato jurídico tributário, demonstrem-no por meio de uma linguagem admitida pelo direito, levando adiante os procedimentos probatórios necessários para certificar o acontecimento por eles narrado. Tal requisito aparece como condição de legitimidade da norma individual e concreta que documenta a incidência, possibilitando a conferência da adequação da situação relatada com os traços seletores da norma padrão daquele tributo.

3. O ato jurídico administrativo do lançamento

Lançamento, como tenho assumido, é o ato administrativo, da categoria dos simples, modificativos ou assecuratórios e vinculados, mediante o qual se declara o acontecimento do fato jurídico tributário, identifica o sujeito passivo da obrigação correspondente, determina a base de cálculo e a alíquota aplicável, formalizando o crédito e estipulando os termos de sua exigibilidade.

Entre suas características, transparece a manifestação de vontade do Estado, expressa de maneira individual, concreta, pessoal, para a consecução de seu fim, de criação de utilidade pública, de modo direto e imediato, para produzir efeitos de direito e, como ato administrativo que é, devem ter analisados os elementos de sua intimidade orgânica, quais sejam, o conteúdo e a forma. Por conteúdo se deve entender aquilo que o ato dispõe, isto é, o que o ato decide, enuncia, certifica ou modifica na ordem jurídica, ou seja, a própria substância do ato, enquanto, por forma, o modo como o ato se expressa, o revestimento da manifestação de vontade nele contida. Quanto aos outros elementos imprescindíveis à existência jurídica do ato, Celso Antonio Bandeira de Mello[77] indica seis pressupostos que permitem analisá-lo sob o âmbito de sua validade:

a) objetivo - a razão de ser, o motivo que justifica a celebração do ato;

b) subjetivo - qual seja, o agente competente para expedi-lo;

c) teleológico - a finalidade que o ato procura alcançar ou o bem jurídico pretendido pelo Estado;

d) procedimental - conjunto de atos organicamente previstos para que possa surgir o ato final;

e) causal - a causa, como correlação lógica entre o motivo e o conteúdo, em função da finalidade do ato; e, por derradeiro;

f) formalístico - o modo específico estabelecido para sua exteriorização ou as singularidades formais de que o ato deve estar revestido.

O conteúdo do lançamento, em outros dizeres, é a formalização da obrigação tributária, que se obtém pela identificação do sujeito passivo, a determinação da base de cálculo e da alíquota aplicável, tornando líquida a dívida, e pela fixação dos termos de sua exigibilidade. A forma é a escrita, que diz bem com a necessidade de certeza e segurança das relações tributárias.

Transpondo para o campo dessas relações os ensinamentos do direito administrativo, podemos arrolar, como pressupostos do ato administrativo de lançamento tributário:

a) objetivo – o motivo da celebração do ato é a ocorrência do fato jurídico tributário, descrito no suposto da regra-matriz; o lançamento somente se justifica pelo acontecimento do evento típico, transcrito em linguagem competente;

---

77. *Elementos de direito administrativo*. São Paulo: Revista dos Tribunais, 1980, p. 42.

b) subjetivo – a autoridade lançadora cuja competência está claramente definida em lei;

c) teleológico – a finalidade do ato de lançamento é tornar possível ao Estado exercitar seu direito subjetivo à percepção do tributo, e isto se consegue com a formalização da obrigação tributária;

d) procedimental – são os chamados atos preparatórios, cometidos ao Poder Público ou ao próprio particular e tidos como necessários à lavratura do lançamento;

e) causal – é o nexo lógico que há de existir entre o suceder do fato jurídico (motivo), a atribuição desse evento a certa pessoa, bem como a mensuração do acontecimento típico (conteúdo), tudo em função da finalidade, qual seja, o exercício do direito de o Estado exigir a prestação pecuniária que lhe é devida;

f) formalístico – é a forma de que se deve revestir o ato de lançamento e que está devidamente definida nas legislações dos diversos tributos: cada uma com suas particularidades, variáveis de acordo com a espécie da exação.

Sendo o lançamento tributário um ato administrativo, sua validade está sujeita, dentre outros motivos, ao preenchimento desses pressupostos. Ausentes ou maculados quaisquer dos elementos, inadmissível sua subsistência.

4. Validade do ato administrativo de lançamento tributário

Coalescendo os dados imprescindíveis que integram sua estrutura e ocorrendo seu ingresso no processo comunicacional do direito, mediante notificação às partes, existe o ato jurídico administrativo de lançamento tributário. Há, aí, relação de pertinencialidade com o sistema normativo e, portanto, tem-se a validade. Outra coisa, no entanto, é testar essa validade consoante os padrões estabelecidos pela ordem em vigor. Confrontando-se o ato existente com o plexo de normas jurídicas que o disciplinam, de acordo com os trâmites legais, deverá ser exarada por um órgão do sistema declaração que, certifica a validade ou invalidade do ato em questão.

Para a certificação da validade do ato de lançamento, não basta que este tenha sido celebrado mediante a conjugação de elementos tidos como substanciais. É imprescindível que seus requisitos estejam em perfeita consonância às prescrições legais. A mera conjugação existencial dos elementos, em expediente recebido pela comunidade jurídica com a presunção de validade, já não basta para sustentar o ato que ingressa nesse intervalo de teste. Para ser confirmado, ratificando-se aquilo que somente fora tido por presumido, há de suportar o confronto decisivo. Caso contrário, será juridicamente desconstituído ou modificado para atender às determinações que o subordinam.

Com supedâneo em tais premissas, tenho para mim que o ato de lançamento não poderá subsistir, devendo ser anulado, quando lhe faltar qualquer um dos pressupostos estruturais dos atos jurídicos administrativos em geral, diga-se, nos termos da teoria tradicional, quando maculado de vícios: (i) o motivo (pressuposto); (ii) o agente competente; (iii) a forma; (iv) o conteúdo (objeto); ou mesmo (v) a finalidade. Nesses termos, será nulo o lançamento embasado em evento tributário inexistente ou se o sujeito passivo indicado for diferente daquele que deveria integrar a obrigação tributária, pois são vícios profundos, que comprometem visceralmente o ato.

5. A importância da motivação do ato administrativo de lançamento

O fato produtor do ato administrativo de lançamento tributário é fato jurídico que dá suporte linguístico à norma de lançamento. Nesta, temos dois elementos: (i) a motivação ou antecedente normativo (elemento objetivo) e o (ii) crédito tributário formalizado ou consequente normativo.

A motivação é o antecedente da norma administrativa do lançamento. Funciona como descritor do motivo do ato, que é fato jurídico. Implica declarar, além do (i) motivo do ato (fato jurídico); o (ii) fundamento legal (motivo legal) que o torna fato jurídico, bem como, especialmente nos atos discricionários; (iii) as circunstâncias objetivas e subjetivas que permitam a subsunção do motivo do ato ao motivo legal. Os destinatários do ato administrativo de lançamento têm o direito de saber por que ele foi praticado, isto é, que fundamentos o justificam. Neste sentido, sublinha Celso Antônio Bandeira de Mello que "uma vez enunciados pelo agente os motivos em que se calçou, ainda quando a lei não haja expressamente imposto a obrigação de enunciá-los, o ato só será válido se estes realmente ocorrerem e o justificarem".[78]

A Teoria dos Motivos Determinantes ou – no nosso entender, mais precisamente – a Teoria da Motivação Determinante, vem confirmar a tese de que a motivação é elemento essencial da norma administrativa. Se a motivação é adequada à realidade do fato e do direito, então a norma é válida. Porém, se faltar a motivação, ou esta for falsa, isto é, não corresponder à realidade do motivo do ato, ou dela não decorrer nexo de causalidade jurídica com a prescrição da norma (conteúdo), consequentemente, por ausência de antecedente normativo, a norma é invalidável.

A motivação do ato administrativo de lançamento é a descrição da ocorrência do fato jurídico tributário normativamente provada segundo as regras em direito admitidas. Sem esta, o direito submerge em obscuro universo kafkiano.

O liame que possibilita a consecução do princípio da legalidade nos atos administrativos é exatamente a motivação do

---

78. *Curso de direito administrativo.* 4ª ed. São Paulo: Malheiros Editores, 1993, p. 184.

ato. A força impositiva da obrigação de pagar o crédito tributário decorre desse elemento, que se lastreia na prova da realização do fato e na subsunção à hipótese da norma jurídica tributária. A motivação é, portanto, o elo entre o prescritor do ato-norma e o prescritor da regra-matriz de incidência, que torna viável a efetivação e o controle da legalidade dos atos administrativos.

6. Atributos do ato jurídico administrativo do lançamento

Os estudiosos desse ramo do direito descrevem quatro atributos que acompanham, isolada ou conjuntamente, aqueles atos jurídicos expedidos pela Administração: (i) presunção de legitimidade; (ii) imperatividade; (iii) exigibilidade; e (iv) executoriedade. É necessário que façamos a análise de cada um para verificar quais deles são inerentes ao ato de lançamento, exercido pelo sujeito ativo.

A presunção de legitimidade, que qualifica também o ato do lançamento, é o atributo que lhe confere autenticidade e validade, isto é, o lançamento será autêntico e válido até que se prove o contrário, operando em seu benefício a chamada presunção *juris tantum*. Da mesma maneira, a exigibilidade, pois que o lançamento, tido por eficaz, torna o crédito exigível, ao mesmo tempo em que provoca a necessidade de satisfação da dívida, por parte do sujeito devedor. Não cumprida a prestação, na forma e prazos estipulados, fica a autoridade administrativa credenciada a praticar outro ato, de timbre sancionatório.

Agora, se o ato administrativo de lançamento desfruta das prerrogativas da presunção de legitimidade e de exigibilidade, o mesmo não se repete no que concerne aos outros atributos: a imperatividade e a executoriedade. A imperatividade, de fato, antessupõe a possível iniciativa do Poder Público de editar provimentos que, interferindo na esfera jurídica do particular, constituam obrigações, de modo unilateral. E não se pode sustentar, sob qualquer pretexto, que o ato de lançamento contenha essa característica; não é a manifestação de vontade, nele contida, que faz nascer a obrigação tributária, e sim o acontecimento do mundo físico exterior, vertido em linguagem competente, na estrita conformidade da previsão normativa. O ato administrativo, na hipótese, é mero expediente de aplicação da lei ao caso concreto.

O mesmo se dá em relação ao atributo da executoriedade. Nos atos revestidos desse caráter, a Administração não apenas exige, mas tem poderes de obrigar materialmente o administrado, fazendo-o cumprir a prestação. Não sendo paga a dívida, no tempo previsto, a autoridade administrativa aplicará a sanção prevista em lei. Todavia, vencido o prazo para o pagamento do tributo, acrescido da multa, o Poder Público não terá alternativa senão bater às portas do Poder Judiciário para deduzir sua pretensão impositiva.

6.1. O auto de infração e imposição de multa como instrumento de lançamento

Por Auto de Infração e Imposição de Multa (AIIM) entende-se também um ato administrativo lavrado para fins de aplicação de providência sancionatória ao administrado que, tendo violado preceito de conduta obrigatória, realizou evento previsto na lei como ilícito tributário. É, portanto, uma norma individual e concreta em que o antecedente constitui o fato de uma infração, ou seja, relata certa conduta, exigida pelo sujeito credor, que não foi satisfeita segundo as expectativas normativas. O consequente da norma estabelecerá relação jurídica na qual o sujeito ativo é a entidade tributante; o sujeito passivo é o autor do ato delituoso: e a prestação consiste no pagamento de quantia em dinheiro, a título de penalidade. Por isso se diz "auto de infração" e "imposição de multa", em observância ao que estatui o artigo 142, do Código Tributário Nacional. Dessa maneira, haverá, no caso, dois atos: um para exigir o tributo devido em virtude do não recolhimento da quantia pretendida pelo sujeito ativo, ou pela não observância de dever instrumental (tudo reunido em um único suporte físico ou, se assim o preferir a entidade tributante, outro para demonstrar o descumprimento do dever instrumental - escrituração de livros, emissão de notas fiscais, entrega de guia de apuração ao tempo e modo estatuídos etc.), além da própria imposição de penalidade.

6.2. A definitividade do lançamento

É a partir da definição do lançamento que podemos verificar se ele pode ser caracterizado pela definitividade ou provisoriedade.

O ato jurídico administrativo de lançamento coloca no sistema uma norma individual e concreta, que funciona como veículo introdutor daquela outra norma, introduzida. Em linguagem tradicional, esta última é o conteúdo do ato, trazendo, justamente, o fato jurídico tributário, que se quadra aos critérios da regra-matriz de incidência.

Se entendermos lançamento como ato administrativo introdutor de norma individual e concreta no ordenamento positivo, desde que observe os requisitos jurídicos para seu acabamento, passando a identificar seu destinatário, ingressa no sistema, passando a integrá-lo. Isso o torna definitivo. Coisa diferente é a possibilidade de vir a ser modificado, nos termos fixados por normas gerais de direito tributário.

Com efeito, a susceptibilidade à impugnação é predicado de todo ato administrativo, judicial ou legislativo, com exceção daquele que se tornou imutável por força de prescrições do próprio ordenamento jurídico, como o mencionado no artigo 156, IX, do Código Tributário Nacional (decisão administrativa irreformável) e da decisão transitada em julgado, que não mais possa ser objeto de ação rescisória, como determinado no Código de Processo Civil. Se assim é, não há falar-se em lançamento provisório ou definitivo, como critério diferençador, o que implicaria tomar o direito como corpo de manifestações interinas, meramente transitórias, com número reduzido de exceções.

Um ato administrativo tem-se por pronto e acabado sempre que, reunindo os elementos que a ordem jurídica prescreve como indispensáveis à sua compostura, vier a ser oficialmente comunicado ao destinatário. A possibilidade de estar aberto a contestações é algo que o próprio sistema prevê e disciplina, mas que não elide a característica de definitividade de que se reveste.

O lançamento que introduz no sistema uma norma individual e concreta, cientificado o sujeito passivo desse provimento e estando satisfeitos seus requisitos competenciais, assume foros de ato jurídico administrativo, com a definitividade que os traços de sua índole revelam, mesmo que venha a ser alterado no momento seguinte por quem de direito. Sendo assim estarão satisfeitos os elementos indicados por Celso Antonio Bandeira de Mello, para quem ato administrativo é:

> Declaração unilateral do Estado no exercício de suas prerrogativas públicas, manifestada mediante comandos concretos complementares da lei e a título de lhes dar cumprimento, e sujeitos a controle de legitimidade do órgão jurisdicional.[79]

É justamente dentro desse contexto que a prova recebe foros especialíssimos, tendo a incumbência de servir de suporte para a demonstração da ocorrência do fato jurídico-tributário, que fez nascer a obrigação de pagar o tributo, ou a penalidade imposta pelo descumprimento de dever a que estava incumbido o sujeito passivo. O lançamento terá por fim, tão somente, cumprir a lei e permitir que o sujeito ativo venha a receber as receitas a que tem direito, mantida a perfeita sintonia entre a hipótese de incidência e o fato jurídico tributário ocorrido no mundo social.

---

79. *Curso de Direito Administrativo*. 7ª ed. São Paulo: Malheiros, 1996.

7. Alterabilidade do lançamento tributário

Além das já conhecidas hipóteses em que o lançamento tributário sofre alterações em virtude de vícios que maculam sua validade, há circunstâncias nas quais o ato administrativo pode vir a sofrer modificações que agravam a exigência anteriormente formalizada. O direito positivo, porém, visando a imprimir segurança jurídica às relações que tutela, relacionou taxativamente as hipóteses em que o lançamento regularmente notificado ao sujeito passivo pode ser alterado. São elas, de acordo com o art. 145 do Código Tributário Nacional: (i) impugnação do sujeito passivo; (ii) recurso de ofício; e (iii) iniciativa de ofício da autoridade administrativa, nos casos previstos no art. 149. Segundo este dispositivo, por sua vez, o lançamento pode ser efetuado e revisto de ofício, em síntese, quando verificada fraude, erro de fato, omissão por parte do sujeito passivo ou quando surgir prova ou fato novo que não era conhecido pela autoridade fiscal. Não se verificando quaisquer dessas situações, inadmissível o exercício de novo lançamento tributário, mais gravoso ao contribuinte.

Cumpre registrar, outrossim, que o art. 146 desse diploma legal veda a alteração do lançamento, relativo a fato jurídico tributário passado, em virtude da modificação nos critérios jurídicos adotados pela autoridade administrativa. Sobre o assunto, esclarece Mary Elbe Gomes Queiroz Maia:

> No tocante ao impedimento legal para que seja executado novo lançamento, no caso de mudança de critério jurídico, é relevante se considerar que neste conceito se incluem não só a ignorância da norma jurídica, como também, o seu falso conhecimento e a sua interpretação errônea, haja vista que a ninguém é dado desconhecer a lei, muito menos o Fisco que é quem detém a obrigação legal de aplicá-la e interpretá-la como uma das funções que lhe são inerentes e a mais especial.[80]

---

80. *Do lançamento tributário – execução e controle.* São Paulo: Dialética, 1999, p. 75.

O erro da autoridade fiscal que justifica a alteração do ato de lançamento é apenas o "erro de fato"; nunca o "erro de direito". Não obstante, ainda que nem sempre seja fácil distinguir esses dois tipos de erro, isso não nos impede de aplicar a discriminação nos pontos que enxergamos com clareza. Enquanto o "erro de fato" é um problema *intranormativo*, um desajuste interno na estrutura do enunciado, o "erro de direito" é vício de feição *internormativa*, um descompasso entre a norma geral e abstrata e a individual e concreta. Assim, configura "erro de fato", por exemplo, a contingência de o evento ter ocorrido no território do Município "X", mas estar consignado como tendo acontecido no Município "Y" (erro de fato localizado no critério espacial), ou, ainda, quando a base de cálculo registrada para efeito do IPTU foi o valor do imóvel vizinho (erro de fato verificado no elemento quantitativo). "Erro de direito", por sua vez, estará configurado, exemplificativamente, quando a autoridade administrativa, em vez de exigir o ITR do proprietário do imóvel rural, entende que o sujeito passivo pode ser o arrendatário, ou quando, ao lavrar o lançamento relativo à contribuição social incidente sobre o lucro, mal interpreta a lei, elaborando seus cálculos com base no faturamento da empresa, ou, ainda, quando a base de cálculo de certo imposto é o valor da operação, acrescido do frete, mas o agente, ao lavrar o ato de lançamento, registra apenas o valor da operação, por assim entender a previsão legal. A distinção entre ambos é sutil, mas incisiva.

Pelo exposto, fica evidente que não pode a autoridade fiscal, fundada no argumento de equívoco na sua interpretação normativa ("erro de direito"), lavrar novo lançamento, com a finalidade de exigir o Imposto de Importação e o Imposto sobre Produtos Industrializados relativamente a eventos e respectivos valores que, por ocasião da emissão de norma individual e concreta e pagamento desses impostos, considerou não sujeitos à incidência tributária.

Ademais, os artigos 145 e 149 do Código Tributário Nacional exigem interpretação conjunta com os arts. 150 e 173, que dizem respeito à extinção do crédito, seja em razão da homologação ou da decadência. Nos termos do parágrafo único do art. 149, a lavratura de novo lançamento pode ser iniciada apenas enquanto o direito da Fazenda Pública não estiver extinto. Ocorre que, nos termos do art. 150, do Código Tributário Nacional, nos tributos em que o próprio sujeito passivo fica incumbido de emitir a norma individual e concreta, com o respectivo pagamento, a extinção do crédito dar-se-á com a homologação pela autoridade administrativa.

Saquemos o rico exemplo do procedimento aduaneiro na tributação das mercadorias importadas do exterior. No instante do desembaraço aduaneiro, cabe às autoridades competentes conferir fisicamente os bens a terem ingresso no território nacional, bem como os documentos a eles relativos, ou seja, a norma individual e concreta e a efetivação do correspondente pagamento, expressando, nesse momento; (i) sua anuência e dando como integralmente quitados os tributos devidos; (ii) ou retificando os termos declarados pelo sujeito passivo por meio de outro ato de lançamento, elaborado de ofício. No primeiro caso, não restam dúvidas, opera-se a homologação expressa, nos exatos termos do art. 564-A do Regulamento Aduaneiro/2009, segundo o qual

> Art. 564. A conferência aduaneira na importação tem por finalidade identificar o importador, verificar a mercadoria e a correção das informações relativas a sua natureza, classificação fiscal, quantificação e valor, e confirmar o cumprimento de todas as obrigações, fiscais e outras, exigíveis em razão da importação.

No segundo, há verdadeira expedição de auto de infração, com destaque à inclusão de penalidade. De acordo com o art. 571 do Regulamento Aduaneiro/2009, o desembaraço aduaneiro é o último ato dentro do processo administrativo de controle aduaneiro. Com ele, opera-se, portanto, a confirmação inequívoca da norma individual e concreta produzida pelo contribuinte, extinguindo-se o crédito tributário e, consequentemente, o direito de a Fazenda Pública lavrar lançamento suplementar.

Importante salientar nesse específico exemplo que o art. 638 do Regulamento Aduaneiro/2009 traz exceção, permitindo às autoridades administrativas proceder à modificação dos valores das exigências fiscais, *in verbis*:

> Art. 638. Revisão aduaneira é o ato pelo qual é apurada, após o desembaraço aduaneiro, a regularidade do pagamento dos impostos e dos demais gravames devidos à Fazenda Nacional, da aplicação de benefício fiscal e da exatidão das informações prestadas pelo importador na declaração de importação, ou pelo exportador na declaração de exportação.
>
> 1º Para a constituição do crédito tributário, apurado na revisão, a autoridade aduaneira deverá observar os prazos referidos nos arts. 752 e 753.
>
> § 2º A revisão aduaneira deverá estar concluída no prazo de cinco anos, contados da data:
>
> I - do registro da declaração de importação correspondente; e
>
> II - do registro de exportação.
>
> § 3º Considera-se concluída a revisão aduaneira na data da ciência, ao interessado, da exigência do crédito tributário apurado.

Todavia, esse dispositivo não deixa que paire qualquer incerteza sobre o assunto, pois estabelece o prazo de cinco dias do registro da operação aduaneira para o agente fiscal proceder, quando cabível, ao lançamento de ofício. Trata-se de regra dirigida ao sujeito ativo, com o escopo de evitar delongas no processo de desembaraço das mercadorias em importação. Transcorrido o prazo, opera-se, de plano, a concordância administrativa aos termos declarados pelo sujeito passivo.

8. Das respostas aos quesitos

Por todo o exposto, reserva-se este momento final do capítulo para, objetivamente, dar solução às indagações anteriormente formuladas. Vejamos.

1. Na cadeia de positivação, como devem ser interpretadas as regras superiores do ordenamento jurídico? Quais os princípios que vinculam a atividade administrativa e que estão presentes no ato administrativo do lançamento?

Resposta: A constituição do débito fiscal busca seu fundamento de validade partindo-se dos mais altos dispositivos constitucionais, nos chamados princípios tributários (tais como o da legalidade e da tipicidade tributária e, por outro lado, do contraditório e da ampla defesa) até chegar aos textos infralegais, regulando-se, dessa forma, a correta adequação da situação efetiva do mundo físico à regra-matriz de incidência tributária.

Vê-se no tipo tributário a figura da segurança jurídica, que limita a discricionariedade da Administração Pública à aderência total aos termos inequívocos da lei. Pela leitura dos princípios da tipicidade e da vinculabilidade da tributação, cabe aos agentes da Administração, no exercício de suas funções de gestão tributária, indicar, pormenorizadamente, todos os elementos do tipo normativo existentes na concreção do fato que se pretende tributar, além dos traços jurídicos que apontam uma conduta como ilícita. Eis a realização, em face dos poderes do Estado moderno, do primado da Segurança Jurídica, de tal forma que o exercício da Administração tributária deverá cumprir, em qualquer de seus movimentos, com a necessária e total observância da lei, não podendo abrigar qualquer tipo de subjetividade própria da competência discricionária.

2. O que significa a expressão "lançamento tributário"? Quais são os atributos deste ato? O auto de infração elaborado com o fim de exigir o cumprimento de obrigação tributária afigura-se como atividade de lançamento de crédito tributário, na modalidade "de ofício", devendo observância aos pressupostos para sua validade, previstos no artigo 142, do Código Tributário Nacional?

Resposta: Lançamento tributário, como tenho assumido, é o ato administrativo, da categoria dos simples, modificativos ou assecuratórios e vinculados, mediante o qual se declara o acontecimento do fato jurídico tributário, identifica-se o sujeito passivo da obrigação correspondente, determina-se a base de cálculo e a alíquota aplicável, formalizando o crédito e estipulando os termos da sua exigibilidade.

São quatro os atributos que acompanham, isolada ou conjuntamente, os atos jurídicos expedidos pela Administração: a presunção de legitimidade, imperatividade, exigibilidade e executoriedade. As duas características preliminares são prerrogativas do ato administrativo, pressupostas a ele; enquanto, as duas últimas, não o são, pois dependem de acontecimento exterior para se realizar. Cabe salientar, ainda, que diferentemente do lançamento puro e simples, o auto de infração contém em si dois atos: (i) um para exigir tributo devido ou para demonstrar o descumprimento do dever instrumental; e (ii) outro para impor a penalidade. Vale a ressalva de que as prerrogativas de exigibilidade e de executoriedade, tanto do lançamento quanto do auto de infração, não tiram desses atos administrativos a susceptibilidade à impugnação, predicado de todo ato jurídico, salvo o ato salvaguardado por decisão administrativa irreformável e por decisão transitada em julgado, que não possa ser objeto de ação rescisória. Tal constatação, contudo, não significa que são atos carentes de definitividade. O que se quer dizer é que são definitivos até que se prove juridicamente o contrário.

Em síntese, lançamento de ofício é ato praticado pela Administração que introduz norma individual e concreta no ordenamento jurídico, constituindo o fato jurídico tributário e fazendo irromper o laço obrigacional correspondente. Pode dar-se em caráter originário ou substitutivo daquele atribuído ao sujeito passivo, e, na segunda hipótese, ter o mesmo suporte físico do ato administrativo que aplica a penalidade. Em qualquer caso, é cogente a observância do artigo 142 do Código Tributário Nacional.

3. Quais as condições para se ter como válido um ato administrativo constitutivo de fato jurídico tributário? A falta de uma delas é causa para se decretar a nulidade do ato?

247

Resposta: Validade é axioma do sistema jurídico e de todas as unidades que o compõem, incluindo dentre elas a figura do ato administrativo tributário. Para ser tido por "ato válido", não basta que o ato tenha sido celebrado mediante a conjugação de elementos tidos como substanciais. É imprescindível que seus requisitos estejam em perfeita consonância às prescrições legais. Caso contrário, será juridicamente desconstituído ou modificado para atender às determinações que o subordinam.

A nulidade do ato administrativo deverá ser observada segundo os ditames dos princípios da tipicidade e da vinculabilidade da tributação. Dá-se especial atenção à motivação do ato administrativo, pois está nela o elemento essencial da norma administrativa. Se a motivação é adequada à realidade do fato e do direito, então a norma é válida. Neste sentido, por exemplo, será nulo o lançamento embasado em evento tributário inexistente ou se o sujeito passivo indicado for diferente daquele que deveria integrar a obrigação tributária, pois são vícios profundos, que comprometem visceralmente o ato.

Tratando-se de verdadeiro lançamento de ofício, o ato administrativo consignado no auto de infração da mesma forma deve observância a todos os requisitos de validade inscritos no art. 142 do Código Tributário Nacional, bem como aos pressupostos de todo e qualquer ato jurídico administrativo.

4. Pode o lançamento de crédito tributário ser revisto na hipótese de erro na valoração jurídica dos fatos, caracterizado, portanto, como erro de direito? Se positiva a resposta, em se tratando de impostos aduaneiros, tal revisão, nos termos do artigo 638 do Regulamento Aduaneiro/2009, poderia ser realizada após decorridos cinco dias contados do registro da operação aduaneira?

Resposta: O Código Tributário Nacional, no art. 146, veda expressamente a alteração do lançamento tributário em virtude de erro na valoração jurídica dos fatos. A alteração de critérios jurídicos adotados pela autoridade administrativa não pode ser empregada para atingir fatos passados. As únicas hipóteses em que o ato de lançamento pode ser revisto de ofício estão taxativamente relacionadas no art. 149, não havendo previsão quanto a casos de "erro de direito". Se ao examinar um determinado fato, os agentes fiscais seguiram uma corrente interpretativa, não podem, posteriormente, em virtude de modificação no seu entendimento, alterar, de forma gravosa, a linguagem constitutiva do crédito tributário.

Não bastasse isso, a atividade da Administração encontra óbice no parágrafo único do art. 149, conjugado com o art. 150, ambos do Código Tributário Nacional. Segundo o primeiro desses dispositivos, a lavratura de novo lançamento tributário pode ser iniciada apenas enquanto o direito da Fazenda Pública não estiver extinto. O art. 150, por seu turno, prescreve, como causa extintiva do crédito tributário, a homologação expressa pela autoridade administrativa. Com efeito, isso poderá ser verificado, pormenorizadamente, no exemplo aludido no decorrer deste estudo, pois, tendo sido efetuada a conferência aduaneira, instante em que se certifica o cumprimento de todas as obrigações fiscais (art. 444 do Regulamento Aduaneiro), as autoridades administrativas homologaram expressamente o pagamento de todos débitos tributários, atestando a regularidade das práticas dos sujeitos importador/exportador, extinguindo, assim, o crédito tributário e, consequentemente, o direito da Fazenda Pública de lavrar novo lançamento.

Ademais, o art. 638 do Regulamento Aduaneiro/2009 prescreve o prazo de cinco dias, contados do registro da operação adunaeira, para a eventual constituição de crédito tributário. Caso esse lapso temporal decorra sem qualquer manifestação das autoridades administrativas, opera-se, por mais esse modo, a concordância dos agentes fiscais, tornando inviável a emissão de nova norma individual e concreta.

Tema XXXIII
MEDIDA LIMINAR CONCEDIDA EM MANDADO DE SEGURANÇA
Direito processual tributário e certeza do direito

> *Sumário:* *1. Sobre o direito processual tributário. 2. Direito positivo: conceito e delimitação. 3. Vigência e aplicação das normas jurídicas tributárias. 4. A aplicação do direito e o princípio da irretroatividade. 5. Sobre a norma individual e concreta que documenta a incidência. 6. A suspensão da exigibilidade do crédito tributário. 7. As hipóteses do artigo 151 da Lei nº 5.172/1966. 8. A medida liminar concedida em mandado de segurança. 9. Tutela jurisdicional e suas modalidades. 9.1. Peculiaridades da tutela mandamental. 10. Efeitos da decisão proferida em mandado de segurança. 11. Instrumentalidade do provimento cautelar. 12. Conclusões.*

1. Sobre o direito processual tributário

O traço característico do direito é a coatividade, exercida, em último grau, pela execução forçada e pela restrição da liberdade. A ordem jurídica é o único sistema normativo que prevê, como consequência do descumprimento de seus deveres, aquelas duas espécies de providências. Os seres humanos, exclusivos destinatários das regras jurídicas do direito posto, encontram-se diante de diferentes caminhos no constante inter-relacionamento tecido pela vida em sociedade: ou cumprem os deveres estabelecidos nos dispositivos legais, ou não realizam tais comportamentos, incorrendo, por via de consequência, nas chamadas "sanções". O ordenamento jurídico, como forma de tornar possível a coexistência do homem em comunidade, garante, efetivamente, a observância de suas ordens, ainda que, para tanto, seja necessária a adoção de medidas punitivas que afetem a propriedade ou a própria liberdade das pessoas. Daí porque, ao criar uma prestação jurídica, o legislador, concomitantemente, enlaça uma providência sancionatória ao não-cumprimento do referido dever.

Lourival Vilanova,[81] bem interpretando a concepção kelseniana, esclarece que o critério fundamental da distinção entre normas primárias e secundárias repousa na circunstância de estas últimas expressarem, no consequente, uma relação de cunho jurisdicional, onde o Estado-juiz participa para que a prestação seja coativamente satisfeita. Como corolário, surge a necessidade de alojarmos as relações que não revestirem essa forma no quadro amplo das normas primárias (ou *endonormas*, no léxico de Carlos Cossio).[82] É o caso das "sanções administrativas", projetadas para reforçar a eficácia dos deveres jurídicos previstos em outras normas, também primárias, estabelecendo multas e demais penalidades. Podem ter, como de fato muitas têm, finalidade punitiva. Nada obstante, essa condição, por si só, não é suficiente para outorgar-lhes o caráter de norma sancionatória no sentido estrito (*perinorma*, em Carlos Cossio), exatamente por faltar-lhes a presença da atividade jurisdicional na exigência coativa da prestação, traço decisivo na sua identificação normativa. O vocábulo "sanção" comparece, aqui, na sua acepção estrita, equivale a dizer, no sentido de norma jurídica em que o Estado-juiz

---

81. *Estruturas lógicas e o Sistema de Direito Positivo*. São Paulo: Noeses, 2005, p. 106.

82. *La teoría egológica del derecho y el concepto jurídico de libertad*. 2ª.ed. Abeledo Perrot, 1964.

intervém como sujeito passivo da relação deôntica, sendo sujeito ativo a pessoa que postula a aplicação coativa da prestação descumprida.

Em síntese, a norma primária tem em sua hipótese a conotação de fato de possível ocorrência, ao passo que o suposto da norma secundária descreve a inobservância da conduta prescrita na consequência da primeira. E, enquanto aquela estatui direitos e deveres correlatos, esta prescreve a sanção mediante o exercício da coação estatal. A norma primária institui relação jurídica de direito material (substantivo); a norma secundária, relação jurídica de direito formal (adjetivo ou processual).

Eis que as regras jurídicas não existem isoladamente, mas sempre num contexto de normas com relações particulares entre si. Atentar para a norma, na sua individualidade, em detrimento do sistema é, na contundente metáfora de Norberto Bobbio, *"considerar-se a árvore, mas não a floresta"*.[83] Construir a norma aplicável é tomar os sentidos de enunciados prescritos no contexto do sistema de que fazem parte. A norma é proposição prescritiva decorrente do todo que é o ordenamento jurídico. Enquanto corpo de linguagem vertido sobre o setor material das condutas intersubjetivas, o direito aparece como conjunto coordenado de normas, de tal modo que uma regra jurídica jamais se encontra isolada, monadicamente só: está sempre ligada a outras normas, integrando determinado sistema de direito positivo. Na completude, as regras do direito têm feição dúplice: (i) norma primária (ou endonorma, na terminologia de Carlos Cossio), a que prescreve uma permissão, uma obrigação ou uma proibição, se e quando acontecer o fato previsto no suposto; (ii) norma secundária (ou perinorma, segundo Carlos Cossio), a que prescreve uma providência sancionatória, aplicada pelo Estado-Juiz, no caso de descumprimento da conduta estatuída na norma primária.

---

83. *Teoria do ordenamento jurídico*. Trad. Maria Celeste Cordeiro Leite dos Santos. Brasília/São Paulo: UNB/Polis, 1991, p. 19.

Por estes torneios é que este estudo tem por objetivo mostrar, no subdomínio do direito tributário, a inter-relação que se estabelece entre essas normas que constroem um enunciado jurídico completo. Percorreremos, brevemente, o fenômeno da positivação das normas, apontando para as causas de suspensão de exigibilidade do crédito, e, por meio dessas reflexões, teceremos algumas considerações sobre o processo judicial tributário, em especial quanto à Medida Cautelar.[84] Sendo assim, apresento abaixo algumas questões pontuais sobre o assunto que nos servirão de norte epistemológico:

1. Vigência e aplicação são conceitos que se confundem? Qual a relação entre eles? Norma vigente pode não ser aplicada? E norma que perdeu a sua vigência poderá ser aplicada? Que significa "aplicar o direito"? Incidência e aplicação são expressões equivalentes?

2. Que é exigibilidade do crédito tributário? Que confere exigibilidade ao crédito tributário? Nas hipóteses do art. 151 do CTN, é correto falar em suspensão do crédito tributário?

3. Que é Medida Cautelar? Quais os elementos que a caracteriza? Qual o efeito jurídico tributário produzido por esta tutela jurisdicional?

2. Direito positivo: conceito e delimitação

Conforme tenho reiteradamente exposto em outros escritos, parto da premissa de que norma jurídica é o juízo (ou pensamento) que a leitura do texto provoca em nosso espírito. Basta isso para nos advertir que um único texto pode originar significações diferentes, consoante as diversas concepções que o sujeito cognoscente tenha dos termos empregados pelo legislador. Ao enunciar os juízos, expedindo as respectivas

---

84. O Código de Processo Civil de 2015 emprega nova terminologia, fazendo referência à tutela de urgência de natureza cautelar. No decorrer deste escrito, farei a correspondência – quando aplicável for – com os dispositivos da nova Lei em notação simples, com o uso de colchetes

proposições, ficarão registradas as discrepâncias de entendimento dos sujeitos, a propósito dos termos utilizados.

Se pensarmos que a norma é um juízo hipotético-condicional (*se ocorrer o fato X, então deve ser a prestação Y*), formado por várias noções, é fácil concluir que nem sempre um só texto (de lei, p. ex.) será suficiente para transmitir a integridade existencial de uma norma jurídica. Às vezes, os dispositivos de um diploma definem uma, algumas, mas nem todas as ideias necessárias para a integração do juízo e, ao tentar enunciá-lo verbalmente, expressando a correspondente proposição, encontramo-lo incompleto, havendo a premência de consultar outros textos do direito em vigor.

Isolar os termos imprescindíveis à compostura do juízo lógico, entretanto, não é tudo. Feito isso, deve o jurista examinar os grandes princípios que emergem da totalidade do sistema, para, com eles, buscar a interpretação normativa. A significação advirá desse empenho em que os termos do juízo são compreendidos na conformidade dos princípios gerais que iluminam a ordem jurídica. Assim, insistir na diferença entre texto do direito positivo e norma jurídica, sobre ser importante, é extremamente útil para o adequado entendimento do percurso hermenêutico desenvolvido pelo cientista do Direito. Este, conhecedor que é das noções jurídicas fundamentais, bem como das formas possíveis de combiná-las, saberá, por certo, interpretar aquilo que lê, à luz dos magnos princípios, produzindo as significações (normas jurídicas) da mensagem legislada.

Toda a ciência pressupõe um corte metodológico. Ao analisarmos o homem do ângulo histórico, por exemplo, colocamos entre parênteses as conotações propriamente técnico-jurídicas, econômicas, sociológicas, éticas, antropológicas etc., para concentrar o estudo prioritário na evolução dos fatos que se sucedem no tempo e que apresentam a criatura humana como entidade central. Qualquer especulação científica que pretendamos empreender trará consigo essa necessidade irrefragável, produto das ínsitas limitações do ser cognoscente.

O conhecimento jurídico não refoge a esse imperativo epistemológico. Ao observarmos o fenômeno existencial de um determinado sistema de direito positivo, somos imediatamente compelidos a abandonar outros prismas, para que se torne possível uma elaboração coerente e cheia de sentido. É certo que a partir de um mesmo objeto — um dado sistema jurídico-normativo — podem ser construídas várias posições cognoscitivas, abrindo campo à Sociologia Jurídica, à Ética Jurídica, à História do Direito, à Política Jurídica e, entre outras, à Ciência do Direito ou Dogmática Jurídica. Esta última investiga a natureza do ser jurídico, firmando-se como uma atividade intelectual que postula conhecer de que maneira se articulam e de que modo funcionam as prescrições normativas.

Importa acentuar que as diversas propostas cognoscentes do direito positivo (História do Direito, Sociologia Jurídica, Antropologia Cultural do Direito, Dogmática Jurídica etc.) têm, todas elas, a mesma dignidade científica, descabendo privilegiar uma, em detrimento das demais. Mas há um ponto que não deve ser esquecido: a cada uma das ciências jurídicas corresponde um método de investigação, com suas técnicas especiais de focalizar o objeto.

Quanto à dogmática, ou Ciência do Direito *stricto sensu*, que se ocupa em descrever o direito positivo tal como ele se apresenta, é necessário observá-lo na sua feição estática e no seu aspecto dinâmico, que se perfaz com o processo de positivação, em que a norma editada hoje será o fundamento de validade de outras regras, até o ponto terminal da cadeia de elaboração, que se consubstancia no último ato de aplicação, norma individual de máxima concretude. Para a Ciência do Direito, em seu sentido estrito, é imprescindível mais um corte metodológico, em que se despreza o direito passado, que deixou de ser válido, e o direito futuro, que ainda não sabemos qual será. Vale para a Ciência do Direito, exclusivamente, a ordem jurídica posta, isto é, o direito positivo considerado *hic et nunc*.

3. Vigência e aplicação das normas jurídicas tributárias

Não devemos confundir vigência e aplicação das normas jurídicas. Norma vigente pode não ser aplicada, ao mesmo tempo em que nos deparamos com a aplicação de regras que já perderam seu vigor para o futuro. Exemplo da última situação temos na figura do ato jurídico do lançamento, em que, por vezes, o agente competente declara a ocorrência de um evento pretérito, aplicando-lhe a legislação que o regulava, muito embora a lei invocada tenha sido revogada, perdendo a vigência futura. Nessa hipótese, tais normas apresentam apenas vigor sobre acontecimentos anteriores à sua revogação, não podendo, portanto, alcançar fatos novos que porventura ocorram. Nada obstante, continuam válidas no sistema, para aplicação a sucessos passados, sobre os quais concentrarão o inteiro teor de sua vigência.

A aplicação das normas jurídicas tem íntima ligação com a eficácia social, porque a inaplicabilidade reiterada de disposições normativas representa a inoperância de suscitar as relações de direito que o legislador associou à concretização dos fatos descritos, equivalendo à ausência de efetividade para regular as condutas interpessoais. Nessa perspectiva é cabível até falar-se na aplicação como algo que se põe entre a vigência e a eficácia jurídica, técnica e social, uma vez que, vigente a norma, deve ser aplicada, e com a aplicação surdem à luz os efeitos que a ordem jurídica previu. Operando-se a inaplicação, contudo, não se promove a alteração do mundo social que o legislador prescreveu, e dizemos que a regra se mostrou socialmente ineficaz, ao menos no que se refere àquele caso concreto.

Aplicar o direito é dar curso ao processo de positivação, extraindo de regras superiores o fundamento de validade para a edição de outras regras. É o ato mediante o qual alguém interpreta a amplitude do preceito geral, fazendo-o incidir no caso particular e sacando, assim, a norma individual. É pela aplicação que se constrói o direito em cadeias sucessivas de regras, a contar da norma fundamental, axioma básico da existência do direito enquanto sistema, até as normas particulares, que funcionam como pontos terminais do processo derivativo de produção do direito.

A aplicação das normas jurídicas se consubstancia no trabalho de relatar, mediante o emprego de linguagem competente, os eventos do mundo real-social (descritos no antecedente das normas gerais e abstratas), bem como as relações jurídicas (prescritas no consequente das mesmas regras). Isso significa equiparar, em tudo e por tudo, *aplicação* à *incidência*, de tal modo que aplicar u'a norma é fazê-la incidir na situação por ela juridicizada. E saliente-se, neste passo, que utilizo "linguagem competente" como aquela exigida, coercitivamente, pelo direito posto.

É no átimo da aplicação que aparece o homem, atuando por meio dos órgãos singulares ou coletivos, na sua integridade psicofísica, com seus valores éticos, com seus ideais políticos, sociais, religiosos, fazendo a seleção entre as interpretações possíveis, estimando-as axiologicamente, para eleger uma entre outras, expedindo então a nova regra jurídica. É por isso que se diz, com acerto, que a escolha feita pelo aplicador, entre as várias possibilidades interpretativas, é um ato de decisão política. Mas esse ato não ingressa na literalidade do texto normativo. Aquilo que se introduz é o comando de vontade objetivado pelo ato, o que afasta das cogitações científicas, no primeiro momento, a índole política manifestada na eleição do esquema hermenêutico. E o cientista, ao descrever o ordenamento positivo, inicialmente coloca entre parênteses o ato, prescindindo de suas colorações éticas, políticas, sociais e religiosas, ficando tão somente com a descrição objetiva da regra editada, para assim resgatar aqueles aspectos que estiveram presentes no processo de enunciação da norma. Com isso, pretenderá chegar à plenitude construtiva do trajeto de interpretação.

A aplicação do direito é justamente seu aspecto dinâmico, ali onde as normas se sucedem, gradativamente, tendo sempre no homem, como expressão da comunidade social, seu elemento intercalar, sua fonte de energia, o responsável pela movimentação das estruturas.

4. A aplicação do direito e o princípio da irretroatividade

Em regra, as normas jurídicas se voltam exclusivamente para o futuro. Trata-se de desdobramento do comando constitucional que prescreve: a *lei não prejudicará o direito adquirido, o ato jurídico perfeito e a coisa julgada* (art. 5º, XXXVI).

Em situações específicas, entretanto, se concede ao legislador a possibilidade de atribuir às leis sentido retroativo. O Código Tributário Nacional prevê no artigo 106 as hipóteses em que a lei se aplica ao passado.

O inciso I do referido dispositivo legal alude às *leis interpretativas* que, em qualquer caso, assumindo expressamente esse caráter, podem ser aplicadas a atos ou fatos pretéritos, mas se excluindo a imposição de penalidades à infração dos dispositivos interpretados. O inciso II, por sua vez, trata da retroação da lei no que se refere a ato não definitivamente julgado, admitindo-a em três únicas situações:

> a) quando deixe de defini-lo como infração;
>
> b) quando deixe de tratá-lo como contrário a qualquer exigência de ação ou omissão, desde que não tenha sido fraudulento e não tenha implicado em falta de pagamento de tributo; e
>
> c) quando lhe comine penalidade menos severa que a prevista na lei vigente ao tempo de sua prática.

As duas primeiras alíneas dizem quase a mesma coisa. Toda a exigência de ação ou de omissão consubstancia um dever, e todo o descumprimento de dever é uma infração, de modo que foi redundante o legislador ao separar as duas hipóteses.

Sempre que a lei nova comine penalidade mais branda que aquela aplicada ao ensejo da prática da infração, há de ser observada a alínea c do inc. II, seja a requerimento do interessado, seja de ofício, por iniciativa da própria autoridade que intervenha no julgamento do feito. É um direito do sujeito passivo e quer-se acatado.

As possibilidades de retroação que o art. 106 consagra acabam por beneficiar o contribuinte, preservando a segurança das relações entre Administração e administrados, bem como o legítimo direito que os súditos têm de não verem agravada a situação jurídica anteriormente configurada.

5. Sobre a norma individual e concreta que documenta a incidência

A mensagem deôntica, emitida em linguagem prescritiva de condutas, não chega a atingir, diretamente, os comportamentos interpessoais, já que partimos da premissa de que não se transita livremente do mundo do "dever-ser" ao do "ser". Interpõe-se, entre esses dois universos, a vontade livre da pessoa do destinatário, influindo decisivamente na orientação de sua conduta perante a regra do direito. Além do mais, qualquer que seja a forma, a função e o tipo da linguagem utilizada no fenômeno comunicacional, nunca chega ela a tocar os objetos a que se refere, por força do princípio da autorreferencialidade da linguagem, que se retroalimenta, prescindindo dos dados exteriores da experiência. É a linha das teorias retóricas, em oposição às teses ontológicas sobre a linguagem, segundo as quais o discurso linguístico manteria relação de correspondência com a realidade por ele mencionada.

Aquilo que está ao alcance do legislador é aproximar os comandos normativos, cada vez mais, estimulando de maneira crescente as consciências, para determinar as vontades na direção do cumprimento das condutas estipuladas. E isso se faz com o processo de positivação das normas jurídicas, numa trajetória que vai da mais ampla generalidade e abstração, para chegar a níveis de individualidade e concreção.

Esse caminho, em que o direito parte de concepções abrangentes, mas distantes, para se aproximar da região material das condutas intersubjetivas, ou, na terminologia própria, iniciando-se por normas jurídicas gerais e abstratas, para chegar às individuais e concretas, e que é conhecido por "processo de positivação", deve ser necessariamente percorrido, a fim de que o sistema alimente suas expectativas de regulação efetiva dos comportamentos sociais. E tudo se faz como um problema imediato de realização de normas e mediato de realização de valores, visto que estes é que funcionam como fundamentos daquelas, como agudamente nos alerta Lourival Vilanova.[85]

Penso ser inevitável, porém, insistir num ponto que se me afigura vital para a compreensão do assunto: a norma geral e abstrata, para alcançar o inteiro teor de sua juridicidade, reivindica, incisivamente, a edição de norma individual e concreta. Uma ordem jurídica não se realiza de modo efetivo, motivando alterações no terreno da realidade social, sem que os comandos gerais e abstratos ganhem concreção em normas individuais.

6. A suspensão da exigibilidade do crédito tributário

Nasce o direito de perceber o valor da prestação tributária no exato momento em que surge o vínculo jurídico obrigacional, equivale a dizer, quando se relata em linguagem competente a realização daquele fato hipoteticamente descrito no suposto da regra-matriz de incidência. Aparece, então, para o sujeito ativo, o direito subjetivo de postular o objeto, e, para o sujeito passivo, o dever jurídico de prestá-lo. Contando de outra forma, afirmaremos que advém um crédito ao sujeito pretensor e um débito ao sujeito devedor.

Por exigibilidade havemos de compreender o direito que o credor tem de postular, efetivamente, o objeto da obrigação,

---

85. *Estruturas Lógicas e o Sistema de Direito Positivo*. São Paulo: Noeses, 2005, p. 226.

e isso tão só ocorre, como é óbvio, depois de tomadas todas as providências necessárias à constituição da dívida, com a lavratura do ato de lançamento tributário ou por ato do próprio particular, em se tratando de tributos sujeitos ao *"lançamento por homologação"*. No período que antecede tal expediente, ainda não se tem o surgimento da obrigação tributária, inexistindo, consequentemente, crédito tributário. Ocorrendo alguma das hipóteses previstas no artigo 151 da Lei nº 5.172/66, aquilo que se opera, na verdade, é a suspensão do teor da exigibilidade do crédito, não do próprio crédito que continua existindo tal qual nascera. Com a celebração do ato jurídico administrativo ou do próprio administrado, constituidor da pretensão, afloram os elementos básicos que tornam possível a exigência: *(a)* identificação do sujeito passivo; *(b)* apuração da base de cálculo e da alíquota aplicável, chegando-se ao *quantum* do tributo; e *(c)* fixação dos termos e condições em que os valores devem ser recolhidos. Feito isso, começa o período de exigibilidade. A descrição concerta bem com os atributos que dissemos ter o ato jurídico administrativo do lançamento: presunção de legitimidade e *exigibilidade*. Com ele, inicia a Fazenda Pública as diligências de gestão tributária, para receber o que de direito lhe pertence. É o lançamento que constitui o crédito tributário e que lhe confere foros de exigibilidade, tornando-o susceptível de ser postulado, cobrado, exigido.

O direito positivo prevê situações em que o atributo da exigibilidade do crédito fica temporariamente sustado, aguardando nessas condições sua extinção, ou retomando sua marcha regular para ulteriormente extinguir-se.

7. As hipóteses do artigo 151 da Lei nº 5.172/1966

O título do Capítulo III do Código Tributário Nacional é "Suspensão do Crédito Tributário", mas o art. 151, dispondo acertadamente, refere-se à suspensão da exigibilidade do crédito. A seguir, indica seis hipóteses que teriam a virtude de sustá-la: a moratória (I); o depósito de seu montante integral (II); as reclamações e os recursos nos termos das leis reguladoras do processo tributário administrativo (III); a concessão de medida liminar em mandado de segurança (IV); a concessão de medida liminar ou de tutela antecipada, em outras espécies de ação judicial (V); e o parcelamento (VI). A par disso, preceitua, no parágrafo único, que *"o disposto neste artigo não dispensa o cumprimento das obrigações acessórias dependentes da obrigação principal cujo crédito seja suspenso, ou dela consequentes"*. Trata-se de uma constante no corpo desse Diploma. Sempre que o legislador cuida de possíveis alterações da figura obrigacional (que ele chama de obrigação tributária principal), faz questão de salvaguardar o cumprimento dos deveres instrumentais (que ele versa como obrigações acessórias). E a reiteração se explica, na medida em que o implemento dos deveres instrumentais é o meio pelo qual a Fazenda se certifica da real situação dos seus administrados, ingressando na intimidade das relações jurídicas que lhe interessam fiscalizar.

8. A medida liminar concedida em mandado de segurança

O art. 5°, LXIX, da Constituição prevê o *mandado de segurança* como providência judicial para proteger direito líquido e certo não amparado por *habeas corpus* ou *habeas data* quando o responsável pela ilegalidade ou abuso do poder for autoridade pública ou agente de pessoa jurídica no exercício de atribuições do Poder Público. Trata-se de uma providência eficaz de proteção aos direitos individuais, tolhidos ou ameaçados por atos abusivos. O magistrado, diante da iminência dos efeitos lesivos do ato, pode, com supedâneo no art. 7°, III, da Lei n° 12.016/2009, cautelarmente, expedir decisão liminar, que tem por escopo impedir a irreparabilidade da medida, pelo retardamento da sentença. Com caráter autônomo, não exprime ainda a convicção do órgão jurisdicional sobre o mérito do pedido, tanto assim que pode ser cassada a qualquer momento.

Concedida a liminar, em processo de mandado de segurança impetrado contra ato jurídico administrativo de lançamento tributário, a exigibilidade do ato fica suspensa, de sorte que a Fazenda passa a aguardar a sentença denegatória, ou, então, que a medida venha a ser sustada. Recuperado, dessa forma, seu predicado de ato exigível, há plena condição jurídica de ser ajuizada a ação de execução ou de se prosseguir no seu curso, interrompido pela providência cautelar.

O Código Tributário Nacional limita-se à menção da medida liminar, mas é indisputável que, se a mera concessão do provimento cautelar tem essa força, com muito mais fundamento a sentença que aprecia o mérito do pedido. Uma vez proferida, mesmo no silêncio da Lei nº 5.172/1966, há de ser trancada a exigibilidade do ato, ao menos até que se dê a manifestação do tribunal competente para decidir do recurso, modificando o decisório de primeiro grau.

9. Tutela jurisdicional e suas modalidades

Os problemas no âmbito do direito material podem apresentar-se de diversas formas, implicando a existência de variadas modalidades processuais, necessárias à adequada solução de cada espécie de conflito. Por isso fala-se em tutela jurisdicional (i) declaratória; (ii) constitutiva; (iii) condenatória;[86] (iv) cautelar; (v) executiva; e (vi) mandamental.

A ação declaratória é tida pela doutrina como o instrumento apropriado para esclarecer dúvidas a respeito da existência ou inexistência de determinada relação jurídica. A decisão proferida nessa espécie de demanda prestar-se-ia para reconhecer situação já configurada. A tutela constitutiva, por sua vez, seria empregada para criar, extinguir ou alterar os vínculos intersubjetivos. A despeito de tal distinção, tenho

---

86. As tutelas declaratória, constitutiva e condenatória configuram espécies do gênero "tutela de conhecimento".

para mim que ambos os provimentos são constitutivos, visto que a "declaração" de um direito implica, necessariamente, sua constituição no ordenamento.

A decisão condenatória também constitui relação jurídica, diferençando-se da declaratória e da constitutiva pelo fato de acarretar formação de título executivo. Serve, segundo Giuseppe Chiovenda,[87] (i) para tornar certo o direito, com todas as vantagens decorrentes diretamente dessa certeza; e (ii) para preparar a execução, formando o convencimento dos órgãos do Estado sobre a ulterior atuabilidade do direito. A sentença condenatória, no entanto, não é suficiente, por si só, para a satisfação do autor, fazendo-se necessário que, caso não cumprida espontaneamente, seja ela executada. É mediante a tutela executiva que se implementa a conduta omitida pelo devedor (executado), realizando a pretensão do credor (exequente), utilizando, se necessário, o emprego da força física.

A tutela cautelar, diversamente das anteriores, não visa à declaração, constituição ou realização coativa do direito. Seu objetivo é garantir o resultado final de outro processo, de conhecimento ou de execução.

Por fim, nas ações mandamentais não se pretende a mera condenação da parte adversa, mas a imposição de certa conduta. Nessa modalidade de tutela, requer-se que o julgador ordene a observância a determinado comportamento, traduzido em uma obrigação de fazer ou não-fazer.

9.1. Peculiaridades da tutela mandamental

A sentença mandamental tem por objeto a realização de uma conduta, intervindo na vontade do obrigado e não em seu patrimônio, como ocorre nas condenatórias em geral. Enquanto a decisão condenatória abre oportunidade à execução forçada, a mandamental dela se distancia por forçar o réu a

---

87. *Instituições de direito processual civil*. Campinas: Bookseller, 1998, pp. 230-231.

adimplir a ordem do juiz que assegura o direito do autor, fazendo-o mediante coerção da vontade.

A tutela mandamental veicula prescrição cujo cumprimento não pode operar-se por meios sub-rogatórios. Diversamente do que ocorre no processo de execução das sentenças condenatórias, na efetivação das decisões mandamentais não se adotam medidas substitutivas da atuação do demandado. Inexiste, nesse caso, execução *stricto sensu*, no sentido de constrição patrimonial destinada a satisfazer o direito do autor. Não são usados meios sub-rogatórios, mas formas coercitivas, de pressão psicológica, ordenando-se que o requerido cumpra a prestação ou a abstenção imposta, sob pena de sofrer consequências desfavoráveis.

A finalidade da demanda de caráter mandamental é o cumprimento de um dever de fazer ou de não-fazer. Em tal circunstância, portanto, a própria ordem judicial acaba operando como mecanismo executivo-coercitivo, visto que a sua não observância pode ensejar sanções civis e até mesmo prisão penal do demandado por crime de desobediência, nos termos do art. 330 do Código Penal. A configuração de tal crime, segundo José Roberto dos Santos Bedaque,[88] é consequência inerente ao caráter mandamental da tutela, cuja eficácia predominante consiste na ordem existente no dispositivo da sentença. É o que se verifica, por exemplo, no provimento liminar e na sentença de procedência do mandado de segurança, assim como no *habeas corpus*, na demanda de manutenção de posse e no interdito proibitório, dentre outras.

10. Efeitos da decisão proferida em mandado de segurança

A tutela concessiva da segurança possui natureza mandamental. Não necessita de posterior ação executiva, como ocorre nos casos de sentença de cunho condenatório. Para a

---

88. *Tutela cautelar e tutela antecipada: tutelas sumárias e de urgência (tentativa de sistematização)*. 3ª ed. São Paulo: Malheiros, 2003, p. 106.

efetivação da ordem veiculada na tutela concessiva da segurança basta a comunicação ao demandado, nos termos do art. 13 da Lei nº 12.016/2009, segundo o qual *"concedido o mandado, o juiz transmitirá em ofício, por intermédio do oficial do juízo, ou pelo correio, mediante correspondência com aviso de recebimento, o inteiro teor da sentença à autoridade coatora e à pessoa jurídica interessada"*. O cumprimento da decisão, *in casu*, realiza-se por meio de simples ofício remetido pelo juiz da causa à autoridade coatora, não observando o rito das execuções forçadas, disciplinadas pelo Livro II do Código Processual Civil.

Por outro lado, não obstante seja mandamental, a decisão proferida nos autos do mandado de segurança apresenta forte carga declaratória ou constitutiva, visto que reconhece um direito e determina o cumprimento de prescrição destinada a preservá-lo. Seu efeito, por conseguinte, é dúplice: o provimento mandamental dá-se mediante ordem direta, com emprego de linguagem prescritiva, em que o emitente é o juízo e o destinatário é a autoridade pública considerada coatora; essa ordem, todavia, decorre da apreciação do direito do impetrante, reconhecido pelo julgador.

Convém registrar que a classificação das tutelas jurisdicionais, mencionada no item anterior, elege como critério a função preponderante do pronunciamento judicial. Isso não significa, porém, que cada decisão tenha um único efeito jurídico. Pelo contrário: toda decisão, como manifestação linguística, reúne multiplicidade de eficácias. E, no caso da mandamental, coexistem os efeitos declaratórios/constitutivos do direito com a imperatividade relativa ao cumprimento da prestação ou abstenção. No mesmo sentido, afirma Ovídio A. Baptista da Silva[89] que as ações e sentenças mandamentais ordenam que as partes se comportem segundo o direito que a decisão houver atribuído ao demandante, reconhecendo a existência, na tutela mandamental, de atividade cognitiva do

---

89. *Curso de processo civil*. 4ª ed. São Paulo: Revista dos Tribunais, 2000.

juiz, o qual declara ou constitui determinado direito, para, em razão dele, emitir o comando dirigido à conduta do requerido.

Por isso, nas ações mandamentais há sempre a declaração ou constituição do direito pleiteado. A prescrição judicial decorre de tal reconhecimento e tem por objetivo impedir atitudes contrárias a ele. Apesar de determinarem a imediata realização do direito nelas reconhecido, as decisões proferidas nessa espécie de demanda não perdem seu caráter declaratório e constitutivo: se o pedido formulado na ação mandamental é julgado procedente, isso significa que o juiz reconheceu o direito do autor.

Todas essas considerações se aplicam, integralmente, à figura do mandado de segurança: tal medida jurídica visa à produção de sentença declaratória ou constitutiva de direito, produtora de efeito mandamental. Sendo julgado procedente tem-se, no mesmo suporte normativo, (i) reconhecimento do direito do impetrante; e (ii) determinação para que o impetrado aja de forma não violadora daquele direito.

11. Instrumentalidade do provimento cautelar

Vimos que a tutela cautelar objetiva garantir o resultado final de processo diverso, conferindo-lhe eficácia e utilidade. Pressupõe, portanto, outra tutela, cujo efeito visa a resguardar. Essa modalidade de demanda justifica-se nas situações em que a demora para a solução da lide pode comprometer a efetividade da decisão. Por isso, diante de pedido de tal natureza, o julgador deve verificar se a tutela é realmente necessária, considerando a plausibilidade do direito alegado (*fumus boni iuris*), bem como o possível comprometimento do resultado final, demandando medida urgente para afastar algum perigo, incompatível com o tempo necessário para que a ação seja decidida definitivamente (*periculum in mora*).

São elementos característicos da tutela cautelar: (i) *instrumentalidade*, já que não possui um fim em si mesma, destinando-se a assegurar os efeitos advindos de outro processo; (ii) *provisoriedade*, pois não se reveste de caráter definitivo, durando somente até que se oportunize a prolação de decisão no processo principal; (iii) *revogabilidade*, na medida em que a sentença no processo cautelar não forma coisa julgada material, podendo ser substituída, modificada ou revogada (arts. 805 e 807, CPC) [art. 300 a 303, CPC/2015], desde que os pressupostos fácticos o determinem; e (iv) *autonomia*, pela circunstância de que sua função e resultado não se confundem ou estão implicados naquele inerente ao processo principal.

Dentre tais caracteres convém destacar a *instrumentalidade*. Esta configura um dos aspectos fundamentais da tutela cautelar, permitindo sua identificação e distinção relativamente às demais formas de tutela jurisdicional. Por isso, é imprescindível o correto entendimento da feição instrumental, a fim de impedir desvios de finalidade e emprego inapropriado da prestação cautelar, e, consequentemente, ofensa a princípios constitucionais.

O processo cautelar, não obstante seja autônomo, tem sua existência justificada em função de outra demanda, de conhecimento ou de execução, com a qual guarda algum relacionamento. Serve, assim, para tornar viável que se atinja o objetivo primordial da jurisdição, assegurando ou garantido o eficaz desenvolvimento e o profícuo resultado de outra ação, tida por principal. Esse é o motivo pelo qual conclui Carnelutti[90] que enquanto o processo principal (de cognição ou execução) serve à tutela do direito, o processo cautelar, ao contrário, serve à tutela daquele processo. A função jurisdicional exercida no âmbito de processo cautelar, acentua Galeno Lacerda,[91] caracteriza-se pela outorga de segurança com vistas a garantir o *resultado útil* das demais funções (cognitiva e executiva).

---

90. *Diritto e processo*. Nápoles: Morano, 1958, p. 356.

91. *Comentários ao Código de Processo Civil*. 8ª ed. Rio de Janeiro: Forense, 2000, v. VIII, t. I, p. 3.

Tendo em vista a instrumentalidade que lhe é inerente, inconcebível qualquer tentativa de empregar a ação cautelar e a decisão nela proferida para conferir posição favorecida a um dos litigantes, interferindo no objeto do processo principal. Um sequestro ou um arresto, por exemplo, não tem outro objetivo senão o de evitar que a demora para a solução da lide processual redunde em alteração do equilíbrio inicial de forças entre as partes, tornado inviável a efetividade da tutela relativa ao processo principal. O provimento cautelar serve para impedir que as consequências materiais e jurídicas do inevitável transcurso do tempo sejam suportadas pelo autor do processo principal, caso este venha a ser vencedor da demanda. Não se presta para definir, de antemão, o direito dos litigantes. As medidas cautelares, vale repetir, não podem ter um fim em si mesmas, pois apenas *servem a um processo principal*: seu objetivo consiste em criar ou manter um estado ideal para a atuação da prestação jurisdicional definitiva, a ser realizada em processo de conhecimento ou executivo; a tutela cautelar está preordenada a servir a um posterior provimento, com o escopo de prevenir perigo, evitando possível dano jurídico e ineficácia da solução do processo principal.

Tendo em linha de conta o caráter *instrumental* da providência cautelar, esta, se de um lado visa a evitar lesão irreparável ou de difícil reparação ao autor do processo principal, caso este saia vencedor da demanda, observada por outro ângulo, a decisão cautelar também não pode desencadear grave prejuízo ao requerido, insusceptível de restabelecimento na hipótese de a ação principal ser julgada improcedente. O provimento cautelar deve conferir *utilidade* à ação principal, resguardando o réu, por outro lado, contra eventuais riscos e lesões decorrentes da atuação prática daquela medida. Não é por outro motivo que o juiz, ao conceder providências cautelares *inaudita altera parte*, pode determinar que o requerente preste caução real ou fidejussória de ressarcir os danos que o requerido possa vir a sofrer (art. 804, CPC) [art. 300, CPC/2015].

12. Conclusões

Postos esses fundamentos que me parecem imprescindíveis à análise, reescrevo as perguntas formuladas anteriormente, respondendo-as de maneira objetiva:

1. Vigência e aplicação são conceitos que se confundem? Qual a relação entre eles? Norma vigente pode não ser aplicada? E norma que perdeu a sua vigência poderá ser aplicada? O que significa "aplicar o direito"? Incidência e aplicação são expressões equivalentes?

Resposta: Se diz vigente a norma jurídica quando ela está apta para qualificar fatos e determinar o surgimento de efeitos de direito, dentro dos limites que a ordem positiva estabelece, no que concerne ao espaço e no que consulta ao tempo. Vigência, portanto, atribui às leis força jurídica para cobrir, isto é, juridicizar um determinado setor do mundo externo, fazendo-o por certo trato de tempo que ela mesma demarca, como unidade de um sistema jurídico igualmente submetido a idênticas limitações.

Já a aplicação das normas jurídicas tem íntima ligação com a eficácia social, porque a inaplicabilidade reiterada de disposições normativas representa a inoperância de suscitar as relações de direito que o legislador associou à concretização dos fatos descritos, equivalendo à ausência de efetividade para regular as condutas interpessoais. Nessa perspectiva é cabível até falar-se na aplicação como algo que se põe entre a vigência e a eficácia jurídica, técnica e social, uma vez que, vigente a norma, é de ser aplicada, e com a aplicação surdem à luz os efeitos que a ordem jurídica previu. Operando-se a inaplicação, contudo, não se promove a alteração do mundo social que o legislador prescreveu, e dizemos que a regra se mostrou socialmente ineficaz, ao menos no que se refere àquele caso concreto.

Norma vigente pode não ser aplicada, ao mesmo tempo em que nos deparamos com a aplicação de regras que já perderam seu vigor para o futuro. Exemplo da última situação temos na figura do ato jurídico do lançamento, em que, por vezes, o agente competente declara a ocorrência de um evento pretérito, aplicando-lhe a legislação que o regulava, muito embora a lei invocada tenha sido revogada, perdendo a vigência futura. Nessa hipótese, tais normas passarão a ter apenas vigor sobre acontecimentos anteriores à sua revogação, não podendo, portanto, alcançar fatos novos que porventura ocorram. Nada obstante, continuam válidas no sistema, para aplicação a sucessos passados, sobre os quais concentrarão o inteiro teor de sua vigência.

Aplicar o direito é dar curso ao processo de positivação, extraindo de regras superiores o fundamento de validade para a edição de outras regras. É o ato mediante o qual alguém interpreta a amplitude do preceito geral, fazendo-o incidir no caso particular e sacando, assim, a norma individual. A aplicação das normas jurídicas se consubstancia no esforço de relatar, mediante o emprego de linguagem competente, os eventos do mundo real-social (descritos no antecedente das normas gerais e abstratas), bem como as relações jurídicas (prescritas no consequente das mesmas regras). Isso significa equiparar, em tudo e por tudo, *aplicação* à *incidência*, de tal modo que aplicar u'a norma é fazê-la incidir na situação por ela juridicizada. E saliente-se, neste passo, que utilizo *"linguagem competente"* como aquela exigida, coercitivamente, pelo direito posto.

2. Que é exigibilidade do crédito tributário? O que confere exigibilidade ao crédito tributário? Nas hipóteses do art. 151 do CTN, é correto falar em suspensão do crédito tributário?

Resposta: Por exigibilidade havemos de compreender o direito que o credor tem de postular, efetivamente, o objeto da obrigação, e isso tão só ocorre, como é óbvio, depois de tomadas todas as providências necessárias à constituição da dívida, com a lavratura do ato de lançamento tributário. É, portanto, o lançamento que constitui o crédito tributário e que lhe confere foros de exigibilidade, tornando-o susceptível de ser postulado, cobrado, exigido.

Ocorrendo alguma das hipóteses previstas no art. 151 da Lei nº 5.172/1966, aquilo que se opera, na verdade, é a suspensão do teor da exigibilidade do crédito, não do próprio crédito que continua existindo tal qual nascera.

3. Que é Medida Cautelar? Quais os elementos que a caracteriza? Qual o efeito jurídico tributário produzido por esta tutela jurisdicional?

Resposta: Trata-se da via processual, de caráter urgente, utilizada para afastar algum perigo, incompatível com o tempo necessário para que a ação principal seja decidida definitivamente (*periculum in mora*). Tem por objetivo, portanto, impedir a irreparabilidade do dano, pelo retardamento da sentença. Pressupõe, deste modo, outra tutela, cujo efeito visa a resguardar. Essa modalidade de demanda justifica-se nas situações em que a demora para a solução da lide pode comprometer a efetividade da decisão.

São elementos característicos da tutela cautelar: (i) *instrumentalidade*, já que não possui um fim em si mesma, destinando-se a assegurar os efeitos advindos de outro processo; (ii) *provisoriedade*, pois não se reveste de caráter definitivo, durando somente até que se oportunize a prolação de decisão no processo principal; (iii) *revogabilidade*, na medida em que a sentença no processo cautelar não forma coisa julgada material, podendo ser substituída, modificada ou revogada (arts. 805 e 807, CPC) [art. 305 a 310, CPC/2015], desde que os pressupostos fácticos o determinem; e (iv) *autonomia*, pela circunstância de que sua função e resultado não se confundem ou estão implicados naquele inerente ao processo principal.

Com caráter autônomo, não exprime ainda a convicção do órgão jurisdicional sobre o mérito do pedido, tanto assim que pode ser cassada a qualquer momento. O processo cautelar, não obstante sua autonomia, tem sua existência justificada em função de outra demanda, de conhecimento ou de execução, com a qual guarda algum relacionamento. Serve, assim, para possibilitar que se atinja o objetivo primordial da jurisdição, assegurando ou garantido o eficaz desenvolvimento e o profícuo resultado de outra ação, tida por principal. O processo cautelar, em assim dizendo, tutela o próprio processo.

As medidas cautelares não podem ter um fim em si mesmas, pois apenas servem a um processo principal: seu objetivo consiste em criar ou manter um estado ideal para atuação da prestação jurisdicional definitiva, a ser realizada em processo de conhecimento ou executivo; a tutela cautelar está preordenada a servir a um posterior provimento, com o escopo de prevenir perigo, evitando possível dano jurídico e ineficácia da solução do processo principal.

Para fins tributários, concedida a liminar, em processo de mandado de segurança impetrado contra ato jurídico administrativo de lançamento tributário, a exigibilidade do ato fica suspensa, de sorte que a Fazenda passa a aguardar a sentença denegatória, ou, então, que a medida venha a ser sustada.

Tema XXXIV
SEGURANÇA JURÍDICA E MODULAÇÃO DOS EFEITOS

Sumário: 1. Palavras introdutórias. 2. Núcleo semântico do sobreprincípio da segurança jurídica. 3. O primado da segurança jurídica no tempo. 4. Aplicação prospectiva de conteúdos decisórios e a modulação dos efeitos de decisões jurisdicionais. 5. Retroatividade como desvalor perante a estrutura do sistema jurídico brasileiro. 6. Conclusão.

1. Palavras introdutórias

O procedimento de tomar o direito como fato da cultura, de reconhecer-lhe o caráter retórico e de compreendê-lo como produto efetivo de um tempo histórico marcado pela presença sensível de invariantes axiológicas está longe de ser mera tática aproximativa do estudioso para tentar compreender a textura do fenômeno jurídico. Ainda que, em certos momentos, a ordem normativa possa parecer mero conjunto de estratégias discursivas voltadas a regrar condutas interpessoais e, desse modo, concretizar o exercício do mando, firmando ideologias, tudo isso junto há de processar-se no âmbito de horizontes definidos, em que as palavras utilizadas pelo legislador, a despeito de sua larga amplitude semântica, ingressem numa combinatória previsível, calculável, mantida sob o controle das estruturas sociais dominantes. A possibilidade de estabelecer expectativas de comportamento e de torná-las efetivas ao longo do tempo impede que o direito assuma feição caótica e dá-lhe a condição de apresentar-se como sistema de proposições articuladas, pronto para realizar as diretrizes supremas que a sociedade idealiza.

Com efeito, os valores e sobrevalores que a Constituição proclama hão de ser partilhados entre os cidadãos, não como quimeras ou formas utópicas simplesmente desejadas e conservadas como relíquias na memória social, mas como algo pragmaticamente realizável, apto, a qualquer instante, para cumprir seu papel demarcatório, balizador, autêntica fronteira nos hemisférios da nossa cultura. A propósito, vale a afirmação peremptória de que o direito positivo, visto como um todo, na sua organização entitativa, nada mais almeja do que preparar-se, aparelhar-se, pré-ordenar-se para implantá-los.

Ora, a sociedade brasileira vive momentos de inquietação. A introdução de dois dispositivos de lei, o art. 27 da Lei nº 9.868/1999 e o art. 11 da Lei nº 9.882/1999, deu à luz novos debates sobre matérias de extrema relevância, até hoje alvo de discussões: *a modulação de efeitos em decisão de (in)constitucionalidade*.

Atualmente, nos Tribunais Superiores, admite-se em benefício do interesse público e em situação excepcional, isto é, nas hipóteses em que do reconhecimento da nulidade de ato normativo, com seus normais efeitos *ex tunc*, resultaria grave ameaça a todo o sistema legislativo vigente, atribuir efeito *pro futuro* à declaração incidental de inconstitucionalidade. A referida inovação conduziu nossas consciências, de maneira vertiginosa, ao questionamento de princípios fundamentais. Aquilo que há de mais caro para a dignidade de um sistema de direito positivo está sendo posto em tela de juízo, desafiando nosso espírito e estimulando nossas inteligências, ao reivindicar uma tomada de posição firme e contundente. Chegando-se a esse ponto, não cabem mais tergiversações e os expedientes retóricos somente serão admitidos para fundamentar a decisão de manter a segurança jurídica, garantindo a estabilidade das relações já reconhecidas pelo direito, ou de anunciar, em alto e bom som, que chegou o reino da incerteza, que o ordenamento vigente já não assegura, com seriedade, o teor de suas diretrizes, que as pomposas manifestações dos tribunais superiores devem ser recebidas com reservas, porque, a qualquer momento, podem ser revistas, desmanchando-se as orientações jurídicas até então vigentes, sem outras garantias para os jurisdicionados.

Trata-se de pura idealização pensar na possibilidade de funcionamento de um subsistema social qualquer sem a boa integração dos demais subsistemas que formam o tecido social pleno. Não cabe cogitar da implantação de um primoroso modelo econômico, por exemplo, sem a sustentação das estruturas políticas e jurídicas que com ele se implicam. As virtudes da Constituição de 1988, que são muitas, fizeram imaginar um Brasil avançado e democrático, em que os direitos e garantias dos cidadãos se multiplicariam em várias direções. Mas bastou a prática dos primeiros anos para nos fazer ver que as previsões da Carta Suprema não se concretizariam sem o suporte de um judiciário digno de suas decisões.

O sistema jurídico brasileiro surgiu no âmago desse processo empírico onde o direito aparece e comparece como autêntico produto da cultura, acumulando-se no seu historicismo para projetar o entusiasmo de uma sociedade que olha para o futuro e pretende vivê-lo com a consciência de suas conquistas e com a força do seu espírito.

Sua configuração jurídica reflete bem a complexidade das instituições básicas de um Estado igualmente complexo. Seria até ingenuidade supor que num sistema em que convivem pessoas dotadas de autonomia legislativa, financeira, administrativa e política, pudessem existir diretrizes simples e transparentes que, em conjugação elementar com outras providências, tivessem o condão de esquematizar uma organização operativa e eficiente.

O sistema que temos foi forjado na prática das nossas instituições, nasceu e cresceu entre as alternâncias de uma história política agitada, irrequieta, no meio de incertezas econômicas internas e externas. Sua fisionomia é a do Brasil dos nossos tempos, com suas dificuldades, suas limitações, mas também com suas grandezas e, para que não dizer, com a surpreendente vitalidade de um país jovem, que marca, incisivamente, sua presença no concerto das nações.

Tenho para mim que tais lembranças devem ser consignadas, no momento mesmo em que entra em jogo a própria manutenção da integridade sistêmica do Estado brasileiro. Vivemos o processo de uma decisão significativa e importante. E a melhor contribuição que o jurista poderia oferecer está na manifestação axiologicamente neutra (na medida do possível) a respeito do quanto percebe existir no trato com o real. Se a pretensão é alterar, efetivamente, a modulação dos efeitos das decisões em controle de (in)constitucionalidade, assunto delicado que pode abalar em seus fundamentos a organização jurídica nacional, requer-se domínio técnico e conhecimento especializado sobre a matéria.

Eis um ponto de real interesse, que envolve diretamente o bom funcionamento das instituições, garantindo, no domínio do direito tributário, o contribuinte e o próprio Estado-administração contra excessos que a Carta Magna esteve longe de conceber e de autorizar. Por que não aproveitarmos o ensejo para estabelecer os limites que estão faltando? Por que não emendarmos a Constituição em trechos como esse, atendendo às reivindicações dos especialistas, para aperfeiçoar um sistema que vem sendo construído como a projeção do sentimento histórico da sociedade brasileira?

Para melhor dirigir os esforços investigativos que a inquietação das perguntas anteriores incitam e em nome da objetividade das conclusões deste texto, formulo três quesitos para ditar o ponto de partida e, ao final do escrito, submeter as ideias havidas ao teste com eles proposto. Ei-los:

1. De que maneira os fatos pretéritos e futuros relacionam-se com a segurança jurídica?

2. É condizente com o sistema jurídico brasileiro a chamada "modulação de efeitos das decisões judiciais"?

3. Se positiva a resposta anterior, é possível afirmar seu cabimento também nas hipóteses de controle difuso de constitucionalidade?

2. Núcleo semântico do sobreprincípio da segurança jurídica

Vivemos um tempo histórico de grandes questionamentos constitucionais, sobretudo em matéria tributária. As raízes do nosso sistema, cravadas no Texto Supremo, fazem com que a atenção dos estudiosos seja convocada para o inevitável debate sobre o conteúdo de princípios fundamentais, conduzindo os feitos à apreciação do Supremo Tribunal Federal. Fica até difícil imaginar assunto tributário que possa ser inteiramente resolvido em escalões inferiores, passando à margem das diretrizes axiológicas ou dos limites objetivos estabelecidos na Carta Magna. Por sem dúvida que tal consideração eleva, desde logo, esse ramo do direito público, outorgando-lhe *status* de grande categoria, pois discutir temas de direito tributário passa a significar, em última análise, resolver tópicos da mais alta indagação jurídica, social, política e econômica.

Por outro lado, a estabilidade das relações jurídicas tributárias, diante das manifestações da nossa mais superior corte de justiça, torna-se assunto sobremaneira delicado, requerendo atenção especialíssima do intérprete, porquanto está em jogo o sobreprincípio da segurança jurídica.

A certeza do direito é um princípio que revela as pretensões do sobrevalor da segurança jurídica quando requer do enunciado normativo a especificação do fato e da conduta regrada, bem como, quando exige previsibilidade do conteúdo da coatividade normativa. Tais determinações levam à certeza da mensagem jurídica, permitindo a compreensão do conteúdo, nos planos concretos e abstratos.

Não temos notícia de que algum ordenamento contenha o princípio da segurança jurídica como regra explícita. Efetiva-se pela atuação de outros princípios, como o da legalidade, da anterioridade, da igualdade, da irretroatividade, da universalidade da jurisdição etc. Isso, contudo, em termos de concepção estática, de análise das normas, de avaliação de um sistema normativo sem considerarmos suas projeções sobre o meio social. Se nos detivermos em um direito positivo, historicamente dado, e isolarmos o conjunto de suas normas (tanto as somente válidas, como também as vigentes), indagando dos teores de sua racionalidade; do nível de congruência e harmonia que as proposições apresentam; dos vínculos de coordenação e de subordinação que armam os vários patamares da ordem posta; da rede de relações sintáticas e semânticas que respondem pela tessitura do todo; então será possível emitirmos um juízo de realidade que conclua pela existência do primado da segurança, justamente porque neste ordenamento empírico estão cravados aqueles valores que operam para realizá-lo. Se a esse tipo de verificação circunscrevemos nosso interesse pelo sistema, mesmo que não identifiquemos a primazia daquela diretriz, não será difícil implantá-la. Bastaria instituir os valores que lhe servem de suporte, os princípios que, conjugados, formariam os fundamentos a partir dos quais se levanta. Assim, vista por esse ângulo, será difícil encontrarmos uma ordem jurídico-normativa que não ostente o princípio da segurança. E, se o setor especulativo é o do Direito Tributário, praticamente todos os países do mundo ocidental, ao reconhecerem aqueles vetores que se articulam axiologicamente, proclamam, na sua implicitude, essa diretriz suprema.

DERIVAÇÃO E POSITIVAÇÃO NO DIREITO TRIBUTÁRIO

Apesar de tudo o que se disse, o direito existe para cumprir o fim específico de regrar os comportamentos humanos nas suas relações de interpessoalidade, implantando os valores que a sociedade almeja alcançar. As normas gerais e abstratas, principalmente as contidas na Lei Fundamental, exercem um papel relevantíssimo, pois são o fundamento de validade de todas as demais, indicam os rumos e os caminhos que as regras inferiores haverão de seguir. Porém, como já anotei, é nas normas individuais e concretas que o direito se efetiva, se concretiza, se mostra como realidade normada, produto final do intenso e penoso labor de positivação. É o preciso instante em que a linguagem do direito toca o tecido social, ferindo a possibilidade da conduta intersubjetiva. Daí porque não basta o trabalho preliminar de conhecer a feição estática do ordenamento positivo. Torna-se imperioso pesquisarmos o lado pragmático da linguagem normativa, para saber se os utentes desses signos os estão empregando com os efeitos que a visão estática sugere. De nada adiantam direitos e garantias individuais, placidamente inscritos na Lei Maior, se os órgãos a quem compete efetivá-los não o fizerem com a dimensão que o bom uso jurídico requer. Agora, já na pragmática da comunicação jurídica, se é fácil perceber e comprovar os "limites objetivos", outro tanto não se dá com os valores. Este é o caso do sobreprincípio da *segurança jurídica*.

Não é preciso dizer mais. Convencionou-se que tal valor é, basicamente, a igualdade, a legalidade e a legalidade estrita, a universalidade da jurisdição, a vedação do emprego do tributo com efeitos confiscatórios, a irretroatividade e a anterioridade, ao lado do princípio que consagra o direito à ampla defesa e ao devido processo legal, todos, em verdade, limites objetivos realizadores do valor da segurança jurídica.

Experimentemos associar à *segurança jurídica* o limite objetivo da anterioridade. Com base neste preceito de direito tributário, se o tributo foi introduzido por ato infralegal, o que se prova com facilidade, ficaremos seguros em dizer que o princípio foi violado. Fique bem claro que o tributo cuja norma foi publicada em determinado exercício somente poderá incidir sobre fatos que vierem a ocorrer no ano seguinte, dando margem para que os destinatários planejem suas atividades econômicas, já cientes do custo representado pelo novo encargo. É limite objetivo que opera, decisivamente, para a realização do sobreprincípio da segurança jurídica. Seu sentido experimenta inevitável acomodação neste primado, vetor axiológico do princípio da anterioridade, de modo que o contribuinte não seja surpreendido com exigência tributária inesperada.

Da mesma forma se dá com o princípio da legalidade, limite objetivo que se presta, ao mesmo tempo, para oferecer segurança jurídica aos cidadãos, na certeza de que não serão compelidos a praticar ações diversas daquelas prescritas por representantes legislativos, e para assegurar observância ao primado constitucional da tripartição dos poderes. O princípio da legalidade compele o intérprete, como é o caso dos julgadores, a procurar frases prescritivas, única e exclusivamente, entre as introduzidas no ordenamento positivo por via de lei ou de diploma que tenha o mesmo *status*. Se do consequente da regra advier obrigação de dar, fazer ou não-fazer alguma coisa, sua construção reivindicará a seleção de enunciados colhidos apenas e tão somente no plano legal.

E assim também o é com o princípio da irretroatividade das leis. Renovo, neste momento, a posição segundo a qual, abaixo da justiça, o ideal maior do direito é a segurança jurídica, sobreprincípio que se irradia por todo o ordenamento e tem sua concretização realizada por meio de outros princípios, tal como o da irretroatividade das leis. Com ela não se compatibiliza dispositivo que, além de determinar ao Judiciário que este modifique orientação pacificada, pretende ser aplicado retroativamente. Eis que o tema pede maiores reflexões.

3. O primado da segurança jurídica no tempo

Nos termos do art. 5°, inciso XXXVI, da Constituição da República, *as leis não podem retroagir, alcançando o direito adquirido, o ato jurídico perfeito e a coisa julgada*. Qualquer agressão a essa sentença constitucional representará, ao mesmo tempo, uma investida à estabilidade dos súditos e um ataque direto ao bem da certeza do direito e da segurança jurídica, que são seus vetores imediatos.

Contudo, entre um conceito e outro utilizados para definir o princípio da irretroatividade, não há por que confundir a *certeza do direito*, naquela acepção de índole sintática, com o cânone da *segurança jurídica*. Aquela é atributo essencial, sem o que não se produz enunciado normativo com *sentido deôntico*; este último é decorrência de fatores sistêmicos que utilizam o primeiro de modo racional e objetivo, mas dirigido à implantação de um valor específico, qual seja o de coordenar o fluxo das interações inter-humanas, no sentido de propagar no seio da comunidade social o sentimento de previsibilidade quanto aos efeitos jurídicos da regulação da conduta. Ao mesmo tempo, a certeza do tratamento que será outorgado aos fatos já consumados, aos direitos adquiridos e da força da coisa julgada, lhes dá a garantia do passado. Como já assinalei em outras oportunidades, essa bidirecionalidade *passado/futuro* é fundamental para que se estabeleça o clima de segurança das relações jurídicas, motivo por que dissemos que *o princípio depende de fatores sistêmicos*. Quanto ao passado, exige-se um único postulado: o da irretroatividade. No que aponta para o futuro, entretanto, muitos são os expedientes principiológicos necessários para que se possa falar na efetividade do primado da segurança jurídica. Desnecessário encarecer que a segurança das relações jurídicas é indissociável do valor *justiça*, e sua realização concreta se traduz numa conquista paulatinamente perseguida pelos povos cultos.

4. Aplicação prospectiva de conteúdos decisórios e a modulação dos efeitos de decisões jurisdicionais

O direito é senhor do tempo, frase difundida nos textos mais conhecidos de Filosofia e de Teoria Geral. Seja para estipular, reduzir ou ampliar a eficácia da disciplina dos comportamentos intersubjetivos, o legislador, no seu sentido mais amplo (o do Poder Legislativo, o do Judiciário, o do Executivo ou o do Setor Privado), isto é, todos aqueles que, investidos de competência pela ordem jurídica em vigor, têm a prerrogativa de fazer inserir normas no sistema, tanto as gerais e abstratas, como as individuais e concretas ou as individuais e abstratas, o legislador, repita-se, está devidamente credenciado a manipular o *tempo* tendo em vista a configuração dos projetos regulatórios que bem lhe aprouver.

Alarga o intervalo temporal que ele mesmo estabelece quando prescreve, como no caso da decadência tributária, que o prazo é de 5 (cinco) anos, por exemplo, mas que o termo inicial de contagem é o primeiro dia do exercício seguinte àquele em que a Fazenda poderia ter celebrado o ato de lançamento. Pode reduzi-lo, assim como opera com o prazo de prescrição (também de cinco anos), fixando o termo inicial, contudo, para a data em que o contribuinte tiver ciência da pretensão tributária, conquanto a Fazenda não tenha ainda manifestado inércia como titular do direito de ação, ao menos no que diz respeito aos primeiros trinta dias do ato notificatório. Em outros casos, faz retroagir a norma aplicável, para atender a motivos que julga satisfazer aos ideais de justiça. O Presidente da República, por exemplo, mediante decreto, instaura o "horário de verão", mexendo nos ponteiros do relógio, para adiantá-los por uma hora. Os particulares, no domínio de suas possibilidades jurídico-contratuais, dispõem como bem lhes parece acerca do tempo das prestações firmadas. E o Poder Judiciário, dizendo o direito aos casos concretos, institui o lapso temporal que melhor consultar à realização do que entende por justo. É nesse sentido que se diz, metaforicamente, que *o direito é senhor do tempo*.

Demoremo-nos um pouco no tópico da modulação de efeitos das declarações de inconstitucionalidade. Tratando-se de controle concentrado, como princípio geral, declarava-se a nulidade da norma, revogando o enunciado em termos retrospectivos, isto é, *ipser juri ab initio*, o que significa atribuir efeitos *ex tunc* ao ato decisório. Estabelecido, porém, que a declaração de inconstitucionalidade pode dar-se a qualquer tempo, ou seja, o direito de ação não preclui, passou-se a observar que a aplicação da pena de nulidade, como regra, prejudicaria não somente a certeza do direito, mas também e principalmente o próprio direito, enquanto sistema prescritivo de condutas, uma vez que toda norma goza da presunção de constitucionalidade até ser expulsa do sistema. A providência ensejaria, em algumas situações, clima de instabilidade, depreciando o sentimento de certeza das mensagens normativas, um dos pilares de sustentação da ordem jurídico-positiva.

Foi na extensão desta medida, para atender a casos peculiares e excepcionais, que a anulabilidade de norma inconstitucional com a modulação de seus efeitos surgiu como importante instrumento para salvaguardar o princípio da supremacia da Constituição e outros valores fundamentais como o primado da segurança jurídica.

Nesse contexto, foram promulgadas, em 1999, duas leis ordinárias – a Lei nº 9.868 e a Lei nº 9.882 –, anunciando, entre seus preceitos, dois dispositivos da maior relevância, que inovaram o tema da modulação dos efeitos no ordenamento jurídico brasileiro. Vejamos:

> Art. 27, da Lei nº 9.868/1999. Ao declarar a inconstitucionalidade de lei ou ato normativo, e tendo em vista razões de segurança jurídica ou de excepcional interesse social, poderá, o Supremo Tribunal Federal, por maioria de dois terços de seus membros, restringir os efeitos daquela declaração ou decidir que ela só tenha eficácia a partir de seu trânsito em julgado ou de outro momento que venha a ser fixado. (grifei).
>
> Art. 11, da Lei nº 9.882/1999. Ao declarar a inconstitucionalidade de lei ou ato normativo, no processo de arguição de descumprimento de preceito fundamental, e tendo em vista razões de

segurança jurídica ou de excepcional interesse social, poderá o Supremo Tribunal Federal, por maioria de dois terços de seus membros, restringir os efeitos daquela declaração ou decidir que ela só tenha eficácia a partir de seu trânsito em julgado ou de outro momento que venha a ser fixado. (grifei).

Diante dos textos de lei acima transcritos, a Suprema Corte passou a decidir sobre o termo inicial dos efeitos da declaração de inconstitucionalidade, fixando-o em momento diverso daquele da publicação da decisão, segundo dois critérios subjetivos: (i) a segurança jurídica e (ii) o excepcional interesse social, buscando, dessa maneira, temperar os efeitos negativos da modificação de situações jurídicas já consolidadas no âmbito social.

Fica a Suprema Corte, desse modo, melhor paramentada ao exercício de sua função de *guarda da Constituição* prescrita no art. 102 da Carta, na medida em que pode modular os efeitos de uma declaração de inconstitucionalidade, reduzindo os impactos que seriam produzidos sobre outros direitos fundamentais, caso fosse subitamente reconhecida a invalidade dos dispositivos questionados.

O asserto pode ser confirmado nos julgados que abaixo transcrevo:

> RECURSO EXTRAORDINÁRIO. MUNICÍPIOS. CÂMARA DE VEREADORES. COMPOSIÇÃO. AUTONOMIA MUNICIPAL. LIMITES CONSTITUCIONAIS. NÚMERO DE VEREADORES PROPORCIONAL À POPULAÇÃO. CR, ARTIGO 29, IV. APLICAÇÃO DE CRITÉRIO ARITMÉTICO RÍGIDO. INVOCAÇÃO DOS PRINCÍPIOS DA ISONOMIA E DA RAZOABILIDADE. INCOMPATIBILIDADE ENTRE POPULAÇÃO E O NÚMERO DE VEREADORES. INCONSTITUCIONALIDADE INCIDENTER TANTUM DA NORMA MUNICIPAL. EFEITOS PARA O FUTURO. SITUAÇÃO EXCEPCIONAL. (...)
>
> 7. Efeitos. Princípio da segurança jurídica. Situação excepcional em que a declaração de nulidade, com seus normais efeitos ex tunc, resultaria em grave ameaça a todo o sistema legislativo vigente. Prevalência do interesse público para assegurar, em caráter de exceção, efeitos pro futuro à declaração incidental de

inconstitucionalidade. Recurso extraordinário conhecido e, em parte, provido. (grifei)[92]

> A Constituição de 1988 instituiu o concurso público como forma de acesso aos cargos públicos. CR, art. 37, II. Pedido de desconstituição de ato administrativo que deferiu, mediante concurso interno, a progressão de servidores públicos. Acontece que, à época dos fatos – 1987 a 1992 –, o entendimento a respeito do tema não era pacífico, certo que, apenas em 17/02/1993, é que o Supremo Tribunal Federal suspendeu, com efeito ex nunc, a eficácia do art. 8º, III, art. 10, parágrafo único; art. 13, § 4º; art. 17 e art. 33, IV, da Lei 8.112, de 1990, dispositivos esses que foram declarados inconstitucionais em 27-08-1998: ADI 837 DF, relator o Ministro Moreira Alves, DJ de 25-6-1999. O princípio da boa-fé e da segurança jurídica autorizam a adoção do efeito ex nunc para a decisão que decreta a inconstitucionalidade. Ademais, os prejuízos que adviriam para a Administração seriam maiores que eventuais vantagens do desfazimento dos atos administrativos. (grifei)[93]

Consoante se vê nos exemplos acima, que ilustram o posicionamento do Supremo Tribunal Federal, a introdução dos supramencionados dispositivos, em 1999, atribuiu àquela Corte competência para anular as decisões que declaram inconstitucional determinada norma, possibilitando a estipulação de efeitos *ex nunc* e *pro futuro*, a fim de resguardar as relações jurídicas que se firmaram sob o manto da norma posteriormente tida por inconstitucional. Lembremos: tudo em homenagem ao princípio da segurança jurídica e ao excepcional interesse social.

O Ministro Leitão de Abreu, em acórdão de que foi relator, em maio de 1977, já inscrevia palavras que se acomodam bem ao presente assunto. Em seus termos:

> A tutela da boa-fé exige que, em determinadas circunstâncias, notadamente quando, sob a lei declarada inconstitucional, se estabeleceram relações entre o particular e o poder público, se apure, prudencialmente, até que ponto a retroatividade da

---

92. RE 273.844/SP, Rel. Min. Maurício Correa, Tribunal Pleno, DJ 21/05/2004.
93. RE 442.683/RS, Rel. Min. Carlos Velloso, DJ 24/04/2006.

decisão, que decreta a inconstitucionalidade, pode atingir, prejudicando-o, o agente que teve por legítimo o ato e, fundado nele, operou na presunção de que estava procedendo sob o amparo do direito objetivo.[94]

É invocando os mesmos critérios subjetivos – segurança jurídica e excepcional interesse social – que se pretende proteger, hoje, as relações formuladas em vista do ordenamento tributário vigente, resguardando-se todas as situações jurídicas já firmadas pelos contribuintes que, de boa-fé, acreditaram naquilo que dispunha a lei e, com base nela, consolidaram suas relações de direito. Ora, de ver está que não seria justo surpreender aqueles jurisdicionados que seguiram as diretrizes vigentes ao tempo da lei, agravado pelas sanções da ilicitude, precisamente quando da mudança de entendimento jurisprudencial, pela nova orientação deste Egrégio Tribunal.

5. Retroatividade como desvalor perante a estrutura do sistema jurídico brasileiro

Nosso ordenamento rejeita com força e veemência que as normas jurídicas retroajam para atingir situações consolidadas no tempo. As exceções são pouquíssimas e literalmente consignadas. Certo que as disposições, no mais das vezes, fazem referência ao direito posto pelo Poder Legislativo, por meio das leis complementares, delegadas, ordinárias, decretos legislativos e resoluções. Todavia, esses são instrumentos introdutores de normas emanados por aquele Poder da República. A rejeição é a mesma quando se tratar de normas postas por decretos do Chefe do Executivo, medidas provisórias, instruções ministeriais, portarias etc., unidades normativas exaradas pelo Poder Administrativo. E, de igual forma, aplica-se ao Poder Judiciário, foco ejetor de normas preponderantemente individuais e concretas, se bem que haja muitas individuais e abstratas (servidão de passagem, por exemplo)

---

94. RE 79.343/BA, 2ª Turma, Rel. Min. Leitão de Abreu, DJ 31/05/1977.

e até gerais e abstratas, como os Regimentos, votados e aprovados pelos Ministros ou Desembargadores que compõem a Corte. Quando o assunto gira em torno de normas jurídicas, nosso pensamento se projeta, desde logo, para o Legislativo, mas é um equívoco pensar que os demais poderes não editem regras jurídicas (aqui empregada a expressão como equivalente nominal de normas).

Disse-o com muita propriedade o Professor Cândido Rangel Dinamarco, traçando o paralelo entre a retroatividade legislativa e a judiciária:

> Para elas (empresas) o impacto de uma tal mudança jurisprudencial seria em tudo e por tudo equivalente ao impacto que sobre suas respectivas esferas de direitos produziria uma alteração legislativa.
>
> (...)
>
> Qual diferença haveria entre a retroatividade dessa mudança jurisprudencial e a lei nova?
>
> (...)
>
> Mas, como me parece que ficou bastante claro, o que aqui repudio é outra coisa, a saber: a abrupta imposição de uma nova jurisprudência, em um tema de tanta repercussão na vida e higidez das empresas, sem levar em conta todas aquelas situações criadas e consumadas diante da expectativa criada pelo próprio Poder Judiciário.
>
> Ora, em si mesmo o expresso veto constitucional à retroatividade das leis (Constituição, art. 5º, inc. XXXVI) comporta fácil extensão analógica capaz de produzir sua imposição à jurisprudência nova, que não deverá atingir situações pretéritas, já consumadas sob a égide da antiga.[95]

A verdade é que não há disciplina expressa sobre a vedação do uso retroativo da jurisprudência, no que concerne ao controle difuso de constitucionalidade. A construção vem nascendo e se ampliando com supedâneo na própria experiência

---

95. Parecer produzido em 09 de maio de 2005 e publicado em obra coletiva pela Editora Manole Ltda.

jurídica do dia a dia. Mesmo antes da vigência da Lei nº 9.868/1999, o Ministro Gilmar Ferreira Mendes já se manifestava favoravelmente ao que veio representar o conteúdo do art. 27 daquele Estatuto. E, como fez anotar Cândido Rangel Dinamarco, naquele mesmo parecer: *"uma pesquisa revela que ao menos dez entre os onze Ministros da Corte já se manifestaram nesse sentido, o que mostra que a tese não é sequer tão inovadora quanto à primeira vista me pareceu"*. [96]

De fato, a modulação dos efeitos em benefício da segurança jurídica já era tema conhecido da Suprema Corte que, apreciando matéria referente à fidelidade partidária, manifestou-se de forma peremptória pela possibilidade de concessão de efeitos *ex nunc* diante de hipótese de mudança substancial da jurisprudência assentada sobre o assunto. Eis um fragmento da decisão:

> Diante da mudança substancial da jurisprudência da Corte acerca do tema, que vinha sendo no sentido da inaplicabilidade do princípio da fidelidade partidária aos parlamentares empossados, e atento ao princípio da segurança jurídica, reputou-se necessário estabelecer um marco temporal a delimitar o início da eficácia do pronunciamento da matéria em exame.[97] (grifei)

Com efeito, as turmas estão vinculadas à declaração de constitucionalidade do plenário a partir de sua publicação, consoante os termos há muito assentados no C. Tribunal:

> I – Controle incidente de Constitucionalidade: vínculo das turmas do STF à precedente declaração plenária da constitucionalidade ou inconstitucionalidade de lei ou ato normativo, salvo proposta de revisão de qualquer dos Ministros (RISTF, arts. 101 e 103).
>
> II – Contribuição social sobre o lucro: L 7.689/88: constitucionalidade, com exceção do art.8º, declarada pelo plenário (RREE

---

96. Parecer produzido em 09 de maio de 2005 e publicado em obra coletiva pela Editora Manole Ltda.

97. MS 26.602, Rel. Min. Eros Grau, MS 26.603, Rel. Min. Celso de Mello, MS 26.604, Rel. Min. Cármen Lúcia, julgamento em 04.10.07, Informativo 482.

146.733, M. Alves, e 138.284, Velloso), que é de aplicar-se ao caso, à falta de novos argumentos de relevo. (grifei)[98]

É em vista de todo o exposto que entendo cumprirem papel de grande relevância no subdomínio das significações dos enunciados as sentenças prescritivas implícitas, compostas, por derivação lógica, de formulações expressas do direito positivo, onde se encontram tanto o magno princípio da *segurança jurídica* quanto o limite objetivo da *irretroatividade*. E é justamente mediante estes valores que o direito adquire a possibilidade de estabelecer expectativas de comportamento e de torná-las efetivas ao longo do tempo, impedindo-se com isso que o próprio ordenamento jurídico assuma feição caótica. Com alicerce nestes primados, o direito ganha a condição de apresentar-se como sistema de proposições articuladas, pronto para realizar as diretrizes supremas que a sociedade idealiza. Com base nestes ideais que a Carta Magna do Estado Brasileiro, em seus artigos 5º, XXXVI, e 150, III, "a", constrói e autentica o sentimento de previsibilidade quanto aos efeitos jurídicos da regulação da conduta.

A jurisprudência, como se viu, ao seu jeito, foi construindo o sentido que lhe parece ser o mais justo, refletindo a inconstância dos relacionamentos sociais, enquanto a doutrina procurou acompanhar esse processo de configuração, tentando encontrar o perfil de uma outorga de competência que o legislador constituinte não adscreveu de maneira expressa. E, tendo o direito posto como ideal maior a segurança jurídica, sobrevalor que se torna concreto mediante a realização de outros valores, dentre eles o da irretroatividade das leis, com ele não se concilia o enunciado prescritivo que, além de determinar ao Judiciário que altere orientação pacificada, pretende ser aplicado retroativamente. Qualquer violação a essas diretrizes supremas compromete, irremediavelmente, a realização do princípio implícito da certeza, como previsibilidade, e, ainda, o grande postulado da segurança jurídica.

---

98. STF, AgRg no AI 160174-5, 1ª turma, Rel. Min. Sepúlveda Pertence, DJ 17/02/1995.

6. Conclusão

Volto então aos quesitos propostos no início deste estudo para, transcrevendo-os, respondê-los um a um:

1. De que maneira os fatos pretéritos e futuros relacionam-se com a segurança jurídica?

Resposta: *O direito é senhor do tempo*. Controla a bidirecionalidade *passado/futuro* das relações jurídicas que ele mesmo prescreve, fundando o clima de segurança que o sistema exige de si mesmo como condição para sua própria existência, motivo por que dissemos que o *sobreprincípio da segurança jurídica depende de fatores sistêmicos*. A irretroatividade é o primado que se ocupa do passado; enquanto que, para o futuro, muitos são os expedientes principiológicos necessários para que se possa falar na efetividade do primado da segurança jurídica.

2. É condizente com o sistema jurídico brasileiro a chamada "modulação de efeitos das decisões judiciais"?

Resposta: A modulação dos efeitos em benefício da segurança jurídica é tema conhecido pela Suprema Corte que se manifestara, já em 1977, pela possibilidade de concessão de efeitos *ex nunc* diante de hipótese de mudança substancial da jurisprudência assentada sobre o assunto. Ora, de ver está, não seria justo surpreender aqueles jurisdicionados que seguiram as diretrizes vigentes ao tempo da lei, agravado pelas sanções da ilicitude, precisamente quando da mudança de entendimento jurisprudencial, pela nova orientação deste Egrégio Tribunal.

3. Se positiva a resposta anterior, é possível afirmar seu cabimento também nas hipóteses de controle difuso de constitucionalidade?

Resposta: Sim. Não há disciplina expressa sobre a vedação do uso retroativo da jurisprudência, no que concerne ao controle difuso de constitucionalidade. No entanto, em vista das sentenças prescritivas implícitas, compostas, por derivação lógica, de formulações expressas do direito positivo, onde se encontram tanto o magno princípio da *segurança jurídica* quanto o limite objetivo da *irretroatividade*, o direito adquire a possibilidade de estabelecer expectativas de comportamento e de torná-las efetivas ao longo do tempo, impedindo-se com isso que o próprio ordenamento jurídico assuma feição caótica.

Deveres Instrumentais

DEVERES INSTRUMENTAIS

Tema XXXV

CERTIDÃO NEGATIVA DE DÉBITO

Inexigibilidade de CND para fins de registro da compra e venda de bem imóvel 299

Tema XXXVI

DEVERES INSTRUMENTAIS E PROVA NO CRÉDITO-PRÊMIO DE IPI

Identificação dos documentos competentes para atestar a efetiva realização de operações de exportação, com o fim específico de reconhecimento e aproveitamento do crédito-prêmio de IPI.. 325

Tema XXXVII

ICMS SOBRE A VENDA DE BENS DO ATIVO FIXO: Apreciação sobre a competência tributária dos Estados e do Distrito Federal para exigirem ICMS com base na venda de bens do ativo fixo, assim como o cumprimento dos correspondentes deveres instrumentais 351

Tema XXXVIII

OS DEVERES INSTRUMENTAIS NO ICMS-TRANSPORTE
Entendimento segundo as conjunturas da prestação de serviços de *courier* 371

Tema XXXV
CERTIDÃO NEGATIVA DE DÉBITO
Inexigibilidade de CND para fins de registro da compra e venda de bem imóvel

Sumário: 1. Introdução. 2. Propriedade: aproximação do conceito e modo pelo qual se opera sua aquisição no caso de bem imóvel. 3. Garantias do crédito tributário e os limites da presunção de fraude na alienação de bens. 4. Certidão negativa de débitos: sua função e requisitos de exigibilidade. 5. A inexigibilidade de CND para fins de registro da compra e venda de bem imóvel. 5.1. Implicações no âmbito do direito tributário. 5.2. Implicações na esfera civil. 6. Hipóteses de dispensa legal da apresentação da CND. 7. Respostas às indagações formuladas.

1. Introdução

A linguagem natural está para a realidade em que vivemos assim como a linguagem do direito está para a realidade jurídica. Dito de outra maneira, da mesma forma que a linguagem natural constitui o mundo circundante, a que chamamos de realidade, a linguagem do direito cria o domínio do jurídico, isto é, o campo material das condutas intersubjetivas, dentro do qual nascem, vivem e morrem as relações disciplinadas pelo direito. Se não há fato sem articulação de linguagem, também inexistirá fato jurídico sem a linguagem específica que o relate como tal. Se, por exemplo, S' empresta quantia em dinheiro para S", mas não consegue expressar sua reivindicação mediante as provas que o direito prescreve como ajustadas à espécie, vale dizer, faltando linguagem jurídica competente para narrar o acontecimento, não se poderá falar em fato jurídico. A circunstância conserva sua natureza factual porque descrita em linguagem ordinária, porém não alcança a dignidade de fato jurídico por ausência da expressão verbal adequada.

O direito positivo é vertido numa linguagem técnica, assim entendida toda aquela que se assenta no discurso natural, aproveitando, em quantidade considerável, palavras e expressões de cunho determinado, pertinentes ao patrimônio das comunicações científicas. Projeta-se sobre o campo do social, disciplinando os comportamentos interpessoais com seus três operadores deônticos (obrigatório, proibido e permitido), orientando as condutas em direção aos valores que a sociedade quer ver implantados. Sua função é eminentemente prescritiva, incidindo como um conjunto de ordens, de comandos, que buscam alterar comportamentos sociais, motivando seus destinatários.

Em termos de ação direta, é a linguagem do direito que constitui as realidades do mundo jurídico. Mesmo quando mal aplicadas, as regras do direito operam em nome do ordenamento em vigor, recortando o mundo social na estrita conformidade das determinações contidas nos seus comandos. Eis o fato meramente social adquirindo a dimensão de fato jurídico. Foi juridicizado, na expressão empregada por Pontes de Miranda, e, neste momento, constituiu-se uma situação nova, ampliando-se a realidade do direito pela ação de sua linguagem própria.

Todas essas injunções nos transportam, quase que imperceptivelmente, a outros domínios do conhecimento. Tomemos que toda e qualquer manifestação de linguagem pede a investigação de seus três planos fundamentais: a sintaxe, a semântica e a pragmática. Só assim reuniremos condições de analisar o conjunto de símbolos gráficos e auditivos que o ser humano emprega para transmitir conhecimentos, emoções, formular perguntas ou, como é o caso do direito positivo, transmitir ordens, substanciadas em direitos e deveres garantidos por sanções.

O plano sintático é formado pelo relacionamento que os símbolos linguísticos mantêm entre si, sem qualquer alusão ao mundo exterior ao sistema. O semântico diz respeito às ligações dos símbolos com seus significados, as quais, tratando-se da linguagem jurídica, são os modos de referência à realidade: qualificar fatos para alterar normativamente a conduta. E o pragmático é tecido pelas formas segundo as quais os utentes da linguagem a empregam na comunidade do discurso e na comunidade social para motivar comportamentos.

Não há qualquer exagero em afirmar que os problemas relativos à validade das normas jurídicas, à constitucionalidade de regras do sistema, são questões que têm um lado sintático e, em parte, podem ser estudadas no plano da gramática jurídica. Dizem respeito à correta posição que as unidades normativas devem manter no arcabouço do direito. Por sua vez, situam-se no prisma semântico os importantes estudos das denotações e conotações dos termos jurídicos. E implementa-se a investigação da linguagem pela verificação do plano pragmático, em que radicam muitos dos problemas atinentes à eficácia, à vigência e à aplicação das normas jurídicas, incluindo-se o próprio fato da interpretação, com seu forte ângulo pragmático. A aplicação do direito é promovida por alguém que pertence ao contexto social por ele regulado e emprega os signos jurídicos em conformidade com pautas axiológicas comuns à sociedade.

Neste capítulo, empreenderei o exame das normas jurídicas que disciplinam a exigência de Certidões Negativas de Débitos nesses três planos semióticos, considerando o contexto jurídico normativo vigente, bem como interpretando-os segundo os princípios que orientam a atividade hermenêutica e os direitos dos cidadãos. Não se pode, jamais, desprezar o fato de que tais prescrições estão imersas no sistema jurídico brasileiro, exigindo, sua interpretação, o exame do ordenamento como um todo, único e uno.

Traçando em termos objetivos, o itinerário do projeto a que me propus neste estudo, seguem algumas indagações relevantes acerca do tema das Certidões Negativas de Débitos e sua inexigibilidade para fins de registro de contrato de compra e venda de bens imóveis. Ei-las:

1. Qual o conceito de "direito real" no ordenamento jurídico? Quando ocorre a aquisição da propriedade?

2. O direito de propriedade é transgredido na exigência de Certidão Negativa de Débito como requisito indispensável para a alienação de bens no ato do registro do título de transferência da propriedade? Estaria esta exigência de acordo com os princípios maiores da Constituição? Em caso negativo, quais deles estariam sendo infringidos?

3. Oferecidos bens em garantia do pagamento da dívida tributária, em que momento a lei considera impedida sua alienação, sob pena de se configurar fraude a credores? De acordo com o prescrito no parágrafo único do art. 185 do CTN, é possível que, uma vez oferecidos os bens em garantia, possa o contribuinte reservar outros para fins de alienação patrimonial daqueles anteriormente ofertados?

4. A Certidão Negativa de Débito poderá ser exigida ex officio pela Autoridade Pública sem que haja suporte legal? Quais as hipóteses em que a lei permite a exigência de Certidão Negativa de Débito para a realização do ato jurídico? A transferência da propriedade de bens imóveis encontra-se dentre elas?

5. Existem hipóteses em lei de dispensa da apresentação de CND? No domínio tributário, o ordenamento jurídico exige a apresentação de CND em se tratando de débitos previdenciários?

2. Propriedade: aproximação do conceito e modo pelo qual se opera sua aquisição no caso de bem imóvel

Na analítica dos direitos e deveres jurídicos correlatos, podemos perfeitamente dizer que "propriedade" é direito subjetivo. E direito subjetivo manifesta-se, invariavelmente, na forma de relação jurídica que, por sua vez, decorre da incidência de norma sobre um fato juridicizado. No caso da propriedade, esse fato é a expressão de um acordo de vontades, colhido pela norma que o juridicizou com certos efeitos peculiares. A prescrição normativa que regula a propriedade estatui que, *assentada a vontade das partes, então deve ser a prerrogativa do proprietário em exercer, como sujeito ativo, o direito de uso, gozo e disposição do bem em relação aos demais sujeitos, constituídos e reconhecidos perante o direito posto, que passam a ficar, desse modo, cometidos do dever reflexo de não turbar e de não impedir o exercício do referido direito.*

É sempre oportuno lembrar que a generalidade e o caráter abstrato da norma contrastam com a individualização e a concretude da relação jurídica. Falamos em direito objetivo no plano da norma, reservando a expressão "direito subjetivo" para o momento em que ocorrer o acontecimento factual, irradiando-se efeitos jurídicos concretos. Daí por que advertirmos sobre as diversas acepções com que pode ser tomado o vocábulo "propriedade", ora designando as prescrições de direito objetivo, ora disputado na interação das condutas interpessoais, enquanto direito subjetivo, ora ainda composto na forma de "instituto", entidade jurídica instituída e regulamentada por um conjunto orgânico de normas de direito posto, gerais e abstratas e individuais e concretas, como um microssistema normativo dentro de outros subsistemas maiores. Mas, pondo entre parênteses essas variações semânticas, cumpre-nos reconhecer, desde logo, que "propriedade" é uma criação do direito enquanto técnica impositiva, manifestando-se como norma, fato e correspectiva relação jurídica, dimensões que a Dogmática não pode deixar fora de seu campo especulativo.

A norma jurídica geral e abstrata não passa do nível conceptual para o domínio da concretude sem fato que lhe corresponda. E o fato, recortado da multiplicidade heterogênea da facticidade sociocultural, é *jurídico* na medida em que reflita o esquema abstrato do descritor normativo. Aquilo que excede ao esquema, ou é juridicamente irrelevante, ou é apenas relevante para outras normas da ordem em vigor.

Passando para o campo dos fatos, a norma, que é uma objetivação conceptual, adquire forma concreta. Assim sendo, a realização da norma é um processo de individualização. O fato é, topicamente, um aqui-e-agora. O fato típico, como classe, inexiste como dado existencial: é construção conceptual, objetiva, sim, mas que não oferece a resistência das coisas e dos fatos que compõem o mundo circundante. A classe das coisas móveis, no sentido jurídico, como classe, não é móvel nem imóvel. Para o direito, e para certos efeitos, pode ser imóvel uma casa, um terreno, um navio ou uma aeronave. Como premissa deste trabalho, cumpre retomar a ideia de que o direito, como linguagem, cria suas próprias realidades, constrói seus próprios conceitos e define-os para sobre eles poder falar com mais precisão. É como um tecido vivo e inteligente, capaz de prontamente absorver novas situações e transformá-las segundo suas categorias operacionais. Atento ao teor de imprecisão e de ambiguidade de que a linguagem é portadora, corta a denotação das palavras mediante definições estipulativas, redefinindo a realidade e precisando, assim, a urdidura normativa.

Voltando nossa atenção ao tema a que me propus examinar, tomemos o art. 1.228 do Código Civil brasileiro, que prescreve: "*o proprietário tem a faculdade de usar, gozar e dispor da coisa, e o direito de reavê-la do poder de quem quer que injustamente a possua ou detenha*".[99]

---

99. Semelhante era a redação do art. 524 do antigo Código Civil:
"Art. 524 - A lei assegura ao proprietário o direito de usar, gozar e dispor de seus bens, e de reavê-los do poder de quem quer que injustamente os possua".

É esse feixe de direitos subjetivos que constitui o direito de propriedade. O proprietário é-o em decorrência de um fato. É titular de direito subjetivo, e direito subjetivo dá-se entre sujeitos, não entre sujeitos e coisas. As relações jurídicas exigem termos sujeitos correlatos, ainda que, de um lado, indeterminados, como é o caso dos direitos subjetivos reais.

Agora, se o direito é um instrumento de motivação das condutas intersubjetivas, para discipliná-las, tendo em vista a realização de certos valores que a sociedade anela; se esse direito se manifesta sempre, invariavelmente, como um corpo de linguagem prescritiva de comportamentos; fica difícil imaginarmos a expressão "direito real" como se fora uma relação dotada daquela concretude material que a locução sugere. Com os dados da intuição sensível não se percebe o vínculo jurídico entre marido e mulher, ou entre pai e filho. Isso porque as relações do direito são estruturas conceptuais, pensadas por interpretantes inteligentes. A expressão "direito real" esconde a forte tendência essencialista que perpassa o direito e a cultura ocidental e nossa própria linguagem é reflexo dessa inclinação, pois o substantivo ocupa o lugar de "sol", em volta do qual giram as demais palavras (adjetivos, verbos e advérbios). Daí o condicionamento tendente a imaginar, com boa dose de ingenuidade, que a "realidade" se apresenta aos nossos olhos com essa mesma estrutura.

Os direitos reais, como os pessoais, são ambos interpessoais e intersubjetivos. A possível indeterminação quanto ao sujeito passivo que vamos encontrar nos reais, também a encontramos nos pessoais, uma vez que o liame jurídico já se estabelece com a individualização de apenas um dos sujeitos. Aquilo que os separa é a referência a certos conceitos que o direito positivo demarca com satisfatória precisão. Para Hans Kelsen, o direito de propriedade é o reflexo de uma pluralidade de deveres de um número indeterminado de indivíduos em face de um mesmo indivíduo, com referência à mesma coisa.

Sabemos que todas as palavras são vagas e, ao menos potencialmente, ambíguas. Definir implica não só isolar o conceito, demarcando as imprecisões da linguagem simbólica, isto é, restringindo sua vaguidade, mas também eleger uma entre as significações possíveis, libertando-a de sua ambiguidade. Firmemos, desse modo, que conceituar é classificar, enquanto definir é precisar a classificação. As palavras têm uma denotação, que é o conjunto dos significados que, potencialmente, representam enquanto signo. Ao mesmo tempo, essas palavras classificam dicotomicamente, na medida em que estabelecem duas categorias: a dos objetos que representam e a dos objetos que não representam. A definição de tributo do art. 3º do Código Tributário Nacional, por exemplo, cria duas classes: uma, a dos tributos; outra, a de tudo aquilo que não é tributo. E assim o faz, também, o Código Civil brasileiro, classificando as coisas em móveis e imóveis, fungíveis e infungíveis, divisíveis e indivisíveis, singulares e coletivas etc. A função de tais classificações não é mudar a contextura das coisas-em-si, mas criá-las e inseri-las em regimes jurídicos específicos.

Dessa forma, ao criticar a expressão "direito real" não se pretende dizer que não existem direitos reais, mas alertar o interlocutor para as falsas dificuldades que podem surgir de uma interpretação essencialista, ingênua e apressada. Os direitos reais são, como todos os outros, interpessoais, intersubjetivos. Não obstante, por mais tendenciosa e comprometida que venha a ser a expressão "direito real", ela constitui uma classificação e, portanto, não é certa nem errada, mas denota a *categoria dos direitos que se congregam sob um específico regime jurídico, criado pelo próprio direito positivo e incrementado pela doutrina para reger os negócios jurídicos e os direitos subjetivos relativos à posse, uso e gozo ou disposição de uma coisa.* Apenas se preenchidos tais condições estaremos diante de "propriedade", no sentido técnico, empregado pelo legislador.

Tratando-se de bem imóvel, no entanto, a aquisição da propriedade ocorre somente quando observados certos requisitos formais, como é o caso do registro do respectivo título translativo no Cartório de Registro de Imóveis. É o que prescreve o artigo 1.245 do Código Civil.

Examinando. O contrato de compra e venda confere aos contratantes um direito pessoal, em que o vendedor se compromete a transferir o domínio do bem para o adquirente, na forma prevista em lei. Mas o ato do registro do título é imprescindível para a transferência da propriedade do bem imóvel. Eis o motivo pelo qual não se admite que sejam fixados entraves ao registro do título translativo imobiliário, exigências demasiadas e desproporcionais: imposições desmedidas, representando injustificado obstáculo à transmissão de bens imóveis, viola direitos constitucionais do cidadão, como o direito à propriedade, além de princípios maiores, como o da segurança jurídica.

3. Garantias do crédito tributário e os limites da presunção de fraude na alienação de bens

A Lei nº 5.172/1966 reservou os arts. 183 a 193, em duas seções do Capítulo VI, para disciplinar as garantias e os privilégios inerentes ao crédito tributário. Por garantias devemos entender os meios jurídicos assecuratórios que cercam o direito subjetivo do Estado de receber a prestação do tributo. E por privilégios, a posição de superioridade de que desfruta o crédito tributário, com relação aos demais, excetuando-se os decorrentes da legislação do trabalho. Vê-se, aqui, a presença daquele princípio implícito, mas de grande magnitude, que prescreve a supremacia do interesse público.

É bom que se esclareça que a enumeração das garantias previstas nesta parte da mencionada Lei não exclui a possibilidade de diplomas federais, estaduais ou municipais, regulando os respectivos tributos, estabelecerem outras medidas assecuratórias, em função da natureza ou das características do gravame a que se reportem (art. 183, *caput*).

O art. 184 desse Diploma Normativo estipula que responde pelo crédito tributário a totalidade dos bens e das rendas, de qualquer origem ou natureza, do sujeito passivo, seu espólio ou sua massa falida. Até aqui chegam todos os créditos juridicamente formalizados. A particularidade está no restante da redação do art. 184, ao prescrever: *"inclusive os gravados por ônus real ou cláusula de inalienabilidade ou impenhorabilidade, excetuados unicamente os bens e rendas que a lei declare absolutamente impenhoráveis"*. Com isso, os privilégios do crédito tributário suplantam as garantias de créditos de outras origens para alcançar os bens e rendas do devedor, mesmo gravados por ônus real ou cláusula de inalienabilidade e impenhorabilidade.

Inscrito o débito tributário pela Fazenda Pública no livro de registro da dívida ativa, fica estabelecido o marco temporal, após o que qualquer alienação de bens ou rendas, ou seu começo, pelo sujeito devedor, será presumida como fraudulenta. Esse é o teor do art. 185 do Código Tributário Nacional:

> Art. 185. Presume-se fraudulenta a alienação ou oneração de bens ou rendas, ou seu começo, por sujeito passivo em débito para com a Fazenda Pública, por crédito tributário regularmente inscrito como dívida ativa.
>
> Parágrafo único. O disposto neste artigo não se aplica na hipótese de terem sido reservados, pelo devedor, bens ou rendas suficientes ao total pagamento da dívida inscrita.

Julgamos supérfluo o parágrafo único do art. 185 ao dizer que inexiste presunção de fraude quando o devedor, alienando bens ou rendas, reserva outros para garantir o total pagamento da dívida tributária inscrita. Sobressai, à evidência, que não houve nem poderia haver fraude em situações dessa natureza. Que fraude seria essa em que o sujeito passivo põe sob reserva bens suficientes para o implemento de seu débito? Acerca do tema, assevera a doutrina brasileira que, do teor do art. 185, parágrafo único, do Código Tributário Nacional, depreende-se não ser necessário que o devedor mantenha bens imóveis ou móveis, podendo despojar-se de todos os seus bens, desde que suas rendas sejam suficientes para o pagamento do débito.

Por outro lado, ocorrendo alienação de bens que acarrete presunção de fraude, deve a Fazenda Pública fazer uso da ação revocatória, com a finalidade de anular a alienação fraudulenta. Além disso, ocorrendo alienação patrimonial em fraude à execução, o ato realizado é ineficaz perante a Fazenda Pública, de modo que os bens assim alienados podem ser arrestados ou penhorados no processo de execução fiscal.

4. Certidão negativa de débitos: sua função e requisitos de exigibilidade

Nos termos do que dispõe o art. 205 do Código Tributário Nacional, a lei poderá determinar que a prova da quitação de determinado tributo, quando exigível, seja feita por certidão negativa, expedida à vista de requerimento do interessado, que contenha todas as informações necessárias à identificação de sua pessoa, domicílio fiscal e ramo de negócio ou atividade além da indicação do período a que se refere o pedido. E a lei frequentemente o requer para uma série de atos.

O próprio Código, nos arts. 191 a 193, indica três circunstâncias em que a prova de quitação de tributos é requisito para a prática de certos atos jurídicos. Dependem da prova de regularidade tributária: (i) a extinção das obrigações do falido; (ii) a sentença de julgamento de partilha ou adjudicação de bens do espólio; e (iii) celebração de contrato ou aceitação de proposta em concorrência pública, salvo disposição legal em contrário.

Convém anotar que, tendo em vista o sistema constitucional brasileiro, o qual, dentre outros preceitos, assegura o exercício de qualquer trabalho, ofício ou profissão e dispõe sobre uma ordem econômica fundada na livre iniciativa, muitos doutrinadores questionam a própria constitucionalidade da exigência de certidões negativas de débitos fiscais como pressuposto para a realização de atos jurídicos. É esse o entendimento de Maria Sylvia Zanella Di Pietro:

> O que não parece mais exigível, a partir da Constituição de 1988, é a documentação relativa à regularidade jurídico-fiscal, ou seja, (...) a prova de regularidade para com a Fazenda Federal, Estadual e Municipal, pois isto exorbita o que está previsto na Constituição; além disso, não se pode dar à licitação – procedimento já bastante complexo – o papel de instituto de controle de regularidade fiscal, quando a lei prevê outras formas de controle voltadas para essa finalidade.[100]

Tem prevalecido, porém, o entendimento de que a razão da exigência de tais certidões é oferecer ao crédito tributário certas garantias, sendo possível subordinar a realização de determinados atos jurídicos à prova da quitação de tributos. Essa imposição, no entanto, deve ser feita em harmonia com os princípios constitucionais, não se admitindo, por exemplo, que a determinação para a apresentação das certidões sirva de instrumento indireto de arrecadação ou que seja veiculada em atos infralegais.

Note-se que o artigo 205 do Código Tributário Nacional não elege o oferecimento de certidão negativa de débitos como condição à prática de atos jurídicos. Esse dispositivo estabelece, tão somente, a forma de produção da prova de regularidade fiscal e não, propriamente, a necessidade legal dessa prova. Com efeito, estipula o referido enunciado que "a lei poderá exigir que a prova da quitação de determinado tributo, *quando exigível*, seja feita por certidão negativa". De tal preceito infere-se que, para a exigência de certidão negativa de débito fiscal, é preciso que haja duas disposições legais: uma, obrigando a prova do pagamento de determinado tributo; outra, impondo que essa comprovação seja feita por meio de certidão negativa.

---

100. *Direito Administrativo*. 5ª ed. São Paulo: Atlas, 1995, p. 284.

A necessidade de tais previsões é decorrência direta do cânone da *legalidade*, inserido no art. 5º, II, do Texto Constitucional vigente, que dispõe: *"ninguém será obrigado a fazer ou deixar de fazer alguma coisa senão em virtude de lei"*. Referida máxima assume papel de absoluta preponderância. Efunde sua influência por todas as províncias do direito positivo brasileiro, não sendo possível pensar no surgimento de direitos subjetivos e de deveres correlatos sem lei que os estipule. Como o objetivo primordial do direito é normar a conduta, e ele o faz criando direitos e deveres correlativos, a relevância do princípio da legalidade transcende qualquer argumentação que pretenda enaltecê-lo. Disso decorre a conclusão de que, inexistindo previsão legal, a certidão negativa de débitos não pode ser exigida.

Ademais, outro princípio a ser seguido pela Administração Pública é o da razoabilidade, segundo o qual o meio deve ser adequado ao fim almejado. Sua consecução exige proporcionalidade entre os instrumentos utilizados pela Administração e os objetivos que pretende alcançar. Com supedâneo em tais definições, leciona Agustín Gordillo que uma medida é irrazoável, dentre outras situações, quando "não guarde uma proporção adequada entre os meios que emprega e o fim que a lei deseja alcançar, ou seja, que se trate de uma medida desproporcionada, excessiva em relação ao que se deseja alcançar".[101]

Cabe consignar, ainda, que a aplicação desses princípios não se restringe à Administração Pública, devendo ser aplicado a todo raciocínio jurídico. Com efeito, o Supremo Tribunal Federal tem entendido imprescindível que a legislação discipline as condutas de modo razoável e proporcional ao que realmente requer.[102]

---

101. *Princípios Gerais de Direito Público*. São Paulo: Revista dos Tribunais, 1977, pp. 183-184.

102. Veja-se, a título de exemplo, ADIn nº 1753/DF (DJ 12/06/1998) e a ADIn nº 855/PR (DJ 01/10/1993).

A exigência de certidão negativa de débitos fiscais, por conseguinte, não está excluída da observância a esses princípios. Deve, ao contrário, ficar dentro do limite da razoabilidade e da proporcionalidade, ou seja, precisa guardar adequação com o ato jurídico que o contribuinte pretende praticar e o dano susceptível de ser causado ao Estado. Como leciona Odete Medauar,[103] não podem ser impostas aos indivíduos obrigações, restrições ou sanções em medida superior àquela necessária ao atendimento do interesse público, segundo critério de razoável adequação dos meios aos fins. Havendo distorção entre a medida exigida e o fim efetivamente nela previsto – *in casu*, entre a necessidade de prova de quitação de créditos tributários, na qualidade de garantia destes, e a possibilidade de prejuízo ao Erário em virtude da prática de determinado ato jurídico –, haverá inadmissível violação aos mencionados princípios.

5. A inexigibilidade de CND para fins de registro da compra e venda de bem imóvel

Tendo em vista que a transferência da propriedade de bem imóvel opera-se por ocasião do registro do título translativo no cartório imobiliário, dispunha o antigo Código Civil acerca da apresentação de certidões negativas de débitos tributários, prescrevendo:

> Art. 1.137. Em toda escritura de transferência de imóveis, serão transcritas as certidões de se acharem eles quites com a fazenda federal, estadual e municipal, de quaisquer impostos a que possam estar sujeitos.
>
> Parágrafo único. A certidão negativa exonera o imóvel e isenta o adquirente de toda responsabilidade.

Tenho para mim que esse dispositivo jamais implicou o condicionamento do ato notarial de transferência imobiliária

---

103. *Direito Administrativo Moderno*. São Paulo: Revista dos Tribunais, 1996, p. 146.

à apresentação de certidões negativas de débitos. Disciplinava ele, apenas, os efeitos jurídicos da posse de tais documentos pelo adquirente do bem: existindo certidão negativa de débitos tributários, esta deveria ser transcrita na escritura de transferência do imóvel, isentando o adquirente da responsabilidade por eventuais débitos pré-existentes. (art. 130, do CTN).

Ora, se a certidão negativa de débito tinha por efeito excluir a responsabilidade do adquirente, isso significa que sempre foi admissível a transferência do bem imóvel sem a produção desse documento: nesse caso, entretanto, o imóvel permanecia vinculado ao débito, garantindo seu pagamento, e possuindo o adquirente responsabilidade por ele.

Diante, porém, das controvérsias causadas pelo assunto, bem como do equívoco das interpretações literais, que concluíam pela imprescindibilidade de apresentação de certidão negativa de débitos fiscais para efetuar atos notariais relativos à transferência de bem imóvel, o novo Código Civil não repetiu a mencionada regra. Ao tratar da escritura pública, o Diploma em vigor limita-se a remeter às demais leis e às exigência por elas impostas:

> Art. 215. A escritura pública, lavrada em notas de tabelião, é documento dotado de fé pública, fazendo prova plena.
>
> § 1º. Salvo quando exigidos por lei outros requisitos, a escritura pública deve conter:
>
> (...)
>
> V – referência ao cumprimento das exigências legais e fiscais inerentes à legitimidade do ato;

Como se vê, o Código Civil de 2002 não mais alude à apresentação de prova de regularidade fiscal para que se operem quaisquer atos notariais necessários à transferência da propriedade de bem imóvel. Refere-se, apenas, ao cumprimento de *exigências legais* inerentes à *legitimidade do ato*. Dito de outro modo, é imprescindível que a subordinação à prova da quitação de tributos esteja prevista em lei e, além disso, que tal obrigação seja indispensável para a legitimidade do ato jurídico que se pretende praticar.

Não cabe desconsiderar que, se o legislador pretendesse compelir as partes a produzirem a prova de quitação dos débitos perante as entidades públicas, teria certamente repetido o preceito contido no art. 1137 do Código revogado, que fazia alusão às certidões de regularidade perante a Fazenda Federal, Estadual e Municipal. Assim, no momento em que o legislador suprimiu a referência às negativas fiscais de todas as pessoas de direito público e restringiu-se a mencionar as exigências *inerentes à legitimidade do ato*, deixou claro o comando segundo o qual o rito anterior de extrair negativas fiscais em todas as repartições não mais existe.

Nesse sentido, é perfeitamente possível a lavratura de atos notariais e registrais sem as negativas fiscais quando as partes, declaradamente ou não, assumem todos os ônus decorrentes da eventual existência de algum débito pendente, desde que observada a obrigatoriedade de comprovação do tributo devido em função do ato notarial praticado, como é o caso do imposto incidente sobre a transmissão por ato oneroso *inter vivos* de bens imóveis – ITBI.

Tendo em vista que as certidões negativas fiscais não integram o ato de transmissão do bem imóvel, são prescindíveis para fins de lavratura de atos notariais e registrais inerentes à transmissão da propriedade imobiliária. Nesse caso, entretanto, se o alienante for insolvente, o ato apresentar-se-á ineficaz perante a Fazenda Pública e a penhora poderá recair sobre o imóvel alienado, se inexistirem outros bens para garantir o Juízo.

Convém registrar, nesta oportunidade, que mesmo antes da entrada em vigor do novo Código Civil, a obrigatoriedade da apresentação de certidão negativa de débitos já era questionável. Os Tribunais brasileiros, em diversas oportunidades, manifestaram entendimento de que a exigibilidade de certidões negativas de tributos, como requisito indispensável para a alienação de bens, ofende o direito de propriedade. Nesse sentido, veja-se decisão do E. Tribunal de Justiça do Estado de São Paulo:

> REGISTRO DE IMÓVEIS - Dúvida - Escritura de compra e venda - Imóvel - Exigência da apresentação de certidão negativa de contribuições sociais - Inadmissibilidade - Dispensa de apresentação CND por parte de empresa que comercialize imóveis - Recurso não provido. Subordinar a alienação a determinada certidão negativa significaria vedar a atividade comercial a quem não tivesse prova de quitação fiscal.[104]

Examinando os efeitos jurídicos da certidão negativa de débito, observamos que esta (i) desonera o contribuinte adquirente da responsabilidade por eventuais tributos que não foram recolhidos e (ii) impede que o alienante se desfaça de bens com intuito de fraudar credores. Tais são suas razões de existir. Consequentemente, caso as partes assumam a responsabilidade por quaisquer débitos tributários, possibilitando que, no caso de eventual ação de execução, a penhora recaia sobre o bem alienado, não há impedimento à lavratura de atos notariais e registrais inerentes à transmissão imobiliária.

Para melhor esclarecer o assunto, façamos breve análise dos efeitos, no campo tributário e cível, de eventual não apresentação da Certidão Negativa de Débitos quando da efetivação do registro de alienação de imóvel.

5.1. Implicações no âmbito do direito tributário

A ausência de apresentação de certidão negativa de débitos por ocasião da lavratura de atos notariais ou registrais de transmissão imobiliária acarreta implicações relevantes no campo do direito tributário. Isso porque, de acordo com o Código Tributário Nacional, os adquirentes de imóveis

---

104. Apelação Cível n. 20.440-0/São Paulo, Rel. Alves Braga, DJ 26/08/1994.

passam a ser responsáveis pelos tributos incidentes sobre a propriedade, domínio útil ou posse, bem como pelas taxas de serviços ou contribuições de melhorias referentes a tais bens, a menos que conste do título a prova de sua quitação.

A esse propósito, confira-se o teor dos arts. 130 e 131 desse Diploma:

> Art. 130. Os créditos tributários relativos a impostos cujo fato gerador seja a propriedade, o domínio útil ou a posse de bens imóveis, e bem assim os relativos a taxas pela prestação de serviços referentes a tais bens, ou a contribuições de melhoria, sub-rogam-se na pessoa dos respectivos adquirentes, salvo quando conste do título a prova de sua quitação.
>
> Parágrafo único. No caso de arrematação em hasta pública, a sub-rogação ocorre sobre o respectivo preço.
>
> Art. 131. São pessoalmente responsáveis:
>
> I – o adquirente ou remitente, pelos tributos relativos aos bens adquiridos ou remidos; (...)

Como é possível perceber da simples leitura desses dispositivos, na esfera tributária, a certidão negativa de débitos tem o efeito de liberar o adquirente da responsabilidade pelo recolhimento dos tributos porventura devidos pelo alienante, que permanecerão de responsabilidade única e exclusiva deste. Por outro lado, caso o registro da escritura seja feito sem a apresentação de Certidão Negativa, o adquirente será pessoalmente responsável por eventuais débitos. Num e noutro caso, inexiste prejuízo para a Fazenda Pública, que sempre terá que exigir o crédito tributário.

Eis o posicionamento do E. Tribunal Regional Federal da 1ª Região:

> Tributário. ITR. Alienação do imóvel. Responsabilidade do adquirente. O adquirente responde pelos tributos que gravam o imóvel, salvo se constar do título executivo a prova de quitação dos tributos. Apelação desprovida.[105]

---

105. Apelação Cível nº 0100342-90/MT, Rel. Juiz Vicente Leal, DJ 29/06/1990.

Pelo exposto, nota-se que a falta de apresentação de certidão negativa de débito não impossibilita a alienação do bem, nem sua transcrição no registro imobiliário. Afinal, não há prejuízos para qualquer das partes, e muito menos para a Fazenda Pública, que terá à sua disposição uma pessoa a mais de quem cobrar o tributo, qual seja, o adquirente.

5.2. Implicações na esfera civil

Estando demonstrado que a falta de apresentação da CND não caracteriza impedimento algum à cobrança dos débitos tributários porventura existentes, pelo contrário, agrega novo devedor ao vínculo jurídico, cumpre verificar se sua ausência repercute, de alguma forma, perante os credores na esfera civil.

Para tanto, vejamos o disposto no art. 159 do Código Civil:

> Art. 159. Serão igualmente anuláveis os contratos onerosos do devedor insolvente, quando a insolvência for notória, ou *houver motivo para ser conhecida do outro contratante*. (grifei)

Da leitura do supracitado dispositivo, percebe-se que para ficar caracterizada a fraude contra credores, é imprescindível que o ato de transmissão de bens seja realizado por devedor já insolvente, quando essa insolvência for notória ou já conhecida pelo adquirente.

A escrituração do imóvel não obsta que os supostos credores insurjam-se contra os adquirentes. Assim, por qualquer ângulo que se veja a questão, a falta de CND, se for prejudicar alguém, só recairá sobre o adquirente, que assumirá eventuais ônus decorrentes dos débitos não pagos.

6. Hipóteses de dispensa legal da apresentação de CND

A Lei nº 8.212/1991, em seu artigo 47, I, "b", prevê a exigência de certidão negativa de débito da empresa na alienação ou oneração, a qualquer título, de bem imóvel ou direito a ele relativo. O Decreto nº 3.048/1999, que regulamenta a Lei nº 8.212/1991 também prescreve, no art. 257, I, "b", que seja apresentado documento comprobatório de inexistência de débito com a seguridade social, nos casos de alienação de bem imóvel ou direito a ele relativo.

Essa regra geral, porém, é excepcionada por disposições da própria Lei nº 8.212/1991 e do Decreto nº 3.048/1999, os quais prevêem a dispensa da certidão negativa de débitos em determinados casos.

> Lei 8.212/1991
>
> Art. 47 (...)
>
> § 6º. Independe de prova de inexistência de débito:
>
> a) a lavratura ou assinatura de instrumento, ato ou contrato que constitua retificação, ratificação ou efetivação de outro anterior para o qual já foi feita a prova.
>
> Decreto nº 3.048/1999
>
> Art. 257. (...)
>
> § 8º. Independe da apresentação de documento comprobatório de inexistência de débito:
>
> I – a lavratura ou assinatura de instrumento, ato ou contrato que constitua retificação, ratificação ou efetivação de outro anterior para o qual já foi feita a prova;

Tanto a Lei nº 8.212/1991 como o Decreto nº 3.048/1999 dispensam da apresentação de prova de inexistência de débito a lavratura ou assinatura de instrumento, ato ou contrato que constitua retificação, ratificação ou efetivação de outro anterior para o qual já foi feita a prova.

Além disso, a Ordem de Serviço nº 207/1999, do INSS, em seu item "f", determina a dispensa da apresentação de CND do INSS, em atos relativos à transferência de bens, nos casos de arrematação, adjudicação ou desapropriação.

Por mais esses motivos, entendo ser claramente ditado pela Lei a inexigibilidade de CND relativamente aos débitos previdenciários.

No que diz respeito aos demais tributos administrados pela Secretaria da Receita Federal do Brasil, cumpre observar que, se efetivamente existia norma prescrevendo tal exigência, essa norma era o art. 1.137 do antigo Código Civil, de acordo com o qual *"em toda escritura de transferência de imóveis, serão transcritas as certidões de se acharem eles quites com a fazenda federal estadual e municipal, de quaisquer impostos a que possam estar sujeitos"*.

Ainda sob a vigência do antigo Código Civil, a SRF editou a IN nº 93, de 23/11/2001, que dispensava a apresentação de CND de tributos federais, na hipótese que especificava em seu art. 17:

> Art. 17. É dispensada a apresentação de Certidão Negativa de Tributos e Contribuições Federais nas transmissões de imóveis, não integrantes do ativo permanente, realizadas por empresa que exerce a atividade de compra e venda de imóvel, desmembramento ou loteamento de terrenos, incorporação imobiliária ou de construção de prédios destinados à venda.
>
> Parágrafo único. A certidão a que se refere este artigo será substituída por declaração, que constará do registro do imóvel, prestada pela pessoa jurídica alienante, sob as penas da lei, de que atende às condições mencionadas no caput, relativamente à atividade exercida, e que o imóvel objeto da transmissão não faz parte de seu ativo permanente.

Acontece que, com a entrada em vigor do Código Civil de 2002, não foi repetida a norma contida no art. 1.137 do Código revogado, de forma que a apresentação de CND de tributos federais, estaduais e municipais deixou de ter fundamento legal.

A Instrução Normativa SRF nº 93/2001 foi revogada pela Instrução Normativa SRF nº 565/2005, não tendo sido repetido o art. 17 daquela, justamente por não mais se mostrar presente qualquer fundamento para exigir a apresentação de

CND. Consequentemente, também a sua exibição relativa a tributos federais, estaduais e municipais não é exigível para a escrituração dos imóveis vendidos.

7. Respostas às indagações formuladas

1. Qual o conceito de "direito real" no ordenamento jurídico? Quando ocorre a aquisição da propriedade?

Resposta: Direito real é conceito construído pela linguagem jurídica, constituindo uma classificação que denota a categoria dos direitos que se congregam sob um específico regime jurídico, criado pelo próprio direito positivo e incrementado pela doutrina para reger os negócios jurídicos e os direitos subjetivos relativos à posse, uso e gozo ou disposição de uma coisa. A aquisição de propriedade ocorre no ato do registro do título.

2. O direito de propriedade é transgredido na exigência de Certidão Negativa de Débito como requisito indispensável para a alienação de bens no ato do registro do título de transferência da propriedade? Estaria esta exigência de acordo com os princípios maiores da Constituição? Em caso negativo, quais deles seriam infringidos?

Resposta: A exigência de CND como requisito indispensável para a alienação de bens ofende direitos constitucionais do cidadão, em especial, o direito de propriedade, bem como princípios maiores tais como a proporcionalidade, a razoabilidade e a segurança jurídica. Sendo apenas o registro do bem imóvel no Cartório Imobiliário competente ato indispensável para a transferência do direito de propriedade, a imposição de condições desmedidas ao registro do título traslativo imobiliário pela autoridade pública, tal como a apresentação de CND, representa injustificado obstáculo à transmissão do bem, violando direitos constitucionais do cidadão.

3. Oferecidos bens em garantia do pagamento da dívida tributária, em que momento a lei considera impedida a sua alienação, sob pena de se configurar fraude a credores? De acordo com o prescrito no parágrafo único do art. 185 do CTN, é possível que, uma vez oferecidos os bens em garantia, possa o contribuinte reservar outros para fins de alienação patrimonial daqueles anteriormente ofertados?

Resposta: Conforme se depreende do *caput* do art. 185 do CTN, inscrito o débito tributário na Dívida Ativa da Fazenda Pública, qualquer alienação de bens ou rendas oferecida como garantia pelo sujeito devedor será presumida como fraudulenta.

Em função do que dispõe o parágrafo único do art. 185 do CTN, oferecidos *bens ou rendas suficientes ao total pagamento da dívida inscrita*, inexiste presunção de fraude quando o devedor, alienando bens ou rendas, reserve outros para garantir o total pagamento da dívida tributária inscrita. A fraude é descaracterizada na medida em que o sujeito passivo põe sob reserva bens suficientes para o implemento de seu débito. Se o devedor mantiver bens em garantia, poderá despojar-se de todos os outros, por inexistência de previsão legal que estabeleça o contrário. A única condição legal é que suas rendas sejam suficientes para o pagamento do débito.

Por outro lado, ocorrendo alienação de bens que acarrete presunção de fraude, deve a Fazenda Pública fazer uso da ação revocatória, com a finalidade de anular a alienação fraudulenta. Além disso, reitera-se: ocorrendo alienação patrimonial em fraude à execução, o ato realizado é ineficaz perante a Fazenda Pública

4. A Certidão Negativa de Débito poderá ser exigida ex officio pela Autoridade Pública sem que haja suporte legal? Quais as hipóteses em que a lei permite a exigência de Certidão Negativa de Débito para a realização do ato jurídico? A transferência da propriedade de bens imóveis encontra-se dentre elas?

Resposta: É condição necessária para toda e qualquer exigência de Certidão Negativa de Débito, assim como das demais obrigações, que haja previsão legal; inexistindo, não poderá a Autoridade Pública requisitá-la de ofício, estando este direito do particular protegido pelo cânone da legalidade.

Tendo em vista que as hipóteses em que se permite a exigência de Certidão Negativa de Débito para a realização do ato jurídico são somente aquelas apontadas pela Lei, há que se tomar nota que é exatamente no Diploma legal que encontraremos as respostas a tal indagação. Observe-se que, neste ponto, deve-se tomar cuidado com a dicção do art. 205 do CTN que estabelece, tão somente, a forma de produção da prova de regularidade fiscal e não, propriamente, a necessidade dessa prova. De tal preceito infere-se a conclusão que, para a exigência de certidão negativa de débito fiscal, é preciso haver duas disposições legais: uma, obrigando a prova do pagamento de determinado tributo; outra, impondo que essa comprovação seja feita por meio de certidão negativa.

Com a revogação do antigo Código Civil, não mais vige em nosso ordenamento jurídico a norma contida no seu art. 1.137, de forma que, ainda com mais força, deixou de existir regra obrigando a apresentação de CND para transferência de imóveis. O art. 215 do Código Civil de 2002 determina que a escritura pública contenha referência ao cumprimento das exigências legais e fiscais inerentes à legitimidade do ato, não havendo, todavia, nenhuma referência à apresentação de CND de tributos federais, estaduais e municipais. Nesse sentido, é perfeitamente possível a lavratura de atos notariais e registrais sem as negativas fiscais quando as partes, declaradamente ou não, assumem todos os ônus decorrentes da eventual existência de algum débito pendente, desde que observada a obrigatoriedade de comprovação do tributo devido em função do ato notarial praticado, como é o caso, por exemplo, do imposto incidente sobre a transmissão por ato oneroso *inter vivos* de bens imóveis – ITBI.

5. Existem hipóteses em lei de dispensa da apresentação de Certidão Negativa de Débito? No domínio tributário, o ordenamento jurídico exige a apresentação de Certidão Negativa de Débito em se tratando de débitos previdenciários?

Resposta: As hipóteses de dispensa de apresentação de Certidão Negativa de Débito encontram-se no §8º do art. 257 do Decreto nº 3.048/1999, indentificando-as em seu inciso I, ou seja, no momento de "lavratura ou assinatura de instrumento, ato ou contrato que constitua retificação, ratificação ou efetivação de outro anterior para o qual foi feita a prova" é vedado à Autoridade Pública exigir Certidão Negativa de Débito.

No que tange à Certidão relativa a débitos previdenciários, o art. 257, § 8º, I, do Decreto nº 3.048/1999 e o art. 47, § 6º, *a*, da Lei nº 8.212/1991, possibilitam sua dispensa em se tratando de lavratura de instrumento que constitua retificação ou efetivação de outro anterior para o qual já foi feita a prova.

Tema XXXVI
DEVERES INSTRUMENTAIS E PROVA NO CRÉDITO-PRÊMIO DE IPI

Identificação dos documentos competentes para atestar a efetiva realização de operações de exportação, com o fim específico de reconhecimento e aproveitamento do crédito-prêmio de IPI

> **Sumário:** *1. Conhecimento – o caráter constitutivo da linguagem. 2. A constituição do "fato". 2.1. O fato jurídico. 3. Breve panorama das normas que regulam o "crédito-prêmio de IPI" e os requisitos para o seu aproveitamento. 4. Constitucionalidade e recepção dos Decretos-lei n°s 491/1969, 1.248/1972 e 1.894/1981 e a injuridicidade do Ato Declaratório n° 31/1999. 5. Hierarquia entre normas na disciplina da produção de provas. 5.1. Instrumentos introdutórios de normas jurídicas no direito brasileiro – instrumentos primários e secundários. 5.2. A linguagem exigida pelo ordenamento jurídico para constituição do crédito-prêmio de IPI – ilegalidade das restrições introduzidas por instrumentos secundários. 6. Conclusão.*

1. Conhecimento – o caráter constitutivo da linguagem

Decompondo-se o fenômeno do conhecimento, encontramos o dado da linguagem, sem o qual ele não se fixa nem se transmite. Já existe um *quantum* de conhecimento na percepção, mas ele só se realiza plenamente no plano proposicional e, portanto, com a intervenção da linguagem. "Conhecer", ainda que experimente mais de uma acepção, significa *"saber emitir proposição sobre"*. Conheço determinado objeto na medida em que posso expedir enunciados sobre ele, de tal arte que o conhecimento, nesse caso, se manifesta pela linguagem, mediante proposições descritivas ou indicativas.

Por outro lado, a cada momento se confirma a natureza da linguagem como constitutiva de nossa realidade. Já afirmava Ludwig Wittgenstein, na proposição 5.6, do *Tractatus Logico-Philosophicus*: *"os limites da minha linguagem são os limites do meu mundo"*,[106] o que, dito de outro modo, pode significar: meu mundo vai até aonde for minha linguagem. E a experiência o comprova: olhando para uma folha de laranjeira, um botânico seria capaz de escrever laudas, relatando a "realidade" que vê, ao passo que o leigo ficaria limitado a poucas linhas. Dirigindo o olhar para uma radiografia de pulmão, o médico poderia sacar múltiplas e importantes informações, enquanto o advogado, tanto no primeiro caso, como neste último, ver-se-ia compelido a oferecer registros ligeiros e superficiais. Por seu turno, examinando um fragmento do Texto Constitucional brasileiro, um engenheiro não lograria mais do que construir uma mensagem adstrita à fórmula literal utilizada pelo legislador, enquanto o bacharel em Direito estaria em condições de desenvolver análise ampla, contextual, trazendo à tona enunciados implícitos, identificando valores e apontando princípios que também não têm forma expressa. Por que uns têm acesso a esses campos e outros não? Por que alguns ingressam em certos setores do mundo, ao mesmo tempo em que outros se acham absolutamente impedidos de fazê-lo? A resposta é uma só: a realidade do botânico, em relação à Botânica, é bem mais abrangente do que a de outros profissionais, o mesmo ocorrendo com a realidade do médico,

---

106. *Tratado lógico-filosófico: investigações filosóficas*. 2ª ed. Lisboa: Fundação Calouste Gulbenkian, 1995.

do engenheiro e do bacharel em Direito em relação às suas especialidades. E que fator determinou que essas realidades se expandissem, dilatando o domínio dos respectivos conhecimentos? A linguagem ou "morada do ser", como proclamou Martin Heiddeger.

Feita a observação, verifica-se que o homem vai criando novos nomes e novos fatos, na conformidade de seus interesses e de suas necessidades. Para nós, basta o vocábulo "neve". Entretanto, para os esquimós, envolvidos por circunstâncias bem diversas, impõe-se a distinção entre as várias modalidades de "neve". Não se pode precisar o motivo exato, mas os povos de cultura portuguesa houveram por bem, num determinado momento de sua evolução histórica, especificar a palavra "saudade", diferentemente de outras culturas que a mantêm incluída em conceitos mais gerais, como "nostalgia", "tristeza" etc. Em português, como em castelhano, temos "relógio" ("reloj"); já em inglês discriminou-se "clock" para relógio de parede e "watch" para o de bolso ou pulso. E em francês, existem três vocábulos distintos: "horloge" (de torre ou de parede), "pendule" (de mesa ou de pé) e "montre" (de bolso ou de pulso).

O esclarecimento das razões determinantes dessas especificações é muitas vezes encontrado na Gramática Histórica, disciplina incumbida de estudar as dinâmicas que presidem a evolução do idioma. Todavia, aquilo que se pode dizer é que tanto as palavras que vão sendo criadas, como aqueles vocábulos já conhecidos e que passam a assumir novas acepções, incorporam-se ao patrimônio linguístico por força de necessidades sociais. A Física tinha no átomo a unidade irredutível da matéria. Assim que o interesse científico se acentuou, intensificando-se a pesquisa que culminou com a possibilidade de decomposição daquela partícula, tornou-se imperiosa a expansão da linguagem para constituir a nova realidade: eis o "próton", o "nêutron", o "elétron".

Breve comparação entre dicionários de um mesmo idioma, editados em momentos históricos diferentes, aponta para significativo crescimento do número de palavras, assim na chamada "linguagem natural", que nos discursos das várias ciências. É a linguagem constituindo realidades novas e alargando as fronteiras do nosso conhecimento.

Com efeito, no direito, observamos a linguagem prescritiva de condutas constituindo sua própria realidade jurídica. É o direito se autocompondo. É ele criando seus mecanismos competentes para transformar o não-jurídico em jurídico, em estrutura de sentido deôntico. Eis que ao transportarmos todas essas reflexões ao domínio tributário, encontraremos as explicações que faltavam antes, na teoria tradicional, para explicar a prática, mediante essas premissas teóricas.

E foi com este intuito que se trouxe, no âmbito do crédito-prêmio de IPI, situação jurídica que exigia esse *mecanismo de tradução*, sendo de extrema relevância a identificação do que seria a *linguagem competente* neste caso em concreto.

A respeito, tem entendido (e exigido) a Secretaria da Receita Federal do Brasil, como requisito à concessão do citado benefício, a via original (rosa) da guia de exportação, que é a via do exportador. Segundo as determinações do mencionado Órgão, apenas esse documento, em sua forma original, serviria para comprovar a realização da exportação e quantificar o respectivo crédito-prêmio de IPI, sendo irrelevante, por exemplo, cópia autenticada da guia de exportação e declaração de órgãos oficiais atestando a realização de exportações ou outros documentos quaisquer que pudessem recompor os fatos mediante linguagem jurídica diferente. Com efeito, nas situações em que este documento (via original rosa) é apresentado, juntamente com a decisão judicial que determine a compensação, os créditos seriam devidamente reconhecidos e quantificados.

As dificuldades surgiriam naquelas situações em que a via original rosa não poderia ser apresentada, em razão de extravio ou deterioração. Nestes casos, a despeito de serem oferecidos outros documentos para atestar a realização das operações de exportação, havia insistente recusa dos órgãos competentes em reconhecer a procedência dos aludidos créditos. Dada a constância da referida situação é que se quer, mediante reflexões sobre a função dos deveres instrumentais e da prova, identificar que se deve entender por *documentos competentes* para atestar a efetiva realização de operações de exportação com o fim específico de reconhecimento e aproveitamento do crédito-prêmio de IPI.

Assim, penso que o trabalho chegará a bom termo se, ao final das ideias aqui trazidas, for possível responder, suscinta e objetivamente, às duas perguntas:

1. Qual o fato jurídico que dá ensejo ao crédito-prêmio do IPI?

2. Qual o documento hábil para constituir juridicamente esse fato?

Eis então o próximo passo.

2. A constituição do "fato"

Decididamente, é a linguagem que nos dá os fatos do mundo físico e social, razão pela qual se faz necessário distinguir "evento" e "fato": o primeiro é tomado como o acontecimento concreto, verificado no mundo fenomênico; o segundo, seu relato em linguagem. Daí por que Tercio Sampaio Ferraz Jr. assevera que "fato" não é algo concreto, sensível, mas *"um elemento linguístico capaz de organizar uma situação existencial como realidade"*.[107]

O elemento de linguagem, constituindo o evento que ele atesta ter ocorrido, assume as proporções de um verdadeiro enunciado, assim compreendido aquele que expressa o uso linguístico competente. Constitui-se, desse modo, o fato.

---

107. *Introdução ao Estudo do Direito*. São Paulo: Atlas, 1988, p. 253.

Assentados tais esclarecimentos, podemos dizer que o enunciado factual é *protocolar*, supreendendo uma alteração devidamente individualizada do mundo fenomênico, com a clara determinação das condições de espaço e de tempo em que se deu a ocorrência. Articulação de linguagem organizada assim, com esse teor de denotatividade, chamaremos de "fato", podendo apresentar-se como fato político, econômico, contábil, biológico, psicológico, histórico, jurídico etc., conforme a espécie de linguagem que o compõe.

2.1. O fato jurídico

No ordenamento, a constituição do fato se dá no antecedente de norma individual e concreta. "Fatos jurídicos" não se confundem com os fatos do mundo social, constituídos pela linguagem de que nos servimos no dia a dia. Antes, são os enunciados proferidos na linguagem competente do direito positivo.

Com efeito, se as mutações que se derem entre os objetos da experiência vierem a ser contadas em linguagem social, teremos os fatos, no seu sentido mais largo e abrangente. Aquelas mutações, além de meros "eventos", assumem a condição de "fatos": fatos sociais. Da mesma forma, para o ponto de vista do direito, os fatos da chamada realidade social serão simples eventos, enquanto não forem constituídos em linguagem jurídica própria. Para melhor esclarecer o assunto, costumo empregar singelo exemplo, envolvendo o nascimento de um ser humano:

> a) Nasce uma criança. Isso é um evento.
>
> b) Os pais contam aos vizinhos, relatam os pormenores aos amigos e escrevem aos parentes distantes para dar-lhes a notícia. Aquele evento, por força dessas manifestações de linguagem, adquiriu as proporções de um fato, de natureza social, porém.
>
> c) Os pais ou responsáveis comparecem ao cartório de registro civil e prestam declarações, expedindo, o oficial do cartório, uma norma jurídica cujo antecedente é o fato do nascimento e

o consequente é a prescrição de relações jurídicas em que o recém-nascido aparece como titular dos direitos subjetivos fundamentais. Tem-se, nesse momento, a constituição do fato jurídico.

Ocorre dessa maneira porque o direito posto não se satisfaz com a linguagem ordinária, que utilizamos em nossas comunicações corriqueiras. Exige forma especial, fazendo adicionar declarações perante autoridades determinadas, requerendo a presença de testemunhas e outros requisitos mais, conforme o caso. A linguagem do direito positivo incide sobre a linguagem da realidade social para, só então, produzir a linguagem da facticidade jurídica.

Por todo o exposto, concluímos consistir o "fato jurídico" no enunciado linguístico denotativo, protocolar, topicamente colocado no antecedente de norma individual e concreta, emitida num determinado momento do processo de positivação do direito. Relatado o evento por qualquer outra modalidade linguística, inapropriado falar-se em juridicidade do fato, não vindo ele a integrar a realidade do direito.

Cabe adiantar aqui um esclarecimento de vital importância para o encaminhamento desta investigação: o direito positivo, por meio das chamadas normas de estrutura, regula a forma pela qual deve ser produzida a linguagem prescritiva das normas de inferior hierarquia. Sem que esteja fundada em norma superior, a regra produzida carecerá de fundamento de validade.

3. Breve panorama das normas que regulam o "crédito-prêmio de IPI" e os requisitos para seu aproveitamento

O crédito-prêmio foi instituído pelo artigo 1º do Decreto-lei nº 491, de 05 de março de 1969, vazado nos seguintes termos:

Art. 1º As empresas fabricantes e exportadoras de produtos manufaturados gozarão, a título de estímulo fiscal, créditos tributários sobre suas vendas para o exterior, como ressarcimento de tributos pagos internamente.

O parágrafo primeiro do referido Decreto-lei previa que os créditos seriam compensados com o valor do IPI incidente sobre as operações efetuadas no mercado interno. O valor excedente poderia ser utilizado para pagamento de quaisquer tributos federais ou ressarcido em espécie, consoante o disposto no Decreto nº 64.833, de 17 de julho de 1969.

Posteriormente, o Decreto-lei nº 1.248, de 29 de novembro de 1972, ratificou e ampliou o aludido incentivo, conferindo-o às empresas comerciais exportadoras e aos produtores-vendedores que realizassem operações de compra de mercadorias no mercado interno, para o fim específico de exportação.

Todavia, em 24 de janeiro de 1979, foi editado o Decreto-lei nº 1658, que pretendeu extinguir gradualmente o incentivo fiscal instituído pelo artigo 1º do Decreto-lei nº 491, de 05 de março de 1969.

Logo após, foi editado o Decreto-lei nº 1.722, de 03 de dezembro de 1979, alterando os termos, condições e formas de aproveitamento do crédito-prêmio, previsto no artigo 1º do Decreto-lei nº 491/1969. Com a publicação do Decreto-lei nº 1.724, de 07 de dezembro de 1979, foi delegada ao Ministro da Fazenda competência para dispor sobre o modo de aproveitamento do crédito-prêmio, bem como sobre prazo de validade e alíquotas a serem aplicadas, revogando, por completo, as normas veiculadas pelo Decreto-lei nº 1.658/1979. Valendo-se desta delegação de competência legislativa, o Ministro da Fazenda, por meio das Portarias nºs 960/1979, 89/1981, 252/1982, 292/1982 e 176/1984 estabeleceu a suspensão do incentivo, e, posteriormente, a data de sua definitiva extinção.

No entanto, sob pretexto de estimular as exportações, foi editado o Decreto-lei nº 1.894, de 16 de dezembro de 1981, restabelecendo, expressamente, em seu art. 1º, inciso I, o crédito incidente sobre as operações de aquisição de mercadorias no mercado interno, destinadas à exportação e, no inciso II, o crédito de que cuida o artigo 1º, do Decreto-lei nº 491/1969, cujo fato jurídico é a efetiva exportação do produto de fabricação nacional.

Esse plexo normativo manteve-se até o advento da atual ordem constitucional, quando foram recepcionados com *status* de lei ordinária os Decretos-leis nºs 491/1969, 1.248/1972 e 1.894/1981, pois compatíveis materialmente com os enunciados prescritivos da nova Lei Fundamental.

Sob o manto da Constituição da República de 1988, foi editada a Lei nº 8.402, de 8 de janeiro de 1992, que confirmou a recepção de diversos incentivos conferidos sob a égide da Constituição pretérita, restaurando, de modo expresso, não só o crédito decorrente das operações de compra de mercadorias no mercado interno, destinadas à exportação, mas, e sobretudo, o artigo 1º, do Decreto-lei nº 491/1969, ao restabelecer o artigo 3º do Decreto-lei nº 1.248/1972, com a redação dada pelo artigo 2º do Decreto-lei nº 1.894/1981. E o aproveitamento do crédito-prêmio decorrente das exportações de produtos manufaturados realizar-se-ia consoante o disposto no próprio Decreto-lei nº 491/1969, regulamentado pelo Decreto nº 64.833/1969: o crédito seria, preferencialmente, compensado com o valor do IPI incidente sobre as vendas realizadas no mercado interno, de tal modo que o excedente viria a ser compensado com tributos federais ou restituído em espécie.

A Lei nº 9.430, de 27 de dezembro de 1996, confirmou o leque de possibilidades de utilização do crédito-prêmio, permitindo sua compensação com quaisquer tributos administrados pela Secretaria da Receita Federal.

Com a promulgação do Regulamento do Imposto sobre Produtos Industrializados, aprovado pelo Decreto nº 2.637/1998, conferiu-se ao Secretário da Receita Federal a prerrogativa para criar outras formas de utilização dos créditos incentivados, dentre os quais se inclui o crédito-prêmio, inclusive o ressarcimento em dinheiro.

Nesse contexto é que a Instrução Normativa nº 21/1997, no plano infralegal, regulou a compensação dos créditos decorrentes de estímulos fiscais na área do IPI com débitos do próprio imposto, da mesma pessoa jurídica, incidente sobre as operações no mercado interno. Além disso, determinou que o excedente poderia ser objeto de ressarcimento em espécie (art. 4º) ou utilizado para compensação com débitos tributários de outros contribuintes (art. 15).

Passemos a refletir sobre a compatibilidade das normas a respeito da instituição do direito ao crédito-prêmio de IPI, incidente sobre a venda ao exterior de mercadorias adquiridas no mercado interno e de fabricação nacional, em face das cláusulas que o Sistema Constitucional Tributário prescreve, quer dizer, procuremos saber se há conformidade com o regime jurídico atual, uma vez que fora instituído e ampliado, primeiramente, sob a vigência da Constituição anterior, por intermédio de decretos-leis.

4. Constitucionalidade e recepção dos Decretos-lei nº 491/1969, 1.248/1972 e 1.894/1981 e a injuridicidade do Ato Declaratório nº 31/1999

O Texto Fundamental atribui competência à União para expedir veículos introdutores de normas jurídicas sobre tributos. Para tanto, exige lei, como produto que decorre de procedimento legislativo específico, ou seja, o ser lei não advém do nome "lei", mas da forma de produção fáctica desse instrumento.

Por outro lado, há que se ter presente o fenômeno da continuidade das regras jurídicas insertas no ordenamento pretérito. Com efeito, as normas jurídicas existem para regular condutas em interferência intersubjetiva, implantando valores e canalizando os comportamentos em direção aos fins que a sociedade histórica pretende ver realizados. Nesse ideal de vida comunitária, a estabilidade das instituições é pressuposto inarredável, pois sem ela não há como pensar em paz social.

Instaurada a ordem jurídica, com a aprovação da Lei Constitucional, seja qual for o meio adotado para fundá-la, o direito passa a regular as condutas interpessoais que se verificarem a partir da data da publicação dos textos normativos, marco decisivo para o conhecimento que os destinatários precisam ter, levando em conta os direitos e obrigações estipulados. Esta é a regra geral. Constitui, entretanto, questão relevante a relação entre normas vigentes no ordenamento anterior e a nova Constituição. Nesse estilo de pensamento inscreve-se o chamado "princípio da recepção", perante o qual, como já asseveramos linhas atrás, por explícita e inequívoca determinação da Carta Básica, as normas do direito anterior, compatíveis materialmente com as disposições do novo Diploma Político, serão por ela recebidas, integrando, dessa maneira, o ordenamento jurídico recém-instalado.

Certo é que o comando autorizativo da recepção, em matéria tributária, adveio de forma expressa. Eis a fórmula adotada pelo constituinte brasileiro e inscrita no art. 34, § 5º, do Ato das Disposições Constitucionais Transitórias – ADCT:

> Vigente o novo sistema tributário nacional, fica assegurada a aplicação da legislação anterior, no que não seja incompatível com ele e com a legislação referida nos §§ 3º e 4º.

Sendo assim, o Decreto-lei nº 491/1969, que instituiu o direito ao crédito-prêmio incidente sobre vendas ao exterior de mercadoria de fabricação nacional, bem como os Decretos-leis nºs 1.248/1979 e 1.894/1981 que ampliaram e restabeleceram esse direito, foram recepcionados pelo Texto Supremo de 1988, permanecendo no atual sistema, com o inteiro teor de seu significado. O fato de uma norma estar informada por comandos inferiores à lei, mas que sob o regime pretérito tinha força de lei, não é óbice para que continuem em vigor sob a nova Constituição que exige lei formal. Necessário acrescentar que os comandos pretéritos, por terem sido aceitos e apresentarem matéria pertinente à legislação ordinária, só poderão ser expulsos da ordem jurídica pelo advento de lei ordinária ou de veículo normativo de maior hierarquia.

Nessa amplitude, nem se pode cogitar da aplicação do art. 41, §1º, do ADCT, que reproduzimos abaixo:

> Art. 41. Os Poderes Executivos da União, dos Estados, do Distrito Federal e dos Municípios reavaliarão todos os incentivos fiscais de natureza setorial ora em vigor, propondo aos Poderes Legislativos respectivos, as medidas cabíveis.
>
> §1º Considerar-se-ão revogados após dois anos, a partir da data da promulgação da Constituição, os incentivos que não forem confirmados por lei.

O crédito-prêmio submetido agora ao nosso exame, instituído originariamente pelo Decreto-lei nº 491/1969, não possui natureza setorial, pois pode ser utilizado, sem qualquer distinção, para todos e quaisquer produtos manufaturados, bem como pelas empresas que os exportem, independentemente de a que setor pertençam ou mesmo de seu local de atividade. Entendo por "natureza setorial", por exemplo, o grupo de indústrias farmacêuticas ou indústrias alimentícias ou até mesmo empresas localizadas em áreas especiais que possuam incentivos fiscais próprios, tais como a Zona Franca de Manaus etc.

Ademais, houve a edição da Lei nº 8.402/1992, note-se, sob o manto da atual Constituição Federal, que, entre outras disposições, recuperou tais incentivos fiscais, ou seja, restabeleceu o art. 3º do Decreto-lei nº 1.248/1972, com a redação dada pelo artigo 2º do Decreto-lei nº 1.894/1981 e, por via de consequência, o artigo 1º, do Decreto-lei nº 491/1969.

Não vale argumentar que os Decretos-leis nºs 1.658, 1.722, 1.724, todos de 1.979, bem como as Portarias do Ministro da Fazenda tiveram o condão de revogar o artigo 1º do Decreto-lei nº 491/1969, porquanto, em virtude da declaração de inconstitucionalidade do Decreto-lei nº 1.724/1979 (TRF – AC nº

109.896; STJ – Resp nº 329271/RS; STF – RE nº 186.623/RS), foram considerados inaplicáveis o Decreto-lei nº 1.722 e todas as portarias expedidas pelo Ministro da Fazenda, valendo as disposições do Decreto-lei nº 1.894/1981, que expressamente revigorou o artigo 1º do Decreto-lei nº 491/1969, sem estipular termo final de vigência.

Nesse sentido, é preponderante a jurisprudência do Superior Tribunal de Justiça, como se denota da seguinte ementa:

> TRIBUTÁRIO – CRÉDITO-PRÊMIO – IPI – DECRETOS-LEIS NºS 491/69, 1.658/79, 1.722/79, 1.724/79 E 1.894/81 – PRECEDENTES DESTA CORTE SUPERIOR.
>
> 1. Recurso especial interposto contra venerando acórdão segundo o qual o crédito-prêmio, previsto no Decreto-lei nº 491/69 se extinguiu em junho de 1.983, por força do Decreto-lei nº 1.658/79.
>
> 2. Tendo sido declarada a inconstitucionalidade do Decreto-lei nº 1.724/79, consequentemente ficaram sem efeito os Decretos-leis nºs 1.722/79 e 1.658/79, aos quais o primeiro diploma se referia.
>
> 3. É aplicável o Decreto-lei nº 491/69, expressamente mencionado no Decreto-lei nº 1.894/81, que restaurou o benefício do crédito-prêmio do IPI, sem definição de prazo.
>
> 4. Precedentes desta Corte Superior.
>
> 5. Recurso provido.[108]

Do exposto, penso que dúvidas não devam existir no sentido de que ainda prevalece, no sistema jurídico brasileiro, o direito do contribuinte ao crédito de IPI decorrente de estímulos fiscais à exportação, razão pela qual se afigura inoperante o Ato Declaratório nº 31/1999.

Ademais disso, é importante notar, para a solução do problema ora examinado, que em nenhum momento há menção sobre o tipo de linguagem que deve ser emitido para a comprovação das operações de exportação. Em semelhança ao que

---

108. AgRg. nº 402.832, 1ª Turma, Min. Rel. Garcia Vieira, DJ 11/03/2002 (destaques nossos).

acontece com a constituição da obrigação tributária, há vários meios de comprovar a realização de exportações. Num caso concreto de natureza tributária, vemos a linguagem do contribuinte, que efetua a constituição do fato e a ele imputa uma relação jurídica, promovendo o ingresso de novas proposições no sistema de direito positivo. Na ausência desta linguagem, o sujeito competente da Administração Pública pode, com base em documentos pertinentes, promover de ofício o ingresso de nova relação jurídica. Se assim ocorre com a obrigação tributária, o mesmo pode se dar com o reconhecimento do crédito-prêmio de IPI: a ausência de um documento pode ser suprida mediante a apresentação de outro documento equivalente ou da declaração de um dos órgãos intervenientes do Comércio Exterior.

Este conjunto de considerações põe fora de dúvida que a comprovação das exportações não pode estar atrelada somente a um tipo específico de documento. Pelo contrário, atestar a ocorrência ou não de uma exportação é matéria de prova. Existindo qualquer meio de prova que demonstre, validamente, a realização de exportações não há razão para que tais documentos não sejam aceitos. Ora, se a Administração Pública pode se valer de todos os meios de prova em direito admitidos para constituir o fato jurídico tributário, por força do princípio da igualdade, o mesmo deve valer para a formalização do fato que dá ensejo à constituição do crédito-prêmio de IPI. Desta forma, se o tema nos remete à disciplina da prova, vejamos o que o direito positivo brasileiro prescreve sobre a produção de documentos idôneos para esse fim.

5. Hierarquia entre normas na disciplina da produção de provas

Como já anotei, a ordem constitucional brasileira, enquanto subsistema normativo, é o fundamento último de validade de todas as normas infraconstitucionais que versem matéria atinente aos tributos. Nessa subclasse estão também presentes os traços que caracterizam nosso ordenamento positivo, considerado como um todo, em sua planta fundamental – o Texto Maior. A concepção de quatro pessoas políticas de direito constitucional interno – União, Estados, Distrito Federal e Municípios – ostentando todas as prerrogativas da autonomia, pressupõe convivência harmônica, num quadro isonômico de relações recíprocas, além do que, para efeitos externos, apareça novamente a União, agora como pessoa de direito internacional, exibindo os requisitos da soberania perante o concerto das nações.

Não é fácil manter o equilíbrio desse sistema, quando tantos interesses entram em jogo, quer no plano estático como, e principalmente, na dinâmica de seu funcionamento. Não devemos perder de vista que são quatro focos ejetores de normas cujo fundamento de validade está plantado na Lei das Leis, inexistindo vínculos de subordinação hierárquica entre essas esferas parciais de governo. São quatro fontes diferentes de produção normativa que reivindicam constante sincronia, integradas que estão por obra de mandamentos superiores que lhes asseguram movimento simultâneo, tendo em vista a realização dos valores supremos que a Constituição proclama. Esses mecanismos que propiciam o ajustamento na produção das regras tributárias, convergem para uma série de princípios constitucionais, alguns deles assumindo o caráter de autênticos juízos de valor (como é o caso da igualdade), enquanto outros comparecem como limites objetivos, estabelecendo a direção em que devem caminhar as providências tributárias, de tal sorte que não entrem em choque os interesses competenciais das entidades políticas.

Nesse sentido, figura como verdadeiro axioma lógico de qualquer sistema normativo o primado da hierarquia. Chega a ser um contrassentido falar em sistemas de normas sem organização hierárquica. Se o valor integra a própria raiz do dever-ser e se um de seus predicados sintáticos é a gradação dos preceitos em escala de hierarquia, o deôntico vem desde logo marcado pela presença indispensável dessa cadeia de vínculos de subordinação. E o critério de pertinência de u'a norma a dado sistema reside na contingência de que as múltiplas unidades busquem seu fundamento de validade em outras que lhes sejam superiores. Essa linha de relacionamento vertical corta todo o conjunto, delineando o percurso das regras terminais, que se aproximam das condutas mesmas reguladas pelo direito, até chegar às normas de superior importância, situadas no patamar da Constituição, e prosseguindo, numa derradeira associação, para encontrar a norma hipotética fundamental, pressuposto gnoseológico do conhecimento jurídico, como imaginou Hans Kelsen. Nesse trajeto, contado de preceito a preceito, configura-se a unidade da ordem jurídica, pois todas as mensagens prescritivas hão de convergir para um único ponto. Unidade que pode conviver tanto com a unicidade como com a pluricidade. O sistema brasileiro é uno e único, isto é, tem unidade e unicidade.

É preciso enfatizar que a quebra de qualquer ligação nas relações de subordinação entre as regras do sistema rompe a sequência da causalidade jurídica, abrindo brechas que comprometem o funcionamento do conjunto, inibindo-lhe a eficácia.

Ora, se assim é, a hierarquia assume proporções decisivas para a operacionalidade da ordem jurídica total, motivo pelo que opera como fator de conexão entre as várias entidades do sistema.

Para além disso, a posição de cada norma nos diversos patamares do direito posto é uma função da hierarquia da fonte que a produziu. Se a prescrição adveio de emenda ao Texto Supremo, alojar-se-á no mais alto escalão hierárquico. Agora, se foi introduzida por decreto do Presidente da República, ficará acima das instruções normativas, porém abaixo das leis ordinárias. Eis o laço de subordinação traçando a verticalidade do ordenamento e oferecendo critério seguro para a arrumação sintática das muitas entidades do sistema. A pergunta que se faz, quando da análise de uma proposição prescritiva qualquer, é sempre esta: qual o veículo que a introduziu na ordem positiva? Apenas depois de resolvido esse problema de natureza formal e conhecida a posição da norma no contexto geral, é que passamos a considerar seus aspectos lógico-semânticos, tendo em vista a construção de sentido que chamamos de tarefa interpretativa. A interpretação da regra de direito passa a ser um *posterius* com relação a esse esforço inicial de identificação do nível que a norma ocupa no escalão hierárquico do conjunto.

Penso não ser preciso dizer mais nada sobre a transcendente importância da hierarquia para o sistema do direito, que se move sempre para preservá-la, uma vez que seu desaparecimento desfaz sua consistência orgânica, provocando uma equiparação inaceitável entre seus componentes, que torna impossível a decisão sobre que norma deva prevalecer entre duas que versem sobre mesmo conteúdo, mas sejam expedidas com os modais deônticos opostamente invertidos. Por exemplo, entre a sentença do magistrado e o acórdão do tribunal, toda vez que as mensagens sejam contrárias ou contraditórias, como saber, senão pela hierarquia da fontes, qual delas deve prevalecer?

A hierarquia, enfim, é um valor caríssimo ao direito, que sem ela não sobrevive, sendo severamente punidas as iniciativas dos que a ignorem. Vale repisar que inexiste unidade normativa, no sistema, sem ocupar um dos muitos tópicos na complexa arquitetura sintática da ordem posta. Daí porque a observância da gradação hierárquica venha a ser pressuposto do funcionamento do sistema, como é condição também indeclinável da própria atividade cognoscente das mensagens prescritivas. Caso não haja referência ao diploma introdutor, que qualifica o nível de juridicidade das normas por ele introduzidas, como reconhecer um dispositivo constitucional? De que modo outorgar a importância, muitas vezes de cunho nacional, que a lei complementar merece? De ver está que a hierarquia, tomada como condição cognoscitiva, torna-se igualmente condição de aplicação do direito vigente, o que nos leva a identificar nela a força propulsora da operatividade da ordem jurídico-prescritiva.

Refletindo sobre tais aspectos é que vejo na hierarquia não apenas um princípio ou mesmo um sobreprincípio, mas um verdadeiro axioma do sistema normativo. E é exatamente por esse prisma que tomo a desconsideração dos liames de subordinação hierárquica como o mais grave atentado que pode sofrer uma ordem jurídica, residindo na instituição das nulidade e das anulabilidades, as providências imediatas com que o direito responde a essa violação de seu postulado fundamental.

5.1. Instrumentos introdutórios de normas jurídicas no direito brasileiro – instrumentos primários e secundários

Em virtude do que prescreve o artigo 5º, inciso II, da Constituição da República, a lei e os estatutos normativos que têm vigor de lei são os únicos veículos credenciados a inserir regras inaugurais no ordenamento jurídico brasileiro. Por essa razão, são designadas por "instrumentos primários". São eles, a lei constitucional, a lei complementar, a lei ordinária, a lei delegada e até mesmo as medidas provisórias, que, sob o ângulo político, vieram compensar a União pelo desaparecimento do decreto-lei.

Todas as demais normas regradoras da conduta humana, neste país, têm juricidade condicionada às disposições legais, quer emanem de preceitos gerais e abstratos, quer individuais e concretos. E, por isso, são denominados "instrumentos secundários", não possuindo, por si só, a força vinculante que é capaz de alterar as estruturas do mundo jurídico-positivo. Realizam, simplesmente, os comandos que a lei autorizou e na precisa dimensão que lhes foi estipulada. Ato normativo infralegal, que extrapasse os limites fixados pela lei que lhe dá sentido jurídico de existência, padece da coima de ilegalidade, que o sistema repele. São normas complementares das leis a elas subordinadas, não obrigam os particulares, porém os funcionários públicos devem-lhe obediência, não propriamente em vista de seu conteúdo, mas por obra da lei que determina sejam observados os mandamentos superiores da Administração. Todas têm por função veicular outras normas que regulamentem e concretizem os ditames legais, jamais as contrariando, seja sua letra ou seu espírito. São elas, o decreto regulamentar, as instruções ministeriais, as portarias, as circulares, as ordens de serviço, os atos declaratórios e outros atos normativos estabelecidos pelas autoridades administrativas.

5.2. A linguagem exigida pelo ordenamento jurídico para constituição do crédito-prêmio de IPI – ilegalidade das restrições introduzidas por instrumentos secundários

O procedimento administrativo, tal qual o processo judicial, têm suas raízes fincadas na Constituição. O artigo 5º, inciso LV, dispõe: "aos litigantes, em processo judicial ou administrativo, e aos acusados em geral são assegurados o contraditório e ampla defesa, com os meios e recursos a ela inerentes".

Esse é o campo de eleição da prova, no seu perfil de justificação da crença na verdade do conceito de um fato. À mingua de um tratamento legislativo apropriado e, quem sabe por isso mesmo, pela carência de elaboração doutrinária específica, a realidade é que o estudo da teoria da prova, nos domínios do procedimento administrativo tributário, tem-se mostrado extremamente pobre, suscitando dificuldades imensas ao aplicador da lei fiscal, quer seja ele o órgão do Poder Tributante, ou o próprio contribuinte, quando lhe caiba demonstrar a legitimidade jurídica de condutas atinentes ao cumprimento de deveres que a lei impõe. Não é preciso dizer que tal deficiência provoca, muitas vezes, situações de dúvida, prejudicando o clima de juridicidade que há de acompanhar tão delicada função do Estado, nas suas relações com os administrados.

Paulo Celso Bergstron Bonilha consigna tal dificuldade, referindo-se com palavras críticas à ausência de preceitos legislativos sobre tão importante aspecto do assunto de que tratamos. Ouçamo-lo:

> A legislação do processo administrativo tributário é lacunosa e assistemática e dessa vicissitude também se ressente a disciplina da prova. A integração analógica de preceitos do processo comum para suprir essas deficiências é frequente. Essa forma de integração da legislação é admissível por se tratar de normas de direito tributário formal.[109]

Ora, por mais que o registro dessa lacuna seja unanimemente proclamado pela doutrina de prestigiados autores, breve reflexão sobre a matéria é suficiente para exibir a gravidade do problema.

É certo que, por vezes, o direito admite a utilização da linguagem natural, para atestar a realização de eventos ocorridos no setor sobre o qual legisla. Todavia, é enorme a gama de situações da vida social em que a ordem jurídica exige uma linguagem específica, prescrevendo documentos e estabelecendo condutas que, marcadamente, refogem do trato ordinário que as pessoas mantêm na comunicação usual. É exatamente nesse intervalo que se verifica discrepância entre o mero acontecimento social e o fato jurídico, propriamente dito. Fala-se, por isso, numa *verdade material* que nem sempre se identifica com a *verdade jurídica*.

Com o desenvolvimento das pesquisas e o surgimento das Ciências da Linguagem e com o aparecimento da Semiótica, enquanto teoria geral dos signos empregados na comunicação, é algo pacífico nos dias de hoje expressar-se o direito positivo numa linguagem que lhe é privativa, identificando-o em face da multiplicidade de outras linguagens que vão recobrindo os vários campos atingidos pela percepção do ser humano.

---

109. *Da Prova no Processo Administrativo Tributário*. São Paulo: Revista dos Tribunais, 1995, p. 127.

E dentro da latitude semântica da expressão *linguagem jurídica* há segmentos do sistema em que os meios de manifestação comunicacional dos participantes ficam restritos às fórmulas determinadas e adrede estabelecidas, tendo em vista os valores de certeza e de segurança que a ordem normativa visa a realizar. Entre essas porções do todo sistemático estão, por certo, o direito penal e o direito tributário. Nesses confins da organização jurídica das condutas sociais, já por tradição de longo período, são restritos os modos de utilização da linguagem, em face da comprovação das ocorrências factuais. Nem todos os recursos da comunicação ordinária são admitidos para efeito de atestar a realização de acontecimentos nessas áreas. Pelo contrário, os modos de expressão ficam reduzidos pelo legislador, que se torna exigente, procurando circunscrever os eventos que descreve de maneira precisa, rigorosa, tudo, certamente, para implantar valores de segurança e de justiça na aplicação do direito.

Daí porque, sendo falha a legislação, claudicando na estipulação dos meios e instrumentos a que devem se cingir os destinatários das normas jurídicas aplicáveis, ficarão comprometidas também aquelas estimativas que hão de presidir o desempenho da atividade estatal.

Ao intérprete das regras penais e, o que mais nos interessa agora, ao exegeta dos preceitos tributários, caberá voltar-se aos princípios constitucionais, lá buscando os valores que deverão orientar a compreensão dos fatos e o estabelecimento cuidadoso dos direitos subjetivos e dos deveres correlatos.

No âmbito do procedimento administrativo tributário, a prova há de ser feita em toda a sua extensão, consoante esquemas rígidos de aplicação das regras atinentes, de tal modo que se assegure, com todas as garantias possíveis, as prerrogativas constitucionais de que desfruta o contribuinte brasileiro, de ser gravado apenas nos exatos termos em que a lei tributária especificar.

Suzy Gomes Hoffmann, em excelente trabalho sobre o tema da prova no direito tributário, escreveu, com precisão:

> A presunção de legitimidade em favor do ato administrativo do lançamento quer significar que, por ter sido emitido por agente competente, se presume válido, até que seja posto fora do sistema por outra norma.
>
> Por conseguinte, não é porque o funcionamento do sistema do direito exige a presunção de que todas as normas são válidas até que sejam postas fora do sistema pelos meios competentes, que se pode concluir que o conteúdo dessas normas está em sintonia com as regras do sistema e com os enunciados fácticos a que deve corresponder.
>
> Além do mais, não pode ser invocado o princípio da supremacia do interesse público ao interesse particular para fortalecer o entendimento de que há a presunção de legitimidade do conteúdo do ato administrativo do lançamento tributário, pois, como visto, o interesse público é pelo cumprimento da lei.
>
> Portanto, se for verificado que no ato de lançamento tributário não se observou o necessário detalhamento do relato do fato, a necessária adequação do fato e da relação jurídica instaurada aos padrões definidos na norma geral e abstrata, não deve prevalecer tal ato, devendo ser expulso do sistema em detrimento do fato de que, da sua manutenção no sistema, poderia advir receita ao Estado.[110]

É certo que a autoridade julgadora decide o processo, ou procedimento administrativo tributário, entre estes o pedido de compensação tributária, mediante o exame dos elementos probatórios juntados pelo impugnante e pela Fazenda; afinal, é permitido à Administração aparelhar-se e exercitar diretamente sua pretensão executória, o que, todavia, não a exime de provar o fundamento e a legitimidade de sua pretensão. O interesse da Fazenda tem como pressuposto, exatamente, a ocorrência do fato jurídico tributário, cujos elementos configuradores supõem-se presentes e comprovados, para atestar a identidade da matéria fáctica com o tipo legal. Ora, se

---

110. *Prova no Direito Tributário*. Campinas: Copola Editora, 1999, pp. 179-180.

qualquer desses elementos ressentir-se de certeza ante o contraste da impugnação, incumbirá à Fazenda o ônus de comprovar a sua existência.

A convicção do julgador deve ser estabelecida conforme os meios ou instrumentos reconhecidos pelo direito como hábeis, no sentido de comprovar os acontecimentos sociais. Reafirmo, a propósito, que nem sempre os expedientes da linguagem natural, tão atuantes no intercurso diário de nossas relações, são recolhidos pela ordem jurídica. No procedimento administrativo são admitidos os meios de prova tidos como idôneos no processo comum. Entretanto, por virtude de sua peculiaridade, são muito pouco utilizadas a prova testemunhal e a inspeção judicial, assim como a providência do depoimento pessoal. Ao mesmo tempo, pode dizer-se que o instrumento probatório de maior importância e também de maior utilização é a prova documental. As demonstrações, alegações e informações fiscais que acompanham um auto de infração, a despeito de ficarem "documentadas" nos autos do procedimento, não são o que chamamos, efetivamente, de "provas documentais", podendo ser infirmadas ou desconstituídas com outros documentos colhidos junto ao contribuinte ou a terceiros, capazes, de fato, para demonstrar o ocorrido.

Supor que um fato tenha acontecido ou que sua materialidade tenha sido efetivada não é o mesmo que exibir a concretude de sua existência, mediante prova direta, conferindo-lhe segurança e certeza. No que concerne ao direito tributário, os recursos à presunção devem ser utilizados com muito e especial cuidado. Nesse subdomínio do jurídico, não deve a presunção manter atinência intrínseca aos aspectos estruturados da norma de incidência tributária, mas apenas referir-se a elementos (situações/fatos) que possam conduzir à tipificação da figura impositiva.

Se considerarmos os valores máximos acolhidos por nosso Texto Constitucional, principalmente em termos de tributação – *segurança* e *certeza* – que sustentam os cânones da legalidade e da tipicidade, torna-se extremamente problemático captar a figura da presunção, sempre fértil para causar imprecisão, dubiedade e incerteza.

São distintos os traços jurídicos da presunção e dos indícios. A primeira, quando acolhida no texto legislado, dispensa o agente público de outras providências probatórias, sendo-lhe suficiente indicar a presença físico-material do sucesso que faz presumir o fato investigado. O indício, por sua vez, é o motivo para desencadear-se o esforço de prova; é o pretexto jurídico que autoriza a pesquisa, na busca de comprovar-se o acontecimento factual. Exibida a linguagem competente do evento presuntivo, havendo autorização da lei, o funcionário pode dar por encerrada sua tarefa fiscalizatória. O vínculo lógico entre o fato presuntivo e o fato presumido cumprirá o restante do trabalho. No que tange, porém, aos indícios, a situação é diferente, porquanto a mostra concreta de sua existência, também em linguagem competente, dará ensejo, apenas, ao desencadeamento dos mecanismos de investigação. Juridicamente verificados os indícios, servirão eles de ponto de partida para a procura daquilo que se chama de *verdade material dos fatos* pesquisados, programa que há de ser efetivado mediante a utilização dos meios de prova em direito admitidos.

A exposição foi longa, mas necessária. Dos fundamentos postos acima é possível sacar uma série de conclusões sobre as provas que atestam a ocorrência de exportações e, por conseguinte, comprovam o direito ao crédito-prêmio de IPI. A primeira ilação, necessária, diz respeito à inexistência de proposição jurídica que, validamente, determine exclusividade na forma de comprovar as operações de exportação. Por outro lado, verifica-se também a existência de uma série de documentos necessários à exportação. Com efeito, se o contribuinte oferece provas cabais de que houve a realização das exportações, surgirá como ilegal e abusiva a recusa da Secretaria da Receita Federal do Brasil em reconhecer os créditos correspondentes.

6. Da conclusão

Tecidas essas considerações que me parecem pertinentes e imprescindíveis à análise do assunto, passo à resposta das indagações oferecida no início do capítulo, justificando-a juridicamente.

1. Qual o fato jurídico que dá ensejo ao crédito-prêmio do IPI?

Resposta: Na hipótese de empresas comerciais exportadoras, o fato que dá origem ao crédito-prêmio de IPI é a efetiva exportação de produtos adquiridos no mercado interno. A operação de exportação, por sua vez, pode ser comprovada por diversas formas, uma vez que existem vários documentos que certificam a celebração e o cumprimento deste negócio jurídico.

2. Qual o documento hábil para constituir juridicamente esse fato?

Resposta: Reforça esta posição, a circunstância de que a legislação instituidora do crédito-prêmio de IPI, em especial o Decreto-lei n° 491/1969 que veicula a norma jurídica deste benefício, não prescreve forma específica para comprovar a realização de exportações. E não poderia mesmo veicular tal prescrição. Isto porque a celebração de negócios jurídicos e o envio de mercadorias para o exterior são fartamente documentados. Estabelecer a prevalência de um documento em detrimento de outro, neste caso específico, significaria prescrever que documentos, emitidos de forma simultânea, possuiriam força probatória diferenciada. E mais, significaria afirmar que relatórios emitidos por órgãos estatais, intervenientes no processo de exportação, não serviriam para comprovar e qualificar operações de exportação. Tratar-se-ia, assim, de discriminação injustificada, cujo efeito direto seria criar obstáculo ao aproveitamento do benefício. Por isso, a recusa da Secretaria da Receita Federal do Brasil em aceitar cópias autenticadas da guia do exportador ou declarações de órgãos públicos que atestam a realização da exportação pela sociedade comerciante não possui compatibilidade com o ordenamento jurídico nacional, sendo, com efeito, ilegal e abusiva.

Desse modo, o documento competente para atestar a ocorrência desse fato é todo aquele que denote ter havido, efetivamente, a saída dos produtos do País, em função de contratos de compra e venda internacionais. Num negócio jurídico desse tipo, além do próprio contrato, outros documentos têm força de prova para atestar a efetiva realização do negócio e a consequente saída dos produtos do território nacional. Entre esses documentos, cabe exemplificar: a nota de embarque, o contrato de transporte internacional e os relatórios expedidos pela SECEX que discriminam a ocorrência das exportações. Em todos esses casos, a documentação é suficiente para atestar a ocorrência de exportação, o que reforça a posição de que há vários meios de demonstrar o *factum* das exportações.

Comprovada a exportação, surge de imediato o direito ao crédito-prêmio de IPI. Por isso, além de comprovar a realização dos negócios jurídicos internacionais e atestar seu cumprimento, tais documentos devem conter os dados necessários à quantificação daquilo que foi exportado. Dessa forma, além de ser dotado de fé pública, uma vez emitido por órgão público ou cópia autenticada por tabelião, os documentos devem mencionar o valor da operação de exportação, os itens que integram o preço, vale dizer, se estão ou não incluídos o frete e o transporte, bem assim a data em que o negócio foi cumprido mediante despacho da mercadoria para o exterior. Com qualquer documento válido que contenha tais informações será possível atestar a realização de exportações para o fim específico de apurar e quantificar o crédito-prêmio de IPI.

Tema XXXVII

ICMS SOBRE A VENDA DE BENS DO ATIVO FIXO

Apreciação sobre a competência tributária dos Estados e do Distrito Federal para exigirem ICMS com base na venda de bens do ativo fixo, assim como o cumprimento dos correspondentes deveres instrumentais

Sumário: 1. Introdução. 2. O modelo constitucional da regra-matriz do ICMS. 3. Critério material da regra-matriz do ICMS. 3.1. O sentido dos vocábulos "operações" e "circulação". 3.2. A importante função da palavra "mercadorias". 4. A base de cálculo do ICMS. 5. O sujeito passivo da relação jurídica de ICMS. 5.1. Contribuinte do ICMS, segundo a Lei Complementar nº 87/1996 6. A atividade das empresas locadoras de veículos e a tributação pelo ICMS. 7. Das respostas às indagações.

1. Introdução

O presente trabalho tem por objetivo tecer alguns comentários a respeito do problema jurídico concernente à competência tributária dos Estados e do Distrito Federal para exigirem o Imposto sobre Operações relativas à Circulação de Mercadorias e sobre a Prestação de Serviços de Transporte Interestadual e Intermunicipal e de Comunicação (ICMS) com base na venda de bens do ativo fixo, assim como o cumprimento dos correspondentes deveres instrumentais.

Na amplitude desta providência, traremos hipótese factual exemplificativa, muito comum no direito tributário brasileiro, de empresas que realizam a locação de veículos, os quais, por serem imprescindíveis ao exercício da atividade, integram seu ativo fixo sociedade. Depois de certo tempo, porém, tendo em vista a depreciação de tais bens e a necessidade de manter a boa qualidade da frota, vende-os e os substitui por veículos novos, que também passam a integrar seu ativo imobilizado e são destinados à locação.

Considerando seu objeto social, bem como a função que os automóveis exercem no implemento de seus fins, instaura-se, de pronto, a dúvida sobre a possibilidade de lhe serem exigidos, pelos Estados e pelo Distrito Federal, o pagamento de ICMS em razão das vendas de veículos que realiza, assim como a emissão de documentos fiscais relacionados a esse imposto estadual.

Para chegar a bom termo, solucionando as dúvidas levantadas pelo problema, formulo três indagações, sobre as quais me manifestarei de maneira clara e objetiva, à luz do direito positivo vigente.

São elas:

1. Que é mercadoria? E bem do ativo imobilizado? Admitindo-se hipótese de empresa locadora de veículos, os carros adquiridos como consumidora final, com o objetivo exclusivo de atender sua atividade de locação, pertencem a seu ativo imobilizado ou são classificados como mercadorias?

2. Há incidência do ICMS sobre a venda de bens do ativo imobilizado? Há incidência do ICMS sobre a venda de veículos da empresa locadora de carros?

3. *O fato de vender carros para renovação da frota torna empresa locadora de veículos contribuinte do ICMS? Caso não seja considerada contribuinte, estará obrigada ao cumprimento de deveres instrumentais, por exemplo, possuir livros fiscais, emitir notas fiscais e se inscrever no cadastro de contribuintes dos Estados?*

2. O modelo constitucional da regra-matriz do ICMS

Sobre o modelo constitucional da regra-matriz do ICMS já nos manifestamos neste livro em algumas passagens, mas diante do objeto de análise faz-se necessário retornar as ilações.

Na oportunidade explicamos que, nos termos do art. 155, II, da Carta Magna, compete aos Estados e ao Distrito Federal instituir impostos sobre *"operações relativas à circulação de mercadorias e sobre prestações de serviços de transporte interestadual e intermunicipal e de comunicação, ainda que as operações e as prestações se iniciem no exterior"*. Preenchendo o arranjo sintático da regra-matriz de incidência tributária com a linguagem do direito positivo, saturando as variáveis lógicas com o conteúdo semântico constitucionalmente previsto, identificamos três diferentes materialidades:

(i) realizar operações relativas à circulação de mercadorias;

(ii) prestar serviços de transporte interestadual ou intermunicipal; e

(iii) prestar serviços de comunicação. Isso implica admitir a existência de três normas-padrão, com igual número de hipóteses e de consequentes.

No intuito de delimitar melhor o objeto deste estudo, porém, voltarei minha atenção somente à hipótese concernente à *operação de circulação de mercadorias,* passando ao largo do exame daquel'outras referidas no dispositivo constitucional. Efetuado o corte metodológico, podemos construir a seguinte regra-matriz do ICMS:

Hipótese:

- **critério material**: realizar operação relativa à circulação de mercadoria;

- **critério espacial**: âmbito territorial do Estado ou do Distrito Federal;

- **critério temporal**: momento da saída da mercadoria.

Consequência:

- **critério pessoal**: *sujeito ativo:* Estado ou Distrito Federal; *sujeito passivo*: o comerciante que praticou a operação relativa à circulação de mercadoria;

- **critério quantitativo**: *base de cálculo*: valor da operação de circulação de mercadoria; *alíquota*: aquela prevista na legislação do imposto, oscilando de acordo com a circunstância de ser operação interna ou interestadual.

3. Critério material da regra-matriz do ICMS

A locução "relativas à circulação de mercadorias", como explicitação qualificativa, reduz, inevitavelmente, o campo semântico do termo "operações", para dizer que a incidência não se opera em qualquer de suas espécies, mas apenas naquelas "relativas à circulação de mercadorias". Se decompusermos esse adjunto adnominal, vamos encontrar, como vocábulo de segundo relevo, "circulação", qualificado restritivamente por "de mercadorias".

"Operações", "circulação" e "mercadorias" são três elementos essenciais para a caracterização da hipótese de incidência do ICMS. Revelaria intolerável açodo centralizar a atenção no termo "operações", em detrimento dos outros dois vocábulos que lhe completam o sentido, dando a verdadeira grandeza do preceito constitucional. É forçoso que analisemos toda a frase, no seu alcance global, pondo em evidência as palavras sobre as quais o constituinte fez recair a tônica do seu pensamento, o timbre do seu raciocínio. Cifrar o núcleo do objeto direto do verbo "realizar" não dispensa a consideração das demais unidades de linguagem que dão corpo à prescrição jurídica. Pelo contrário, necessário se faz conhecer as limitações adjetivas que acompanham esse núcleo para bem determinar a amplitude do comando, a dimensão da outorga competencial.

Constitui iter de rigor indispensável mostrar a ordem hierárquica dos termos conjugados na locução, especulando-se, na sequência, o significado de cada um e a respeito das múltiplas influências que as palavras terminam por exercer na redação do período.

3.1. O sentido dos vocábulos "operações" e "circulação"

Fixado o critério material da regra-matriz do ICMS, nota-se que o constituinte procurou imprimir um sentido direcional na arquitetura do complemento ajuntado ao verbo "realizar". Associou, para tanto, os termos "operações" e "circulação", mediante o emprego do adjetivo "relativas" e da preposição "a". Além disso, diminuiu o quadro de abrangência do vocábulo "circulação", por agregar-lhe outro adjunto adnominal – "de mercadorias" –, determinando e especificando, como relatamos, o tipo de circulação que propiciaria a incidência do imposto.

Todo o engenho sintático desenvolvido para veicular o desenho típico, uma vez assimilado, tem o condão de apontar critérios e indicar a prevalência que os signos guardam entre si. Mas isso não basta. Havemos de perseguir as proporções semânticas de cada um dos símbolos utilizados, para construir, na integralidade, a substância do enunciado que o constituinte gravou, de forma categórica, no texto da Lei Fundamental. Daí a relevância de se determinar que significa "operações".

Tenho para mim que o vocábulo "operações", no contexto em que se encontra, exprime o sentido de atos ou negócios jurídicos hábeis para provocar a circulação de mercadorias. Adquire, neste momento, a acepção de toda e qualquer atividade regulada pelo direito e que tenha a virtude de realizar aquele acontecimento.

Não é preciso invadir os domínios da Economia para saber que o fenômeno da circulação de mercadorias é um acontecimento do mundo físico, o qual ocasiona mutações concretas no relacionamento entre as pessoas. Sem nos preocuparmos com a natureza que o feito possa assumir perante outras ciências, temo-lo como um fato relevante juridicamente que faz surgir modificações no patrimônio das pessoas, alterando situações e configurando direitos e deveres que, antes dele, inexistiam. Procedente a verificação, seria muita ingenuidade supor que o direito não se ocupasse de regrar tais ocorrências, mesmo porque incorreríamos numa petição de princípio, firmada que ficou a efusão de efeitos jurídicos, pelo nascimento de direitos e de deveres, por mutações patrimoniais e por alterações efetivas no panorama das situações definidas e contempladas pela ordem normativa.

Isso já deixa entrever que as "operações relativas à circulação de mercadorias" não são entidades insignificantes para o Direito e que o legislador não poderia atribuir ao vocábulo senão o cunho de "operações jurídicas", consistentes em atos ou negócios jurídicos.

A palavra "circulação", por sua vez, nuamente exposta no seu esquematismo formal, quase nada pode oferecer a quem lhe pesquisa o alcance. Isso quer dizer que o cientista há de digredir por outras áreas do saber jurídico, procurando nexos e especulando a propósito de relações entre os mais variados signos, com o fito de surpreender a natureza conceptual daquele termo topicamente fixado no preceito do art. 155, II, do Texto Magno.

Nesse contexto, "circulação" é a passagem das mercadorias de uma pessoa para outra, sob o manto de um título jurídico, com a consequente mudança de patrimônio. Não se trata de mera circulação física, sendo impreterível a transferência da titularidade do bem. A "circulação" há de ser sempre jurídica, visto que decorrente de "operação jurídica".

3.2. A importante função da palavra "mercadorias"

Ao discorrer sobre a redação constitucional, registramos que o constituinte reduziu o campo significativo das "operações relativas à circulação", agregando-lhe o adjunto adnominal "de mercadorias", com finalidade nitidamente determinativa e especificativa. Indicou, desse modo, que nem toda a circulação estaria abrangida no tipo proposto, mas unicamente aquelas "de mercadorias".

Aparece, aqui, a função restritiva da palavra "mercadorias", entretecida, fio a fio, com duas questões máximas: primeiro, saber de seu conteúdo semântico; depois, indagar acerca da intensidade que essa palavra tem para produzir influências nos outros vocábulos que a ela se conjugam no contexto da frase constitucional. Que quer dizer "mercadorias"? Até que ponto esse termo penetra os demais, delimitando as "operações" e a "circulação"? É disso que passaremos a cogitar.

Já esclareci, que o étimo do termo "mercadoria" está no latim *mercatura*, significando tudo aquilo passível de ser objeto de compra e venda. Nas províncias do direito positivo, não se presta para designar senão a coisa móvel, corpórea, que está no comércio.

A natureza mercantil do produto não está entre os requisitos que lhe são intrínsecos, mas na destinação que se lhe dê. É mercadoria o livro posto à venda. Não se enquadra nesse conceito, todavia, aquele destinando a meu uso pessoal. Como é possível perceber, não se operou a menor modificação na índole do objeto referido. Apenas sua destinação veio a conferir-lhe atributo de mercadoria.

Precisamente neste ponto é que vemos a força expressiva do vocábulo, impregnando os outros termos da locução: somente se tem caracterizado fato tributável pelo ICMS quando a circulação decorrente de uma operação jurídica envolver "mercadorias", entendidas como bens adquiridos ou produzidos com o precípuo objetivo de futura comercialização.

4. A base de cálculo do ICMS

Ao conferir possibilidade legiferante às pessoas políticas, no campo tributário, o constituinte reporta-se a determinados eventos, atribuindo ao legislador ordinário o pormenorizado esboço estrutural da hipótese e consequência normativa. Delineados os contornos genéricos do acontecimento, incumbe ao ente político fixar a fórmula numérica de estipulação do conteúdo econômico do dever jurídico a ser cumprido pelo sujeito passivo, escolhendo, dentre os atributos valorativos que o fato exibe, aquele que servirá como suporte mensurador do êxito descrito, e sobre o qual atuará outro fato, denominado alíquota, desde que, naturalmente, o predicado factual eleito seja idôneo para anunciar a grandeza efetiva do evento.

Quando se fala em anunciar a grandeza efetiva do acontecimento, significa a captação de aspectos inerentes à conduta ou objeto da conduta, devendo o legislador cingir-se às manifestações exteriores que sirvam de índice avaliativo da materialidade. No caso do ICMS, mais especificamente da regra-matriz em exame neste estudo, cujo critério material consiste em "realizar operação relativa à circulação de mercadoria", a base de cálculo não pode ser outra que não "o valor dessa operação", pois é esse elemento que exterioriza a grandeza do fato descrito no antecedente normativo. Dito de outro modo, a base de cálculo há de ser representada pela medida da "operação relativa à circulação de mercadoria", havendo nítida violação ao Texto Constitucional na hipótese de exigência de ICMS calculado sobre valor de operação de circulação de bens diversos daqueles qualificados como mercadorias.

5. O sujeito passivo da relação jurídica de ICMS

A Constituição não diz, claramente, como o fizera a anterior, quais são as pessoas que podem integrar a relação jurídica tributária do ICMS, na condição de sujeito passivo. Em princípio, poderíamos asseverar, seriam os clássicos "comerciantes, industriais e produtores". Impõe-se, contudo, um esclarecimento: uma coisa é estar capacitado a realizar o fato jurídico dessa exação; outra é figurar no chamado polo passivo do vínculo que nasce pela força eficacial daquele fato. Para realizar o evento tributado, qualquer entidade, com ou sem personalidade de direito (sociedades de fato, unidades econômicas ou profissionais, sociedades irregulares), estará credenciada. Agora, para figurar no tópico de devedor, de quem se espera o cumprimento da prestação patrimonial do imposto, requer-se sujeito de direito, com todas as prerrogativas dos direitos fundamentais. Não haveria condições técnico-jurídicas para que um ente, sem personalidade, compusesse a relação que surge com o acontecimento do fato tributado. Essa advertência é importante porque o Código Tributário Nacional em seu artigo 126, faz certa confusão na disciplina do assunto, misturando a capacidade de realizar o fato jurídico com a possibilidade de integrar a obrigação tributária.

Com essa ressalva, podemos aceitar que todos os entes, portadores ou não de personalidade jurídica, que vierem a realizar operações relativas à circulação de mercadorias, estarão concretizando o *factum* do ICMS. Todavia, para ocupar a posição de sujeito passivo desse gravame, mister será que a legislação específica aponte, com precisão, entre as pessoas envolvidas na efetivação do evento, o sujeito de direito que deve responder à prestação do imposto. Aquele pode ser o comerciante, o industrial ou o produtor, desde que seja centro de imputação de direitos e obrigações, vale dizer, dotado de personalidade jurídica, consoante as regras do direito privado brasileiro.

Isso não autoriza, porém, que o legislador infraconstitucional eleja qualquer pessoa para figurar no polo passivo da exação tributária, como é o caso do ICMS. Cabe relembrar, que o sujeito passivo das obrigações tributárias está delimitado pela Constituição e, tal circunstância, não permite que o legislador ordinário, ao emitir a regra-matriz de incidência tributária, escolha como devedor alguém que não tenha participado da ocorrência do fato típico, ainda que indiretamente. Isso porque lhe falta competência constitucional, pois ninguém pode ser compelido a pagar tributo sem que tenha realizado ou participado da realização de um fato, definido como tributário pela lei competente. Por isso, o sujeito passivo do ICMS há de ser tão somente o comerciante, o industrial ou o produtor que efetivamente realize operações relativas à circulação de mercadorias, isto é, que pratique o fato descrito na hipótese de incidência do imposto estadual.

5.1. Contribuinte do ICMS, segundo a Lei Complementar nº 87/1996

A Lei Complementar nº 87/1996, na qualidade de norma geral de direito tributário, e cumprindo as funções que lhe foram atribuídas pelo art. 155, § 2º, XII, da Constituição da República, dispõe sobre o ICMS, indicando, dentre outros aspectos, o sujeito passivo desse imposto. Nos termos do seu art. 4º, *caput:*

> Contribuinte é qualquer pessoa, física ou jurídica, que realize, com habitualidade ou em volume que caracterize intuito comercial, operações de circulação de mercadoria ou prestações de serviços de transporte interestadual e intermunicipal e de comunicação, ainda que as operações e as prestações se iniciem no exterior.

Examinando esse dispositivo de forma analítica, identificamos os seguintes requisitos para que se tenha caracterizado o contribuinte do ICMS:

a) ser pessoa física ou jurídica;

b) que realize operações de circulação de mercadorias;

c) com habitualidade ou em volume que caracterize intuito comercial.

Vê-se que o legislador complementar procurou melhor esclarecer os contornos da exação, evidenciando o fato de que, para ter-se operação de circulação de mercadoria, em regra, é imprescindível o caráter da habitualidade, quer dizer, do intuito comercial.

Nenhum dos requisitos acima mencionados pode ser visto isoladamente, como se fosse suficiente para indicar o sujeito que figura no polo passivo da norma-padrão do ICMS. Pelo contrário, é necessária a presença de todos eles, cumulativamente, para que a pessoa integre a obrigação tributária na qualidade de devedora: imprescindível que o sujeito de direito (pessoa física ou jurídica) realize operações de circulação de mercadorias e, além disso, o faça com habitualidade, com intuito comercial. Esses três elementos são indissociáveis.

Outra não poderia ser a interpretação do referido dispositivo legal. Como já demonstrado, o critério material da regra-matriz do ICMS consiste na locução "realizar operações relativas à circulação de mercadorias", de modo que apenas a pessoa que praticar tal atividade poderá ser colocada no polo passivo da exação. Ademais, considerando que (i) as "operações" referidas pelo Texto Constitucional são aquelas abrangidas pela juridicidade, (ii) a "circulação" há de ser sempre decorrente de negócios jurídicos e (iii) o conceito de "mercadorias" abrange apenas os bens destinados ao comércio, é forçoso concluir que as referências à "habitualidade" e ao "volume que caracterize intuito comercial" são redundantes, tendo por função melhor esclarecer a locução empregada pelo constituinte.

6. A atividade das empresas locadoras de veículos e a tributação pelo ICMS

As empresas locadoras de veículos têm por objeto social, justamente, a locação de veículos automotores, fazendo-o mediante aluguéis diários de automóveis ou de frota. Nesse contexto, os veículos integram o ativo imobilizado da sociedade, sendo empregados no desenvolvimento de sua atividade-fim.

Para a consecução de seus objetivos sociais, referida frota é constantemente renovada, com vistas a proporcionar, aos clientes, carros novos e em boa condição de uso. Em razão disso, após determinado lapso de tempo, os veículos integrantes do ativo imobilizado são desincorporados e substituídos por outros, novos, os quais, além de demandarem menor gasto com manutenção, propiciam melhor qualidade no atendimento às exigências dos locatários.

Necessário se faz sublinhar que esse modo de proceder não se presta para caracterizar essas empresas como pessoas jurídicas que praticam a venda de veículos usados. Ditos veículos não são adquiridos de terceiros para comercialização. Ao contrário, trata-se de bens utilizados pelas próprias sociedades empresariais em suas atividades de locação, e que, após algum tempo, em virtude do desgaste sofrido, são substituídos por outros novos. Na qualidade de pessoas jurídicas dedicadas à locação de automóveis, assumem a condição de consumidoras finais dos veículos novos que adquirem, passando estes a integrar seus ativos fixos. Nesse instante, encerra-se a fase de circulação jurídica dos carros, que deixam, por isso mesmo, de classificar-se como mercadorias.

Os bens integrantes do ativo imobilizado de qualquer empresa, dentre elas as sociedades locadoras de veículos automotores, não são abrangidos pelo conceito de mercadoria, levando-se em conta a ausência de intuito de revenda. A amplitude do ativo imobilizado é dada pela Lei n° 6.404/1976, que em seu art. 179, IV, o define como *"os direitos que tenham por objeto bens corpóreos destinados à manutenção das atividades da companhia ou da empresa ou exercidos com essa finalidade, inclusive os decorrentes de operações que transfiram à companhia os benefícios, riscos e controle desses bens"*. Manifesto, portanto, o fato de não serem os bens do ativo imobilizado destinados à mercancia, inaceitável enquadrá-los no conceito de mercadorias.

A locução "ativo imobilizado", sinônima de "ativo fixo", é empregada, na linguagem contábil, para identificar o grupamento de contas nas quais são registrados os recursos investidos em direitos relativos aos bens necessários à exploração do objeto social da empresa. Trata-se de expressões utilizadas em oposição a "ativo circulante". Enquanto os bens que integram o ativo imobilizado destinam-se a manter a própria fonte produtora de receitas, os bens do ativo circulante abrangem aqueles que são transformados em dinheiro durante o ciclo operacional, nele se esgotando.

Quanto aos veículos objeto de locação pelas referidas empresas, não há dúvidas de que integram seus ativos imobilizados, pois se mostram imprescindíveis à consecução da atividade-fim da sociedade. Tais bens não são adquiridos com o escopo de serem transformados, no menor prazo possível, em dinheiro. Sua finalidade é diversa: destinam-se a propiciar a locação de veículos, permitindo a realização da atividade empresarial de sua proprietária. É o que concluiu a Comissão de Valores Mobiliários (CVM), determinando que tais veículos sejam contabilizados no ativo imobilizado, estando sujeitos à depreciação, independentemente do tempo de permanência do bem nesse estado.

Oferecidos esses esclarecimentos, e considerando que as empresas acima mencionadas têm por atividade precípua a locação de veículos, os quais integram seu ativo fixo, não há que falar no quadramento delas como contribuinte do ICMS e na consequente incidência desse imposto estadual. Afinal, no instante da venda dos veículos que integram sua frota, ainda não estão preenchidos os critérios material e pessoal da regra-matriz de incidência tributária.

Sobre o assunto, já se manifestou o Superior Tribunal de Justiça no sentido de que *"não constituindo mercadoria, na definição da legislação tributária, o ICM não incide na operação de venda ou transferência do ativo fixo, desde que não foi adquirido para ser vendido, como objeto do negócio da empresa"*.[111]

Convém registrar, também, que a circunstância de a desincorporação de bens do ativo fixo ser efetuada com frequência, de forma habitual, não é suficiente para caracterizar hipótese sujeita à imposição do ICMS. Ainda que presente a figura da habitualidade, não se têm "operações relativas à circulação de mercadorias": o objeto de venda, nesse caso, são bens, e não mercadorias. E tal situação não pode ser alterada pelo legislador tributário, pois a este, como anotamos, é vedado alargar conceitos de direito privado utilizados pela Constituição para atribuir competências tributárias.

Por fim, para que nenhuma dúvida remanesça, faço consignar que, para fins de determinação do âmbito de incidência do imposto estadual, é irrelevante o modo pelo qual se efetiva a comercialização dos bens do ativo imobilizado. A circunstância de a venda ser realizada diretamente pela empresa locadora ou com mediação de terceiros, em local destinado especificamente a esse fim ou não, em nada interfere na tributação. Isso porque, mesmo que o volume de veículos a serem vendidos seja grande, demandando pátio segregado dos estabelecimentos de aluguel, sua natureza jurídica não se altera: permanecem na condição de bens do ativo imobilizado, desincorporados em virtude de ter expirado sua vida útil.

---

111. REsp 43.057-7, 1ª T., Rel. Min. Demócrito Reinaldo, DJ 27/06/1994.

7. Das respostas às indagações

Com base nas considerações desenvolvidas até aqui, passo a responder às indagações formuladas no início. Para tanto, permito-me reescrever as indagações apontadas acima, enfrentando-as, objetivamente, uma a uma.

1. Que é mercadoria? E bem do ativo imobilizado? Admitindo-se hipótese de empresa locadora de veículos, comprados como consumidora final, com o objetivo exclusivo de atender sua atividade de locação, são bens do ativo imobilizado ou mercadorias?

Resposta: Tem-se por "mercadoria" a coisa móvel, corpórea, que é objeto de comércio. Caracteriza-se por sua destinação mercantil, abrangendo apenas o bem que tenha sido adquirido ou produzido com o precípuo objetivo de futura comercialização.

"Bem do ativo imobilizado", diversamente, é aquele orientado à manutenção das atividades da empresa, sendo necessário à exploração do seu objeto social.

Traçada a definição de ambos, visualiza-se, com facilidade, seu ponto distintivo: *a destinação*. Para qualificar-se como mercadoria, o bem precisa ser adquirido com a finalidade de ulterior revenda. De outro lado, o objetivo que preside a existência do bem do ativo imobilizado é dar continuidade à fonte produtora de riqueza, possibilitando, por meio de seu uso reiterado, que a pessoa jurídica cumpra o previsto no seu estatuto social.

Neste contexto, fica evidente que os veículos adquiridos por locadoras de automóveis integram seu ativo imobilizado, pois são imprescindíveis à consecução de sua atividade-fim.

Os veículos não são adquiridos com o propósito de, no menor prazo, serem transformados em dinheiro. Sua finalidade consiste, exatamente, em propiciar a locação, mantendo a atividade empresarial de sua proprietária. Os veículos não se destinam à revenda, mas ao uso pela própria sociedade locadora. Daí porque não é correta sua contabilização no ativo circulante, devendo ser computados no ativo imobilizado, como determinou a Comissão de Valores Mobiliários.

2. *Há incidência do ICMS sobre a venda de bens do ativo imobilizado? Há incidência do ICMS sobre a venda de veículos da empresa locadora de carros?*

Resposta: O modelo constitucional da regra-matriz do ICMS autoriza a exigência desse imposto relativamente a operações envolvendo circulação de mercadorias. Para que ocorra o fato jurídico tributário, é imprescindível a presença desses três elementos: (i) operação, entendida como negócio jurídico; (ii) circulação decorrente da operação jurídica realizada; e (iii) mercadoria, que consiste no bem móvel destinado à comercialização. Na hipótese da venda de bens integrantes do ativo imobilizado, como é o caso dos veículos de propriedade de empresa voltada à sua locação, falta o componente "mercadoria", tendo em vista que os bens do ativo fixo são empregados na manutenção das atividades da pessoa jurídica (art. 179, IV, da Lei nº 6.404/1976), estando ausente o intuito de sua comercialização. Tal assertiva é reforçada pelo fato de que, diante da depreciação ocasionada pelo uso e pelo transcurso do tempo, o custo da aquisição dos veículos, acrescido dos acessórios, seguros, IPVA e custos financeiros não é sequer recuperado com a sua venda. Mesmo que, eventualmente, o valor nominal da venda seja superior ao custo histórico, ainda assim, não há que se falar em operação de venda de mercadoria.

Descabida, por conseguinte, qualquer pretensão de tributar, via ICMS, as vendas de veículos de propriedade da empresa locadora, os quais integravam seu ativo imobilizado e foram desincorporados em virtude de ter expirado sua vida útil, não mais se prestando ao desenvolvimento da atividade de locação.

Não obstante o art. 4º da Lei Complementar nº 87/1996 determinar ser contribuinte do ICMS a pessoa que, com habitualidade ou em volume caracterizador de intuito comercial, realize operações de circulação de mercadorias, esse dispositivo legal não indica a habitualidade ou o volume de vendas como requisitos únicos e bastantes-em-si para a identificação do sujeito passivo da obrigação tributária do imposto. Nem poderia fazê-lo, pois assim estaria extrapolando a função que lhe foi outorgada e afrontando o Texto Constitucional.

A habitualidade e o volume de vendas são apenas alguns dos elementos necessários à configuração do fato jurídico tributário. A eles devem estar atreladas, impreterivelmente, operações relativas à circulação de mercadorias. Esse é o motivo pelo qual, ainda que seja habitual a venda de bens do ativo fixo, em grande volume e em pátio segregado dos estabelecimentos de aluguel de carros, não há que falar em incidência do ICMS: em tal hipótese, não se tem a presença de mercadorias, deixando inviável a subsunção e consequente exigência do imposto estadual.

3. O fato de vender carros para renovação da frota torna empresa locadora de veículos contribuinte do ICMS? Caso não seja considerada contribuinte, está ela obrigada ao cumprimento de deveres instrumentais, como, por exemplo, possuir livros fiscais, emitir notas fiscais e se inscrever no cadastro de contribuintes dos Estados?

Resposta: Não. Para ser sujeito passivo de qualquer tributo é necessário que a pessoa participe da concretização do fato jurídico tributário. O território de eleição dos contribuintes está circunscrito ao âmbito da situação factual contida na outorga da competência impositiva, cravada no Texto Constitucional. Assim, só será contribuinte do ICMS quem praticar operações relativas à circulação de mercadorias, as quais, conforme prescreve o art. 4º da Lei Complementar nº 87/1996, devem ser realizadas com habitualidade e intuito comercial.

A empresa locadora de veículos, contudo, dedica-se ao aluguel de automóveis, atividade que não se enquadra na hipótese da regra-matriz do ICMS. Logo, não é sujeito passivo desse imposto, estando excluída do dever de efetuar inscrição no cadastro de contribuintes dos Estados.

Além disso, sendo os deveres instrumentais preordenados a facilitar o conhecimento, o controle e a arrecadação da importância devida como tributo, cristalina é a conclusão no sentido de que, para exigir o cumprimento de uma ordem dessa espécie, é preciso ter competência para disciplinar a figura tributária à qual ela se refere.

Outra importante decorrência dessa estreita relação entre o poder de instituir o tributo e a possibilidade de impor deveres instrumentais diz respeito às pessoas susceptíveis de serem postas no polo passivo desse liame. Somente os sujeitos que pratiquem ou possam praticar o fato jurídico tributário, integrando a classe dos possíveis contribuintes de determinado gravame, são alcançados pelas regras que impõem um "fazer" ou um "não-fazer", com vistas a dar operacionalidade à fiscalização e à arrecadação tributária.

Por esse motivo, sendo a sociedade de locação de veículos pessoa jurídica que tem por objeto social, como o próprio nome já o indica, a locação de veículos, não realizando operações relativas à circulação de mercadorias e estando, por tal circunstância, fora do alcance da regra-matriz do ICMS, inexiste fundamento jurídico para exigir-se-lhe o cumprimento de qualquer dever instrumental concernente ao referido imposto. Por ocasião da venda de veículos desincorporados de seu ativo imobilizado, esta há de ser implementada na forma disciplinada pelo direito privado, sem qualquer interferência das normas de tributação estadual. Do mesmo modo, o transporte de tais bens pode ser acompanhado simplesmente do documento de registro e licenciamento expedido por órgãos do Departamento de Trânsito ou de documento interno da empresa contendo dados identificadores da operação, tais como remetente, destinatário, características do transporte e dos objetos transportados.

Assim como a inscrição estadual, a escrituração de livros e a emissão de notas fiscais de vendas são obrigatórias apenas para os contribuintes do ICMS, razão pela qual não podem ser impostos pelos Estados e Distrito Federal à empresa locadora de veículos.

Tema XXXVIII
OS DEVERES INSTRUMENTAIS NO ICMS-TRANSPORTE
Entendimento segundo as relações jurídicas na prestação de serviços de *courier* no Estado de São Paulo

Sumário: 1. Introdução. 2. ICMS e tributação sobre prestação de serviços de transporte. 3. Limites do conceito "operação de transporte" nos contratos complexos. 4. O "transbordo" e a aplicação da teoria das relações ao ICMS transporte. 5. Deveres instrumentais na conformação do ICMS-transporte na atividade de prestação de serviço de courier. 6. Das respostas às indagações formuladas.

1. Introdução

Este capítulo tem a pretensão de esclarecer dúvidas concernentes à incidência do ICMS - Imposto sobre Operações Relativas a Circulação de Mercadorias e sobre Prestação de Serviços de Transporte Interestadual e Intermunicipal e de Comunicação sobre os serviços de transporte de documentos e de bens, no âmbito nacional e internacional, sob a modalidade *courier*, e aos "deveres instrumentais" atinentes à documentação fiscal prescrita pelo Regulamento do ICMS do Estado de São Paulo para essas atividades (Decreto nº 45.490/2001).

Para tanto, imaginemos caso de empresa que tenha por objeto negocial a prestação de serviços de distribuição de mala postal, por via aérea e/ou terrestre (porta a porta), usualmente denominados "serviços de *courier*", promovendo o transporte de documentos e, eventualmente, pequenos objetos ou amostras, no plano nacional e internacional. Vale dizer que o exemplo proposto é oportuno dado que os mencionados serviços envolvem contratos complexos, cujo fim primordial é despender o menor tempo possível entre o momento da coleta dos documentos no domicílio do remetente e sua entrega ao destinatário. Nesse contexto articulo questões que serão respondidas ao final. Ei-las:

1. A distribuição interestadual ou intermunicipal de malas postais (documentos, correspondências e congêneres) configura-se como serviço de transporte incluído na competência tributária dos Estados e do Distrito Federal, tendo em vista, além dos enunciados prescritivos constitucionais, os enunciados prescritivos da Lei Complementar nº 87/1996?

2. A fiscalização do Estado está obrigada a adotar os conceitos de transporte estipulados pela Legislação Federal, nos termos do que estabelece a Constituição da República, no inciso XI do artigo 22 e Lei nº 9.611/1998, que define o "serviço de transporte nacional e internacional, da espécie modal, intermodal e segmentado"?

3. A subcontratação do serviço de transporte, tal qual prevista no inciso II, do artigo 4º, do RICMS/SP implica novo contrato de prestação de transporte suficiente para realizar a hipótese de incidência do ICMS no que se refere ao serviço de transporte interestadual ou intermunicipal?

4. O descumprimento de deveres instrumentais ("obrigações acessórias") de emissão da documentação fiscal prescrita pelo Regulamento do ICMS de São Paulo autorizaria o Fisco

Estadual Paulista a exigir ICMS e multa relativamente a serviços não alcançados pela competência tributária do Estado autuante?

2. ICMS e tributação sobre prestação de serviços de transporte

Enfrentando o assunto objetivamente, convém, desde logo, examinar o critério material da hipótese de incidência do ICMS sobre a prestação de serviços de transporte interestadual ou intermunicipal. Apresentando-se com o verbo "prestar" e o complemento "serviços de transporte intermunicipal e interestadual", a hipótese sugere, de pronto, que não envolve outras condutas senão o comportamento do prestador, consubstanciado na iniciativa de desenvolver ação em favor de outro sujeito de direito, com conteúdo econômico, e da qual resulte o transporte intermunicipal ou interestadual de bens ou de pessoas. Exclui-se, por inadmissível, o autosserviço ou serviço prestado a si mesmo, pela reflexividade que lhe é própria e que acarreta a inexistência de caráter econômico na atividade desenvolvida.

Assinale-se também que, ao adjudicar aos Estados e ao Distrito Federal a competência para instituir ICMS, a Constituição da República circunscreveu suas prerrogativas a dois tipos de serviço de transporte: o interestadual e o intermunicipal. Equivale a dizer que o serviço de transporte internacional ficou imune ao ICMS.

Amilcar de Araújo Falcão estabelece a diferença:

> além da importância que possui sob o ponto de vista doutrinário ou teórico, tem consequências práticas importantes, no que se refere à interpretação dos princípios constitucionais que estabelecem imunidades tributárias. É que sendo a isenção uma exceção à regra de que, havendo incidência, deve ser exigido o pagamento do tributo, a interpretação dos preceitos que estabeleçam isenção deve ser estreita, restritiva. Inversamente, a interpretação, quer nos casos de incidência, quer nos de não-incidência,

quer, portanto, nos de imunidade, é ampla, no sentido de que todos os métodos, inclusive o sistemático, o teleológico, etc., são admitidos.[112]

O constituinte preservou o princípio da não oneração das exportações com tributos que possam afetar a inserção comercial brasileira no mercado internacional, ao limitar a percussão do ICMS aos serviços de transporte intermunicipal e interestadual. Aliás, a competência para a tributação do comércio exterior tradicionalmente cabe à União, nos termos do artigo 153, I e II, da Constituição da República, o que permite dizer que os Estados e o Distrito Federal não podem interferir, mediante tributação, nas operações ligadas ao comércio internacional.

O critério espacial deste tributo é qualquer lugar em que o serviço seja prestado, desde que situado sob o manto da lei estadual. O critério temporal, por sua vez, está fixado no átimo da entrega do serviço executado. De nada adiantaria o desenvolvimento do trabalho, sem que fosse direcionado ao seu destinatário, sendo-lhe entregue o bem transportado. Óbvio está que na hipótese de serviço encomendado por um sujeito, mas entregue a outro, que o aceita, este último será o destinatário, constituindo-se a prestação. Restaria ao primeiro reivindicar os danos porventura ocorridos ou formular nova encomenda. Para os fins da regra-matriz, aconteceu a incidência e nasceu a obrigação tributária.

No consequente da regra, temos o critério pessoal, que permite identificar como sujeito ativo os Estados ou o Distrito Federal e, como sujeito passivo, o transportador, desde que a prestação de serviços seja efetuada de um para outro Estado ou para o Distrito Federal ou do Distrito Federal para outro Estado ou de um Município para outro situados dentro de uma mesma unidade federativa.

---

112. "Imunidade e Isenção Tributária - Instituição de assistência social". *In Revista de Direito Administrativo* n° 66. São Paulo: Malheiros, p. 372.

DERIVAÇÃO E POSITIVAÇÃO NO DIREITO TRIBUTÁRIO

O critério quantitativo indica como base de cálculo o valor atribuído à prestação de serviço pactuada, enquanto a alíquota que irá incidir poderá ser a interna (nas prestações de serviços de transporte entre Municípios de um mesmo Estado) ou externa (se a prestação de serviços exigir a ultrapassagem pelo território de mais de um Estado).

Assinale-se que o ICMS não incide sobre o transporte, mas, sim, sobre o serviço de transporte interestadual ou intermunicipal, seja ele realizado por via terrestre, aérea ou hidroviária. Alcança, portanto, os transportes de passageiros, de cargas, de valores, de mercadorias etc., bastando que o serviço seja objeto de contratação autonomamente considerada. São quaisquer serviços de transporte prestados sob o regime de direito privado, submetidos a tratamento jurídico próprio, isto é, aqueles colocados no mundo dos negócios e subordinados a um ajuste autônomo de vontades, em clima de igualdade das partes contratantes.

Deste modo, exercendo a empresa transporte internacional, sua atividade não se inclui nos domínios competenciais do legislador estadual, até porque o próprio Texto Maior definiu o campo legiferante dos Estados e do Distrito Federal, circunscrevendo-o à instituição de impostos sobre prestação de serviços de transporte interestadual e intermunicipal, como se vê do artigo 155, II.

Posto isso, exemplificando, se a empresa desempenha, no Brasil, a atividade de *courier*, caracterizar-se-á pelo tipo de transporte urgente de documentos e encomendas, distinguindo-se do convencional transporte de carga justamente pelo aspecto de rapidez inerente a essa peculiar forma de prestação de serviços, que passou a ser indispensável ao desenvolvimento das relações de comércio entre os países, permitindo o trânsito veloz de documentos e bens, conduzidos com eficiência, no trajeto que vai do remetente ao destinatário. Nessa condição, não podem ser tomados como serviços de simples transporte, já que envolvem contrato complexo, com diferentes obrigações a serem observadas por ambas as partes – contratante e contratada.

3. Limites do conceito "operação de transporte" nos contratos complexos

Para bem demarcar o campo de atuação, no que concerne à prestação de serviço que pode ser alcançada pelo ICMS, voltemos nossas atenções aos contratos complexos, campo fértil para o desenvolvimento doutrinário do conceito "operação de transporte". Vale dizer que *transportar* é conduzir mercadorias, bens, documentos, cargas ou passageiros, de um canto para outro, seja por via terrestre, aérea ou hidroviária.

Enquanto negócio jurídico, na esfera do Direito Comercial, transporte

> é o contrato em que uma pessoa ou empresa se obriga, mediante retribuição, a transportar, de um local para outro, pessoas ou coisas animadas ou inanimadas, por via terrestre, aquaviária, ferroviária ou aérea. Celebra-se entre o transportador e a pessoa que vai ser transportada (viajante ou passageiro) ou quem entrega o objeto (remetente ou expedidor). O destinatário, ou consignatário, a quem a mercadoria deve ser expedida não é contratante, embora, eventualmente, tenha alguns deveres e até mesmo direitos contra o transportador.[113]

As formas de transporte inicialmente eram enumeradas pela Lei n° 6.288/1975, nos seguintes termos:

> I – Modal – quando a mercadoria é transportada utilizando-se apenas um meio de transporte;
>
> II – Segmentado – quando se utilizam veículos diferentes e serão contratados separadamente os vários serviços e os diferentes transportadores que terão a seu cargo a condução da mercadoria do ponto de expedição até o destino final;
>
> III – Sucessivo – quando a mercadoria, para alcançar o destino final, necessitar ser transportada para prosseguimento em veículo da mesma modalidade de transporte;
>
> IV – Intermodal – quando a mercadoria é transportada utilizando-se duas ou mais modalidades de transporte. (art. 8° da Lei mencionada).

---

113. DINIZ, Maria Helena. *Dicionário Jurídico*. Vol. IV. São Paulo: Saraiva, 1998, p. 614.

O Decreto n° 80.145/1977, ao regulamentar a Lei n° 6.288/1975, por sua vez, dispôs:

> Art. 14: Quanto à modalidade, o transporte de carga pode ser:
>
> (...)
>
> Intermodal ou multimodal – quando a unidade de carga é transportada em todo o percurso utilizando duas ou mais modalidades de transporte, abrangidas por um único contrato.

Posteriormente, a Lei n° 9.611, de fevereiro de 1998, prescreveu:

> Art. 2° – Transporte Multimodal de Cargas é aquele que, regido por um único contrato, utiliza duas ou mais modalidades de transporte, desde a origem até o destino, e é executado sob a responsabilidade única de um Operador de Transporte Multimodal.
>
> Parágrafo único – O transporte Multimodal de Cargas é:
>
> I – nacional, quando os pontos de embarque e de destino estiverem situados no território nacional;
>
> II – internacional, quando o ponto de embarque ou de destino estiver situado fora do território nacional.

Fixemo-nos em uma dessas formas, buscando demonstrar o regime jurídico tributário aplicável à situação. Retomemos nosso exemplo de uma empresa que exerça atividade de *courier*, na qual se envolve, em parte, transporte nacional e, em outra, transporte internacional. Já vimos que no tocante à atividade realizada fora do território nacional, não se poderá incluir tal prestação nos domínios competenciais do legislador. O próprio Texto Maior definiu o campo legiferante dos Estados e do Distrito Federal, circunscrevendo-o à instituição de impostos sobre prestação de serviços de transporte interestadual e intermunicipal (artigo 155, inciso II). Em decorrência, os negócios que envolvam transporte internacional não estarão, por esse modo, sujeitos ao ICMS, precisamente porque não há como a regra jurídica desse imposto neles incidir.

Por outro lado, uma empresa que desempenhe, no Brasil, a atividade de *courier*, que se caracteriza pela condução urgente de documentos e encomendas, não pode ser tomada como prestadora de serviços de simples transporte, já que o trâmite de sua carga envolve contratos complexos, com diferentes obrigações para serem observadas por ambas as partes – contratante e contratada.

A legislação estadual paulista, no seu âmbito de competência, limitou-se a estabelecer "deveres instrumentais" a serem cumpridos pelas empresas de *courier*. No artigo 1º do Anexo XV (Transporte de mercadoria decorrente de encomenda aérea internacional por empresa de *"courier"* ou a ela equiparada), baixado pelo Decreto nº 45.490/2001, estatui:

> A mercadoria ou bem contidos em encomenda aérea internacional transportada por empresa de "courier" ou a ela equiparada, até sua entrega ao destinatário paulista, serão acompanhados, no seu transporte, do Conhecimento de Transporte Aéreo Internacional (AWB), da fatura comercial e, quando devido o imposto, da Guia Nacional de Recolhimento de Tributos Estaduais - GNRE ou, em caso de não-sujeição ao pagamento do imposto, pela guia de exoneração do ICMS, que poderá, quando exigida, ser providenciada pela empresa de "courier" na repartição fiscal competente.

A partir dessas notas, pode-se dizer que, consoante o tipo de carga (pessoas ou coisas) e conforme a modalidade de locomoção (terrestre, aérea ou hidroviária), o objeto será sempre o transporte, devendo o transportador utilizar o veículo e responsabilizar-se pelos riscos próprios desse tipo de avença.

Não importa se a contratada efetivará diretamente, ou não, a prestação de serviços de transporte, mas, sim, que a ela caberá a responsabilidade direta pela coleta e entrega nos locais previamente designados.

Ora, para fins de incidência do ICMS-transporte, o que importa é o simples fato de o transportador conduzir a carga do ponto de partida ao destino demarcado. O utilizar-se de meios próprios ou de terceiros não modifica a natureza das coisas: o contrato não tem modificada sua característica de internacional, se assim era a obrigação assumida. Aquilo que interessa ao contratante é ter sua encomenda ou documento entregue no destino indicado, e que isto seja feito pela empresa contratada, independentemente dos meios empregados para tanto.

Conclui-se que a prestação do serviço de transporte internacional num transporte do tipo *courier* é a atividade-fim, enquanto a entrega do bem a destinatário localizado em território nacional é atividade-meio, imprescindível à concretização da citada atividade-fim.

Em consequência, sendo o alvo de tributação por via de ICMS apenas a prestação de serviço de transporte estritamente nacional (entre Estados ou Municípios), aquele serviço de transporte realizado em território nacional, mas, com o escopo de cumprir contrato de transporte internacional, fica fora do âmbito de incidência do citado imposto, por tratar-se de mera atividade-meio relativamente a um serviço não passível de imposição pelo ICMS. Neste caso, o transporte efetuado dentro do território nacional inclui-se, indissociavelmente, no transporte internacional, não podendo ser considerado de forma isolada para fins de tributação pelo ICMS. Sem fundamentado jurídico, é vedado à Autoridade Administrativa pretender desmembrar as várias atividades-meio necessárias à prestação em tela, como se fossem serviços de transporte "parciais" para fins de tributação. O transporte praticado pela empresa que presta serviço de transporte nacional é mera "fase" indispensável à consecução do contrato de transporte internacional. No território nacional são praticados simplesmente atos necessários à implementação de serviços de caráter internacional, que só se concretizam quando realizados entre um ponto do território brasileiro e outro ponto no exterior.

A própria Fazenda do Estado de São Paulo já se manifestou no sentido de que o transporte de natureza internacional – ainda que parte do percurso seja feita em território nacional (normalmente entre o local de saída da mercadoria e a divisa com o país vizinho) – não é fato alcançado pela incidência do imposto; essa execução não admite a forma mista do contrato de transporte, pois, sendo ele único, assim como o veículo transportador, cujo itinerário liga dois pontos extremados em países diferentes, é serviço de natureza internacional que extrapola o limite de incidência definido no texto legal; a circunstância de que uma parte da execução esteja compreendida na hipótese de incidência é acidental, pois todo o percurso é o que caracteriza o transporte internacional.[114]

Tal entendimento deve ser integralmente aplicado aos casos em que a empresa de transporte internacional, para maior celeridade ou em razão de peculiaridades do país, efetua subcontratação para fins de implementar o serviço no território nacional. É o chamado "transbordo", cuja característica não é a de uma nova prestação de serviço, mas de simples continuidade da prestação de serviço internacional. Não há, portanto, dois contratos de transporte, mas apenas um, da espécie "intermodal", em que a carga é transportada em todo o percurso utilizando duas ou mais modalidades de transporte, abrangidas por um único contrato de transporte.

Demonstramos aqui um dos panoramas possíveis desses contratos complexos de transporte, sendo sempre recomendável a cada tipo contratual percorrer tais incisões para fins de descobrir o regime jurídico de cada uma dessas espécies de avença no direito tributário.

4. O "transbordo" e a aplicação da teoria das relações ao ICMS-transporte

Para assentar eventuais dúvidas ainda neste contexto de contrato complexo, recorremos às bases teóricas da teoria das relações, para localizar, dentro desses tipos contratuais

---

114. Consulta nº 113/90, de 24/10/1990, Boletim Tributário 448, série A.

de transporte, a existência ou não de fato jurídico apto para fazer incidir norma estadual de imposição de tributos.

Lembremos que fato jurídico é a parte do suporte fáctico que o legislador, mediante a expedição de juízos valorativos, recortou do universo social para introduzir no mundo jurídico. Pontes de Miranda argumenta que o suporte factual, que é parte do mundo fenomênico, não ingressa inteiro no direito. Diz o alagoano:

> As mais das vezes, despe-se de aparências, de circunstâncias, de que o direito abstraiu; e outras vezes se veste de aparências, de formalismo, ou se reveste de certas circunstâncias, fisicamente estranhas a ele, para poder entrar no mundo jurídico. A própria morte não é fato que entre nu, em sua rudeza, em sua definitividade no mundo jurídico.[115]

Ao promover essas incisões no plano da realidade social, o legislador tem de levar em conta a estrutura lógica da norma que vai compor, uma vez que as descrições factuais serão associadas, implicacionalmente, às prescrições de conduta. Estará às voltas, então, com as combinações possíveis entre os antecedentes e os consequentes de cada unidade, de tal sorte que teremos as seguintes possibilidades: a) F' / R'; b) F' / R', R'', R'''...; c) F', F'', F''''.../ R'; d) F', F'',F''''.../ R', R'' R'''... Equivale a dizer, em linguagem desformalizada: a) um fato (F') pode estar ligado a uma única relação jurídica (R'); b) o mesmo fato (F') pode associar-se a dois ou mais vínculos jurídicos (R', R'', R'''...); c) dois ou mais fatos (F', F'', F''''...) podem provocar a mesma relação (R'); e d) dois ou mais fatos (F', F'', F''''...) podem irradiar duas ou mais relações de direito (R', R'', R'''...).

Já notamos que a Teoria das Relações (ou Lógica dos Predicados Poliádicos) não admite outras junções, somente essas: a) um com um; b) um com vários; c) vários com um; e d) vários

---

115. *Tratado de direito privado*. 4ª ed. Tomo I, São Paulo: Revista dos Tribunais, 1974, p. 20.

com vários. E o legislador, como todos os demais seres pensantes, será prisioneiro dessa combinatória formal.

Bem sabemos, contudo, que o mesmo fato social pode sofrer tantos cortes jurídico-conceptuais quanto o desejar a autoridade que legisla, dando ensejo à incidência de normas jurídicas diferentes. Ao confluírem sobre a mesma base de incidência, as várias regras vão projetando, um a um, os distintos fatos jurídicos, dos quais se irradiam as peculiares eficácias.

As bases da Teoria das Relações, explicadas acima, facilitam muito a compreensão dos institutos de direito de maneira geral e, no caso, daqueles do direito tributário, impregnados pelo legislador de uma dificuldade operativa ímpar. Essa análise relacional demonstra de maneira formalizada a Lógica Deôntica, como linguagem objeto, existente entre as unidades sistêmicas desse universo axiológico que é o direito. A Lógica dos Predicados ou "Lógica dos Predicados Poliádicos", preocupa-se em estudar esses cálculos de relações, uma vez que estrutura, como sobrelinguagem (apofântica) que é, de maneira lógica e formal as frases normativas.

Agora, aplicando-se essa teoria a uma situação concreta, observa-se que ela traz soluções cognoscitivas imprescindíveis para a boa compreensão da subsunção que ocorre entre os fatos jurídicos e as normas de direito.

Neste sentido, aplicando essa bagagem teórica ao assunto ora tratado com o intuito de conhecer da incidência ou não do ICMS na atividade de transporte prestado por uma empresa brasileira que executa serviço de *courier* a uma sociedade estrangeira, é fundamental atinar para a teoria das relações, tendo em vista que ela nos ajudará a definir, dentre os tipos de relações e classes, onde aquele específico vínculo se enquadra. No caso mencionado, interessa-nos a espécime "inclusão de relações" dentro do conjunto *teoria das relações*.

Uma relação está incluída em outra se, e somente se, instaurando-se a primeira entre dois indivíduos, a segunda, inevitavelmente, também ocorrer. Esclarece Helmut Seiffert[116] que a relação de classe inclusiva dá-se quando uma classe A contém totalmente uma classe B. Nesse caso, todo elemento de B é também elemento de A, uma vez que A inclui B. Sendo assim, infere-se que o serviço de transporte realizado por uma prestadora de serviço de *courier* encontra-se incluso no serviço de transporte internacional. Isso porque a contratação do serviço de transporte internacional consiste na coleta de documentos no domicílio do remetente, localizado no exterior, e sua entrega ao destinatário, em território nacional. Todavia, para que essa prestação de serviço seja concretizada, é necessário outra relação, nela inclusa, consistente na subcontratação da empresa brasileira que prestará o serviço de *courier* em nome da empresa internacional, para finalizar esse serviço no país, que chamaremos, respectivamente, de empresa A e empresa B. Não resta qualquer dúvida, por conseguinte, de que a relação consistente em prestar serviço de transporte internacional, pela empresa estrangeira B, é classe inclusiva, que contém, necessariamente, a finalização do serviço pela empresa brasileira A. Em consequência, estando a atividade da empresa A embutida naquela contratada com a empresa B, não pode dela ser dissociada. Trata-se, pois, de uma relação componente da prestação do serviço de transporte internacional.

Portanto, mesmo havendo subcontratação para transporte em trecho interno, não se descaracteriza a relação de transporte internacional, não constituindo, o transbordo, nova prestação de serviço. A subcontratação de parcela do serviço de transporte não implica quebra da unidade da operação, que é de natureza internacional.

---

116. *Introducción a la lógica*. Barcelona: Herder, 1977, pp. 78-79.

5. Deveres instrumentais na conformação do ICMS-transporte na atividade de prestação de serviço de *courier*

No âmbito tributário, encontramos dois tipos de relações: (i) as de substância patrimonial e (ii) os vínculos que fazem irromper deveres instrumentais. A primeira dessas espécies é conhecida por "obrigação tributária", tendo como objeto da prestação uma quantia em dinheiro, nos termos do artigo 3º, do Código Tributário Nacional. Soltas ou gravitando em seu derredor está a segunda modalidade, representada por múltiplas relações que prescrevem comportamentos outros, positivos ou negativos, consistentes num fazer ou não-fazer, os quais estão pré-ordenados a tornar possível a apuração, o conhecimento, o controle e a arrecadação dos valores devidos a título de tributo.

É preciso assinalar que os deveres instrumentais cumprem papel relevante na implantação do tributo porque de sua observância depende a documentação em linguagem de tudo que diz respeito à pretensão impositiva. Por outros torneios, o plexo de providências que as leis tributárias impõem aos sujeitos passivos, e que nominamos de "deveres instrumentais" ou "deveres formais", tem como objetivo precípuo relatar em linguagem os eventos do mundo social sobre os quais o direito atua, no sentido de alterar as condutas inter-humanas para atingir seus propósitos ordinatórios. Tais deveres assumem, por isso mesmo, uma importância decisiva para o aparecimento dos fatos tributários, que, sem eles, muitas vezes não poderão ser constituídos na forma jurídica própria.

É extremamente significativa a participação dos deveres instrumentais na composição da plataforma de dados que oferecem condições à constituição do fato jurídico tributário, pois a prestação atinente aos deveres formais é a base sobre a qual a formação do fato vai sustentar-se. Exemplificando, ao realizar a venda de produtos industrializados, o contribuinte deve emitir nota fiscal, em que figuram as informações imprescindíveis à identificação do evento. Além disso, cabe-lhe escriturar esses elementos informativos no livro próprio, oferecer declarações e preencher documentos relacionados ao acontecimento a que deu ensejo. Esse feixe de notícias indicativas, postas na linguagem jurídica competente, consubstanciará o alicerce de comunicação sobre o qual será produzida a norma tributária individual e concreta.

Nada obstante, cumpre advertir que a formação desse tecido linguístico, por mais relevante que possa ser, circunscrevendo, com minúcias, as ocorrências tipificadas na lei tributária, ainda não é suficiente para estabelecer juridicamente o fato. Trata-se de relato em linguagem competente, não há dúvida, mas ainda não credenciada àquele fim específico. É indispensável a edição da norma individual e concreta, no antecedente da qual aparecerá a configuração do fato jurídico tributário e, no consequente, a respectiva relação. Por esses mesmos fundamentos, o instante em que nasce a obrigação tributária é exatamente aquele em que a norma individual e concreta, produzida pelo particular ou pela Administração, ingressa no sistema do direito positivo.

Os serviços prestados por empresa de serviços de *courier*, como já esclareci, consubstanciam-se na distribuição de mala postal, por via aérea e ou terrestre, usualmente denominados "serviços de *courier*" (expressão francesa) ou de "*courier*", expressão inglesa que significa, em tradução livre, "*o mensageiro normalmente mandado, com rapidez, para entregar uma mensagem ou carta importante*"[117] ou "*uma pessoa paga para levar uma carta especial ou um pacote, de um lugar para outro*"[118] ou, na voz francesa, "*courier*", que pode ser traduzida como "*o mensageiro que porta o despacho a ser entregue*" – "*o homem encarregado de cumprir a missão de entrega rápida*".[119]

---

117. *Webster's New Twentieth Century Dictionary*. New York/ Ed. Prentice Holl Press, 1983.

118. *Collins Cobuild English Language Dictionary*. London: Harper Collins, 1993.

119. *Larousse du XXe Siècle*, en Six Volumes. Paris: Librairie Larousse, 1955.

Coube à legislação estadual firmar as prescrições que transformam a efetiva prestação de serviço de *courier* em linguagem competente para delimitar a constituição do universo jurídico tributário. A legislação do Estado de São Paulo, por exemplo, no seu âmbito de competência, em vez de prescrever a própria tributação, limitou-se a estabelecer "deveres instrumentais" a serem cumpridos pelas empresas de *courier*, estatuindo, no artigo 1° do Anexo XV do RICMS, baixado pelo Decreto n° 45.490/2001, a necessidade de que a mercadoria transportada por empresa de *courier* seja acompanhada, no seu trânsito, (i) de Conhecimento de Transporte Aéreo Internacional (AWB), (ii) de fatura comercial, e, quando devido o imposto, (iii) de Guia Nacional de Recolhimento de Tributos Estaduais".

Lembremos que os negócios que envolvam transporte internacional não estão sujeitos ao ICMS, precisamente porque não há como a regra jurídica desse imposto sobre eles incidir. Essa atividade, sendo meio para a realização da operação de transporte internacional, não está abrangida pela faixa de competência outorgada ao ICMS. Em decorrência disso, entendo que a empresa prestadora de serviço de transporte internacional não está adstrita tampouco à obrigatoriedade de emissão de conhecimento de Transporte - CTRC, estatuído pela Instrução Normativa Conjunta n° 58, da Secretaria da Receita Federal e da Secretaria Nacional dos Transportes.

E mais, por consequência, o descumprimento de deveres instrumentais ("obrigações acessórias") não autoriza o entendimento presuntivo simplista de que a não emissão do "Conhecimento de Transporte Rodoviário de Cargas" (CTRC) importa a cobrança de ICMS, pois inexiste no caso subsunção à hipótese de incidência.

Os deveres instrumentais entendidos como aqueles que consistem num "fazer" ou "não-fazer", preordenados a facilitar o controle e a arrecadação da importância devida como tributo, não têm, já vimos, natureza obrigacional, por faltar-lhes conteúdo dimensível em valores econômicos. É de perguntar-se: como aceitar que a não obediência do pretendido "dever instrumental" seja "obrigação acessória" se não há obrigação principal a ser cumprida? Se não há que falar em incidência do ICMS, como transmudar a ausência de documento - CTRC - em obrigação principal? São indagações que ressaltam a necessidade de uma interpretação mais detida da legislação tributária, não podendo o exegeta do direito limitar-se tão só ao plano da literalidade da lei. Não havendo incidência de ICMS nesta atividade, não há que se falar em deveres instrumentais pura e simplesmente.

6. Das respostas às indagações formuladas

Tecidos esses comentários, passo a responder as indagações formuladas no início do estudo.

1. A distribuição interestadual ou intermunicipal de malas postais (documentos, correspondências e congêneres) configura serviço de transporte incluído na competência tributária dos Estados e do Distrito Federal, tendo em vista, além dos enunciados prescritivos constitucionais, os enunciados prescritivos da Lei Complementar nº 87/1996?

Resposta: Os serviços de transporte internacional prestados pela empresa de prestação de serviços de *courier* contratada para movimentar carga originada do exterior, de um ponto situado no território nacional até outro ponto do mesmo território, ou do território nacional até outro ponto do exterior, não se enquadram na regra-matriz fundada na Constituição Federal no artigo 155, II, pois a competência atribuída aos Estados e ao Distrito Federal é específica para alcançar as prestações interestaduais ou intermunicipais, da mesma forma como prescreve a LC nº 87/1996.

2. A fiscalização do Estado está obrigada a adotar os conceitos de transporte estipulados pela Constituição da República, no inciso XI do artigo 22 e pela Lei Federal nº 9.611/1998, que define o 'serviço de transporte nacional e internacional, da espécie modal, intermodal e segmentado'?

Resposta: Já demonstramos, linhas atrás, que a União tem competência para legislar acerca de transporte, consoante dispõe o artigo 22, inciso XI, da Carta Magna, *in verbis*:

> Art. 22. Compete privativamente à União legislar sobre:
>
> (...)
>
> XI – trânsito e transporte;

De ver está que o critério definidor da natureza, do modo, das circunstâncias e da forma do transporte, há de ser estabelecido pela União e, justamente para cumprir essa missão constitucional, é que foram editadas as Leis n°s 6.288/1975, 9.611/1998 e Decreto n° 80.145/1977, prescrevendo regras específicas para a matéria.

Convém registrar, portanto, que, enquanto a legislação sobre *transporte* é da competência da União, aquela sobre os *serviços de transporte interestadual ou intermunicipal* é da competência dos Estados e do Distrito Federal, mas somente para efeitos de instituição e exigência do ICMS. Ressalta à mais pura evidência que aquelas entidades políticas estão impedidas de ampliar o campo de abrangência do impacto tributário para, utilizando tal expediente, multiplicar a hipótese prevista no artigo 155, II, da Constituição da República. Raciocinando dessa maneira, confirma-se a asserção segundo a qual a circunstância, a forma, o modo, e o alcance do signo jurídico "transporte" só pode ser de exclusiva competência da União. A Carta Magna apenas concedeu aos Estados e ao Distrito Federal a possibilidade de abranger serviços prestados *no* território de cada uma das Unidades Federadas ou do Distrito Federal ou *entre* os Estados e o Distrito Federal, sem, contudo, transferir a tais pessoas políticas de direito público interno a prerrogativa de alargar os respectivos campos de atuação.

A conclusão é cristalina: se ao legislador dos Estados e do Distrito Federal é vedado alterar o modo, a circunstância ou a forma estabelecidos pela legislação federal acerca de *transporte*, os funcionários incumbidos de fiscalizar a obediência aos comandos legais que regem o ICMS no âmbito territorial do Estado de São Paulo estarão obrigados a cumprir os preceitos estatuídos no feixe de regras expedidas pela União.

3. A subcontratação do serviço de transporte, tal qual prevista no inciso III, do artigo 4°, do RICMS/SP implica novo contrato de prestação de transporte suficiente para realizar a hipótese de incidência do ICMS no que se refere ao serviço de transporte interestadual ou intermunicipal?

Resposta: A empresa de transporte internacional, para maior celeridade ou em razão de peculiaridades do País, efetua subcontratação para fins de implementar o serviço no território nacional. É o chamado "transbordo", cuja característica não é a de uma nova prestação de serviço, mas de simples continuidade da prestação de serviço internacional. Não há, portanto, dois contratos de transporte, mas apenas um, da espécie "intermodal", em que a carga é conduzida em todo o percurso utilizando dois ou mais meios, abrangidos por um único contrato de transporte.

O serviço de entrega prestado pela empresa nacional (subcontratada) encontra-se incluso no serviço de transporte internacional, prestado pela subcontratante. Isso porque, como vimos, a contratação do serviço internacional consiste na coleta de documentos no domicílio do remetente, localizado no exterior, e sua entrega ao destinatário, em território nacional. Todavia, para que essa prestação de serviço seja concretizada, é necessário outra relação, nela contida, consistente na subcontratação de empresa de transporte nacional para finalizar esse serviço no país. Não resta qualquer dúvida, por conseguinte, de que a relação consistente em prestar serviço de transporte internacional é classe inclusiva, a qual contém, necessariamente, a finalização do serviço pela empresa transportadora nacional. Em consequência, estando a atividade desta última embutida naquela contratada com a sociedade internacional, não pode dela ser dissociada. Trata-se, pois, de relação componente da prestação do serviço de transporte internacional.

Do quanto se expôs, conclui-se que, mesmo havendo subcontratação para transporte em trecho interno, não se descaracteriza a relação de transporte internacional, não constituindo, o transbordo, nova prestação de serviço. A subcontratação de parcela do serviço de transporte não implica quebra da unidade da operação, que é de natureza internacional.

4. O descumprimento de deveres instrumentais ("obrigações acessórias") de emissão da documentação fiscal prescrita pelo Regulamento do ICMS de São Paulo autorizaria o Fisco Estadual Paulista a exigir ICMS e multa relativamente a serviços não alcançados pela competência tributária do Estado autuante?

Resposta: O descumprimento de deveres instrumentais ("obrigações acessórias") não autoriza o entendimento simplista segundo o qual a não emissão do "Conhecimento de Transporte Rodoviário de Cargas" (CTRC) importa a cobrança de ICMS, pois que não há, no caso, subsunção à hipótese de incidência do gravame.

RESPOSTAS ÀS QUESTÕES

LIVRO III

Tema XXV – RESPONSABILIDADE TRIBUTÁRIA POR GRUPO ECONÔMICO

1. Qual a natureza do procedimento cautelar fiscal, previsto na Lei nº 8.397, de 6 de janeiro de 1992, e quais são suas hipóteses de cabimento? 65

2. Consoante disposição da Lei nº 8.397, de 6 de janeiro de 1992, a quem poderão ser estendidos os efeitos da cautelar fiscal? 66

3. Consoante disposição da Lei nº 8.397, de 6 de janeiro de 1992, quais bens podem sofrer os efeitos de uma cautelar fiscal? 67

4. Para que seja deferida liminar em processo cautelar, quais elementos devem ser demonstrados em relação às partes inclusas no polo passivo? 67

5. Para efeitos de aplicação da legislação tributária, e considerando a possibilidade de responsabilização de terceiros, o CTN ou outra lei tributária contemplou,

em algum de seus dispositivos, o conceito de "grupo econômico"? 67

6. É possível, especialmente para fins de imputação de responsabilidade tributária, qualificar pessoas físicas como integrantes de "grupo econômico" familiar? 68

7. Em razão do caráter pessoal da responsabilidade dos diretores, gerentes e administradores, a que diz respeito o artigo 135, inciso III do Código Tributário Nacional, como se configuraria a gestão "com excesso de poderes ou infração de lei, contrato social" que culminaria em sua responsabilização? A mera circunstância de ser diretor de empresa que integra "grupo econômico" poderia ensejar sua responsabilidade pessoal nos termos deste enunciado legal? 68

8. Em relação à solidariedade a que alude o art. 124, inciso I, do CTN, o que caracterizaria a existência de "interesse comum"? 69

9. Como se daria a aplicação do artigo 50 do Código Civil para fins de responsabilização de terceiros na seara tributária? Neste caso, há parâmetros que permitem o ensejo da responsabilidade de terceiros, sob qualquer forma de grupo econômico? 69

10. Qual o prazo prescricional para a corresponsabilização e inclusão de terceiros no polo passivo da execução fiscal? Devem esses prazos ser observados também em se tratando de cautelares fiscais? 70

Tema XXVI – RESPONSABILIDADE POR SUCESSÃO DECORRENTE DE CISÃO

1. Os responsáveis respondem diretamente pelo adimplemento da prestação tributária? Fazem eles parte da regra-matriz de incidência? 89

2. No caso de alteração societária do tipo cisão, é possível responsabilizar a sociedade nova pelos débitos da empresa cindida? Com que fundamento legal? Há hipóteses de exceção?.. 89

3. Poderia o Fisco atribuir ao responsável, em virtude de cisão, valores referentes a infrações cometidas pela empresa cindida?.. 89

Tema XXVII – DIFERIMENTO, SOLIDARIEDADE E RESPONSABILIDADE SUBSIDIÁRIA:

Análise dos contratos de venda de mercadoria sob cláusula FOB

1. Qual a natureza jurídica do diferimento?...................... 113

2. No diferimento há dispensa, no todo ou em parte, do recolhimento do ICMS?.. 114

3. Tendo o diferimento sido instituído de forma legítima, quem é o responsável legal pelo recolhimento do ICMS?... 114

4. O diferimento implica a concessão de algum benefício para o vendedor da mercadoria?............................ 114

5. O diferimento importa atribuição, ao vendedor da mercadoria, de um dever jurídico perene de fiscalizar o destino do bem até o final da cadeia?................... 115

6. É possível o responsável (se fosse o caso) responder, simultaneamente, de forma solidária e subsidiária pela obrigação de recolher o ICMS?............................ 115

7. É legítima a venda de mercadorias com a cláusula FOB? Quais as implicações dessa cláusula em termos de responsabilidade do vendedor?....................... 116

393

Tema XXVIII – RESPONSABILIDADE CIVIL E A FIGURA JURÍDICA DA "INDENIZAÇÃO" EM DIREITO TRIBUTÁRIO

Análise da natureza jurídica e da constitucionalidade do "ressarcimento ao SUS" segundo ditames da Lei nº 9.656/1998

1. Qual é a natureza jurídica do ressarcimento ao SUS? 144

2. Em caso de entender-se pela natureza tributária, em qual espécie o ressarcimento ao SUS se quadraria? Em não sendo tributária, como compreendê-lo à luz da Constituição? 145

3. Afastada a hipótese da natureza tributária, pode o Poder Público criar obrigação pecuniária compulsória que não se enquadre no conceito do art. 3º do Código Tributário Nacional, decorrente de comando legal, porém de natureza civil?................................ 145

4. A previsão constitucional contida no § 1º do art. 198 não autorizou expressamente o Poder Público a gerar outras fontes de financiamento do Sistema Único de Saúde que fujam ao rol do art. 195 da CR? 146

5. O ressarcimento ao SUS, por ter sido instituído por lei ordinária (Lei nº 9.656), contraria o disposto no § 4º do art. 195/CR? 146

6. O ressarcimento ao SUS viola as disposições insculpidas no art. 196 da CR? 147

7. Considerando que o ressarcimento ao SUS é uma obrigação *ex lege* e que sua compulsoriedade está atrelada ao enriquecimento sem causa, é possível defender tal tese consubstanciada apenas na inexistência de causa que autorize o acréscimo patrimonial? .. 147

8. Se as operadoras de planos de saúde, ao fixarem o seu custo atuarial, acabam por definir o valor suficiente

para a cobertura de todos os procedimentos médicos previstos no contrato, acrescidos de lucro, ao deixarem de arcar com gastos de despesas médicas decorrentes do uso da saúde pública por usuário de planos não ficaria caracterizada afronta ao § 2º do art. 199 da CR? 147

9. Decorrente das condições estabelecidas no § 1º do art. 32 da Lei nº 9.656/1998, a Tabela Única Nacional de Equivalência de Procedimentos – TUNEP instituída por meio da RDC nº 17, de 30.03.2000, não se reveste da legalidade e legitimidade conferida à ANS?............ 148

10. A incidência do ressarcimento ao SUS violaria o princípio do acesso isonômico ao Sistema Único de Saúde, supondo-se que os prestadores de serviços (conveniados ao SUS) perceberiam um *plus*, consoante as regras estabelecidas pela RDC-TUNEP? ... 148

Tema XXIX – SUBSTITUIÇÃO TRIBUTÁRIA NO ICMS

Interpretação conforme a Lei Complementar nº 87/1996 e o Convênio ICMS nº 45/1999

1. Qual a função da lei complementar para a disciplina dos regimes de substituição tributária do ICMS?...... 167

2. Quais são os requisitos legais para a instituição do regime de substituição tributária do ICMS nas operações interestaduais? 168

3. O Convênio ICMS nº 45/1999 legitima a edição das leis estaduais que instituem o regime de substituição tributária do ICMS nas operações interestaduais realizadas no regime de "venda porta-a-porta"? 168

4. Que significa "operacionalização" do regime, nos termos prescritos pelo Convênio ICMS nº 45/1999?.. 169

5. As regras fixadas pela fiscalização devem ser uniformes em relação aos diversos contribuintes substituídos ou poderia ser instituído tratamento diferente para empresas em situação idêntica? 169

Tema XXX – RESPONSABILIDADE POR SUCESSÃO DECORRENTE DE INCORPORAÇÃO DE INSTITUIÇÕES FINANCEIRAS

1. Em que instante, na hipótese de incorporação de instituições financeiras, se dá o tempo do fato e o tempo no fato? 194

2. Dada a reposta à indagação anterior, em que momento se opera a incorporação para o sistema jurídico tributário: (i) pela deliberação da assembleia geral; (ii) pela autorização do Banco Central; ou (iii) pelo Registro na Junta Comercial? Os efeitos retroativos prescritos pelo art. 36 da Lei seriam aplicáveis também a sociedades de caráter financeiro? 194

3. Qual o efeito produzido a partir deste momento? 195

4. A sociedade sucessora por incorporação pode ser responsabilizada por multas devidas pela sociedade extinta (incorporada) por força da incorporação? 196

5. A resposta acima seria alterada pelo fato de o auto de infração ser lavrado antes ou depois da data do ato de incorporação? 197

6. Tomando a seguinte hipótese: a incorporação de uma instituição financeira é deliberada em 03 de janeiro de 2008; tempestivamente, os atos societários referentes à incorporação são levados ao Banco Central do Brasil, para sua aprovação; em 6 de outubro de 2008, o Banco Central do Brasil aprova expressamente a incorporação das instituições financeiras; após a aprovação do Banco Central e dentro do

prazo de 30 dias previsto pela legislação de registros públicos, os documentos referentes à mencionada incorporação são levados à Junta Comercial dos Estados em que se localizam, para o competente arquivamento; e considerando que um auto de infração foi lavrado em 22 de dezembro de 2008 (em decorrência de Mandado de Procedimento Fiscal iniciado em 21 de maio de 2001), a instituição bancária sucessora por incorporação de outra instituição financeira, poderia ser responsabilizada pela multa exigida pelas autoridades fiscais?.. 198

7. A resposta acima pode ser igualmente aplicada à multa de ofício de 75% e à multa agravada de 150%? 200

Tema XXXI – AS DECISÕES DO CARF E A EXTINÇÃO DO CRÉDITO TRIBUTÁRIO

1. Cabe ao CARF efetuar o controle de legalidade dos lançamentos tributários, anulando aqueles que considerar contrários às prescrições legais?................. 223

2. Decisão administrativa irrecorrível, proferida pelo CARF no exercício de sua competência legal, que julga improcedente um ato de lançamento e, desse modo, extingue o crédito tributário, pode ser reexaminada ou alterada pelo Poder Judiciário?................. 225

3. Ação Popular seria instrumento hábil para pleitear a anulação de decisão irrecorrível do Conselho Administrativo de Recursos Fiscais favorável ao contribuinte, em cujo procedimento não tenha havido qualquer prática fraudulenta?....................................... 226

Tema XXXII – O PROCEDIMENTO ADMINISTRATIVO TRIBUTÁRIO E O ATO JURÍDICO DO LANÇAMENTO

1. Na cadeia de positivação, como devem ser interpretadas as regras superiores do ordenamento jurídico no procedimento administrativo tributário? Quais os princípios que vinculam a atividade administrativa e que estão presentes no ato jurídico do lançamento?... 245

2. O que significa a expressão "lançamento tributário"? Quais são os atributos deste ato? O auto de infração elaborado com o fim de exigir o cumprimento de obrigação tributária afigura-se como atividade de lançamento de crédito tributário, na modalidade "de ofício", devendo observância aos pressupostos para sua validade, previstos no artigo 14, do Código Tributário Nacional?............ 246

3. Quais as condições para se ter como válido um ato administrativo constitutivo de fato jurídico tributário? A falta de uma delas é causa para se decretar a nulidade do ato?................................ 247

4. Pode o lançamento de crédito tributário ser revisto na hipótese de erro na valoração jurídica dos fatos, caracterizado, portanto, como erro de direito? Se positiva a resposta, em se tratando de impostos aduaneiros, tal revisão, nos termos do artigo 638 do Regulamento Aduaneiro/2009, poderia ser realizada após decorridos cinco dias contados do registro da operação aduaneira?...................................... 248

Tema XXXIII – MEDIDA LIMINAR CONCEDIDA EM MANDADO DE SEGURANÇA

Direito processual tributário e certeza do direito

1. Vigência e aplicação são conceitos que se confundem? Qual a relação entre eles? Norma vigente pode não ser

aplicada? E norma que perdeu a sua vigência poderá ser aplicada? Que significa "aplicar o direito"? Incidência e aplicação são expressões equivalentes? 271

2. Que é exigibilidade do crédito tributário? Que confere exigibilidade ao crédito tributário? Nas hipóteses do art. 151 do CTN, é correto falar em suspensão do crédito tributário? 272

3. Que é Medida Cautelar? Quais os elementos que a caracteriza? Qual o efeito jurídico tributário produzido por esta tutela jurisdicional? 273

Tema XXXIV – SEGURANÇA JURÍDICA E MODULAÇÃO DOS EFEITOS

1. De que maneira os fatos pretéritos e futuros relacionam-se com a segurança jurídica? 292

2. É condizente com o sistema jurídico brasileiro a chamada "modulação de efeitos das decisões judiciais"? 292

3. Se positiva a resposta anterior, é possível afirmar seu cabimento também nas hipóteses de controle difuso de constitucionalidade? 292

Tema XXXV – CERTIDÃO NEGATIVA DE DÉBITO

Inexigibilidade de CND para fins de registro da compra e venda de bem imóvel

1. Qual o conceito de "direito real" no ordenamento jurídico? Quando ocorre a aquisição da propriedade? 320

2. O direito de propriedade é transgredido na exigência de Certidão Negativa de Débito como requisito indispensável para a alienação de bens no ato do registro do título de transferência da propriedade? Estaria esta exigência de acordo com os princípios maiores

da Constituição? Em caso negativo, quais deles estariam sendo infringidos?... 320

3. Oferecidos bens em garantia do pagamento da dívida tributária, em que momento a lei considera impedida sua alienação, sob pena de se configurar fraude a credores? De acordo com o prescrito no parágrafo único do art. 185 do CTN, é possível que, uma vez oferecidos os bens em garantia, possa o contribuinte reservar outros para fins de alienação patrimonial daqueles anteriormente ofertados?.............................. 321

4. A Certidão Negativa de Débito poderá ser exigida *ex officio* pela Autoridade Pública sem que haja suporte legal? Quais as hipóteses em que a lei permite a exigência de Certidão Negativa de Débito para a realização do ato jurídico? A transferência da propriedade de bens imóveis encontra-se dentre elas?......... 321

5. Existem hipóteses em lei de dispensa da apresentação de CND? No domínio tributário, o ordenamento jurídico exige a apresentação de CND em se tratando de débitos previdenciários?.. 322

Tema XXXVI – DEVERES INSTRUMENTAIS E PROVA NO CRÉDITO-PRÊMIO DE IPI

Identificação dos documentos competentes para atestar a efetiva realização de operações de exportação, com o fim específico de reconhecimento e aproveitamento do crédito-prêmio de IPI

1. Qual o fato jurídico que dá ensejo ao crédito-prêmio do IPI?... 349

2. Qual o documento hábil para constituir juridicamente esse fato?.. 349

Tema XXXVII – ICMS SOBRE A VENDA DE BENS DO ATIVO FIXO

Apreciação sobre a competência tributária dos Estados e do Distrito Federal para exigirem ICMS com base na venda de bens do ativo fixo, assim como o cumprimento dos correspondentes deveres instrumentais

1. Que é mercadoria? E bem do ativo imobilizado? Admitindo-se hipótese de empresa locadora de veículos, os carros adquiridos como consumidora final, com o objetivo exclusivo de atender sua atividade de locação, pertencem a seu ativo imobilizado ou são classificados como mercadorias? 365

2. Há incidência do ICMS sobre a venda de bens do ativo imobilizado? Há incidência do ICMS sobre a venda de veículos da empresa locadora de carros? ... 366

3. O fato de vender carros para renovação da frota torna empresa locadora de veículos contribuinte do ICMS? Caso não seja considerada contribuinte, estará obrigada ao cumprimento de deveres instrumentais, por exemplo, possuir livros fiscais, emitir notas fiscais e se inscrever no cadastro de contribuintes dos Estados? 367

Tema XXXVIII – OS DEVERES INSTRUMENTAIS NO ICMS-TRANSPORTE

Entendimento segundo as relações jurídicas na prestação de serviços de courier no Estado de São Paulo

1. A distribuição interestadual ou intermunicipal de malas postais (documentos, correspondências e congêneres) configura-se como serviço de transporte incluído na competência tributária dos Estados e do Distrito Federal, tendo em vista, além dos enunciados

401

prescritivos constitucionais, os enunciados prescritivos da Lei Complementar n° 87/1996? 387

2. A fiscalização do Estado está obrigada a adotar os conceitos de transporte estipulados pela Legislação Federal, nos termos do que estabelece a Constituição da República, no inciso XI do artigo 22 e Lei n° 9.611/1998, que define o "serviço de transporte nacional e internacional, da espécie modal, intermodal e segmentado"? 387

3. A subcontratação do serviço de transporte, tal qual prevista no inciso II, do artigo 4°, do RICMS/SP implica novo contrato de prestação de transporte suficiente para realizar a hipótese de incidência do ICMS no que se refere ao serviço de transporte interestadual ou intermunicipal? 389

4. O descumprimento de deveres instrumentais ("obrigações acessórias") de emissão da documentação fiscal prescrita pelo Regulamento do ICMS de São Paulo autorizaria o Fisco Estadual Paulista a exigir ICMS e multa relativamente a serviços não alcançados pela competência tributária do Estado autuante? 390

BIBLIOGRAFIA

ABBAGNANO, Nicola. *Dicionário de filosofia*. Trad. Alfredo Bosi. São Paulo, Mestre Jou, 1982.

AFTALIÓN, Enrique; VILANOVA, José. *Introducción al derecho*. Buenos Aires, Abeledo-Perrot, 1988.

ALCHOURRÓN, Bulygin. *Lenguaje del derecho*. Buenos Aires, Abeledo. Perrot, 1995.

ALESSI, Renato. *Principi di diritto admministrativo*. Milano, Giuffrè, 1978. t. I.

ALMEIDA, Joaquim Canuto Mendes de. Procedimento fiscal de autolançamento e sua homologação, *Revista de Direito Público*, (II) 6:187-93. São Paulo, Revista dos Tribunais, 1968.

ALVES, Moreira. Taxa e preço público, *Cadernos de Pesquisa Tributária*, n. 10, São Paulo, Resenha Tributária, 1985.

ALVIM, Eduardo Arruda. *Mandado de segurança no direito tributário*. São Paulo, Revista dos Tribunais, 1998.

ALVIM PINTO, Thereza Arruda. *Nulidades da sentença*. São Paulo, Revista dos Tribunais, 1992.

AMARAL, Antônio Carlos Cintra do. Conceito e elementos do ato administrativo, *Revista de Direito Público*, (VII) 32:36-42. São Paulo, Revista dos Tribunais, 1974.

————. *Extinção do ato administrativo*. São Paulo, Revista dos Tribunais, 1978.

AMARO, Luciano. *Direito tributário brasileiro*. São Paulo, Saraiva, 1997.

————. Imposto de renda: Regimes jurídicos. In: *Curso de direito tributário*. 5. ed. coord. Ives Gandra da Silva Martins. Belém, CEJUP: Centro de Estudos de Extensão Universitária, 1997.

ANGEIRAS, Luciana. *Lançamento tributário e o processo de positivação do direito*. Dissertação de mestrado (PUC-SP), São Paulo, 1999.

ATALIBA, Geraldo. *Sistema tributário constitucional brasileiro*. São Paulo, Revista dos Tribunais, 1966.

————. *Sistema tributário constitucional brasileiro*. São Paulo, Revista dos Tribunais, 1968.

————. *Princípios gerais de direito administrativo*. Rio de Janeiro, Forense, 1969. v. 1.

————. Lei complementar em matéria tributária, *Revista de Direito Tributário*, v. 48, São Paulo, Revista dos Tribunais, 1989.

————. *Hipótese de incidência tributária*. São Paulo, Malheiros, 1992.

————. *República e Constituição*. 2. ed. São Paulo, Malheiros, 1998.

―――――. Taxa de polícia e funcionamento. In: *Estudos e pareceres de direito tributário*.

―――――. Normas gerais de direito financeiro e tributário e autonomia dos Estados e Municípios, *Revista de Direito Público*, n. 10.

―――――. Estudos e pareceres de direito tributário, *Revista dos Tribunais*, v. 1. São Paulo, 1978.

―――――. Estudos e pareceres de direito tributário, *Revista dos Tribunais*, v. 2. São Paulo, 1978.

―――――. *Natureza jurídica do estado federal*. São Paulo, Revista dos Tribunais, 1937.

―――――. *Proposições tributárias*. São Paulo, Resenha Tributária, 1975 (obra conjunta em homenagem a Rubens Gomes de Sousa).

ATALIBA, Geraldo; BARRETO, Aires F. ISS – Locação e "Leasing", *Revista de Direito Tributário*, v. 51, São Paulo, Malheiros.

ATALIBA, Geraldo; GIARDINO, Cléber. Segurança do direito, tributação e anterioridade – Imposto sobre a renda (Exame do Dec. Lei 1967/82. Exercício social encerrado em março de 1983). *Revista de Direito Tributário*, v. 27 e 28, São Paulo, Revista dos Tribunais, 1984.

ARAUJO, Clarice Von Oertzen de. Fato e evento tributário – uma análise semiótica. In: *Curso de especialização em direito tributário*. Rio de Janeiro, Forense, 2004.

AULETE, Caldas. *Dicionário contemporâneo da língua portuguesa*. Rio de Janeiro, Delta, 1964. t. I a V.

AYALA, Juan L. Pérez de. Função tributária e o procedimento de lançamento, *Revista de Direito Público*, (VII) 32:196-213 São Paulo, Revista dos Tribunais, 1974.

—————. *Derecho tributario*. Madrid, Editorial de Derecho Financiero, 1968.

AZEVEDO, Antonio Junqueira. *Negócio jurídico* – existência, validade e eficácia. São Paulo, Saraiva, 1974.

BALEEIRO, Aliomar. *Direito tributário brasileiro*. Rio de Janeiro, Forense, 1977.

—————. *Limitações constitucionais ao poder de tributar*. 4. ed. Rio de Janeiro, Forense, 1998.

BANDEIRA DE MELLO, Celso Antônio. O conteúdo do regime jurídico-administrativo e seu valor metódico, *Revista de Direito Público*, (I) 2:44-61, São Paulo, Revista dos Tribunais, 1967.

—————. *Natureza e regime jurídico das autarquias*. São Paulo, Revista dos Tribunais, 1968.

—————. *Ato administrativo e direito dos administrados*. São Paulo, Revista dos Tribunais, 1981.

—————. *Conteúdo jurídico do princípio da igualdade*. 3. ed. São Paulo, Malheiros, 2003.

—————. *Curso de direito administrativo*. 21. ed., São Paulo, Malheiros, 2006.

—————. *Elementos de direito administrativo*. São Paulo, Revista dos Tribunais, 1980.

BANDEIRA DE MELLO, Oswaldo Aranha. *Princípios gerais de direito administrativo*. Rio de Janeiro, Forense, 1979. t. 1.

————. *Princípios gerais de direito administrativo.* Rio de Janeiro, Forense, 1969. v. 1.

————. *Natureza jurídica do estado federal.* São Paulo, Revista dos Tribunais, 1937.

BARRETO, Aires. *Base de cálculo, alíquota e princípios constitucionais.* São Paulo, Max Limonad, 1987.

————. Lançamento "ex officio" – notificação, *Revista de Direito Tributário*, (9) 45:188-195 São Paulo, Malheiros, 1988.

————. Imposto sobre serviço de qualquer natureza, *Revista de Direito Tributário*, v. 29 e 30, São Paulo, Revista dos Tribunais, 1984.

————. *Segurança jurídica na tributação no Estado de Direito.* São Paulo, Noeses, 2005.

BARRETO, Paulo Ayres. *Imposto sobre a renda e preços de transferência.* São Paulo, Dialética, 2000.

————. *Contribuições: Regime Jurídico, destinação e controle.* São Paulo, Noeses, 2006.

BARROS MONTEIRO, Washington. *Curso de direito civil.* São Paulo, Saraiva, 1986. t. I.

BARTHES, Roland. *Elementos de semiologia.* Trad. Isidoro Blikstein. São Paulo, Cultrix, 1993.

BASTOS, Celso Ribeiro. *Curso de direito constitucional.* São Paulo, Saraiva, 1980.

BECKER, Alfredo Augusto. *Teoria geral do direito tributário.* 4. ed. São Paulo, Noeses, 2007.

————. *Carnaval tributário.* São Paulo, Lejus, 1999.

BERLIRI, Antonio. *Principi di diritto tributário*. Milano, Giuffrè, 1964. t. III.

BERNARDES DE MELLO, Marcos. *Teoria do fato jurídico*. São Paulo, Saraiva, 1993.

BERNARDES, Haroldo Gueiros. Lançamento – decadência e prescrição, *Revista de Direito Tributário*, (8) *29/30*:253-259, São Paulo, Malheiros, 1984.

BITTAR, Djalma. *Relação jurídica tributária em nível lógico*. Dissertação de mestrado. São Paulo, PUC/SP, 1991.

BLUMENSTEIN, Ernest. *Sistema di diritto delle imposta*. Trad. it. F. Forte. Milano, 1954.

BOBBIO, Norberto. *Teoria della norma giuridica*. Torino, Gianpichelli, 1958.

—————. *Teoria dell'ordinamiento giuridico*. Torino, Giappichelli, 1960.

—————. *Teoria do ordenamento jurídico*. Trad. Maria Celeste Cordeiro Leite dos Santos. Brasília-São Paulo, UNB/Polis, 1991.

BONILHA, Paulo Celso B. *Da prova no direito administrativo*. São Paulo, Revista Dialética, 2001.

BONO, Catanheira de. *L'accertamento tributário*. Milano, Giuffrè, 1966. t. I.

BORGES, Arnaldo. Artigo publicado na *Revista de Estudos Tributários*, IBET, 1979, v.3.

BORGES, José Souto Maior. *Isenções tributárias*. 2. ed. São Paulo, Sugestões Literárias, 1980.

―――――. *Lei complementar tributária*. São Paulo, Revista dos Tribunais, 1975.

―――――. Lançamento tributário. In: *Tratado de Direito Tributário*. Rio de Janeiro, Forense, 1981. v. 4.

―――――. *Elementos de direito tributário*. São Paulo, Revista dos Tribunais, 1978.

BOTTALLO. Eduardo Domingos. *Procedimento administrativo tributário*. São Paulo, Revista dos Tribunais, 1977.

―――――. Restituição de impostos indiretos, *Revista de Direito Público*, (6) 22:314-32, São Paulo, Revista dos Tribunais, 1973. v. 22.

―――――. Imposto sobre a Renda, *Revista de Direito Tributário*, v. 48, p. 107-25, São Paulo, Malheiros.

―――――. *Obrigação tributária*: uma introdução metodológica. São Paulo, Saraiva, 1984.

BRANDÃO MACHADO. Decadência e prescrição no direito tributário. Notas a um acórdão do Supremo Tribunal Federal. In: *Direito tributário atual*. Coord. Ruy Barbosa Nogueira. São Paulo, Resenha Tributária, 1986. T. 6.

BRANDÃO, Themístocles Cavalcanti. *Teoria dos atos administrativos*. São Paulo, Revista dos Tribunais, 1973.

BRASIL, Roberta Fonseca. *Lançamento por homologação*. Dissertação de Mestrado (PUC/SP), 1999.

BRITO, Edvaldo. Lançamento, *Revista de Direito Tributário*, (11) 42:186-198, São Paulo, Malheiros, 1987.

BRITTO, Lucas Galvão de. *O Lugar e o Tributo*. São Paulo: Noeses, 2014.

BULGARELLI, Waldírio. *Regime tributário das cooperativas*. São Paulo, Saraiva, 1974.

BULHÕES PEDREIRA, José Luiz. *Imposto de renda*. Rio de Janeiro, Justec, 1971.

CAETANO, Marcelo. *Manual de direito administrativo*. Coimbra, Livr. Almedina, 1990. T. I e II.

CAMMAROSANO, Márcio. Decaimento e extinção dos atos administrativos, *Revista de Direito Público*, (XIII) 53/54: 161-72, São Paulo, Revista dos Tribunais, 1980.

CAMPILONGO, Celso Fernandes. *Representação política*. São Paulo, Ática, 1988 (Série Princípios).

—————. *O direito na sociedade complexa*. São Paulo, Max Limonad, 2000.

—————. *Diritto, democrazia e globalizzazione*. Lecce (Itália), Pensa, 2000.

—————. *Decisão política e decisão jurídica*. São Paulo, Max Limonad, 2001.

CAMPOS, Francisco, *Direito constitucional*. Rio de Janeiro, Freitas Bastos, 1956. v. 1.

CANARIS, Claus-Wilthelm. *Pensamento sistemático e conceito de sistema na ciência do direito*. Trad. de António Manuel da Rocha e Menezes Cordeiro. Lisboa, Fundação Calouste Gulbenkian, 1989.

CANOTILHO, J. J. Gomes. *Direito constitucional e teoria da Constituição*. 4. ed. Coimbra, Livr. Almedina, 2000.

CANTO, Gilberto de Ulhôa. *Temas de direito tributário*, Alba. v. III.

CARLINI, Haydée Antunes. Invalidade dos atos administrativos, *Revista de Direito Público*, (VII) 34:24-33, São Paulo, Revista dos Tribunais, 1975.

CARNELUTTI, Francesco. *Teoría general del derecho*. Trad. F. X. Osset. Madrid, 1955.

CARRAZZA, Elizabeth Nazar. *Os princípios da igualdade e da capacidade contributiva e a progressividade no IPTU*. Curitiba, Juruá, 1993.

CARRAZZA, Roque Antonio. *O regulamento no direito tributário brasileiro*. São Paulo, Revista dos Tribunais, 1981.

―――――. *Curso de direito constitucional tributário*. 10. ed. São Paulo, Malheiros, 1997.

―――――. Vigência e aplicação das leis tributárias, *Revista da APG*, (1) 2:118-41, São Paulo, APG/PUC/SP, 1992.

―――――. *ICMS*. São Paulo, Malheiros, 1997.

CARRIÓ, Genaro R. *Sobre el concepto de deber jurídico*. Buenos Aires, Abeledo-Perrot, 1966.

―――――. *Algunas palabras sobre las palabras de la ley*. Buenos Aires, Abeledo-Perrot, 1971.

―――――. *Principios jurídicos y positivismo jurídico*. Buenos Aires, Abeledo-Perrot, 1970.

CARVALHO, Aurora Tomazini. Curso de teoria geral do direito (o Constructivismo lógico-semântico). São Paulo: Noeses, 2009.

CARVALHO, Cristiano. *Ficções Jurídicas no Direito Tributário*. São Paulo: Noeses, 2008.

CARVALHO, Paulo de Barros. *Teoria da norma tributária*. 3. ed. São Paulo, Max Limonad, 1998.

―――――. Decadência e prescrição, *Cadernos de Pesquisas Tributárias*, n. 1, São Paulo, Resenha Tributária, 1976.

―――――. Natureza jurídica do lançamento, *Revista de Direito Tributário*, (2) 6:124-137, São Paulo, Malheiros, 1978.

―――――. *Curso de direito tributário*. 11. ed. São Paulo, Saraiva, 1999.

―――――. Formalização da linguagem – proposições e fórmulas, *Revista do programa de pós-graduação em direito PUC/SP*, (I) *1*:143-54. São Paulo, Max Limonad, 1995.

―――――. *Direito tributário:* fundamentos jurídicos da incidência. 2. ed. Saraiva, São Paulo, 1999.

―――――. Lançamento por homologação – decadência e pedido de restituição, *Repertório IOB de Jurisprudência*, n. 3/97, Caderno 1, p. 77-82, 1997.

―――――. IPI – Comentários sobre as regras de interpretação da tabela NBM/SH (TIPI/TAB), *Revista Dialética de Direito Tributário*, (2) *12*:42-60, 1998.

―――――. Isenções tributárias do IPI, em face do princípio da não-cumulatividade, *Revista Dialética de Direito Tributário*, (4) *33*:142-73, 1998.

―――――. O direito positivo como sistema homogêneo de enunciados deônticos. *Revista de Direito Tributário*, v. 45, ano 12, São Paulo, Malheiros, jul./set. 1988.

―――――. Prefácio do livro *A prova no direito tributário*. São Paulo, Noeses, 2005.

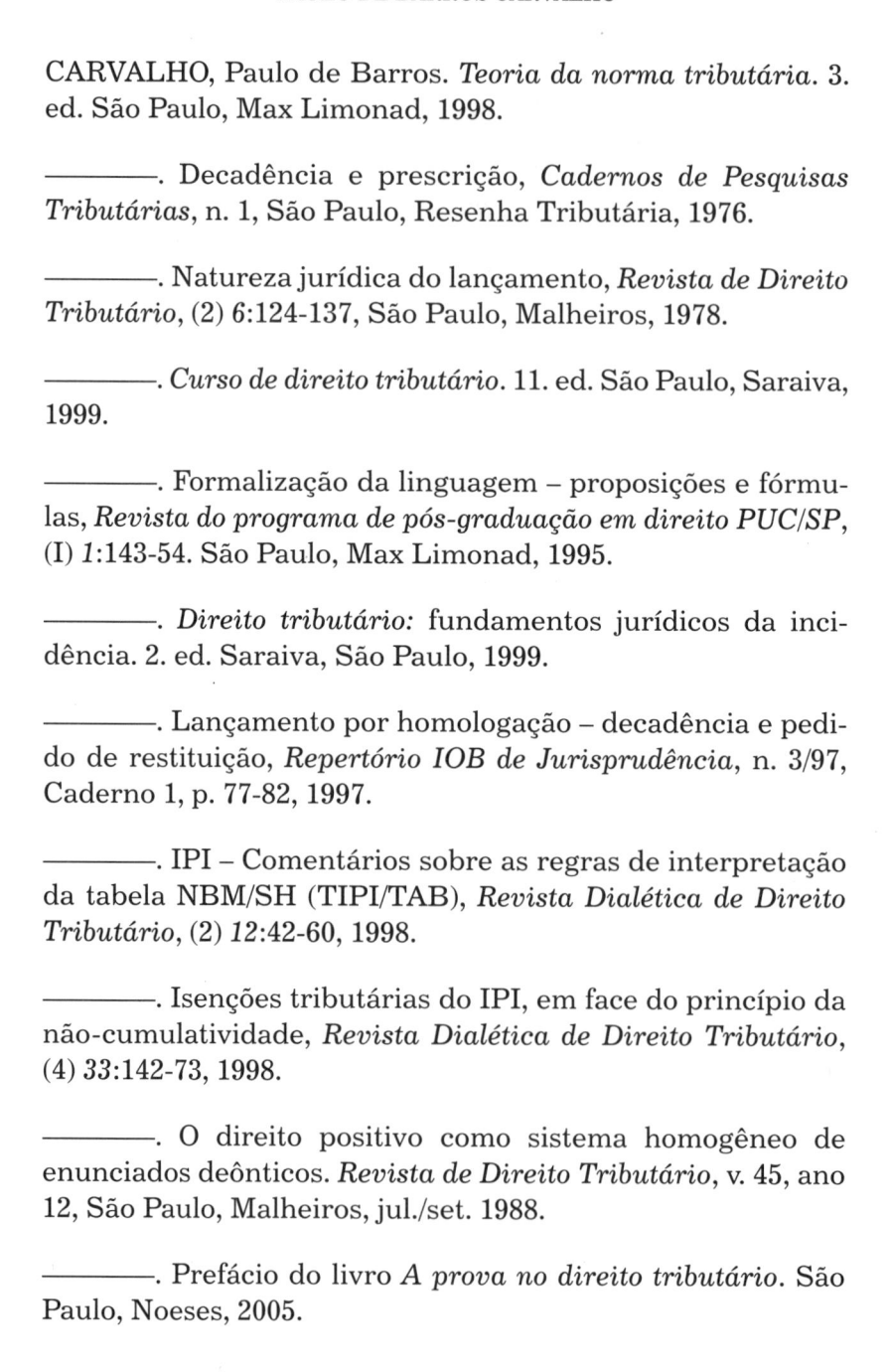

———. COFINS – a Lei n. 9.718/98 e a Emenda Constitucional n. 20/98, *Revista de Direito Tributário*, v. 75, São Paulo, Malheiros.

_____. *Direito Tributário Linguagem e Método*. São Paulo: Noeses, 2015.

CASSAGNE, Juan Carlos. *El acto administrativo*. Buenos Aires, Abeledo-Perrot, 1995.

———. *Derecho administrativo*. Buenos Aires, Abeledo-Perrot, 1993. T. I e II.

CASSONE, Vittorio. *Direito tributário*. São Paulo, Atlas, 1993.

CASTELLANI, Fernando. *Contribuições especiais e sua destinação*. São Paulo: Noeses, 2009.

CASTRO Jr., Torquato da Silva. *A Pragmática das nulidades e a teoria do ato jurídico inexistente*. São Paulo: Noeses, 2009.

CASTRO, Torquato. *Teoria da situação jurídica em direito privado nacional*. São Paulo, Saraiva, 1985.

CHIESA, Clélio. *ICMS – Sistema constitucional tributário*. São Paulo, LTr, 1997.

———. A tributação dos serviços de Internet prestados pelos provedores: ICMS ou ISS. *Revista de Direito Tributário*, v. 74, São Paulo, Malheiros.

CINTRA, Antônio Carlos Araújo. *Motivo e motivação do ato administrativo*. São Paulo, Revista dos Tribunais, 1979.

CINTRA, Carlos César Sousa. *A denúncia espontânea no direito tributário brasileiro*. Dissertação de Mestrado (PUC/SP), 2000.

———. Anotações sobre as imunidades tributárias, *Revista de Direito Tributário*, v. 77, p. 220-33, São Paulo, Malheiros, 2000.

CIRNE LIMA, Ruy. *Princípios de direito administrativo*. Porto Alegre, Livraria Sulina, 1954.

———. *Princípios de direito administrativo*. 2. ed. Porto Alegre, Globo, 2. ed.

COELHO, Luiz Fernando. *Aulas de introdução ao direito*. São Paulo, Manole, 2004.

COELHO NETTO, J. Teixeira. *Semiótica, informação e comunicação*. 3. ed. São Paulo, Perspectiva, 1990.

COELHO, Sacha Calmon Navarro. *Teoria e prática das multas tributárias*. Rio de Janeiro, Forense, 1993.

———. *Teoria geral do tributo e da exoneração tributária*. São Paulo, Revista dos Tribunais, 1982.

COPI, Irwing. *Introdução à lógica*. Trad. de Álvaro Cabral. São Paulo, Mestre Jou, 1981.

COSTA, Alcides Jorge. *ICM na Constituição e na lei complementar*. São Paulo, Resenha Tributária, 1977.

———. *Da extinção das obrigações tributárias*. Tese de concurso. São Paulo, USP/SP, 1991.

COSTA, Carlos C. Orcesi da. *Obrigação, lançamento e relação jurídica tributária*. São Paulo, Revista dos Tribunais, 1993.

CORRÊA, Walter Barbosa. Lançamento e ato administrativo nulo, *Revista de Direito Tributário*, (1) *1*:33-41, São Paulo, Malheiros, 1977.

CRETELLA JR., José. *Anulação do ato administrativo por desvio de poder*. Rio de Janeiro, Forense, 1978.

――――. *Curso de direito administrativo*. Rio de Janeiro: Forense, 1975.

――――. *Curso de direito administrativo*. Rio de Janeiro: Forense, 1999.

CRETELLA JR., José. *Curso de direito administrativo*. 16. ed. Rio de Janeiro, Forense, 1999.

CUNHA, Antônio Geraldo. *Dicionário etimológico nova fronteira da língua portuguesa*. São Paulo, Nova Fronteira, 1994.

DÁCOMO, Natália de Nardi. *Hipótese de incidência do ISS*. São Paulo, Noeses, 2007.

DAMIANI, Vera Araújo. Normas gerais de direito tributário, *Revista de Direito Tributário*, (VI) *19/20*:28-47, São Paulo, Malheiros, 1982.

DENARI, Zelmo. *Curso de direito tributário*. Rio de Janeiro, Forense, 1993.

DERZI, Mizabel Machado. *Direito tributário, direito penal e tipo*. São Paulo, Revista dos Tribunais, 1988.

――――. Contribuições sociais, *Cadernos de Pesquisas Tributárias*, v. 17, São Paulo, Resenha Tributária, 1992.

――――. *Modificações da Jurisprudência no Direito Tributário*. São Paulo: Noeses, 2009.

DINIZ, Maria Helena. *A ciência jurídica*. São Paulo, Resenha Universitária, 1982.

――――. *Curso de direito civil brasileiro*. São Paulo, Saraiva, 1982. T. I.

———. *As lacunas do direito*. São Paulo, Saraiva, 1989.

———. *Dicionário jurídico*, São Paulo, Saraiva, 1998. v. 3.

———. *Dicionário jurídico*, São Paulo, Saraiva, 1998. v. 4.

———. *Compêndio de introdução à ciência do direito*. São Paulo, Saraiva, 1988.

DOMINGO, Fernando Vicente-Arche et al. *Seminario de Derecho Financiero de la Universidad Complutense*. Org. Fernando Sainz De Bujanda. Madrid, 1967.

DONIAK JÚNIOR, Jimir. *As presunções no direito tributário*. Dissertação de mestrado (PUC/SP), 1998.

DUARTE MARQUES, Maria Helena. *Iniciação à semântica*. Rio de Janeiro, Zahar, 1990.

DUCROT, Oswald; TODOROV, Tzvetan. *Dicionário das ciências da linguagem*. Trad. Eduardo Prado Coelho. Lisboa, Dom Quixote, 1974.

DUROZOI, Gerard; Roussel, André. *Dicionário de filosofia*. Trad. Marinha Appenzeller. Campinas, Papirus, 1993.

DWORKIN, Ronald M. *The model of rules*. 35 University of Chicago Law Review 14, 1967.

ECHAVE, Delia Tereza; URQUIJO, María Eugenia; GUIBOURG, Ricardo. *Lógica, proposición y norma*. Buenos Aires, Astrea, 1991.

ECO, Umberto. *O signo*. Trad. Maria de Fátima Marinho. Lisboa, Presença, 1973.

———. *Tratado geral de semiótica*. 2. ed. São Paulo, Perspectiva, 1991.

———. *Estrutura ausente*. São Paulo, Perspectiva, 1976.

ENGISH, Karl. *Introdução ao pensamento jurídico*. Trad. de João Baptista Machado. Lisboa, Calouste Gulbenkian, 1983.

ESTEVES. Maria do Rosário. *Normas gerais de direito tributário*. São Paulo, Mas Limonad, 1997.

FAGUNDES, Seabra. *O controle dos atos administrativos pelo Poder Judiciário*. Rio de Janeiro, Forense, 1967.

FALCÃO, Amilcar de Araújo. *Fato gerador da obrigação tributária*. 5. ed., Rio de Janeiro, Forense, 1994.

———. Imunidade e isenção tributária – Instituição de Assistência Social, *Revista de Direito Tributário*, v. 66, São Paulo, Malheiros.

FALEIRO, Kelly Magalhães. *Procedimento de consulta fiscal*. São Paulo, Noeses, 2005.

FANUCCHI, Fábio. *A decadência e a prescrição no direto tributário*. São Paulo, Resenha Tributária, 1982.

FERRAGUT, Maria Rita. *As presunções no direito tributário*. São Paulo, Dialética, 2001.

———. *Responsabilidade tributária e Código Civil 2002*. São Paulo, Noeses, 2005.

FERRAZ JÚNIOR, Tercio Sampaio. *Conceito de sistema no direito positivo*. São Paulo, Revista dos Tribunais, 1976.

———. Segurança jurídica e normas gerais tributárias, *Revista de Direito Tributário*, (5) 17/18:50-6, São Paulo, Malheiros, 1981.

———. A relação meio/fim na teoria geral do direito administrativo, *Revista de Direito Público*, (XV) 61:27-33, São Paulo, Revista dos Tribunais, 1981.

———. *Teoria da norma jurídica: ensaio de pragmática da comunicação normativa*. Rio de Janeiro, Forense, 1986.

———. *Introdução ao estudo do direito*. São Paulo, Atlas, 1991.

———. Contribuições (2) – mesa de debates, *Revista de Direito Tributário*, (1) 60:249-67, São Paulo, Malheiros, 1994.

FERREIRA FILHO, Manoel Gonçalves. *Do processo legislativo*. São Paulo, Saraiva, 1968.

FERREIRA LIMA, Reginaldo. *Direito cooperativo tributário*. São Paulo, Max Limonad, 1997.

FIGUEIREDO, Lúcia Valle. *Curso de direito administrativo*. São Paulo, Malheiros, 1994.

———. *Estudos de direito tributário*. São Paulo, Malheiros, 1996.

FIORIN, José Luiz. "Interdiscursividade e intertextualidade". *Bakhtin: outros conceitos-chave*. Org. Beth Brait. São Paulo, Contexto, 2006.

FLUSSER, Vilém. *Língua e realidade*. 2. ed. São Paulo, Annablume, 2004.

FRANCO SOBRINHO, Manoel de Oliveira. *A prova administrativa*. São Paulo, Saraiva, 1973.

FONROUGE, Giuliani. *Derecho financeiro*. 2 ed. Buenos Aires, Depalma, 1970.

FONSECA, Tito Prates da. Atos administrativos nulos e anuláveis, *Revista Direito*, (3) *13*:45-69, Rio de Janeiro, 1942.

FORTES DE CERQUEIRA, Marcelo Paulo. *Repetição do indébito tributário*. São Paulo, Max Limonad, 2000.

FRANCA. Pe. Leonel S. J. *Noções de história da filosofia*. Rio de Janeiro, Agir, 1965.

FRANCO SOBRINHO, Manoel de Oliveira. *A prova administrativa*. São Paulo, Saraiva, 1973.

FREIRE, Laudelino. *Grande e novíssimo dicionário da língua portuguesa*. Rio de Janeiro, José Olympio, 1954. T. I a V.

FURLAN, Valéria C. P. *IPTU*. São Paulo, Malheiros, 1998.

GAMA, Tácio Lacerda. Obrigação e crédito tributário. *Anotação à margem da teoria de Paulo de Barros Carvalho*, n. 50, São Paulo, Revista dos Tribunais, 2002.

―――――. *Contribuição de intervenção no domínio econômico*. São Paulo, Quartier Latin, 2003.

―――――. *Competência Tributária – Fundamentos para uma teoria da nulidade*. São Paulo, Noeses, 2009.

GAMBRA, Rafael. *Pequena história da filosofia*. Livraria Tavares Martins, 1973.

GARCIA DE ENTERRÍA, Eduardo; FERNÁNDEZ, Tomás-Rámon. *Curso de direito administrativo*. São Paulo, Revista dos Tribunais, 1991.

GASPARINI, Diógenes. *Direito administrativo*. São Paulo, Saraiva, 1989.

GIANNINI, A. D. *Concetti fondamentali del diritto tributário*. UTET, 1956.

GUIRAUD, Pierre. *A semântica*. Trad. de Maria Elisa Mascarenhas. São Paulo, Difel, 1980.

GOFFI, Ana Maria. Extinção dos atos administrativos, *Revista de Direito Público*, (VI) *30*:35-41, São Paulo, Revista dos Tribunais, 1974.

GOMES, Nuno Sá. *Manual de direito fiscal*. Lisboa, Rei dos Livros, 1997. v. II.

GOMES, Pinharanda. *Pensamento e movimento*. Porto: Lello & Irmão, 1974.

GORDILLO, Agustin A. *Tratado de derecho administrativo*. Buenos Aires, Ediciones Macchi-Lopes, 1974.

——————. *Procedimento y recursos administrativos*. 2. ed. Buenos Aires, Ediciones Macchi-Lopes.

——————. Princípios gerais de direito público, *Revista dos Tribunais*, São Paulo, Revista dos Tribunais, 1977.

GRAU, Eros Roberto. *Licitação e contrato administrativo*. São Paulo, Malheiros, 1995.

——————. *La doppia destrutturazione del diritto*. Milano, Edizioni Unicopli, 1996.

——————. *O direito posto e direito pressuposto*. 6. ed. São Paulo, Malheiros, 2005.

GRECO, Marco Aurélio. *Norma jurídica tributária*. São Paulo, Saraiva/EDUC, 1974.

——————. *Dinâmica da tributação e procedimento*. São Paulo, Revista dos Tribunais, 1979.

―――――. Lançamento, *Cadernos de Pesquisas Tributárias*, v. 12. Coord. Ives Gandra da Silva Martins. São Paulo, Resenha Tributária, 1987.

GREIMAIS, A. J. e COURTÉS, J. *Dicionário de semiótica*. Trad. Alceu Dias de Lima e outros. São Paulo, Cultrix, 1979.

GUASTINI, Riccardo. *Dale fonti alle norme*. Torino, Giappichelli, 1982.

GUASTINI, Riccardo. *Das fontes às normas*. Trad. Edson Bini. São Paulo, Quartier Latin, 2005.

―――――. Norberto Bobbio sul ragionamento dei giuristi. In: Comanducci, P.; GUSTINI, R. *L'analisi del ragionamento giuridico*. v. II.

GUIBOURG, Ricardo; GHIGLIANI, Alejandro; GUARINONI, Ricardo. *Introducción al conocimiento científico*. Buenos Aires, EUDEBA, 1985.

GUIMARÃES, Carlos Rocha. Lançamento por homologação. *Revista de Direito Tributário*, (9) *31*:142-146 São Paulo, Malheiros, 1985.

HARET, Florence. As presunções e a linguagem prescritiva do direito, *Revista de Direito Tributário*, v. 97, São Paulo, Malheiros, 2007.

HART, Herbert L. A. *O conceito de direito*. Trad. de Armindo Ribeiro Mendes. Lisboa, Fundação Calouste Gulbenkian, 1961.

HEGENBERG, Leônidas. *Lógica simbólica*. São Paulo, Editora Herder, 1966.

―――――. *Dicionário de lógica*. São Paulo, EPU, 1995.

HORVATH, Estevão. *Aspectos teóricos do lançamento tributário no direito positivo brasileiro*. Dissertação de mestrado. (PUC/SP), 1989.

————. *La autoliquidacion tributaria*. Tese de doutoramento. Madrid, Universidade Autónoma de Madrid, 1992.

————. *Lançamento tributário e "autolançamento"*. São Paulo, Dialética, 1997.

HORVATH, Estevão; RODRIGUES, José Roberto Pernomian. Efeitos da modificação de uma decisão judicial em matéria tributária. *Revista de Processo*, v. 89. São Paulo, Revista dos Tribunais, 1998.

HOSPERS, John. *Introducción al análisis filosófico*. Madrid, Alianza Editorial, 1995.

HUME, David. *Tratado da natureza humana*: uma tentativa de introduzir o método experimental de raciocínio nos assuntos morais. São Paulo, Imprensa Oficial/UNESP, 2001.

HUSSERL, Edmund. *Ideas relativas a una fenomenologia pura y una filosofia fenomenologica*. Trad. para o espanhol de José Gaos. México, Fondo de Cultura Econômica, 1949.

————. *A idéia da fenomenologia*. Trad. Artur Morão. Lisboa, Edições 70. s/d.

ILARI, Rodolfo; GERALDI, João Wanderley. *Semântica*. São Paulo, Ática, 1992.

IRBARNE, Aguinsky de. *Fenomenologia y ontologia jurídica*. Buenos Aires, Pannedille, 1971.

IVO, Gabriel. *Constituição estadual:* competência para elaboração da constituição do Estado Membro. São Paulo, Max Limonad, 1997.

———. *Norma jurídica* – produção e controle. São Paulo, Noeses, 2007.

JAKOBSON, Roman. *Linguística e comunicação*. Trad. José Paulo Paes e Isidoro Blikstein. São Paulo, Cultrix, 1991.

JARACH, Dino. *El hecho imponible*. 2. ed. Buenos Aires, Abeledo Perrot, 1971.

JARDIM, Eduardo Marcial Ferreira. *Manual de direito financeiro e tributário*. São Paulo, Saraiva, 1994.

JOLIVET, Régis. *Curso de filosofia*. Trad. Eduardo Prado de Mendonça. Rio de Janeiro, Agir, 1961.

JUNQUEIRA FILHO, Aguinaldo de Mello. Termo inicial do prazo de decadência do direito de lançar tributo, *Revista de Direito Tributário*, 32:298-302 São Paulo, Malheiros, 1985.

JUSTEN FILHO, Marçal. *O imposto sobre serviços na Constituição*. São Paulo, Revista dos Tribunais, 1985.

———. *Sujeição passiva tributária*. Belém, CEJUB, 1990.

———. O ISS, a Constituição de 1988 e o Decreto-lei n. 406, *Revista Dialética de Direito Tributário*, vol. 3.

KALINOWSKI, Georges. *Introducción a la lógica jurídica*. Trad. esp. Juan A. Casaubon. Buenos Aires, EUDEBA, 1973.

———. *Lógica del discurso normativo*. Trad. Juan Ramon Capella. Madrid, Tecnos, 1975.

KANT, Immanuel. *Crítica da razão pura*. Trad. Manuela Pinto dos Santos e Alexandre Fradique Morujão. Lisboa, Calouste Gulbenkian, 1994.

KELSEN, Hans. *Teoria pura do direito*. Trad. João Baptista Machado. Lisboa, Armênio Amado, 1984.

―――――. *Teoria geral do direito e do estado*. Trad. Luís Carlos Borges. São Paulo, Martins Fontes, 1990.

―――――. *Teoria geral das normas*. Porto Alegre, Sergio Antonio Fabris, 1986.

―――――. *Teoria pura do direito*. 4. ed., trad. Baptista Machado, Coimbra, Arménio Amado, 1979.

LACOMBE, Américo Masset. *Obrigação tributária*. São Paulo, Revista dos Tribunais, 1977.

LANGER, Suzane K. *Introducción a la lógica simbólica*. Trad. esp. Francisco González Aramburu. Madrid, Siglo Veintiuno, 1974.

LAPATZA, José Juan Ferreiro. *Curso de derecho financiero español*. Madrid, Marcial Pons, 1992.

―――――. *Direito tributário:* teoria geral do tributo. São Paulo, Marcial Pons, 2007.

LARENZ, Karl. *Metodologia da ciência do direito*. Trad. José Lamego. Lisboa, Calouste Gulbenkian, 1983.

LEAL, Antonio Luiz da Câmara. *Da prescrição e da decadência*. 2. ed. Rio de Janeiro, Forense, 1969.

LEITE JÚNIOR, Orlando. *A regra-matriz do IVVC*: sua textualidade. São Paulo, Ed. Gonçalves, 1993.

LIMA GONÇALVES, José Artur. Lançamento – revisão de ofício – erro de direito, *Revista de Direito Tributário*, (9) 33:270-275, São Paulo, Malheiros, 1985.

―――――. *Isonomia na norma tributária*. São Paulo, Malheiros, 1993.

―――――. *Imposto sobre a renda*: pressupostos constitucionais. São Paulo, Malheiros, 1997.

LIMA, Ruy Cirne. *Princípios de direito administrativo*. 2. ed. Porto Alegre, Globo.

LINS, Robson Maia. *Controle de constitucionalidade da norma tributária* – Decadência e prescrição. São Paulo, Quartier Latin, 2005.

LOPES FILHO, Osíris. *Regimes aduaneiros especiais*. São Paulo, Revista dos Tribunais, 1984.

LUNARDELLI, Maria Rita Gradilone Sampaio. Decisões judiciais e tributação, *Cadernos de Pesquisas Tributárias*, 19:251-271, São Paulo, Revista dos Tribunais, 1994.

―――――. Permissão de uso do solo para instalação de equipamentos de telecomunicações – cobrança indevida, *Revista Dialética de Direito Tributário*, 62:96-112, São Paulo, Dialética, 2000.

―――――. Decadência e prescrição nos casos do chamado "lançamento por homologação", *Revista de Direito Tributário*, (77):152-169, São Paulo, Malheiros, 2000.

LUNARDELLI, Pedro. Decisões judiciais e tributação, *Cadernos de Pesquisas Tributárias*, n. 19. Coord. Ives Gandra da Silva Martins. São Paulo, Resenha Tributária, 1994.

―――――. *Isenções tributárias*. São Paulo, Dialética, 1999.

MACHADO, Hugo Brito. Lançamento por declaração, *Revista de Direito Tributário*, (7) 25/26:335-40, São Paulo, Malheiros, 1983.

―――――. Lançamento com base em depósitos bancários, *Revista de Direito Tributário*, (12) 44:220-223, São Paulo, Malheiros, 1988.

―――. *Curso de direito tributário*. Rio de Janeiro, Forense, 1981.

―――. *Curso de direito tributário*. São Paulo, Malheiros, 1993.

MALERBI, Diva. *Segurança jurídica e tributação*. Tese de Doutoramento (PUC/SP), 1992.

MANGIONE, Giovanni. *Problemi attuali di diritto finanziario*. Padova, CEDAM, 1971.

MANSO. Paulo da Costa. Revogação dos atos administrativos, *Revista de Direito Público*, (VI) *31*:27-32, São Paulo, Revista dos Tribunais, 1974.

MARIZ DE OLIVEIRA, Ricardo. Princípios fundamentais do imposto de renda. In: *Direito tributário* – estudos em homenagem a Brandão Machado. São Paulo, Dialética, 1998.

MARQUES, José Frederico. *Instituições de direito processual civil*. 2. ed. Rio de Janeiro, Forense, 1962.

MARTINS, Fran. *Contratos e obrigações comerciais*. 4. ed. Rio de Janeiro, Forense, 1976.

MARTINS, Ives Gandra da Silva. Do lançamento, *Cadernos de Pesquisas Tributárias*, n. 12. Coord. Ives Gandra da Silva Martins. São Paulo, Resenha Tributária, 1987.

MAXIMILIANO, Carlos. *Hermenêutica e aplicação do direito*. 9. ed. Rio de Janeiro, Forense, 1979.

MAYA, Rômulo. A abstração do lançamento e sua repercussão na execução fiscal, *Revista de Direito Tributário*, (3) 6:158-62, São Paulo, Malheiros, 1979.

MAYNEZ, Eduardo García. *Lógica del concepto jurídico*. México, Fondo de Cultura Económica, 1959.

―――――. *Introducción al estudio del derecho*. México, Editorial Porrúa, 1973

―――――. *Lógica del raciocinio jurídico*. México, Fondo de Cultura Económica, 1959.

MEDAUAR, Odete. *Direito administrativo moderno*. São Paulo, Revista dos Tribunais, 1996.

MEIRELES, Hely Lopes. *Direito administrativo brasileiro*. 33. ed. São Paulo, Malheiros, 2007.

―――――. *Revogação e anulação de ato administrativo, Revista de Direito Administrativo*, 75: 31-5, São Paulo, FGV.

―――――. *Licitação e contrato administrativo*. 14. ed. São Paulo, Malheiros, 2006.

MELLO, Marcos Bernardes de. *Teoria do fato jurídico. Plano da existência*, São Paulo, Saraiva, 1999.

MENDES, Sônia Maria Broglia. *A validade jurídica - pré e pós giro linguístico*. São Paulo, Noeses, 2007.

MENDONÇA, Christine. O regime jurídico do programa de recuperação fiscal – Refis: parcelamento *stricto sensu*. In: *Refis, aspectos jurídicos relevantes*. São Paulo, Edipro, 2001.

MENDONCA, Daniel. *Normas y sistemas normativos*. Barcelona, Jurídicas y Sociales S.A., 2005.

MENDONÇA, J.X. Carvalho de. *Tratado de Direito Comercial*. Rio de Janeiro: Freitas Bastos, 1954.

MENNE, Albert. *Introducción a la lógica*. Madrid, Gredos, 1974.

MICHELI, Gian Antônio. Considerações sobre a disciplina do lançamento tributário na lei brasileira, *Revista de Direito Público*, (VII) 32:193-5, São Paulo, Revista dos Tribunais, 1974.

―――――. *Curso de direito tributário*. Trad. Marco Aurélio Greco e Pedro Luciano Marrey Jr. São Paulo, Revista dos Tribunais, 1978.

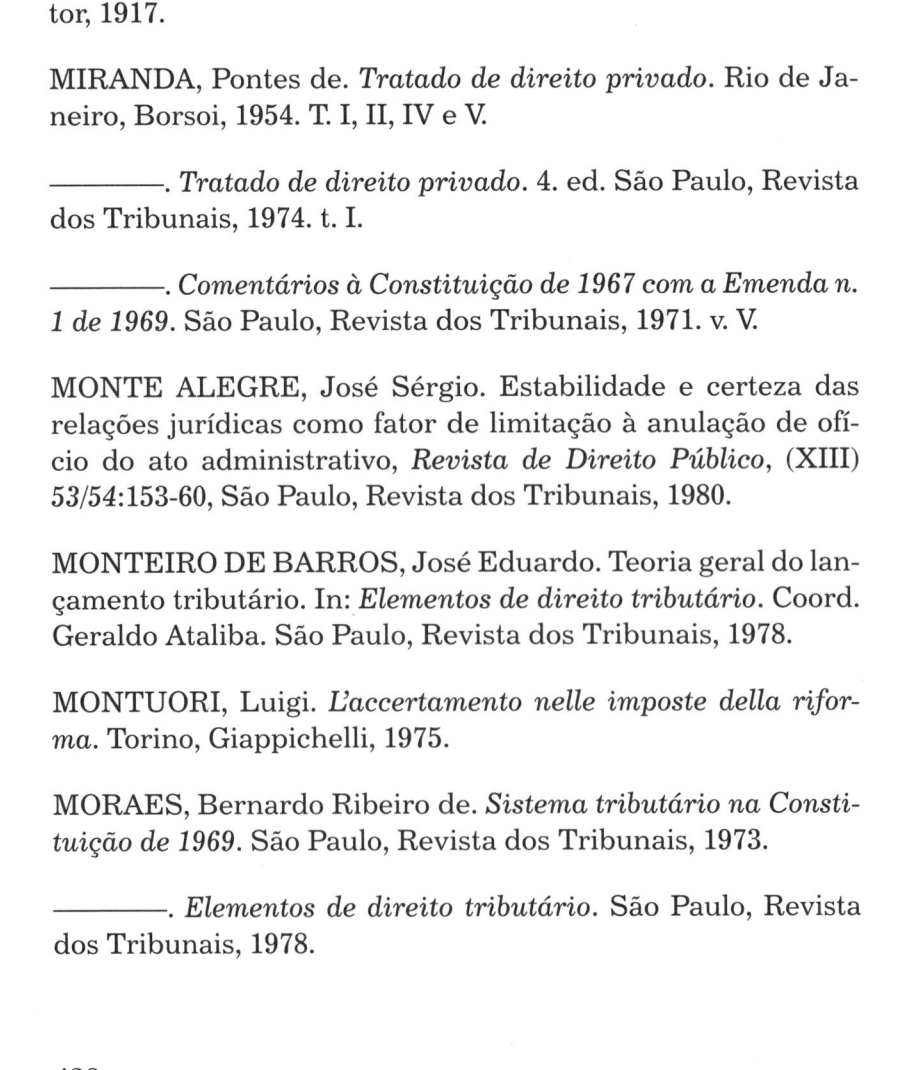

MILL, Stuart. *O sistema da lógica*. Madrid, Daniel Jorro Editor, 1917.

MIRANDA, Pontes de. *Tratado de direito privado*. Rio de Janeiro, Borsoi, 1954. T. I, II, IV e V.

―――――. *Tratado de direito privado*. 4. ed. São Paulo, Revista dos Tribunais, 1974. t. I.

―――――. *Comentários à Constituição de 1967 com a Emenda n. 1 de 1969*. São Paulo, Revista dos Tribunais, 1971. v. V.

MONTE ALEGRE, José Sérgio. Estabilidade e certeza das relações jurídicas como fator de limitação à anulação de ofício do ato administrativo, *Revista de Direito Público*, (XIII) 53/54:153-60, São Paulo, Revista dos Tribunais, 1980.

MONTEIRO DE BARROS, José Eduardo. Teoria geral do lançamento tributário. In: *Elementos de direito tributário*. Coord. Geraldo Ataliba. São Paulo, Revista dos Tribunais, 1978.

MONTUORI, Luigi. *L'accertamento nelle imposte della riforma*. Torino, Giappichelli, 1975.

MORAES, Bernardo Ribeiro de. *Sistema tributário na Constituição de 1969*. São Paulo, Revista dos Tribunais, 1973.

―――――. *Elementos de direito tributário*. São Paulo, Revista dos Tribunais, 1978.

―――. "A imunidade tributária e seus novos aspectos". In: *Revista Dialética de Direito Tributário*, n. 34, São Paulo, Dialética, julho de 1998.

MORCHÓN, Gregorio Robles. *El derecho como texto:* Cuatro estudios de teoria comunicacional del derecho. Madrid, Ed. Civitas, 1998.

―――. *Teoria del derecho:* fundamentos de teoria comunicacional del derecho. Madrid, Ed. Civitas, 2016.

―――. *As regras dos jogos e as regras do direito*. São Paulo: Noeses, 2013.

MORETTI, Gian Carlo. *La motivazione nell'accertamento tributario*. Padova, CEDAM, 1969.

MORIN, Edgar. *O método 3* – o conhecimento do conhecimento. Trad. Juremir Machado da Silva. 3. ed. Porto Alegre, Sulina, 2005.

MOTTA PACHECO, Ângela Maria da. *Sanções tributárias e sanções penais tributárias*. São Paulo, Max Limonad, 1997.

―――. *Ficções Tributárias Identificação e Controle*. São Paulo: Noeses, 2008.

MOUSSALLEM, Tárek Moysés. *Fontes do direito tributário*. 2. ed. São Paulo, Noeses, 2007.

―――. *Revogação em matéria tributária*. São Paulo, Noeses, 2005.

NASCENTES, Antenor. *Dicionário da língua portuguesa*. Coimbra, Atlântica, 1957.

NAVARRO, Pablo Eugênio. *La eficácia del derecho*. Madrid, Centro de Estudios Constitucionales, 1990.

NEVES, Luis Fernando de Souza. *COFINS*: Lei complementar 70/93. São Paulo, Max Limonad, 1997.

NEVES, Marcelo. Função do ato de lançamento em relação ao crédito tributário, *Revista da Ordem dos Advogados de Pernambuco*, (XXV) 25/26:169-208, Recife, OAB/Recife, 1982.

―――――. *Teoria da inconstitucionalidade das leis*. São Paulo, Saraiva, 1988.

―――――. *A constitucionalização simbólica*. São Paulo, Editora Acadêmica, 1994.

NINO, Carlos Santiago. *La validez del derecho*. Buenos Aires, Editorial Astrea, 1985.

―――――. *Introducción al análisis del derecho*. Buenos Aires, Editorial Astrea, 1984.

NOGUEIRA, Rubens. *Curso de introdução ao estudo do direito*. 4. ed. São Paulo, Noeses, 2007.

NOGUEIRA, Ruy Barbosa. *Curso de direito financeiro*, J. Bushatsky Ed., 1971.

―――――. *Teoria do lançamento tributário*. São Paulo, Resenha Tributária, 1973.

―――――. *Curso de direito tributário*. 5. ed. São Paulo, Saraiva, 1994.

―――――. *Imunidade tributária*. São Paulo, Saraiva, 1993.

NOVAES, Raquel Cristina. *A regra-matriz do IOF*. Dissertação de Mestrado (PUC/SP), 1992.

NOVELLI, Flávio Bauer. A eficácia do ato administrativo, *Revista de Direito Administrativo*, 60:16-26. São Paulo, FGV, 1960.

OLIVEIRA, Fábio Leopoldo de. *Curso expositivo de direito tributário*. Resenha Tributária, 1976.

OLIVEIRA, Júlio Maria de. *Internet e competência tributária*. São Paulo, Dialética, 2001.

—————. Adicional à contribuição previdenciária, *Repertório IOB de Jurisprudência*, São Paulo, IOB, jan. 1996, p. 13-4.

—————. Substituição tributária. *Repertório IOB de Jurisprudência*, São Paulo, IOB, abr. 1997, p. 164-9.

OLIVEIRA, Régis Fernandes. *Ato administrativo*. São Paulo, Revista dos Tribunais, 1992.

PEIRCE, Charles S. *Semiótica*. Trad. José Teixeira Coelho Neto. São Paulo, Perspectiva, 1990.

PEREIRA, André Gonçalves. *Erro e ilegalidade no acto administrativo*. Lisboa, Ática, 1962.

PEREIRA FILHO, Luiz Alberto. *As taxas no sistema tributário brasileiro*. Dissertação de Mestrado (PUC/SP), 2000.

PIMENTA, Paulo. *Aplicabilidade e eficácia das normas constitucionais programáticas*. São Paulo, Max Limonad, 1999.

PONDÉ, Lafayette. O ato administrativo, sua perfeição e eficácia, *Revista de Direito Administrativo*, 29:16-21, São Paulo, FGV, 1952.

POPPER, Karl. *A lógica da pesquisa científica*. Trad. Leonidas Hegenberg e Octanny Silveira da Mota. São Paulo, Cultrix, 1993.

POTITI, Enrico. *L'ordinamento tributario italiano*. Milano, Giuffrè, 1978.

PUGLIESE, Mario. *Instituciones de derecho financiero*. Trad. esp. José Silva. México, Fondo de Cultura Económica, 1939.

RÁO, Vicente. *O direito e a vida dos direitos*. São Paulo, Max Limonad, 1952.

―――――. *Ato jurídico*. São Paulo, Max Limonad, 1964.

RATTI, Bruno. *Comércio internacional e câmbio*. 8. ed. São Paulo, Aduaneiras, 1994.

REALE, Miguel. *Introdução à filosofia*. 3. ed. São Paulo, Saraiva, 1994.

―――――. *Teoria do direito e do estado*. 5. ed. São Paulo, Saraiva, 2000.

―――――. *O direito como experiência*. 2. ed. São Paulo, Saraiva, 1992.

ROJO, Margarita Beladiez. *Validez y eficácia de los actos administrativos*. Madrid, Marcial Pons, 1994.

ROSS, Alf. *Sobre el derecho y la justicia*. Trad. Genaro Carrió. Buenos Aires, EUDEBA, 1974.

―――――. *Lógica de las normas*. Madrid, Editorial Tecnos, 1971.

QUEIROZ. Mary Elbe Gomes. *Do lançamento tributário – execução e controle*. São Paulo, Dialética, 1999.

―――――. Tributação das pessoas jurídicas – *Comentários ao regulamento do Imposto sobre a Renda*. Brasília, Editora UNB, 1997.

―――――. A inexistência de sigilo bancário frente ao poder-dever de investigação das autoridades fiscais, *Revista de Direito Tributário*, v. 76, São Paulo, Malheiros, 2000.

———. As indenizações sob a ótica do imposto sobre a renda. Coord. Hugo de Brito Machado. In: *Regime tributário da indenização*. São Paulo, Dialética, 2000.

———. A impossibilidade de limitação de 30% para compensação de prejuízos fiscais na apuração das bases de cálculo do IRPJ e da CSLL, *Revista de Direito Tributário*, v. 79, São Paulo, Malheiros, 2000.

QUIROGA MOSQUERA, Roberto. *Renda e proventos de qualquer natureza*: o imposto e o conceito contitucional. São Paulo, Dialética, 1996.

———. *Tributação no mercado financeiro e de capitais*. São Paulo, Dialética, 1998.

SALMON, Wesley C. *Lógica*. Trad. Leonidas Hegenberg e Octanny Silveira da Mota. Rio de Janeiro, Zahar, 1984.

SALOMÃO, Marcelo Viana. *ICMS na importação*. São Paulo, Editora Atlas, 2000.

———. Das inconstitucionalidades do IPVA sobre a propriedade de aeronaves, *Revista Dialética de Direito Tributário*, *13*:41-54, São Paulo, Editora Dialética, 1996.

SAMPAIO DÓRIA, António Roberto. *Da lei tributária no tempo*. São Paulo, Editora Obelisco, 1968.

SANTI, Eurico Marcos Diniz. *Lançamento tributário*. São Paulo, Max Limonad, 1999.

———. *Lançamento tributário*. São Paulo, Max Limonad, 1996.

———. Compensação e restituição de tributos, *IOB Repertório de Jurisprudência*, IOB, São Paulo, jan./1996.

―――――. Classificações no sistema tributário brasileiro. In: *Justiça Tributária:* 1º Congresso internacional de direito tributário – IBET. São Paulo, Max Limonad, 1998.

―――――. O "livro eletrônico" e a imunidade do livro como limite objetivo. In: *Livro eletrônico.* Coord. Hugo de Brito Machado. São Paulo, IOB, 1998.

―――――. *Decadência e prescrição no direito tributário.* São Paulo, Max Limonad, 2000.

―――――. (org.) *Interpretação e estado de direito.* São Paulo, Noeses, 2006.

SARTIN, Agostinho. IR – Lançamento presuntivo – depósitos bancários – sinais exteriores de riqueza – legalidade e tipicidade, *Revista de Direito Tributário,* (9) 34:266-276, São Paulo, Malheiros, 1985.

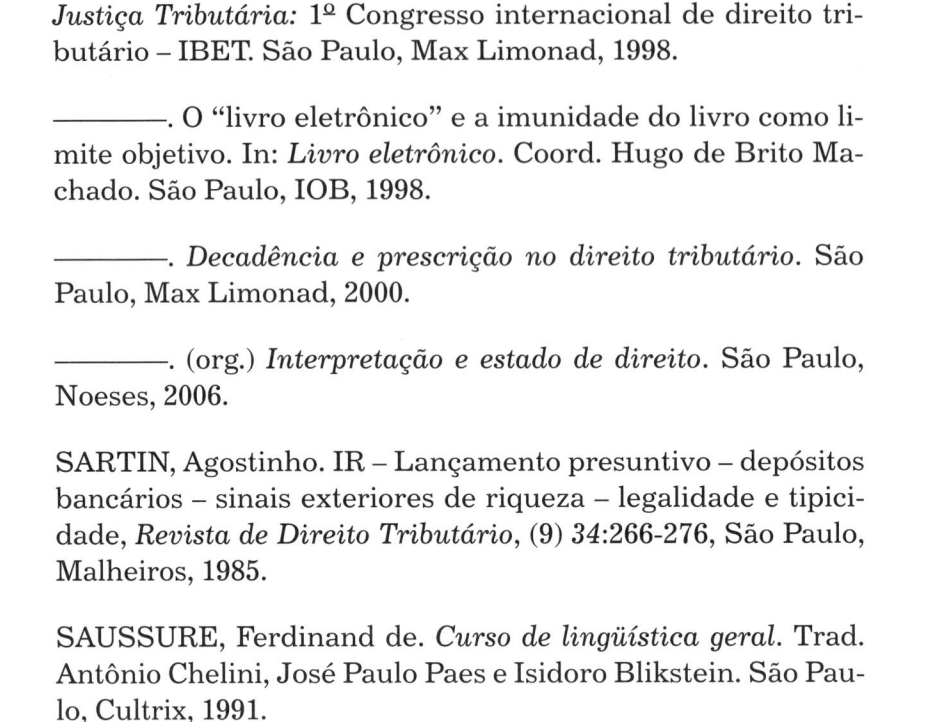

SAUSSURE, Ferdinand de. *Curso de lingüística geral.* Trad. Antônio Chelini, José Paulo Paes e Isidoro Blikstein. São Paulo, Cultrix, 1991.

SCAVINO, Dardo. *La filosofía actual: pensar sin certezas.* Buenos Aires, Paidos, 1999.

SCHOUERI, Luís Eduardo. *Processo administrativo fiscal.* São Paulo, Dialética, v. 2.

―――――. Do prazo de decadência em matéria de "drawback" – suspensão. In: *Direito tributário.* São Paulo, Quartier Latin, 2003, v. 1.

SEABRA FAGUNDES, Miguel. *O controle dos atos administrativos pelo Poder Judiciário.* Rio de Janeiro, Forense, 1957.

SEIFFERT, Helmut. *Introdución a la lógica.* Barcelona, Herder, 1977.

SILVA, José Afonso da. *Aplicabilidade das normas constitucionais*. São Paulo, Revista dos Tribunais, 1968.

——————. *Curso de direito constitucional positivo*. São Paulo, Malheiros, 1992.

SILVA PEREIRA, Caio Mário da. *Instituições de direito civil*. Rio de Janeiro, Forense, 1993. t. I.

SOARES DE MELO, José Eduardo. Lançamento. In: *Cadernos de Pesquisas Tributárias*, n, 12. Coord. Ives Gandra da Silva Martins. São Paulo, Resenha Tributária, 1987.

——————. *Contribuições sociais no sistema tributário*. São Paulo, Malheiros, 1993.

——————. *Curso de direito tributário*. São Paulo, Dialética, 1997.

SOUSA, Rubens Gomes de. *Compêndio de legislação tributária*. São Paulo, Resenha Tributária, 1975.

——————. *Compêndio de legislação tributária*. 2.ed., Rio de Janeiro, Ed. Financeiras, 1954, p. 12.

——————. Um caso de ficção legal no direito tributário, *Revista de Direito Público*, (III) *11*:13-33, São Paulo, Revista dos Tribunais, 1970.

——————. Procedimento tributário. In: *Elementos de direito tributário*. São Paulo, Revista dos Tribunais, 1978.

——————. Evolução do conceito de rendimento tributável, *Revista de Direito Público*, n. 14.

SOUZA DE QUEIROZ, Luís César. *Sujeição passiva tributária*. Rio de Janeiro, Forense, 1998.

SOUZA NEVES. Luis Fernando de. *Cofins*: contribuição social sobre o faturamento – LC.70/91. São Paulo, Max Limonad, 1997.

SUNDFELD, Carlos Ari. *O ato administrativo inválido*. Tese (PUC/SP). São Paulo, (PUC/SP), 1986.

———. *Fundamentos de direito público*. São Paulo, Malheiros, 1993.

TÁCITO, Caio. A teoria da inexistência do ato administrativo, *Revista de Direito Administrativo*, *36*:78-81, São Paulo, FGV, 1947.

———. A teoria da inexistência do ato administrativo, *Revista de Direito Administrativo*, *48*:350-5, São Paulo, FGV, 1954.

———. *Direito administrativo*. São Paulo, Saraiva, 1975.

TARSKI, Alfred. *A concepção semântica da verdade:* textos clássicos de Tarski. São Paulo, Imprensa Oficial/UNESP, 2007.

TELLES JUNIOR, Gofredo da Silva. *Direito quântico*. 6. ed. São Paulo, Max Limonad, 1985.

TEMER, Michel. *Elementos de direito constitucional*. São Paulo, Revista dos Tribunais, 1990.

TESAURO, Francesco. Lançamento e recolhimento, *Revista de Direito Tributário*, (2) 6:101-23 São Paulo, Malheiros, 1978.

TOMÉ, Fabiana Del Padre. Imunidades tributárias e as emendas constitucionais, *Revista da APG/PUC-SP*, (8) *18*:79-86, São Paulo, *Lorosae*, 1999.

———. *A prova no direito tributário*. São Paulo, Noeses, 2005.

TORRES, Ricardo Lobo. *Curso de direito financeiro e tributário*. Rio de Janeiro, Renovar, 1993.

———. *Curso de direito financeiro e tributário*. Rio de Janeiro, Forense, 1998.

———. *Curso de direito financeiro e tributário*. Rio de Janeiro, Renovar, 1993.

ULLMANN, Sthephen. *Semântica: uma introdução à ciência do significado*. Trad. J. A. Osório Mateus. Lisboa, Fundação Calouste Gulbenkian, 1964.

VELLOSO, Carlos Mário da Silva. Irretroatividade da lei tributária – Irretroatividade e anterioridade – Imposto de renda e empréstimo compulsório, *Revista de Direito Tributário*, v. 45, São Paulo, Malheiros.

VERNENGO, Roberto J. *Curso de teoría general del derecho*. Buenos Aires, Depalma, 1986.

VIEIRA, José Roberto. *IPI: a regra-matriz de incidência – texto e contexto*. Curitiba, Juruá, 1993.

VIEIRA, Maria Leonor Leite. *A suspensão da exigibilidade do crédito tributário*. Dialética, 1997.

VILANOVA, Lourival. *Escritos jurídicos e filosóficos*. São Paulo, Axis Mundi/IBET, 2003. v. I.

———. *Escritos jurídicos e filosóficos*. São Paulo, Axis Mundi/IBET, 2003. v. II.

———. *As estruturas lógicas e o sistema do direito positivo*. São Paulo, Noeses, 2005.

———. *Causalidade e relação no direito*. São Paulo, Saraiva, 1989.

VILLEGAS, Hector B. *Curso de finanzas, derecho financiero y tributario*. Buenos Aires, Depalma, 1972.

———. Verdade e ficções em torno do tributo denominado taxa, *Revista de Direito Público*, n. 17. Brasília, Malheiros.

XAVIER, Alberto Pinheiro. *Conceito e natureza do acto tributário*. Coimbra, Almedina, 1972.

—————. *Do lançamento no direito tributário brasileiro*. São Paulo, Resenha Tributária, 1977.

—————. *Procedimento administrativo*. São Paulo, Bushatsky, 1976.

—————. IR – Lançamento por arbitramento – pressupostos e limites, *Revista de Direito Tributário*, (9) *31*:174-185, São Paulo, Malheiros, 1985.

—————. Do prazo de decadência em matéria de "drawback" – suspensão. In: *Direito tributário*. São Paulo, Quartier Latin, 2003, v. 1.

—————. *Direito tributário internacional do Brasil*: tributação das operações internacionais, 3. ed. Rio de Janeiro, Forense, 1994.

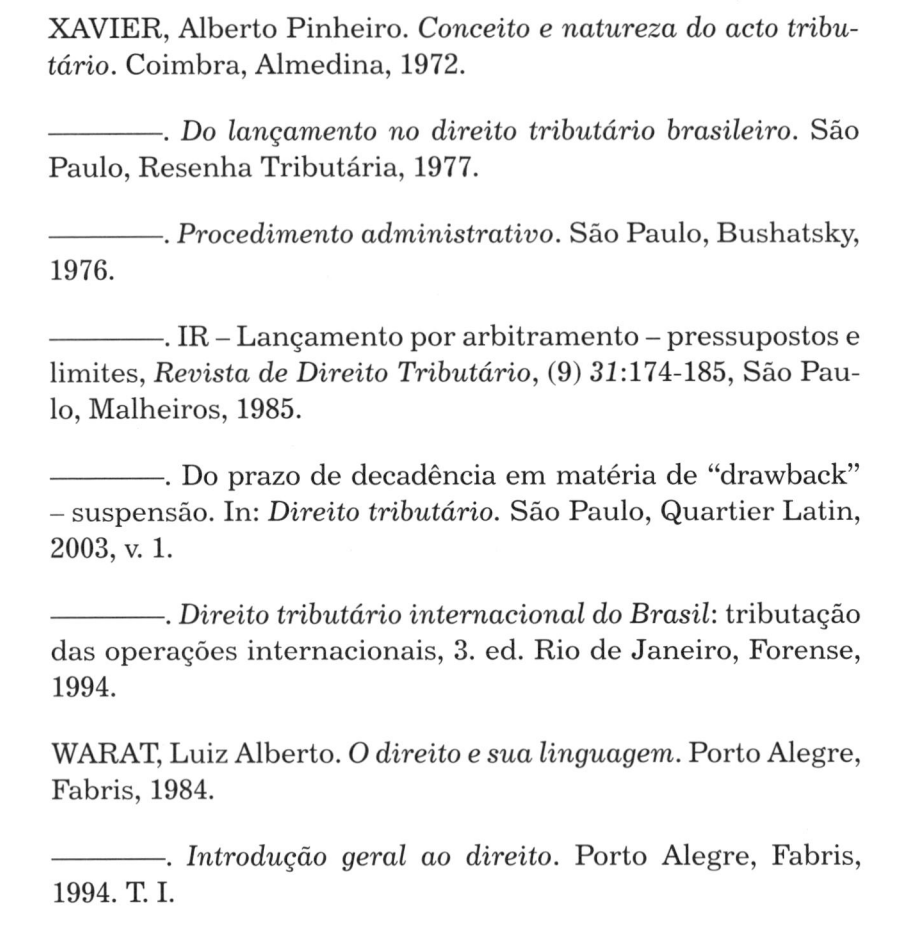

WARAT, Luiz Alberto. *O direito e sua linguagem*. Porto Alegre, Fabris, 1984.

—————. *Introdução geral ao direito*. Porto Alegre, Fabris, 1994. T. I.

WITTGENSTEIN, Ludwig. *Tractatus logico-philosophicus*. Trad. Luis Henrique Lopes dos Santos. São Paulo, EDUSP, 1994.

WRIGHT. Georg Henrik von. *Norma y acción*: una investigação lógica. Trad. esp. Pedro Garcia Ferrero. Madrid, Technos, 1970.

ZANCANER, Weida. *Da convalidação e da invalidação dos atos administrativos*. São Paulo, Malheiros, 1993.

ÍNDICE GERAL

LIVRO I
Sistema Constitucional Tributário

Tema I - O PREÂMBULO E A PRESCRITIVIDADE CONSTITUTIVA DOS TEXTOS JURÍDICOS

Sumário: 1. Duas palavras introdutórias e a formulação das questões estruturais que o texto se propõe enfrentar 2. Filosofia do Direito e Filosofia no Direito. 3. Interpretação e semiótica do direito: texto e contexto. 4. Construção de sentido e interpretação do direito. 5. O direito empregado na função pragmática de regular condutas. 6. A prescritividade do direito no Preâmbulo da Constituição. 7. O preâmbulo no direito positivo brasileiro. 8. Retórica e Preâmbulo. 9. Preâmbulo, ementa e exposição de motivos. 10. O preâmbulo como feixe de marcas da enunciação, meio eficaz de acesso ao quadro axiológico que presidiu a edição do Texto Constitucional. 11. Respostas às indagações formuladas.

Tema II - AS NORMAS INTERPRETATIVAS NO DIREITO TRIBUTÁRIO: Análise do art. 3º da Lei Complementar nº 118/2005 e seus efeitos jurídicos

Sumário: 1. Introdução. 2. O direito positivo como objeto de conhecimento. 3. A construção de sentido realizada a partir do conjunto de enunciados integrantes do sistema jurídico. 4. Os princípios jurídicos e a compreensão do direito. 5. O princípio da separação dos poderes. 6. A certeza do direito e outros valores que se compõem para realizar o sobreprincípio da segurança jurídica. 6.1. Princípio da irretroatividade das leis tributárias. 7. O art. 106, I, do Código Tributário Nacional e a retroatividade da lei interpretativa. 7.1. Requisitos para que se tenha uma lei "interpretativa". 7.2. A questão da retroatividade das "leis interpretativas". 8. O art. 3º da Lei Complementar nº 118/2005 e seus efeitos jurídicos. 8.1. Leis interpretativas, segurança jurídica e irretroatividade: inaplicabilidade do art. 106, I, do CTN, às disposições do art. 3º da Lei Complementar nº 118/2005. 9. Das respostas às indagações formuladas.

Tema III - A "DIGNIDADE DA PESSOA HUMANA" NA ORDEM JURÍDICA BRASILEIRA E O DIREITO TRIBUTÁRIO

Sumário: 1. Introdução e questionamentos preliminares. 2. A linguagem do direito constituindo a realidade jurídica. 3. Pessoa: os termos inicial e final da sua existência. 4 Os "princípios" e a compreensão do direito. 5. O princípio da dignidade da pessoa humana na Constituição da República de 1988. 6. A realização da dignidade da pessoa humana no subdomínio do direito tributário.7. As respostas aos questionamentos apontados.

Tema IV - A LIVRE INICIATIVA NO DIREITO TRIBUTÁRIO BRASILEIRO: Análise do artigo 116 do Código Tributário Nacional

Sumário: 1. Introdução. 2. Sistema jurídico e conceito de validade. 3. Interpretação dos fatos: delimitação do conteúdo de "fato puro", "fato econômico" e "fato jurídico". 4. Fato jurídico e "fato elisivo": adequação dogmática desses conceitos às premissas adotadas. 5. O sistema jurídico e os princípios ontológicos do direito. 6. O princípio da autonomia da vontade e da livre iniciativa. 7. A figura da simulação no direito positivo brasileiro. 8. Licitude da elisão fiscal. 9. Imprescindibilidade do elemento subjetivo "dolo" para configurar simulação ou fraude. 10. Conclusões e respostas às indagações formuladas.

Tema V- TRIBUTAÇÃO SOBRE "VENDAS DIRETAS" PELO INSS. Análise sobre a possibilidade do Instituto Nacional de Seguridade Social (INSS) exigir contribuição previdenciária de empresas de venda direta em relação aos valores que recebem de seus clientes (revendedoras autônomas)

Sumário: 1. Palavras introdutórias. 2. As contribuições destinadas ao financiamento da seguridade social na CR/88. 3. A regra-matriz de incidência tributária da contribuição para a seguridade social prevista no art. 195, inciso I, alínea "a", da Carta Magna. 3.1. O elemento "base de cálculo" do critério quantitativo da regra-matriz e suas implicações na formação do critério material. 3.2. A base de cálculo da contribuição da seguridade social – art. 195, I, "a". 3.3. O conceito de "prestação de serviços" no artigo 195, I, "a" da CR/88. 4. A atividade das empresas de venda direta e a inexistência de pagamento de salários ou de remuneração pela prestação de serviços. 5. Contribuição previdenciária incidente sobre a atividade do comerciante autônomo. 6. Amplitude do art. 194 da Constituição e a Emenda Constitucional nº 47/2005 – Reforma Previdenciária. 7. Os princípios da isonomia tributária, capacidade contributiva e equidade na participação do custeio. 8. Tributação e o livre exercício profissional. 9. Das respostas às indagações formuladas.

Tema VI - CONTROLE DE CONSTITUCIONALIDADE: Eficácia do Crédito-Prêmio do IPI em face da Resolução do Senado nº 71/2005

Sumário: 1. Introdução. 2. A interpretação do direito como construção de sentido. 3. Primazia constitucional. 4. Sobre a validade das normas jurídico-tributárias. 5. Controle de constitucionalidade das normas jurídicas. 6. A resolução do Senado no quadro dos veículos introdutores de normas. 7. O artigo 52, X, da Constituição, e o papel da resolução do Senado. 8. Distinção entre a norma emitida pelo Supremo quando declara a inconstitucionalidade de determinada lei no controle difuso e aquela expedida pelo Senado por intermédio de resolução. 9. A Resolução do Senado nº 71/2005 e seus efeitos quanto à eficácia do crédito-prêmio de IPI – eficácia sintática e semântico-pragmática. 10. Das respostas às indagações.

Tema VII - A ORDEM PROCESSUAL BRASILEIRA: Limites competenciais para a reforma das decisões administrativas tributárias

Sumário: 1. Introdução. 2. O procedimento administrativo e o controle de legalidade do lançamento. 3. Decisão administrativa irreformável como modo de extinção da obrigação tributária. 4. Os princípios da certeza do direito e da segurança jurídica: suas implicações na definitividade das decisões administrativas favoráveis ao contribuinte. 5. Impossibilidade de anulação das decisões administrativas irreformáveis, quando favoráveis ao contribuinte. 6. As condições da ação no direito positivo brasileiro. 7. Impossibilidade da União ingressar com ação judicial visando à anulação de decisão proferida pelo Conselho Administrativo de Recursos Fiscais. 8. Funções do Ministério Público. 9. Impossibilidade do Ministério Público ingressar com Ação Civil Pública visando à anulação de decisão proferida pelo Conselho Administrativo de Recursos Fiscais. 10. Das respostas às indagações.

Competência Tributária e Imunidade

Tema VIII - IMUNIDADES CONDICIONADAS E SUSPENSÃO DE IMUNIDADES: Análise dos requisitos do artigo 14 do Código Tributário Nacional impostos às instituições de educação sem fins lucrativos

Sumário: 1. Considerações iniciais. 2. O sistema constitucional brasileiro e a rígida discriminação das competências tributárias. 3. Noção de imunidade tributária. 4. Imunidades condicionadas. 4.1. As funções da lei complementar em matéria tributária. 4.2. Necessidade de lei complementar para a regulamentação das imunidades condicionadas. 5. Requisitos necessários ao reconhecimento formal da imunidade. 6. A imunidade das instituições de educação sem fins lucrativos. 6.1. O alcance do termo "instituição de educação sem fins lucrativos". 6.2. O significado da expressão "relacionados com as finalidades essenciais". 7. Análise pormenorizada dos requisitos constantes do art. 14 do Código Tributário Nacional. 8. As presunções no direito tributário e o ônus da prova do descumprimento dos requisitos do artigo 14 do CTN. 9. A irretroatividade dos atos administrativos de suspensão da imunidade. 10. Encaminhamento às questões levantadas.

Tema IX- PROGRAMAS DE MARKETING DE INCENTIVOS E COMPETÊNCIA TRIBUTÁRIA: Haveria a Fazenda Pública da União competência para tributar tais remunerações a título de contribuições previdenciárias?

Sumário: 1. Introdução ao tema. 2. Direito Tributário Positivo e de Ciência do Direito Tributário: o caráter unitário do sistema jurídico. 3. Tipologia tributária: natureza jurídico-tributária das contribuições. 4. Disciplina constitucional das contribuições previdenciárias. 4.1 A base de cálculo das contribuições previdenciárias. 4.2. Conteúdo semântico do termo "salário". 4.3. A definição do conceito de "remuneração" pelo serviço prestado. 5. Natureza jurídica do prêmio de incentivo e a impossibilidade de sua inclusão na base de cálculo de contribuições previdenciárias. 6. A regra-matriz de incidência do imposto sobre a renda. 6.1. Os critérios material e temporal da hipótese de incidência do imposto sobre a renda e sua relevância para caracterização do fato jurídico tributário. 6.2. Imposto sobre a renda retido na fonte como forma de antecipação do imposto devido pelo contribuinte 7. As características das relações que se estabelecem entre o contratante-patrocinador, a empresa de marketing de incentivo e o beneficiário. 8. O instituto da decadência no direito tributário brasileiro. 8.1. Prazo decadencial aplicável às contribuições previdenciárias. 9. Conclusões.

Tema X- CONCESSÃO DE SERVIÇO PÚBLICO E TARIFA MUNICIPAL DE ESGOTO. Análise da natureza jurídica da remuneração exigida pela prestação de serviço de coleta de esgoto por empresa concessionária de serviço público no sistema jurídico brasileiro

Sumário: 1. Aproximação metódica para determinação da "natureza jurídica" da remuneração do serviço de esgoto prestado pelo Município. 2. A expressão "natureza jurídica". 3. Definição do conceito de tributo. 4. Identificação das espécies tributárias. 5. Distinção entre taxa e tarifa. 5.1. Da "compulsoriedade" necessária à caracterização de tributo. 6. Fundamento constitucional da remuneração tarifária. 7. Definição do conceito de tarifa ou preço público. 7.1. A concessão de serviço público, a tarifa e o equilíbrio econômico-financeiro do contrato. 8. Posicionamento da jurisprudência e da doutrina sobre a "natureza jurídica" da cobrança relativa ao serviço de coleta de esgoto. 9. Das respostas às indagações.

Sanções Tributárias

Tema XI - CÚMULO DE MULTA ISOLADA E MULTA DE OFÍCIO. Estudo sobre as estruturas normativas e impossibilidade de cúmulo das multas isolada e de ofício, previstas na lei nº 9.430/96

Sumário: 1. Algumas palavras introdutórias e quesitos. 2. Sobre a interpretação do direito. 3. Regra-matriz do Imposto sobre a Renda e da Contribuição Social sobre o Lucro Líquido. 3.1. Critério material e base de cálculo do Imposto sobre a Renda da Pessoa Jurídica. 3.2. Critério material e base de cálculo da Contribuição Social sobre o Lucro Líquido. 3.3. Critério temporal do IRPJ e da CSLL. 4. Capacidade contributiva e a incidência do IRPJ e da CSLL. 5. Funções da base de cálculo e sua relevância na configuração da exigência tributária. 6. O recolhimento mensal por estimativa como forma de antecipação do IRPJ e da CSLL devidos ao final do ano-calendário. 7. Pressupostos para a aplicação de multa isolada aos contribuintes optante do regime de estimativa. 8. Algo sobre direito e coatividade. 8.1. Ato ilícito como pressuposto para aplicação de sanções tributárias. 9. Natureza jurídica e função das multas tributárias. 10. Inaplicabilidade de multa isolada quando as antecipações forem iguais ou superiores ao tributo apurado em 31 de dezembro. 11. As bases de cálculo das multas previstas no art. 44 da Lei nº 9.430/96. 12. Impossibilidade de cumulação da multa isolada à multa de ofício. 13. Comparativo entre a antiga e a atual redação do art. 44 da Lei nº 9.430/96, que disciplina a multa isolada. 13.1. Exposição de motivos como marcas da enunciação, referência à fonte material do direito positivo e importante elemento para interpretação do art. 44 da Lei nº 9.430/96, com redação dada pela Lei nº 11.488/07. 14. Das Respostas aos quesitos.

Tema XII - DESCUMPRIMENTO DE DEVER ALFANDEGÁRIO. Análise das sanções imputadas em virtude do descumprimento de dever alfandegário, previstas na Lei nº 10.833/03, formulação de denúncia espontânea e a incidência de tributos decorrente de subtração ilícita de mercadoria em pátio de terminal alfandegário

Sumário: 1. Breve introito e quesitos para orientar a pesquisa; 2. Algumas considerações sobre a complexidade da ordem tributária brasileira; 3. Os "princípios jurídicos" e a compreensão do Direito; 3.1. Princípios-valores e princípios que são limites objetivos; 4. O princípio da isonomia na tributação; 5. Sanções tributárias em face dos princípios da isonomia e da proporcionalidade; 6. A estrutura das normas jurídicas; 6.1. Hipótese e a conseqüência normativa: sujeição ao limite ontológico da possibilidade; 7. Ambiguidade do termo "sanção" e suas espécies na esfera tributária; 8. A fenomenologia da incidência e o necessário quadramento do fato à norma jurídica; 9. A infração como hipótese normativa das normas sancionatórias; 9.1. Infrações tributárias objetivas e subjetivas; 10. Denúncia espontânea e exclusão da penalidade; 10.1. Exclusão da responsabilidade em virtude de denúncia espontânea na experiência do Conselho de Contribuintes; 10.2. Exclusão da responsabilidade e caso fortuito; 11. Procedimento administrativo e controle de legalidade dos atos de aplicação de sanções; 12. Respostas aos quesitos propostos.

LIVRO II
Tributos Federais

Tema XIII - AS OPERAÇÕES DE "FACTORING" E O IMPOSTO SOBRE OPERAÇÕES FINANCEIRAS

Sumário: 1. Metodologia de aproximação. 2. Operações de "factoring" – características e natureza. 3. Princípios gerais de direito privado – algumas regras de interpretação. 4. O conceito de tributo e sua natureza. 5. Subsunção do conceito do fato ao conceito da norma. 6. Dos Impostos sobre Operações Financeiras – IOF: sua hipótese de incidência. 7. As operações de "factoring" e o critério material do imposto sobre operações financeiras. 8. Conclusões.

Tema XIV - PREÇOS DE TRANSFERÊNCIA NO DIREITO TRIBUTÁRIO BRASILEIRO

Sumário: 1. Anotações introdutórias sobre preços de transferência e arm's length. 2. A Convenção Modelo da OCDE e sua influência na legislação brasileira. 3. Princípio arm's length e preços de transferência. 4. Métodos para apuração de transações arm's length. 5. Método do custo de produção mais lucro – CPL. 6. Método do preço de revenda menos lucro – PRL. 7. Método dos preços independentes comparados – PIC. 7.1. Similaridade dos bens negociados. 8. Impossibilidade do uso de dados e informações privilegiadas do Fisco na fixação dos preços e custos médios. 9. Aplicação do método segundo análise produto-a-produto e o basket approach. 10. Conclusões.

Tema XV - REORGANIZAÇÃO SOCIETÁRIA EM FACE DAS HIPÓTESES DE INCIDÊNCIA DO PIS E DA COFINS. Análise de hipótese de transferência de

bens dos ativos operacionais de uma empresa para a formação do capital de suas subsidiárias

Sumário: 1. Considerações propedêuticas. 2. Evolução legislativa da contribuição para o PIS e da COFINS. 3. Tipologia da contribuição ao PIS e da COFINS. 3.1. Critério material da hipótese de incidência da contribuição ao PIS e da COFINS. 3.2. Base de cálculo da contribuição ao PIS e da COFINS. 4. Isenção tributária e exclusão das receitas não-operacionais decorrentes da venda de bens do ativo imobilizado. 5. Direito aos créditos de PIS e COFINS. 5.1. Vedações a créditos. 6. Operações que envolvem ativos fixos operacionais e a relação de direito ao crédito. 7. A não-cumulatividade da contribuição ao PIS e da COFINS em face do art. 195, § 12, da Constituição da República. 7.1. A não-cumulatividade como princípio constitucional: limite objetivo que se preordena à realização de um valor. 7.2. Conteúdo mínimo de significação do "princípio da não-cumulatividade". 7.3. O fenômeno da isenção em face dos tributos não-cumulativos. 8. A linguagem do legislador e a interpretação do preceito constante do art. 3°, § 2°, II, das Leis n°s 10.637/02 e 10.833/03, introduzido pela Lei n° 10.865/04. 9. A disciplina da transferência de bens dos ativos no direito brasileiro. 10. Respostas às indagações formuladas.

Tributos Estaduais

Tema XVI- ICMS-COMUNICAÇÃO. Tributação do comércio eletrônico audiovisual

Sumário: 1. Preâmbulo. 2. Repartição constitucional das competências tributárias como indicadora do campo possível para a incidência tributária. 3. O âmbito de incidência do ISSC, consoante a previsão constitucional. 3.1. Conteúdo semântico do vocábulo "comunicação". 3.2. "Comunicação" e "prestação de serviços de comunicação": realidades distintas. 3.3. Conclusões acerca da materialidade do ISSC. 4. Faixa de incidência do ISS, segundo a previsão constitucional. 5. Modelo constitucional do Imposto Sobre Operações Relativas à Circulação de Mercadorias – ICM. 6. A atividade de transmissão de sons e imagens pela Internet (streaming sound and video) e a não incidência do ISSC e do ISS. 7. A atividade de reprodução, pelo consumidor, em seu próprio equipamento informático, dos dados fornecidos no site da transmissora de imagens e sons - download e a impossibilidade lógica de incidência do ICM.

Tema XVII- "CRÉDITO DE ICMS" E "CRÉDITO DE INDÉBITO TRIBUTÁRIO". Consequências jurídicas desta distinção

Sumário: 1. Proêmio. 2. Algumas palavras sobre o conceito de "relação jurídica". 2.1. Relação jurídica tributária e relação de débito da Fazenda Pública. 3. O princípio constitucional da não-cumulatividade e o crédito de ICMS. 4. Pagamento de tributo indevido ou a maior e o crédito dele decorrente. 5. Direito à restituição do valor indevidamente pago a título de tributo. 6. Possibilidades teóricas de extinção das relações jurídicas. 6.1. A compensação tributária no cálculo das relações: forma extintiva da obrigação tributária e do débito da Fazenda Pública. 7. A norma geral e abstrata da compensação tributária envolvendo créditos decorrentes de pagamento indevido. 7.1. Requisitos para que se opere a compensação de crédito originado pelo pagamento indevido a título de tributo. 8. Distinção entre "créditos de ICMS" e "créditos de indébito tributário". 9. Correção monetária dos créditos de indébito tributário. 10. Das respostas às indagações.

Tema XVIII - ICMS IMPORTAÇÃO. Análise segundo as formas de importação "por conta própria" ou "por conta e ordem de terceiro"

Sumário: 1. Introdução. 2. ICMS incidente na "realização de operações de importação de bens": seus critérios material e temporal. 3. Critérios pessoal ativo e pessoal passivo do ICMS incidente sobre operações de importação de bens. 3.1. Considerações adicionais sobre a pessoa política titular da capacidade tributária ativa no ICMS-importação. 4. A interpretação do art. 11, I, d, da Lei Complementar nº 87/96. 5. A incidência tributária e o "tipo estrutural". 6. O princípio da autonomia da vontade e da livre iniciativa. 7. Critérios distintivos entre "importação por conta própria" e "importação por conta e ordem de terceiro". 8. Proposições conclusivas.

Tema XIX- IPVA e alienação fiduciária: análise da sujeição passiva do imposto em contratos de alienação fiduciária

Sumário: 1. Introdução e questões que devem orientar o estudo. 2. O sistema constitucional brasileiro e a rígida discriminação das competências tributárias. 3. Fenomenologia da incidência tributária e o necessário quadramento do fato à norma jurídica. 4. A regra-matriz de incidência tributária. 4.1. Arquétipo constitucional da regra-matriz de incidência tributária do IPVA. 5. O fenômeno do conhecimento e sua relação com o "nome" das coisas. 5.1. A expressão "natureza jurídica". 5.2. A interpretação dos vocábulos empregados pelo legislador. 6. Propriedade – aproximação do conceito. 6.1. Anotações sobre os conceitos jurídicos de "domínio" e "posse": sua relação com a "propriedade". 7. Natureza jurídica da "alienação fiduciária" e da "propriedade fiduciária". 8. Função da contabilidade no quadro das imposições tributárias. 9. Identificação do sujeito passivo tributário e sua relação com o princípio da capacidade contributiva. 10. Critério espacial do IPVA. 11. Das Respostas aos Quesitos.

Tema XX - Critério espacial e sujeição ativa no ICMS incidente nas atividades de TV por assinatura

Sumário: 1. Objeto do texto. 2. Integridade lógico-semântica do direito positivo: noção imprescindível para a construção de sentido. 3. O princípio da hierarquia como autêntico axioma dos sistemas normativos. 4. A repartição constitucional das competências tributárias como delimitadora do campo de atuação de cada pessoa política. 5. Atribuições e limites das "normas gerais de direito tributário". 6. Regra-matriz de incidência tributária. 7. O âmbito de incidência do ICMS relativo aos serviços de comunicação consoante a previsão constitucional. 8. Características e competências das agências reguladoras no direito brasileiro. 8.1. A espécie de atividade desempenhada pelas empresas de TV por assinatura: serviço não medido. 9. Base de cálculo do ICMS-comunicação. 10. Territorialidade e limites espaciais à competência tributária. 11. Critério espacial do ICMS-comunicação e sua relação com a base de cálculo do tributo. 12. Sujeito ativo do ICMS-comunicação relativo a serviços não medidos. 13. Conclusões.

Tributos Municipais

Tema XXI - TRIBUTAÇÃO SOBRE A PROPRIEDADE DE BEM IMÓVEL. Algumas considerações sobre as regras-matrizes do IPTU e do ITR

Sumário: 1. Introdução. 2. A regra-matriz de incidência tributária. 3. O modelo constitucional das regras-matrizes do IPTU e do ITR. 3.1. Âmbito competencial da União: regra-matriz do ITR. 3.2. Delimitação da competência tributária dos Municípios: a regra-matriz do IPTU. 3.3.Considerações adicionais sobre a distinção entre os campos de incidência do ITR e do IPTU. 4. Caracteres inerentes ao "imóvel rural" e ao "imóvel urbano". 5. Das respostas às indagações formuladas.

Tema XXII - IMPOSTO SOBRE SERVIÇOS DE QUALQUER NATUREZA. Delimitação dos serviços tributáveis pelos municípios

Sumário: 1. Introdução. 2. Elementos constitucionais para fundamentar a regra-matriz do ISS. 2.1. Critério material da regra-matriz do ISS e o conceito constitucional de serviço tributável. 3. Lista de Serviços – Decreto-lei n° 406/68, Lei Complementar n° 56/87 e Lei Complementar n° 116/2003. 3.1. Relevância da lei complementar na delimitação do serviço tributável: critério material do ISS. 4. A determinação constante do art. 110 do Código Tributário Nacional. 5. O subsistema constitucional tributário, os princípios da estrita legalidade, tipicidade e da vinculabilidade da tributação. 5.1. A excepcional possibilidade de lei complementar disciplinar a isenção de imposto municipal. 6. A isenção instituída pela Lei Complementar n° 116/2003. 7. Exportação de serviços. 7.1. Serviço tributável e resultado do serviço: a dicotomia "processo – produto". 8. Proposições finais.

Tema XXIII- IMPOSTO DE TRANSMISSÃO DE BENS IMÓVEIS. Nos casos de cisão e venda de ações

Sumário: 1. Introdução. 2. Noção de imunidade tributária. 3. Imunidades tributárias relativas ao ITBI. 4. Da regra-matriz de incidência tributária do ITBI. 5. Exemplo prático: a disciplina jurídica dos Municípios de Cachoeira Dourada, Estado de Goiás, e Cachoeira Dourada, Estado de Minas Gerais, relativamente ao fato jurídico tributário do ITBI. 6. A classificação das ações como bens móveis. 7. Não-incidência do ITBI sobre a venda de ações. 8. A fenomenologia da incidência jurídico-tributária e a inocorrência do fato imponível do ITBI.

Tema XXIV. SERVIÇOS NOTARIAIS E DE REGISTROS PÚBLICOS. A questão jurídico-tributária concernente à cobrança do Imposto sobre Serviços de Qualquer Natureza (ISS) dos prestadores de serviços notariais e de registros públicos

Sumário: 1. Para efeitos de introdução. 2. A faixa de incidência do ISS, segundo a previsão constitucional. 3. O Decreto-lei n° 406/68 e a Lei Complementar n° 116/03. 4. A necessária incompatibilidade entre normas para caracterizar a "revogação tácita". 5. Os serviços notariais e de registros públicos, em termos de evolução legislativa. 6. Inocorrência de revogação do art. 9º, § 1º, do Decreto-lei nº 406/68. 7. A finalidade do tratamento diferenciado conferido ao prestador de serviços na forma de trabalho pessoal do contribuinte. 8. O caráter pessoal dos serviços prestados pelos notários e oficiais de registro público. 9. A base de cálculo na tributação dos serviços prestados pelos notários e oficiais de registro. 10. Das respostas às indagações formuladas.

LIVRO III
Sujeição Passiva

Tema XXV - RESPONSABILIDADE TRIBUTÁRIA POR GRUPO ECONÔMICO

Sumário: 1. Introdução. 2. O princípio da legalidade como norma jurídica que orienta a atuação do aplicador do direito e a metodologia adotada. 3. Pressupostos, regime jurídico e critérios de definição das Medidas Cautelares. 4. Medida Cautelar Fiscal: requisitos para propositura e o alcance de seus efeitos. 4.1. O processo de positivação do direito e os termos constitutivos do crédito tributário. 5. O princípio do devido processo legal e a impropriedade de utilização de Medida Cautelar Fiscal para atribuição de responsabilidade a terceiros. 6. A identificação do sujeito passivo e a figura da responsabilidade tributária. 7. A linguagem do direito constituindo a realidade jurídica. 7.1. Personalidade: uma das criações do direito positivo. 7.2. Pessoa jurídica: os termos inicial e final de sua existência. 7.3. Princípio da autonomia da pessoa jurídica. 8. Grupo econômico: a necessidade da "influência dominante". 8.1. Inexistência de "grupo econômico familiar". 9. Posição jurisprudencial relativa à responsabilidade tributária das empresas que integram grupos econômicos. 9.1. Solidariedade na sujeição passiva: inexistência de "interesse comum" entre empresas do mesmo grupo econômico. 9.2. Inexistência de previsão legal que estipule solidariedade passiva tributária entre empresas do mesmo grupo econômico. 10. A responsabilidade tributária dos terceiros e os requisitos para sua atribuição aos sócios. 11. Requisitos para a desconsideração da personalidade jurídica, para fins de atribuir responsabilidade pelo pagamento de débitos tributários. 11.1. Do desvio de finalidade. 11.2. Da confusão patrimonial. 11.3. Da comprovação da prática de ato doloso. 12. O instituto da prescrição e a estabilização das relações jurídicas. 12.1. O termo inicial da prescrição para o redirecionamento de Execução Fiscal. 13. Conclusões.

Tema XXVI - RESPONSABILIDADE POR SUCESSÃO DECORRENTE DE CISÃO

Sumário: 1. Considerações iniciais. 2. Personalidade: uma das criações do direito positivo. 3. Pessoa jurídica: os termos inicial e final da sua existência. 4. Princípio da autonomia da pessoa jurídica. 5. Impossibilidade de se confundir "pessoa jurídica" e "entidade contábil". 6. A identificação do sujeito passivo tributário. 7. A responsabilidade tributária dos sucessores. 7.1. Impossibilidade de transferência das penalidades fiscais aos responsáveis tributários por sucessão. 8. Respostas às indagações formuladas.

Tema XXVII- DIFERIMENTO, SOLIDARIEDADE E RESPONSABILIDADE TRIBUTÁRIA. Análise dos contratos de venda de mercadoria sob cláusula FOB

Sumário: 1. Introdução ao tema. 2. Critério material do ICMS – conteúdo semântico da locução "realizar operações relativas à circulação de mercadorias". 2.1. Irrelevância da circulação física das mercadorias e admissibilidade jurídica da cláusula FOB (free on board) 3. O sujeito passivo e a figura da "substituição tributária". 4. Natureza jurídica do diferimento. 4.1. Forma de instituição do diferimento. 5. Sujeição passiva tributária, solidariedade e responsabilidade subsidiária. 6. A responsabilidade tributária pela prática de ilícitos e suas limitações. 7. Das respostas às indagações.

Tema XXVIII - RESPONSABILIDADE CIVIL E A FIGURA JURÍDICA DA "INDENIZAÇÃO" EM DIREITO TRIBUTÁRIO. Análise da natureza jurídica e da constitucionalidade do "ressarcimento ao SUS", segundo ditames da Lei nº 9.656/1998

Sumário: 1. Introdução. 2. A relação jurídica como instrumento de ordenação das condutas. 3. Diferencial semântico entre "obrigação tributária" e "relação jurídica indenizatória". 4. Responsabilidade civil e a figura jurídica da "indenização". 4.1. Direito à reparação patrimonial na hipótese de enriquecimento sem causa. 5. Natureza jurídica do "ressarcimento ao SUS". 6. Natureza e características dos "Planos de Assistência à Saúde". 7. Inexistência de vedação constitucional do "ressarcimento ao SUS". 8. A autorização constante do art. 198 da Constituição da República. 9. Inexistência de violação ao princípio da legalidade. 10. Inexistência de irregularidades no procedimento de cobrança. 11. Inexistência de afronta ao princípio do acesso isonômico ao SUS. 12. Das respostas às indagações.

Tema XXIX- SUBSTITUIÇÃO TRIBUTÁRIA NO ICMS. Interpretação conforme a Lei Complementar nº 87/1996 e o Convênio ICMS nº 45/1999

Sumário: 1. Introdução. 2. O modelo constitucional da regra-matriz do ICMS: a necessária relação entre o critério material e a base de cálculo. 3. ICMS – princípio da solidariedade nacional, da equiponderância ou homogeneidade de sua incidência. 4. A função dos "Convênios" na disciplina jurídica do ICMS. 5. Prescrições da Lei Complementar nº 87/1996 concernentes à substituição tributária no ICMS. 6. Requisitos para a instituição do regime de substituição tributária nas operações interestaduais. 7. O Convênio ICMS nº 45/1999. 8. Das respostas às indagações.

Tema XXX - RESPONSABILIDADE POR SUCESSÃO DECORRENTE DE INCORPORAÇÃO DE INSTITUIÇÕES FINANCEIRAS

Sumário: 1. Palavras introdutórias. 2. Sociedade anônima dependente de autorização do Governo: disciplina jurídica de sua constituição, alteração e extinção. 3. O princípio da autonomia da vontade e as incorporações societárias. 4. Incorporação de instituições financeiras. 5. Efeitos da realização da condição e o problema da retroatividade. 6. Efeitos da verificação da condição nas incorporações de instituições financeiras. 7. Instante em que se verifica a incorporação. 8. Sujeição passiva indireta e a Responsabilidade tributária dos sucessores. 9. Impossibilidade de transferência das penalidades fiscais aos responsáveis tributários por sucessão. 10. Fraude e exigência de prova de "dolo". 11. Irrelevância da data de lavratura do auto de infração, para fins de responsabilidade tributária por sucessão. 12. Hipótese de Lavratura do AIIM em momento posterior à incorporação. 13. Das respostas às indagações formuladas.

Procedimento e Processo Tributário

Tema XXXI - AS DECISÕES DO CARF E A EXTINÇÃO DO CRÉDITO TRIBUTÁRIO

Sumário: 1. Considerações introdutórias. 2. O primado da certeza do direito e a importância do intérprete na compreensão dos textos jurídicos. 3. O surgimento do crédito tributário e o papel do lançamento. 4. O procedimento administrativo e o controle de legalidade do lançamento. 5. Decisão administrativa irreformável como modo de extinção da obrigação tributária. 6. As condições da ação no direito positivo brasileiro e os requisitos para o processamento de Ação Popular. 7. Respostas aos quesitos.

Tema XXXII - O PROCEDIMENTO ADMINISTRATIVO TRIBUTÁRIO E O ATO JURÍDICO DO LANÇAMENTO

Sumário: 1. Introdução. 2. A tipicidade e a vinculabilidade da tributação. 3. O ato jurídico administrativo do lançamento. 4. Validade do ato administrativo de lançamento tributário. 5. A importância da motivação do ato administrativo de lançamento. 6. Atributos do ato jurídico administrativo do lançamento. 6.1. O auto de infração e imposição de multa como instrumento de lançamento. 6.2. A definitividade do lançamento. 7. Alterabilidade do lançamento tributário. 8. Conclusão.

Tema XXXIII- MEDIDA LIMINAR CONCEDIDA EM MANDADO DE SEGURANÇA. Direito processual tributário e certeza do direito

Sumário: 1. Sobre o direito processual tributário. 2. Direito positivo: conceito e delimitação. 3. Vigência e aplicação das normas jurídicas tributárias. 4. A aplicação do direito e o princípio da irretroatividade. 5. Sobre a norma individual e concreta que documenta a incidência. 6. A suspensão da exigibilidade do crédito tributário. 7. As hipóteses do artigo 151 da Lei nº 5.172/1966. 8. A medida liminar concedida em mandado de segurança. 9. Tutela jurisdicional e suas modalidades. 9.1. Peculiaridades da tutela mandamental. 10. Efeitos da decisão proferida em mandado de segurança. 11. Instrumentalidade do provimento cautelar. 12. Conclusões.

Tema XXXIV - SEGURANÇA JURÍDICA E MODULAÇÃO DOS EFEITOS

Sumário: 1. Palavras introdutórias. 2. Núcleo semântico do sobreprincípio da segurança jurídica. 3. O primado da segurança jurídica no tempo. 4. Aplicação prospectiva de conteúdos decisórios e a modulação dos efeitos de decisões jurisdicionais. 5. Retroatividade como desvalor perante a estrutura do sistema jurídico brasileiro. 6. Conclusão.

Deveres Instrumentais

Tema XXXV- CERTIDÃO NEGATIVA DE DÉBITO. Inexigibilidade de CND para fins de registro da compra e venda de bem imóvel

Sumário: 1. Introdução. 2. Propriedade: aproximação do conceito e modo pelo qual se opera sua aquisição no caso de bem imóvel. 3. Garantias do crédito tributário e os limites da presunção de fraude na alienação de bens. 4. Certidão negativa de débitos: sua função e requisitos de exigibilidade. 5. A inexigibilidade de CND para fins de registro da compra e venda de bem imóvel. 5.1. Implicações no âmbito do direito tributário. 5.2. Implicações na esfera civil. 6. Hipóteses de dispensa legal da apresentação da CND. 7. Respostas às indagações formuladas.

Tema XXXVI - DEVERES INSTRUMENTAIS E PROVA NO CRÉDITO-PRÊMIO DE IPI. Identificação dos documentos competentes para atestar a efetiva realização de operações de exportação, com o fim específico de reconhecimento e aproveitamento do crédito-prêmio de IPI

Sumário: 1. Conhecimento – o caráter constitutivo da linguagem. 2. A constituição do "fato". 2.1. O fato jurídico. 3. Breve panorama das normas que regulam o "crédito-prêmio de IPI" e os requisitos para o seu aproveitamento. 4. Constitucionalidade e recepção dos Decretos-lei n°s 491/1969, 1.248/1972 e 1.894/1981 e a injuridicidade do Ato Declaratório n° 31/1999. 5. Hierarquia entre normas na disciplina da produção de provas. 5.1. Instrumentos introdutórios de normas jurídicas no direito brasileiro – instrumentos primários e secundários. 5.2. A linguagem exigida pelo ordenamento jurídico para constituição do crédito-prêmio de IPI – ilegalidade das restrições introduzidas por instrumentos secundários. 6. Da conclusão.

Tema XXXVII -ICMS SOBRE A VENDA DE BENS DO ATIVO FIXO. Apreciação sobre a competência tributária dos Estados e do Distrito Federal para exigirem ICMS com base na venda de bens do ativo fixo, assim como o cumprimento dos correspondentes deveres instrumentais

Sumário: 1. Introdução. 2. O modelo constitucional da regra-matriz do ICMS. 3. Critério material da regra-matriz do ICMS. 3.1. O sentido dos vocábulos "operações" e "circulação". 3.2. A importante função da palavra "mercadorias". 4. A base de cálculo do ICMS. 5. O sujeito passivo da relação jurídica de ICMS. 5.1. Contribuinte do ICMS, segundo a Lei Complementar n° 87/1996. 6. A determinação constante do art. 110 do Código Tributário Nacional. 7. A atividade das empresas locadoras de veículos e a tributação pelo ICMS. 8. Das respostas às indagações.

Tema XXXVIII- OS DEVERES INSTRUMENTAIS NO ICMS-TRANSPORTE. Entendimento segundo as conjunturas da prestação de serviços de courier

Sumário: 1. Introdução. 2. ICMS e tributação sobre prestação de serviços de transporte. 3. Limites do conceito "operação de transporte" nos contratos complexos. 4. O "transbordo" e a aplicação da teoria das relações ao ICMS transporte. 5. Deveres instrumentais na conformação do ICMS-transporte na atividade de prestação de serviço de courier. 6. Das respostas às indagações formuladas.

ÍNDICE ONOMÁSTICO[120]

A

ALVIM NETTO, José Manoel de Arruda – 148/L.I; 221/L.III

ARISTÓTELES – 244/L.I

ATALIBA, Geraldo – 172/L.I; 247/L.I; 328/LI; 90/L.II; 189/L.II; 251/L.II; 319/L.II; 130; 131/L.III

B

BALEEIRO, Aliomar – 140/L.I; 183/L.I

BARRETO, Aires F. – 186/L.I; 211/L.I; 259/L.II

BARRETO, Paulo Ayres – 186/L.I; 40/L.II

BASTOS, Celso Ribeiro – 122/L.I

BECKER, Alfredo Augusto – 120/L.I; 285/L.I; 19/L.II; 174/L.II; 268/L.II

---

120. Página/volume

BEDAQUE, José Roberto dos Santos – 266/L.III

BOBBIO, Norberto – 314/L.I; 338/L.I; 253/L.III

BONILHA, Paulo Celso Bergstron – 344/L.III

BORGES, José Souto Maior – 21/L.I; 172/L.I;

BREDA, Michael F. Van – 78/L.III

BULGARELLI, Waldirio – 14/L.II; 27/L.II; 176/L.III

C

CANTO, Gilberto de Ulhôa – 28/L.II

CAMPOS, Fortunato Bassani – 44/L.II; 49/L.II

CARNEIRO, Jerson – 120/L.I

CARNELUTTI, Francesco – 124;269/L.III

CARVALHO, Paulo de Barros – 120/L.I; 179/L.I; 203/L.II

CARRAZZA, Roque Antonio – 35/L.I; 37; 38/L.III

CAVALCANTI, Temístocles Brandão – 300/L.I; 110/L.III

CINTRA, Antônio Carlos de Araújo – 23/L.III

CHIESA, Clélio – 187/L.I

CHIOVENDA, Giuseppe – 265/L.III

COELHO, Fábio Ulhoa – 175/L.III

COELHO NETTO, J. Teixeira – 104/L.II

COÊLHO, Sacha Calmon Navarro – 142/L.I; 253/L.II; 346/L.II

COSSIO, Carlos – 297/L.I; 339/L.I; 252; 253/L.III

COVIELLO, Nicolas – 178/L.III

D

DANTAS, San Tiago – 54/L.I;

DERZI, Misabel Abreu Machado – 183/L.I

DI PIETRO, Maria Sylvia Zanella – 310/L.III

DINAMARCO, Cândido Rangel – 148/L.I; 155/L.I; 23; 221; 289; 290/L.III

DINIZ, Maria Helena – 11/L.II; 212/L.II; 372/L.II; 59; 126; 127; 376/L.III

DONNINI, Rogério – 37; 38/L.III

DUROZOI, Gérard – 103/L.II

E

ECO, Umberto – 9/L.I; 103/L.II

F

FAGUNDES, Miguel Seabra – 139/L.I; 355/L.I; 215/L.III

FALCÃO, Amilcar de Araújo – 74/L.I; 373/L.III

FERRAGUT, Maria Rita – 84/L.I;

FERRAZ JR, Tercio Sampaio – 6/L.I; 19/L.I; 37; 38; 329/L.III

FIGUEIREDO, Lúcia Valle – 264/L.II

G

GAMA, Tácio Lacerda – 173/L.I

GHIGLIANI, Alejandro – 244/L.I; 201/L.II

GOMES, Nuno Sá – 42/L.I

GOMES, Orlando – 178/L.III

GONÇALVES, José Artur Lima – 222/L.I; 278/L.I

GORDILLO, Agustín – 336/L.I; 311/L.III

GRINOVER, Ada Pellegrini – 156/L.I; 23/L.III

GUARINONI, Ricardo – 244/L.I; 201/L.II

GUIBOURG, Ricardo -244/L.I; 201/L.II

H

HABERMAS, Jürgen – 201/L.II

HARET, Florence – 120/L.I

HEIDDEGER, Martin – 327/L.III

HENDRIKSEN, Eldon S. – 78/L.III

HOFFMANN, Suzy Gomes – 346/L.III

HUSSERL, Edmund – 8/L.I; 31/L.I; 201/L.II; 244/L.II

I

IUDÍCIBUS, Sérgio de – 79/L.III

J

JAKOBSON, Roman – 103/L.II

JUSTEN FILHO, Marçal – 254/L.I; 110/L.II; 185/L.III

K

KAFKA, Franz – 237/L.III

KANT, Immanuel – 187/L.II

KELSEN, Hans – 15/L.I; 25/L.I; 52/L.I; 329/L.I; 247/L.II; 271/L.II; 31; 73; 209; 210; 224; 252; 305; 340/L.III

L

LACERDA, Galeno – 269/L.III

LINS, Robson Maia – 125/L.I

M

MAIA, Mary Elbe Gomes Queiroz – 242/L.III

MARTINS, Ives Gandra da Silva – 142/L.I; 152/L.I

MAXIMILIANO, Carlos – 43/L.I; 273/L.I; 282/L.II; 375/L.II

MEDAUAR, Odete – 23; 312/L.III

MELLO, Celso Antônio Bandeira de – 257/L.I; 263/L.II; 387/L.II; 111; 142; 234; 237; 241/L.III

MELLO, Marcos Bernardes de – 80/L.I;

MELLO, Oswaldo Aranha Bandeira de – 260/L.I; 319/L.II; 155/L.III

MENDONÇA, José Xavier Carvalho de – 29/L.II; 34; 76/L.III

MIRANDA FILHO, Aloysio Meirelles de – 28/L.II

MIRANDA, Francisco Cavalcanti Pontes de – 49/L.I; 52/L.I; 213/L.II; 214/L.II; 223/L.II; 205; 300; 381/L.III

MORAES, Bernardo Ribeiro de – 389/L.II

MORCHÓN, Gregorio Robles – 331/L.II

MOREIRA, José Carlos Barbosa Moreira– 12/L.III

N

NASCIMENTO, Amauri Mascaro – 209/L.I; 213/L.I

P

PEDREIRA, José Bulhões – 280/L.I

PEREIRA, Caio Mário da Silva – 12/L.II; 355/L.II; 33; 76/L.III

R

RÁO, Vicente – 374/L.II

REALE, Miguel – 217/L.II

ROCHA, Valdir de Oliveira – 52/L.II

ROSS, Alf - 296/L.I; 86/L.II; 187/L.II

ROUSSEAU, Jean-Jacques – 37/L.I; 21/L.III

ROUSSEL, André – 103/L.II

S

SANTOS, Claudio – 25/L.II

SCHOUERI, Luís Eduardo – 190/L.I; 41/L.II; 52/L.II

SEIFFERT, Helmut – 383/L.III

SILVA, José Afonso da – 16/L.I

SILVA, Ovídio A. Baptista da – 267/L.III

SOUSA, Rubens Gomes de – 222/L.I; 281/L.I; 98; 178; 184; 186/L.III

SUNDFELD, Carlos Ari – 53/L.I; 73/L.III

SUSSEKIND, Arnaldo – 212/L.I

T

TORRES, Heleno Taveira – 144/L.I; 51/L.II

U

UTUMI, Ana Cláudia – 51/L.II

V

VILANOVA, Lourival – 22/L.I; 33/L.I; 35/L.I; 340/L.I; 105/L.II; 222/L.II; 223/L.II; 281/L.II; 312/L.II; 205; 252; 261/L.III

VILLEGAS, Hector – 185/L.III

W

WARAT, Luís Alberto– 86/L.II; 187/L.II

WITTGENSTEIN, Ludwig – 198/L.II; 326/L.III

X

XAVIER, Alberto – 147/L.I; 149/L.I; 90/L.II; 217/L.III

ÍNDICE REMISSIVO[121]

A

Ação Civil Pública – tema VII (L.I)

Ação Popular – tema XXXI (L.III)

Ações tributárias - tema XXIII (L.II); tema XXXIII (L.III)

Agências reguladoras - tema XX (L.II)

Auto de infração – tema XXX (L.III); tema XXXII (L.III)

Alienação de bens – tema XXXV (L.III)

Alienação fiduciária - tema XIX (L.II)

Ativo imobilizado – tema XV (L.II); tema XXXVII (L.III)

Ato administrativo - tema XXXI (L.III); tema XXXII (L.III)

Ato jurídico – tema XXXII (L.III)

---

121. Tema/volume

B

Base de cálculo – tema V (L.I); tema XI (L.I); tema XV (L.II); tema XX (L.II); tema XXIV (L.II); tema XXIX (L.III); tema XXXII (L.III); tema XXXVII (L.III); tema XXXVIII (L.III)

Bem móvel - tema XXIII (L.II); tema XXXVII (L.III); tema XXVIII (L.III)

Bem imóvel - tema XXI (L.II); tema XXIII (L.II); tema XXVI (L.III); tema XXVIII (L.III); tema XXXV (L.III)

Boa-fé - tema XXVI (L.III); tema XXVIII (L.III)

Banco Central – tema XIII (L.II); tema XXX (L.III)

Benefício fiscal - tema XXIX (L.III)

C

CARF - Conselho Administrativo de Recursos Fiscais – tema VII (L.I); tema XII (L.I); tema XXXI (L.III)

Certeza do direito - tema II (L.I); tema VII (L.I); tema XXXI (L. III); tema XXXII (L.III); tema XXXIII (L. III); tema XXXIV (L.III)

Certidão negativa de débito – tema XXXV (L.III)

Ciência do Direito – tema IX (L.I); tema XXV (L.III); tema XXXIII (L.III)

Cláusula Fob – tema XXVII (L.III)

Coatividade – tema XI (L.I)

COFINS – tema XV (L.II)

Código Tributário Nacional – tema VIII (L.I); tema XX (L.II); tema XXII (L.II); tema XXIX (L.III)

Comerciante autônomo – tema V (L.I)

Comércio eletrônico – tema XVI (L.II)

Compensação tributária – tema XVII (L.II)

Competência tributária – temas VIII a X (L.I); tema XVI (L.II); tema XIX (L.II); tema XX (L.II); tema XXI (L.II); tema XXII (L.II); tema XXIV (L.II); tema XXXIV (L.III); tema XXXVI (L.III)

Compreensão – Introdução (L.I); tema II (L.I); tema III (L.I); tema XII (L.I)

Comunicação – tema XVI (L.II), tema XX (L.II)

Concessão de serviço público – tema X (L.I)

Concessionária de serviço público – tema X (L.I)

Condições da ação – tema VII (L.I); tema XXXI (L.III)

Conhecimento - tema II (L.I); tema XIX (L.II); tema XXXI (L.III); tema XXXV (L.III); tema XXXVI (L.III)

Confusão patrimonial – tema XXV (L.III)

Consequente normativo – tema XVIII (L. II); tema V (L.I); tema IX (L.I); tema XI (L.I); tema XX (L.II); tema XXI (L.II); tema XXII (L.II); tema XXIII (L.II); tema XXIX (L.III); tema XXXI (L.III); tema XXXII (L.III); tema XXXVII (L.III)

Constituição da República de 1988 – temas I a VII (L.I); tema VIII (L.I); tema IX (L.I); tema X (L.I); tema XII (L.I); tema XIX (L.II); tema XXII (L.II); tema XXV (L.III); tema XXXII (L.III); tema XXXIV (L.III); tema XXXV (L.III); tema XXXVI (L.III)

Contabilidade – tema XIX (L.II)

Contexto – tema I (L.I)

Contribuição social – tema XXVIII (L.III)

Contribuição previdenciária – tema V (L.I); tema IX (L.I)

Contribuinte – tema XXV (L.III), tema XXVI (L.III); tema XXX (L.III); tema XXXI (L.III)

Controle de constitucionalidade – tema VI (L.I)

Convenção Modelo da OCDE - tema XIV (L.II)

Convênio ICMS - tema XXIX (L.III)

Correção monetária - tema XVII (L.II)

Crédito de COFINS – tema XV (L.II)

Crédito de ICMS - tema XVII (L.II)

Crédito de indébito tributário - tema XVII (L.II)

Crédito de PIS – tema XV (L.II)

Crédito-prêmio do IPI – tema VI (L.I); tema XXXVI (L.III)

Crédito tributário – tema XXV (L.III); tema XXVII (L.III); tema XXX (L.III); tema XXXII (L.III); tema XXXI (L.III); tema XXXIII (L.III)

CSLL – tema XI (L.I)

Culpa – tema XXVIII (L.III)

D

Data do fato - tema XXX (L.III)

Data no fato - tema XXX (L.III)

Decadência – tema IX (L.I); tema XXXIV (L.III)

Decisões administrativas – tema VII (L.I); tema XXXI (L.III)

Decisão administrativa irreformável – tema XXXI (L.III)

Decreto-lei nº 406/68 - tema XXII (L.II); tema XXIV (L.II)

Definitividade – tema XXXII (L.III)

Denúncia espontânea – tema XII (L.I)

Derivação – Introdução (L.I); Introdução (L.II)

Desconsideração da personalidade jurídica – tema XXV (L.III)

Desvio de finalidade – tema XXV (L.III)

Dever alfandegário – tema XII (L.I)

Dever instrumental – tema XXXII (L.III); tema XXXVI (L.III); tema XXXVII (L.III); tema XXXVIII (L.III)

Dever-ser - tema XXV (L.III); tema XXXVIII (L.III)

Diferimento - tema XXVII (L.III)

Direito positivo – tema I (L.I); tema II (L.I); tema IV (L.I); tema VII (L.I); tema XX (L.II); tema XXV (L.III); tema XXVI (L.III); tema XXVIII (L.III); tema XXXI (L.III) tema XXXIII (L. III); tema XXXV (L.III); tema XXXVI (L.III)

Documento jurídico-prescritivo - Introdução (L.II)

Dolo - tema III (L.I); tema XXV (L.III); tema XXX (L.III)

Domínio - tema XIX (L.II)

E

Elisão fiscal - tema IV (L.I)

Empresa subsidiária – tema XV (L.II)

Enriquecimento sem causa - tema XXVIII (L.III); tema XXX (L.III)

Entidade contábil – tema XXV (L.III); tema XXVI (L.III)

Enunciação – tema I (L.I); tema XI (L.I)

Enunciado - tema II (L.I); tema XXV (L.III)

Espécies tributárias – tema X (L.I)

Erro de direito - tema XXXII (L.III)

Erro de fato - tema XXXII (L.III)

Evento - tema XXXV (L.III); tema XXXVI (L.III)

Execução fiscal – tema XXV (L.III)

Exclusão da penalidade – tema XII (L.I)

Exportação de serviços - tema XXII (L.II);

Extinção das relações jurídicas - tema VII (L.I); tema XVII (L.II)

Extinção do crédito tributário – tema VII (L.I); tema XXV (L.III); tema XXXI (L.III); tema XXXII (L.III)

Extraterritorialidade – tema XXIX (L.III)

F

Factoring – tema XIII (L.II)

Fato econômico - tema IV (L.I)

Fato elisivo - tema IV (L.I)

Fato jurídico tributário – tema IV (L.I); tema IX (L.I); tema XXIII (L.II); tema XXVI (L.III); tema XXVIII (L.III); tema XXXVI (L.III); tema XXXVIII (L.III)

Fato social - tema XXXVI (L.III)

Fato puro - tema IV (L.I)

Federação - tema XXIX (L.III)

Ficção jurídica - tema XXVIII (L.III)

Filosofia do Direito – tema I (L.I)

Filosofia no Direito – tema I (L.I)

Fraude - tema IV (L.I); tema XXV (L.III); tema XXX (L.III); tema XXXI (L.III); tema XXXV (L.III)

G

Garantias do crédito tributário – tema XXXV (L.III)

Grupo econômico – tema XXV (L.III)

Grupo econômico familiar – tema XXV (L.III)

H

Hermenêutica jurídica – Introdução (L.II); – tema I (L.I); tema II (L.I); tema IV (L.I); tema VI (L.I); tema XI (L.I); tema XIII (L. II); tema XIX (L.II); tema XX (L.II); tema XXXI (L.III); tema XXXIII (L.III)

Hipótese de incidência – tema XVIII (L. II); tema V (L.I); tema IX (L.I); tema XI (L.I); tema XX (L.II); tema XXI (L.II); tema XXII (L.II); tema XXIII (L.II); tema XXIX (L.III); tema XXXI (L.III); tema XXXII (L.III); tema XXXVII (L.III)

I

ICMS – tema XVI (L.II); tema XVII (L.II); tema XVIII (L.II); tema XX (L.II); tema XXVII (L.III); tema XXIX (L.III); tema XXXVII (L.III)

ICMS/comunicação - tema XVI (L.II); tema XX (L.II)

ICMS/importação - tema XVIII (L.II)

ICMS/transporte – tema XXXVIII (L.III)

Importação "por conta própria" - tema XVIII (L.II)

Importação "por conta e ordem de terceiro" - tema XVIII (L.II)

Imóvel rural - tema XX (L.II)

Imóvel urbano - tema XX (L.II)

Imunidade tributária - temas VIII a X (L.I); tema XXIII (L.II)

Imunidade tributária condicionada – tema VIII (L.I)

Imposto – Temas XIII a XXIV (L. II)

Incidência tributária – tema XI (L.I); tema XII (L.I); tema XVI (L.II); tema XVIII (L.II); tema XIX (L.II); tema XX (L.II); tema XXI (L.II); tema XXII (L.II); tema XXIII (L.II); tema XXIV (L.II); tema XXVIII (L.III); tema XXXI (L.III); tema XXXIII (L. III)

Indenização – tema XXVIII (L.III)

Infração objetiva – tema XII (L.I)

Infração subjetiva – tema XII (L.I)

Interesse comum – tema XXV (L.III)

INSS – tema V (L.I)

Instituição de educação sem fins lucrativo – tema VIII (L.I)

Instituição financeira - tema XIII (L.II); tema XXX (L.III)

Interpretação – Introdução (L.II); – tema I (L.I); tema II (L.I); tema IV (L.I); tema VI (L.I); tema XI (L.I); tema XIII (L. II); tema XIX (L.II); tema XX (L.II); tema XXXI (L.III); tema XXXIII (L.III)

Isenção tributária – tema XV (L.II); tema XXII (L.II)

IOF - tema XIII (L. II)

IPI - tema XXXVI (L.III)

IPTU - tema XX (L.II); tema XXXII (L.III)

IPVA - tema XIX (L.II)

IRPJ - tema XI (L.I); tema XIV (L.II)

IRRF – tema IX (L.I)

ISSC - tema XVI (L.II); tema XXII (L.II)

ISS - tema XVI (L.II); tema XXII (L.II); tema XXIX (L.III)

ITBI - tema XXIII (L.II); tema XXXV (L.III)

ITR - tema XX (L.II); tema XXXII (L.III)

L

Lançamento tributário – tema VII (L.I); tema XXV (L.III); tema XXX (L.III); tema XXXI (L.III); tema XXXII (L.III); tema XXXIII (L.III)

Lei Complementar nº 56/87 - tema XXII (L.II)

Lei Complementar nº 87/96 - tema XVIII (L.II); tema XXIX (L.III); tema XXXVII (L.III)

Lei Complementar nº 116/2003 - tema XXII (L.II); tema XXIV (L.II)

Lei Complementar nº 118/2005 - tema II (L.I)

Lei interpretativa - tema II (L.I)

Lei nº 10.637/02 - tema XV (L.II)

Lei nº 10.833/03 - tema XII (L.I); tema XV (L.II)

Lei nº 10.865/04 - tema XV (L.II)

Linguagem do direito – tema III (L.I); tema XXV (L.III); tema XXXIII (L.III); tema XXXV (L.III); tema XXXVI (L.III); tema XXXVIII (L.III)

Limite objetivo - tema XII (L.I); tema XV (L.II)

Lista de serviços - tema XXII (L.II)

M

Mandado de Segurança – tema XXXIII (L. III)

Medida cautelar – tema XXXIII (L.III); tema XXV (L.III)

Medida cautelar fiscal – tema XXV (L.III)

Medida liminar – tema XXXIII (L.III)

Mercadoria - tema XXVII (L.III); tema XXIX (L.III); tema XXXVII (L.III); tema XXXVIII (L.III)

Método CPL - tema XIV (L.II)

Método PIC - tema XIV (L.II)

Método PRL - tema XIV (L.II)

Ministério Público – tema VII (L.I)

Modal deôntico – tema I (L.I); tema IV L.I); tema XXXV (L.III)

Modulação – tema XXXIV (L.III)

Motivação – tema XXXII (L.III)

Multa de ofício – tema XI (L.I); tema XXXII (L.III)

Multa isolada – tema XI (L.I)

Multas tributárias – tema XI (L.I); tema XXVI (L.III)

N

Norma de conduta – tema XVII (L.II); tema XXV (L.III); tema XXXI (L.III); tema XXXIII (L. III)

Norma de estrutura - temas VIII a X (L.I); tema XVI (L.II); tema XIX (L.II); tema XX (L.II); tema XXI (L.II); tema XXII (L.II); tema XXIV (L.II); tema XXXIV (L.III); tema XXXVI (L.III)

Natureza jurídica – tema IX (L.I); tema X (L.I); tema XI (L.I); tema XIX (L.II); tema XXVII (L.III); tema XXVIII (L.III)

Norma individual e abstrata- tema XXV (L.III)

Norma individual e concreta - tema XXV (L.III); tema XXXI (L.III); tema XXXIII (L. III)

Norma interpretativa – tema II (L.I)

Norma geral e abstrata - tema XVII (L.II); tema XXV (L.III); tema XXXI (L.III); tema XXXIII (L.III)

Norma geral e concreta- tema XXV (L.III)

Normas gerais de direito tributário – tema VIII (L.I); tema XX (L.II); tema XXII (L.II); tema XXIX (L.III)

Norma jurídica: estrutura – tema XII (L.I); tema XXV (L.III); tema XXXIII (L.III)

Norma jurídica em sentido amplo – Introdução (L.II)

Norma jurídica em sentido estrito - Introdução (L.II)

Norma primária – tema XXV (L.III); tema XXXIII (L.III)

Norma sancionatória – tema XII (L.I)

Norma secundária – tema XXV (L.III); tema XXXIII (L.III)

O

Obrigação tributária - tema XVII (L.II); tema XXV (L.III); tema XXVI (L.III); tema XXVIII (L.III); tema XXXII (L.III); tema XXXV (L.III); tema XXXVIII (L.III)

Ônus da prova – tema VIII (L.I); tema XXXVI (L.III); tema XXX (L.III); tema XXXVI (L.III)

Operações interestaduais- tema XVI (L.II); tema XVII (L.II); tema XXIX (L.III); tema XXXVII (L.III)

P

Pagamento indevido ou a maior - tema XVII (L.II)

Patrimônio – tema XXV (L.III); tema XXVI (L.III); tema XXVIII (L.III); tema XXX (L.III)

Personalidade jurídica – tema III (L.I); tema XXV (L.III); tema XXVI (L.III); tema XXX (L.III)

PIS - tema XV (L.II)

Posse - tema XIX (L.II)

Pertinencialidade - tema XXXII (L.III)

Preâmbulo – tema I (L.I)

Preços de transferência - tema XIV (L.II)

Prêmio de Incentivo – tema IX (L.I)

Prescrição – tema XXV (L.III); tema XXXIV (L.III)

Prescritividade – tema I (L.I)

Prestação de serviço – tema V (L.I); tema IX (L.I); tema XXXVIII (L.III)

Prestação de serviço de comunicação - tema XVI (L.II); tema XX (L.II)

Prestação de serviço público – tema X (L.I)

Presunção no direito tributário – tema VII (L.I); tema VIII (L.I); tema XXXI (L.III); tema XXXII (L.III); tema XXXV (L.III)

Procedimento administrativo – tema VII (L.I); tema XII (L.I); tema XXXI (L.III); tema XXXII (L.III); tema XXXIV (L.III)

Processo comunicacional – tema XVI (L.II)

Processo de positivação do direito – Introdução (L.I); tema XXV (L.III); tema XXXII (L.III); tema XXXIII (L.III)

Processo tributário – tema VII (L.I); tema XXXI (L.III); tema XXXII (L. III); tema XXXIII (L. III)

Princípio *arm's length* - tema XIV (L.II)

Princípio da autonomia da pessoa jurídica – tema XXV (L.III); tema XXVI (L.III)

Princípio da autonomia da vontade - tema III (L.I); tema XVIII (L.II); tema XXX (L.III)

Princípio da capacidade contributiva - tema V (L.I); tema XI (L.I); tema XIX (L.II)

Princípio da dignidade da pessoa humana – tema III (L.I)

Princípio da equidade na participação do custeio - tema V (L.I)

Princípio da isonomia - tema V (L.I); tema XII (L.I); tema XXVIII (L.III)

Princípio da irretroatividade das leis tributárias - tema II (L.I); tema XXXIII (L. III); tema XXXIV (L.III)

Princípio da hierarquia - tema XX (L.II); tema XXXVI (L.III)

Princípio da legalidade - tema XII (L.I); tema XXII (L.II); tema XXV (L.III); tema XXVI (L.III); tema XXVIII (L.III); tema XXXI (L.III); tema XXXII (L.III); tema XXXIV (L.III); tema XXXV (L.III)

Princípio da livre iniciativa - tema III (L.I); tema V (L.I); tema XVIII (L.II)

Princípio da não-cumulatividade - tema XV (L.II); tema XVII (L.II); tema XXVI (L.III); tema XXIX (L.III)

Princípio da proporcionalidade – tema XII (L.I)

Princípio da separação dos poderes - tema II (L.I); tema XXV (L.III)

Princípio da solidariedade nacional - tema XXIX (L.III)

Princípio da tipicidade - tema XI (L.I); tema XXII (L.II); tema XXXII (L.III)

Princípio da vinculabilidade da tributação - tema XXII (L.II)

Princípio do devido processo legal – tema XXV (L.III); tema XXXII (L.III)

Princípios gerais de direito privado - tema XIII (L. II)

Princípios jurídicos - tema II (L.I); tema III (L.I); tema III (L.I); tema XII (L.I)

Propriedade - tema XIX (L.II); tema XXI (L.II); tema XXVI (L.III); tema XXXIII (L.III); tema XXXV (L.III)

Prova - tema VIII (L.I); tema XXXVI (L.III); tema XXX (L.III); tema XXXVI (L.III)

R

Realidade jurídica - tema III (L.I); tema XXV (L.III); tema XXVI (L.III); tema XXVIII (L.III); tema XXXIII (L.III); tema XXXV (L.III); tema XXXVI (L.III)

Receita não-operacional – tema XV (L.II)

Reforma previdenciária - tema V (L.I)

Regime de estimativa – tema XI (L.I)

Registro público- tema XXIV (L.II); tema XXX (L.III)

Regra-matriz de incidência tributária - tema XVIII (L. II); tema V (L.I); tema IX (L.I); tema XI (L.I); tema XX (L.II); tema XXI (L.II); tema XXII (L.II); tema XXIII (L.II); tema XXIX (L.III); tema XXXI (L.III); tema XXXVII (L.III)

Regressividade - tema XXVI (L.III)

Relação de débito da Fazenda Pública - tema XVII (L.II)

Relação jurídica - tema XVII (L.II); tema XXV (L.III); tema XXVIII (L.III); tema XXXVII (L.III)

Relação jurídica tributária - tema XVII (L.II); tema XXV (L.III); tema XXVI (L.III); tema XXXIII (L.III)

Retroatividade da lei interpretativa - tema II (L.I)

Reorganização societária – tema XV (L.II); tema XXIII (L.II); tema XXVI (L.III); tema XXX (L.III)

Resolução do Senado – tema VI (L.I)

Responsabilidade civil – tema XXVIII (L.III)

Responsabilidade tributária pela prática de ilícitos - tema XXVI (L.III); tema XXVII (L.III); tema XXX (L.III)

Responsabilidade por solidariedade – tema XXV (L.III); tema XXV (L.III); tema XXVII (L.III)

Responsabilidade por substituição – tema XXV (L.III); tema XXVII (L.III); tema XXIX (L.III)

Responsabilidade por sucessão – tema XXV (L.III); tema XXVI (L.III); tema XXX (L.III)

Responsabilidade subsidiária – tema XXVII (L.III)

Responsabilidade tributária – tema XXV (L.III); tema XXVII (L.III)

Responsabilidade tributária dos terceiros – tema XXV (L.III)

Restituição - tema XVII (L.II)

Resultado do serviço - tema XXII (L.II)

Retórica – tema I (L.I); tema XXXIV (L.III)

Revogação tácita - tema XXIV (L.II)

S

Salários/remuneração - tema V (L.I); tema IX (L.I)

Sanção tributária – temas XI a XII (L.I); tema XXVI (L.III); tema XXVIII (L.III); tema XXX (L.III); tema XXXI (L.III); tema XXXIII (L.III)

Segurança jurídica - tema II (L.I); tema VII (L.I); tema XXV (L.III); tema XXXI (L.III); tema XXXII (L.III); tema XXXIV (L.III)

Seguridade social – tema V (L.I)

Seguro - tema XXVIII (L.III)

Semiótica do Direito– tema I (L.I); tema XXXV (L.III)

Serviço notarial - tema XXIV (L.II)

Serviço público – tema X (L.I)

Serviço tributável - tema XXII (L.II)

Serviço de transporte – tema XXXVIII (L.III)

Sociedade anônima - tema XXX (L.III)

Simulação - tema III (L.I)

Sistema tributário - temas I a VII (L.I); tema VIII (L.I); tema IX (L.I); tema X (L.I); tema XII (L.I); tema XIX (L.II); tema XXII (L.II); tema XXV (L.III); tema XXXII (L.III); tema XXXIV (L.III); tema XXXV (L.III); tema XXXVI (L.III)

Substituição tributária – tema XXVI (L.III); tema XXVII (L.III); tema XXIX (L.III)

Subsunção - tema XIII (L. II); tema XXV (L.III); tema XXXI (L.III)

Sujeição ativa - tema XX (L.II); tema XXVIII (L.III)

Sujeição passiva - tema XIX (L.II); tema XXV (L.III); tema XXVI (L.III); tema XXVII (L.III); tema XXVIII (L.III), tema XXIX (L.III); tema XXX (L.III); tema XXXVII (L.III)

Suspensão da exigibilidade do crédito tributário – tema XXV (L.III); tema XXXIII (L. III)

Streaming sound and video - tema XVI (L.II)

T

Tarifa de esgoto – tema X (L.I)

Tarifa ou preço público – tema X (L.I)

Taxa – tema X (L.I)

Tempo do fato - tema XXX (L.III)

Tempo no fato – tema XXX (L.III)

Teoria Geral do Direito – tema XII (L.I); tema XV (L.II); tema XVII (L.II); tema XX (L.II); tema XXVIII (L.III)

Territorialidade - tema XX (L.II)

Texto jurídico – tema I (L.I)

Tipologia Tributária – tema IX (L.I); tema XXV (L.III); tema XXXII (L.III)

Tribunal de Impostos e taxas - tema XXVI (L.III)

Tributo - temas XIII a XXIV (L. II); tema XXVIII (L.III); tema XXX (L.III); tema XXXV (L.III)

Tributos estaduais - tema XVI (L.II); tema XVII (L.II); tema XVIII (L.II); tema XIX (L.II); tema XX (L.II); tema XXVII (L.III); tema XXIX (L.III)

Tributos federais - tema V (L.I); tema VI (L.I); tema IX (L.I); tema XI (L.I); tema XIII (L.II); tema XIV (L.II); tema XV (L.II); tema XXI (L.II)

Tributos municipais - tema XVI (L.II); tema XXI (L.II); tema XXII (L.II); tema XXIII (L.II); tema XXIV (L.II);

Tributo não-cumulativo - tema XV (L.II)

Tutelas – tema XXXIII (L. III)

TV por assinatura - tema XX (L.II)

V

Validade – tema III (L.I); tema VI (L.I); tema XXXII (L.III)

Valor - tema II (L.I); tema XII (L.I); tema XV (L.II); tema XXXI (L.III); tema XXXIV (L.III)

Veículo introdutor – tema VI (L.I); tema XXV (L.III); tema XXXVI (L.III)

Vigência - tema XXXIII (L. III)

Z

Zona rural - tema XX (L.II)

Zona urbana - tema XX (L.II)